Ursula Sigismund

DENKEN IM ZWIESPALT

Das Nietzsche-Archiv in Selbstzeugnissen 1897–1945
Mit einer Einführung von Dietrich Wachler
und unveröffentlichten Aufsätzen von Max Oehler

LIT

Die Deutsche Bibliothek – CIP-Einheitsaufnahme

Sigismund, Ursula:
Denken im Zwiespalt : Das Nietzsche-Archiv in Selbstzeugnissen 1897 – 1945 ; Mit einer Einführung von Dietrich Wachler und unveröffentlichten Aufsätzen von Max Oehler / Ursula Sigismund. – Münster : LIT, 2001
   (Philosophie ; 40.)
   ISBN 3-8258-4865-5

© LIT VERLAG Münster – Hamburg – London
   Grevener Str. 179   48159 Münster   Tel. 0251–23 50 91   Fax 0251–23 19 72
   e-Mail: lit@lit-verlag.de   http://www.lit-verlag.de

Inhaltsverzeichnis

Einleitung	1
Danksagung	5
Statt eines Vorwortes	7
"Da Mama ohne Hülfe ist"	9
M. Oe. als Bote von Elisabeth in Stockholm	43
Ein Buch schreiben, ein Kind zeugen und einen Krieg erleben	83
"Berka oder ein Puppenheim"	157
Das Nietzsche-Archiv auf dem Silberblick	167
Thiels Wunder in Stockholm	191
"Mitten in der Politik"	225
"Eine große Änderung"	247
Durch Belgien marschieren	287
Russland und wie es zuende ging	297

Einleitung

Text von Dietrich Wachler   1999

Während die Wirkungen der Philosophie Friedrich Nietzsches nach seinem Tode seit der vorigen Jahrhundertwende ständig gewachsen sind und das Werk und sein Schöpfer heute internationale Geltung besitzen, steht es immer noch schlecht um die Kenntnis der persönlichen Umgebung Nietzsches und seiner Verwandten, die zur Verbreitung seines Werkes – durchaus nicht immer im Sinne seines Schöpfers – schon zu dessen Lebzeiten und danach beigetragen haben. Den Nietzsche-Apologeten und Kritikern mag es gleichgültig sein, auf welchem Boden die Gedanken ihres Heroldes oder Erzfeindes entstanden sind. Aber sie vergessen, dass selbst die höchste Inspiration und das abstrakteste Gesetz von anscheinend allgemeiner Gültigkeit von einem Menschen erdacht und erfühlt wurden, der wie alle anderen, mit denen er zusammenlebte, an seine Zeit gebunden war.

Dies gilt im Falle Nietzsches ganz besonders auch für die konkreten – politischen und psychologischen – Wirkungen von Teilaussagen, die aus dem Gesamtwerk oder aus größeren Zusammenhängen einzelner Werke herausgelöst oder tendenziell so aufbereitet wurden, daß sie zu Mißverständnissen geradezu herausforderten.

Allgemein bekannt ist inzwischen, daß Nietzsches Schwester Elisabeth, die sich als Testamentsvollstreckerin und Nachlaßverwalterin ihres Bruders verstand, sein "geistiges Erbe" absolut eigenmächtig verwaltete. Über dieser wohlfeilen Kritik, die vor allem und sicher zu Recht immer wieder von den späteren Herausgebern kritischer Gesamtausgaben geäußert wurde – Karl Schlechta, Giorgio Colli und Mazzino Montinari –, darf andererseits nicht vergessen werden, daß Elisabeth Förster-Nietzsche durch die Gründung des Nietzsche-Archivs in Weimar nicht nur die organisatorischen Voraussetzungen für die kritischen Bearbeiter der Werke Nietzsches, sondern auch eine repräsentative Institution geschaffen hatte, die den Einfluß der Philosophie ihres Bruders und vor allem auch ihren eigenen auf die Zeitgenossen verstärken half.

Gleichwohl steht sie nicht im Mittelpunkt der ausführlichen Dokumentation, die die Autorin Ursula Sigismund im Auftrag der Nietzsche-Gesellschaft anhand gründlicher Recherchen über die wechselvolle Geschichte des Nietzsche-

Archivs zusammengestellt hat, sondern Max Oehler, der Elisabeth bis zu ihrem Tod 1935 als Archivar zur Seite stand und das Nietzsche-Archiv zunächst unter ihrer Aegide, dann aber selbständig bis zum Ende des 2. Weltkriegs und des Zusammenbruchs des Dritten Reichs geleitet hat. Ursula Sigismund, eine geborene Oehler wie Franziska Nietzsche, die Mutter des Philosophen, stellt die Person ihres Vaters und seinen Werdegang vom preußischen Offizier, der seit seiner Schulzeit in Schulpforta ein Verehrer Nietzsches war, bis zu seiner Archivarbeit mit Hilfe authentischen Materials (Briefe, Vorträge, Zeitungsartikel) äußerst lebendig dar und kann sich später auch auf eigene Erfahrungen und Erlebnisse stützen. Sie hält dabei nicht mit Kritik hinterm Berge, wenn es um die Beurteilung ihrer Großtante Elisabeth geht, die dem Führerkult des Dritten Reichs erlag und ihn für ihre Zwecke (angeblich im Interesse der Philosophie ihres Bruders) nutzte, ebenso wie auch Max Oehler, der überzeugter Nationalsozialist war.

Trotz des Interesses, das prominente Besucher wie Thomas Mann, Oswald Spengler, Harry Graf Kessler, Rudolf Pannwitz und andere unabhängige Geister bekundeten, geriet das Nietzsche-Archiv während der Jahre 1933 bis 1945 in zunehmendem Maße in den Sog der Ideologie des Nationalsozialismus und wurde politisch durch Antrittsbesuche Hitlers und führender NS-Größen ins "Dritte Reich" eigemeindet. Auch Mussolini äußerte seine Sympathie für Nietzsches Philosophie und gratulierte der Schwester telegraphisch zum 80. Geburtstag. Die Einverleibung Nietzsches in das System des Faschismus-Nationalsozialismus ist von Elisabeth Förster-Nietzsche und durch Max Oehler nicht nur nicht verhindert, sondern gefördert worden, – trotz späterer gegenteiliger Äußerungen des Archivars, der in einer Niederschrift nach Kriegsende den Geist "unabhängiger Forschung" beschwor, um seine Arbeit zu rechtfertigen und das Archiv zu retten. Von der existentiellen (vor allem finanziellen) Notwendigkeit, mit den Nazis zu paktieren, und seiner eigenen – ideologische begründeten – Überzeugung war darin aber nicht die Rede. Die Autorin spricht in diesem Zusammenhang dankenswerterweise keine Beurteilung oder Bewertung aus, sondern läßt die Fakten sprechen, soweit sie dokumentarisch eindeutig belegt sind. Die Dokumente, die sie chronologisch eingefügt hat, werden nur, wenn es für das Verständnis notwendig ist, kurz kommentiert.

Das Schicksal des Nietzsche-Archivs und seines Archivars war bedauerlich genug und bedarf an dieser Stelle keines weiteren Kommentars außer der Feststellung, daß es vielleicht auch notwendig war, um den Weg für die neue Nietzsche Rezeption und die moderne Nietzsche-Forschung, die an einem anderen Bild des Philosophen arbeitet, freizumachen. Dabei bleibt es –

im Sinne einer historischen Gerechtigkeit – das persönliche Verdienst Elisabeth Förster-Nietzsches und Max Oehlers, organisatorische Grundlagen gelegt und durch Aufbau und Sammeltätigkeit des Archivs die Voraussetzung für eine solche Forschung immerhin geschaffen zu haben. Durch die rege und vielseitige Tätigkeit Max Oehlers und seines Bruders Richard (Bibliotheksdirektor in Frankfurt), die sich in einer umfangreichen Korrespondenz, in Aufsätzen, Artikeln und Vorträgen niederschlug, wurden zum Beispiel erste Editionen wie die "Musarion-Ausgabe" sowie die Sammlung und Sichtung für eine kritische Gesamtausgabe der Werke und Briefe Nietzsches ermöglicht. Daß dieses sorgfältig gesammelte und aufbereitete Material nach dem Krieg nicht vernichtet oder von den Alliierten beschlagnahmt wurde, ist dem damaligen Direktor des Goethe-Schiller-Archivs zu verdanken, der es dort deponierte und zur späteren Bearbeitung aufbewahrte.

Das Nietzsche-Archiv "Am Silberblick" in der heutigen Humboldtstraße 36 wurde schon v o r der Wende 1989 im Auftrag der 'Nationalen Forschungs- und Gedenkstätten' sorgfältig restauriert und zur Benutzung freigegeben, allerdings nicht als Arbeitsstätte, wie das Goethe-Schiller-Archiv, sondern zum Gedächtnis des im Jahr 1900 dort verstorbenen Friedrich Nietzsche, frei von jeglicher ideologischer Bevormundung und zugleich als Erinnerung an Henry van de Velde, der damals die Innenräume in Elisabeth Förster-Nietzsches Auftrag künstlerisch gestaltet hat.

Die Entwicklung bis dahin und danach war dornig und hindernisreich. Manche der verschlungenen Etappen dieses Weges, dessen Zeichen in eine ungewisse Zukunft weisen, sichtbarer zu machen, ist das Verdienst der Arbeit von Ursula Sigismund.

Max Oehler nach seinem Abitur in Schulpforta Naumburg 1895

Danksagung

Bei dieser Arbeit über eine längst vergangene Zeit habe ich außer meinen eigenen Erfahrungen und Erinnerungen außerordentlich viel Hilfe gebraucht, vorwiegend bei meinen Recherchen in Weimar im Goethe- und Schiller-Archiv. Darum bedanke ich mich besonders bei der Archivarin Dr. Roswitha Wollkopf und ihren Mitarbeiterinnnen, die mir jahrelang bei allen schwierigen Themen immer wieder sorgfältig und freundschaftlich beigestanden haben.

Ich danke auch meiner Freundin und Kollegin Agnes K. Schmidt, die mich auf den notwendigen Reisen nach Weimar und Jena, nach Halle, Naumburg und Röcken begleitet und mich beraten hat.

Herzlichen Dank sende ich außerdem nach USA an Professor Richard F. Krummel und seine Frau Evelyn, mit denen ich mich jedes Jahr getroffen habe, wobei mir nicht nur das umfangreiche Werk von Krummel "Nietzsche und der deutsche Geist" bei dem Berliner Verlag de Gruyter hilfreich war, sondern auch unsere klärenden Gespräche viel bedeuteten.

Und last but not least danke ich meiner Freundin Ottilie Sander in Darmstadt, die mir so oft mit dem Laptop zu Hilfe gekommen ist, wenn mir meine Schreibmaschine zu viel Mühe gemacht hat.

Darmstadt im Dezember 2000   Ursula Sigismund

Statt eines Vorwortes

Max Oehler wurde am 29.12.1875 in Blessenbach im Taunus geboren, zweieinhalb Jahre nach seiner Schwester Anna, als zweites von sechs Kindern des Pfarrers Oskar Ulrich Oehler und seiner Frau Auguste, geb. Forst aus Wiesbaden. Blessenbach war die zweite Pfarrstelle von Oskar Ulrich, auf der er aber nicht lange geblieben ist; er zog bald nach Heckholzhausen um, und der Name dieses, ebenfalls im Taunus gelegenen Ortes ist mir in Erinnerung geblieben, weil wir später in Weimar, wenn die Verwandten zu Besuch kamen, die Weißtdunoch-Geschichten von dort mit angehört haben – meistens waren sie lustig oder idyllisch und immer ein bißchen wie aus einer anderen Welt. Fotos kannten wir nicht, vielleicht weil damals in solch bescheidenem kinderreichem Pfarrhaus nicht geknipst wurde, aber die Anekdoten, die erzählt wurden, haben sich in meinem Kopf oft in farbige Bilder umgesetzt, sodaß ich meinte, ich sei dabei gewesen, zumal sie ziemlich oft wieder erzählt wurden; wir kannten sie meistens schon.

Als der Bruder Eduard geboren wurde, noch als Erwachsener von den Geschwistern "Dickicht" genannt, da war Max sechs Jahre alt, und ich glaube, er ist in Heckholzhausen auf die Dorfschule gegangen, aber nicht lange, sondern in Schkortleben bei Weißenfels und Lochau im Bezirk Merseburg; auch dies kleine Ortschaften, aber nicht weit von Naumburg, wo Franziska Nietzsche, eine von Oskar Ulrichs Schwestern die längste Zeit ihres Lebens gewohnt hat. Auch Pforta war nicht weit, die Landesschule, auf der die Oehlers ihre Söhne als Abiturienten sehen wollten. Max war dort von 1889-1895, und aus dieser Zeit bekamen wir gleichfalls farbige Geschichten erzählt, über die wir uns als Kinder übrigens nie mokiert haben; und die von der dramatischen Brandnacht, kurz vor dem Abitur, in der er so tapfer löschen geholfen hat, daß er vom Mündlichen befreit wurde, die hörten wir besonders gern. Danach hat er sich in Naumburg fotografieren lassen, im dunklen Anzug mit Krawatte, sehr gut frisiert, einen Hut in der Hand haltend, hübsch und selbstbewußt.

Theologie studieren wollte er nicht. Kunstgeschichte? Das hätte ihm gefallen, aber ich glaube, er fürchtete, davon nicht leben zu können, höchstens als Zeichenlehrer, Nebenfach Turnunterricht, und das war nicht sein Ideal.

Musik? Er spielte Geige und hat später mit viel Vergnügen Hauskonzerte organisiert, aber musizieren, so meinte er, sollte man nicht, um damit Geld zu verdienen, und er hat das immer wieder beteuert und für sich daran festgehalten, bis Henning, sein jüngster Sohn sich die Musik als Hauptberuf nicht ausreden ließ, auch nicht von ihm, dem Vater, der ihn immerhin sechs Jahre unterrichtet hatte.

Aber der junge Max Oehler war auch sportlich und lernte reiten, und ohne Einzelheiten zu wissen, glaube ich, daß er schon in Pforta den Gedanken gefaßt hatte, Offizier zu werden, in dieser Schule, auf der sein inzwischen so berühmter Verwandter dreißig Jahre vor ihm Abiturient war und der – das wußte Max – weil er die "Unzeitgemäßen Betrachtungen" fleißig gelesen und über sie nachgedacht hatte, von der preußischen Erziehung so viel hielt, daß er sie für die einzig wahre erklärte, um aus jungen Männern brauchbare Menschen zu machen. Zitat von Nietzsche: "Die Zukunft der deutschen Kultur ruht auf den Söhnen der preußischen Offiziere."

Wahrscheinlich gab es auch familiäre Gründe zu diesem Entschluß; Vier seiner Geschwister lebten noch zu Hause, die Jüngste war ein kleines Ding von fünf Jahren, und der Vater Oskar Ulrich nicht mehr gesund. Da wäre er, wird Max gedacht haben, vielleicht beruhigt bei dem Gedanken, seinen Aeltesten in nicht all zu langer Zeit als jungen Leutnant zu wissen und auch für die Mutter könnte das ein Trost sein, diesen Sohn in gesicherter Position zu sehen; so sahen sie es damals, meine ich, denn an einen Weltkrieg werden sie nicht gedacht haben. Friedrich Nietzsche, der den Krieg hätte prophezeien können, war geistig umnachtet und starb 1900, ein Jahr vor Oskar Ulrich, der der jüngste Bruder von Franziska Nietzsche war und als Junge mit ihm und Elisabeth in Naumburg bei ihr gelebt hatte, wo sie wie Geschwister zusammen spielten und zur Schule gingen.

"Mutterchen" nannte mein Vater seine inzwischen alte Mutter, als wir sie später in Wiesbaden besuchten, noch während des ersten Weltkrieges, als sie 70 wurde, aber sie schien mir viel älter zu sein als die Tante in Weimar, obwohl die ebenfalls schwarze Kleider trug und manchmal jammerte, aber auch flink und fröhlich sein konnte, ein rosiges Gesicht hatte und Gesellschaften gab mit vielen Leuten, die sie bewunderten und verehrten. Die Wiesbadener Großmutter starb 1920, kaum daß ich sie kennengelernt hatte, und fortan waren wir Elisabeth Förster-Nietzsches Familie. Ganz leicht schien sich das gefügt zu haben.

Ursula Sigismund

"Da Mama ohne Hülfe ist"

Lochau, 30.12.99

Liebe Elisabeth!

Da Mama ohne Hülfe ist, so hat sie mich beauftragt, an ihrer Statt Dir einen nachträglichen Weihnachtsgruß und herzliche Glückwünsche zum Jahres- und Jahrhundertwechsel zu senden.

Es wird Dich vor allem interessieren, etwas von Anna zu hören. Wir erhielten mehrere Briefe vom Schiff, die Ueberfahrt verlief gut, sie hatten nur 2 Sturmtage und eine Nacht Nebel. Mama und Tante Lina Forst waren vor der Abfahrt 10 Tage mit Anna in Hamburg, um Einkäufe zu machen und das Packen zu überwachen. Im Anschluß daran war Mama 5 Wochen zur Erholung in Wiesbaden. Anna reiste mit einer zahlreichen Kaufmannsfamilie, die ihr sehr gefiel. Diese nahm auch an der Hochzeitsfeier in San Franzisko teil mit einigen Freunden des Schwagers und zwei anderen Pfarrern. Anna schrieb sehr befriedigt über die Feier. Theodor hat jetzt noch eine neue Kirchen- und Schulgemeinde dazu bekommen, er muß alle Monat einmal hin, sieben Stunden zu reiten. Anna reitet viel, schreibt sehr beglückt über ihr Pferd; sie haben scheints netten Verkehr gefunden, teils in der Stadt, teils in der Umgebung, ein Rechtsanwalt mit Frau, ein Arzt desgleichen, kurz sie leben scheints ganz ähnlich wie zivilisierte Menschen. Die Wohnung ist sehr geräumig, und die von Theodor dort gekauften Möbel haben Annas Beifall voll gefunden.

Wir leben hier in behaglicher Ruhe, meine beiden Brüder sind hier, Schwester Ida weilt nun bald ein Vierteljahr in Wiesbaden, um den Tanten in Mon Repos zu helfen. Tante Lina laboriert schon seit Monaten an Gelenk-Rheumatismus, doch geht es wieder bedeutend besser.

In meiner neuen Garnison Deutsch-Eylau in Westpreußen fühle ich mich recht wohl. Wir haben dort sehr angenehme dienstliche Verhältnisse, eine ganz herrliche Natur (meilenweit sich hinziehende Seen von Riesenwäldern umrahmt), alles noch ursprünglichste Wildnis, keine künstlichen Verschönerungen, keine Aussichtstürme und keine Touristen, dafür um so mehr Wald- und Wasserwild, prachtvolle Reitwege und herrliche Segelfahrten auf unserem eigenem recht guten Segelboot. – Ein ausgedehnter Landverkehr, den wir gefunden, sorgt dafür, daß man auch mal mit anderen Menschen zusammenkommt, es wohnt dort ein kräftiger Schlag, prächtige natürliche Menschen, welche nichts von der albernen Geziertheit, Steifheit und Verkehrmüdigkeit der Gesellschaft der großen Städte kennen. – Außer uns steht noch andere Infanterie, Kavallerie und viel Artillerie in Deutsch-Eylau, die Stadt bietet natürlich nichts, man kommt aber dafür wieder mehr zu sich selbst, zum Lesen und Musizieren. Unter anderem habe ich mit sehr viel Interesse den ersten Halbband des zweiten Bandes Deiner Biographie gelesen. Leider werde ich in der allernächsten Zeit nicht zu dem zweiten Halbband kommen, da ich eine Geschichte unseres Regimentes und seiner Stammregimenter schreiben soll, was meine freie Zeit ganz in Anspruch nehmen wird. Nach meinem 14 tägigen Aufenthalt hier gehe ich noch 10 Tage nach Berlin, um dort im Kriegsarchiv des großen Generalstabes Einsicht zu nehmen in die Akten der 7. Division, aus welcher wir entstanden sind. Ich freue mich sehr auf diese Zeit.

In der Hoffnung, daß Du das neue Jahr gesund und frisch antrittst und mit vielen Grüßen von uns allen

Dein treuer Vetter

Max Oehler

Gut Gartschin (Westpreußen), 30.8.00

Liebe Elisabeth!

Eben erst hat mich die Trauernachricht vom Tode Deines Bruders erreicht, welche mir aus der Garnison ins Manöver nachgeschickt worden ist. Sei meines herzlichen Beileides zu diesem Dir unersetzlichen Verlust versichert. Du bist ja die Einzige, welche schwer zu beklagen ist, denn nur Du hast die durch die jahrelange Pflege Dir gewiß besonders lieb gewordene Person des Verstorbenen verloren; alle anderen, denen er, wie mir, nur durch seine Werke so unendlich teuer geworden ist, gehen dieses Besitzes ja nicht verlustig; die aus der ganzen Welt zusammenströmenden Beileidsbezeugungen werden Dir von Neuem bezeugen, daß diese Werke unsterblich sind.

Mit innigem Mitgefühl

Dein treuer Vetter

Max Oehler

Zwischen den beiden Briefen – dem Beileidsbrief vom 30.8.1900 und dem nächsten aus Deutsch Eylau vom 22.9.01 liegt mehr als ein Jahr, in dem zwei für meinen Vater wichtige Menschen gestorben sind, der Philosoph Friedrich

Oskar Ulrich Oehler, 1938–1901. Vater von Max Oehler, Pfarrer

N. und sein Vater, Oskar Ulrich Oehler. Auch sonst muß sich einiges geändert haben, denn auf der zweiten Seite des späteren Briefes schreibt Max: "Unter diesen Umständen hat mich die Entfremdung, welche in den letzten Jahren zwischen Dir und unserer Familie Platz gegriffen hatte, naturgemäß besonders schmerzlich berührt, und Du kannst Dir denken, wie froh ich über die Wendung bin." Um welche Entfremdung es da gegangen war, diese Verlegenheitsformulierung brauchte er nicht zu erklären, denn Elisabeth wird gewußt haben, um was es sich handelte. Vielleicht auch darum nennt er sie jetzt "meine liebe Tante" und unterschreibt sich nicht als "treuer Vetter", weil er sie nun mehr als Respektsperson empfindet, die einzige Schwester und Erbin des berühmten Verstorbenen. Möglicherweise hatten sich auch Friedrich Nietzsche und Oskar Ulrich Oehler mit der Zeit entfremdet. Früher sollen sie Freunde gewesen sein, vor allem in ihrer Schulzeit, als Franziska auf Wunsch des Vaters ihren jüngsten Bruder bei sich in Naumburg aufgenommen hatte. Oskar ging dort zur Schule, soll aber nicht so fleißig gewesen sein, wie der kleine Fritz, was vielleicht mit dessen besonderer literarischen Begabung zusammenhing, vielleicht aber auch damit, daß Kinder in der Vorschule fleißiger sind als fünf Jahre später. Als sie erwachsen waren, müßte der Altersunterschied zwischen Fritz und Oskar weniger spürbar gewesen sein, oder dann aber aus anderen Gründen – ein anderer Unterschied? Friedrich, der Antichrist, der die Deutschen nicht mochte, im Vergleich zu dem Pfarrer Oehler in Lochau, einem kleinen Ort in Sachsen, den seine Frau und die sechs Kinder später als ihr schönstes Zuhause empfunden haben...

Dt. Eylau, Westpreußen, 22.9.01

"Meine liebe Tante,
wie viele meiner Briefe, dich ich jetzt noch zu schreiben gedenke, fängt auch dieser mit der Bitte um Verzeihung an, daß ich nicht schon längst etwas Ausführliches von mir habe hören lassen. Ich hätte Dir schon in jenen für Dich so schmerzlichen Erinnerungstagen gern ein Wort der Teilnahme gesandt, doch war es ganz unmöglich, mal eine ruhige Stunde zu finden, sowohl vor wie in dem Manöver; selbst Sonntags haben wir durcharbeiten müssen. Auch jetzt sind wir wieder reichlich mit Arbeit versehen, Bericht über Bericht über all die Heldentaten, die wir im Manöver vollbrachten, wird gefordert und stets umständliche Zeichnungen dazu. Es giebt bei uns nichts, worüber nicht mindestens ein Bericht zu machen wäre, denn 'was man schwarz auf weiß besitzt, kann man getrost nach Hause tragen!'

Den jetzigen Abend habe ich mir aber mit aller Gewalt frei gehalten, um Dir einmal recht von Herzen zu danken für Deine große Güte, mit der Du

Dich meiner annimmst, und Dir zu sagen, wie glücklich Du mich dadurch machst, daß Du mir Gelegenheit giebst, Dir, Deinen Bestrebungen und dem Kreise, dessen Mittelpunkt Dein Bruder und sein Andenken bildet, näher zu kommen.

Es ist mir gegangen wie den meisten Menschen, wenigstens denen, deren Innenleben nicht ganz von Gleichgültigkeit ertötet ist, was nicht mit Händen zu greifen, bzw. mit dem Munde zu essen ist; es sind mir Zweifel gekommen, habe mich mit allen Kräften dagegen gewehrt, habe mich schließlich in einem Labyrinth von Wirrsal festgefahren, habe schließlich versucht, alles laufen zu lassen und gar nichts mehr zu denken, als was mit dem Beruf in direktem Zusammenhang stand und habe dann wieder gemerkt, daß das doch nicht geht; daß man mit solchem Vorhaben einmal so handelt und dann wieder anders, daß man launisch und zerfahren wird, kurzum steuerlos! Denn, es ist klar, daß man die Berufstätigkeit von seinem Innenleben nicht trennen kann, sondern daß alles, was man außerhalb des Berufs denkt und innerlich verarbeitet, seinen Widerhall in der Tagesarbeit findet und sie in jeder Beziehung beeinflußt. Während dieses Wirrwarrs habe ich dann durch Aufsätze in Zeitschriften über Deinen Bruder und seine Werke Gedanken gefunden, die mir sympathisch waren und bin ihnen nachgegangen, zuerst schüchtern und zurückhaltend, wie Du Dir denken kannst, kopfschüttelnd zumeist. Dann habe ich Dein Buch gelesen, habe Ahnung von dem Werdegang Deines Bruders bekommen und mich schließlich – mit klopfendem Herzen – an den Zarathustra gemacht. Und nun habe ich hundertfach das herrliche Gefühl durchkostet, welches allein den Wert eines Buches bestimmt, das Gefühl, Gedanken mit kristallheller Klarheit ausgesprochen zu sehen, die schon in einem gesteckt haben, die man wenigstens geahnt, die zum Ausdruck zu bringen einem aber das geistige Vermögen und die Klarheit fehlte; dieses Gefühl, das einen aufspringen läßt und mit der Faust auf den Tisch schlagend ausrufen läßt: Ja, so ist es!

Ich genieße, wie Dein Bruder einmal vom Lesen Bismarckscher Reden schreibt, – all diese lapidaren Thesen wie schweren Wein, Zug für Zug, indem ich dabei ein unbeschreibliches Wohlbehagen und schließlich ein förmlich berauschendes Gefühl habe.

Unter diesen Umständen hat mich die Entfremdung, welche in den letzten Jahren zwischen Dir und unserer Familie Platz gegriffen hatte, naturgemäß besonders schmerzlich berührt, und Du kannst Dir denken, wie froh ich über die Wendung bin. Von meinem trefflichen Vater konnte man gewiß nicht verlangen, daß er die Anschauungen, in denen er seit zwei Menschenaltern festgewurzelt war, nun mit einem Male über Bord warf, aber was wir alle immer hoch an ihm geehrt haben, war vor allem, daß er stets anregend auf uns zu wirken versuchte, nie aber uns eine Meinung aufzwingen wollte."

Am 25.9. "Nun bin ich doch nicht zu Ende gekommen, möchte Dir aber kurz noch etwas über mein Ergehen im Manöver erzählen. Zuerst waren wir 10 Tage in Pommern, im Stolper Kreis, der mit herrlichen Landgütern reich gesegnet ist. Die Besitzer hießen Zitzewitz oder Puttkammer und nahmen uns alle gleich liebenswürdig auf. Dann lagen wir vier Tage in Danzig, sperrten den Bahnhof ab, als der Kaiser ankam, um die neue schwarze Leibhusaren-Brigade nach Langfuhr zu führen; am 16. war die große Parade vor Majestät, die Kaiserin, Prinz Albrecht mit einem Sohn, Prinz Eitel-Friedrich, der chinesische Sühne-Prinz, alles war versammelt. Die Kriegsflotte, welche in der Danziger Bucht lag, habe ich leider nur von weitem gesehen – hatte keine Zeit, mal rauszufahren.

Weniger glänzend und vom Wetter begünstigt wie die Kaisertage in Danzig waren die anschließenden Kaiser-Manöver-Tage. Bereits am ersten Tag marschierten wir 13 Stunden in unaufhörlichem starken Regen, lagen dann ohne Bagage und in denselben nassen Sachen auf Stroh; ich kam erst um 2 Uhr nachts vom Befehlsempfang, und um 4 gings wieder los. Wir Adjutanten hatten es besonders schlimm, weil wir nachts noch weit zum Befehlsempfang mußten, zu Pferd oder mit dem Fahrrad. Aber es ist mir gut bekommen, man sieht bei solchen Gelegenheiten wieder mal, was Mann und Pferd durchhalten können, und das ist im allgemeinen mehr, als man selbst anzunehmen geneigt ist. Doch nun leb wohl, ich will enden, sonst werde ich heute wieder nicht fertig.

Sei herzlich gegrüßt von Deinem dankbaren Max Oehler."

Dt. Eylau, 27.1.02

"Liebe Tante, vor einiger Zeit habe ich von Naumann die 8 Bände erhalten und möchte Dir noch einmal meinen wärmsten Dank aussprechen; meine Freude darüber ist grenzenlos, ab und zu komme ich trotz aller Arbeit abends zum Lesen und bin dann immer wie berauscht.

Fortsetzung am 17.2.02: Du siehst aus obenstehendem Anfang, daß ich bereits vor geraumer Zeit die Absicht hatte, Dir wieder einmal etwas über mich zu berichten, doch waren die letzten Wochen teils dienstlich, teils außerdienstlich so beschäftigungsreich, daß ich nicht dazu kam. Es tut mir leid, daß Du Dir über mein langes Schweigen sorgende Gedanken gemacht hast, doch sehe ich darin einen neuen Beweis Deines Wohlwollens und Deines, in

Auguste Oehler, geb. Forste, 1947–1920. Mutter von Max Oehler

liebevoller Fürsorge meiner gedenkenden Herzens; habe dafür und für Deinen lieben Brief herzlichen Dank.

Sorgen brauchst Du Dir aber nicht zu machen. Ich glaube nicht, daß es leicht irgend einen Umstand oder ein Ereignis geben könnte, das etwas zwischen uns brächte, denn ich denke mit solch heller Freude eigentlich täglich an die unvergeßlichen Tage zurück, die ich bei Dir verleben durfte; reinste, ungetrübteste Harmonie, das ist der bleibende Eindruck, den ich von Dir und Deinem schönen Heim mitgenommen habe, und den ich jedesmal, wenn ich daran denke, von Neuem spüre. Meine gute Mutter sorgt sich natürlich ein bißchen um mein Seelenheil, doch ist das nicht erst jetzt so, das war schon so, ehe ich Dich näher kannte, also brauchst Du nicht zu fürchten, daß es durch Dich veranlaßt sei. Sie hat dabei aber den festen Glauben, daß es bei mir und den Brüdern nur ein vorübergehendes Stadium sei, und daß wir über Kurz oder Lang zum Glauben der Väter zurückkehren würden, was ich bezweifle.

Andrerseits ist sie viel zu vernünftig, als daß sie sich wirklich ernstlich um uns ängstigen sollte, hat sie doch immerhin das Vertrauen, daß wir auch auf unsre Weise durch die Welt kommen werden, und was nachher wird oder nicht wird – nun, das ist ja jedes Einzelnen eigene Sache.

Hier herrscht die letzten Wochen eine fieberhafte Tätigkeit, dienstlich und außerdienstlich. Zunächst hatten wir eine mehrtägige Winterübung, bei der ich als Ordonanzoffizier zum Divisionskommandeur kommandiert war. Was ein Ordonanzoffizier ist, erklärt Dir vielleicht gelegentlich Graf Kielmannsegg, nämlich ein Zwischending zwischen Adjutant, taktischem Beirat und besserem Lakai, das Ganze verklärt von einem geheimnisvollen Schimmer großer, aber undurchdringlicher Wichtigkeit, kurz, eine sehr komische Erscheinung.

Darauf gaben seine Exzellenz sich die Ehre, uns bei den Besichtigungen der Rekruten zu besuchen. Die allseitig mit Freude begrüßte Aussicht dieses Besuches verwandelte bereits 14 Tage vorher die Garnison in einen Ameisenhaufen, und um das Maß voll zu machen, fielen in diese Besichtigungstage auch noch die Aufführungen des vaterländischen Frauenvereins (auf Seite 4/5 ausführliche, spöttische Beschreibung – M. Oe. hatte das zu arrangieren).

Am 9.7.02.: Geburtstagsglückwünsche und vielen Dank für ihren Brief – sie scheint ihm doch ziemlich oft geantwortet zu haben, aber wirklich informiert hat sie ihn nicht. Z. B. nicht darüber, daß sein Vetter Adalbert Oehler es fertig gebracht hatte, der Meta v. Salis ihr Haus am Silberblick abzukaufen, weil Elisabeth nicht genug Geld aufbrachte – ein juristisches Kunststück, wie mir scheint, und es ist ja auch gelungen. In Adalberts "Geschichte des Nietzsche-Archivs" kann ich nachlesen, daß das Mietverhältnis bis 1902 so geblieben ist und daß A. Oe. es nicht richtig fand, "den großen, kostspieligen Umbau" mit van de Velde schon machen zu lassen, ehe EFN wirklich Eigentümerin des Hauses war, und sie haben auch darüber gestritten, daß sie es versäumt hatte, sich seine – Adalberts – Zustimmung zu ihren Plänen geben zu lassen.

Im Juni 1902 ist sie nach Tautenburg gezogen, um dort in Ruhe die Biographie ihres Bruders zu schreiben; im Dezember reiste sie nach Rapallo, wo sie neun Wochen blieb, war danach in St. Margharita im Hotel Meramare und kehrte erst im März 1903 über Nizza und Basel zurück, um im Somer in das ungebaute Haus einzuziehen. An Adalbert schrieb sie klagend zu dieser Zeit: "welche Sorgen auf mir liegen!" und wird damit ihre Geldsorgen gemeint haben; das wundert mich nicht, denn alles, was sie in den Jahren nach Friedrichs Tod machte, war viel zu kostspielig gewesen. Und nachdem sie A. Oe. das Haus für 40 000 Mark abgekauft hatte, mietete sie wegen des Umbaus für sich und ihr Archiv eine Wohnung in einem nahe gelegenen Haus, verreiste dann monatelang und war entsetzt, nun für die Neugestaltung des Hauses 50 000 Mark ausgeben zu müssen. Aber Adalbert scheint auch da wieder ausgeholfen zu haben, nicht nur mit Geld, sondern auch mit juristischer Beratung.

Das alles wußte M. Oe. nicht, oder jedenfalls nicht genau, sonst hätte er im Oktober 1902 nicht angefragt, ob er sie im Dezember wieder einmal besuchen dürfe, offensichtlich, ohne zu wissen, daß sie sich gar nicht in Weimar aufhielt. Er möchte sich so gerne in Ruhe mit ihr aussprechen, schrieb er und klagte über seinen Dienst und: "wie ärgerlich ist doch besonders das stete Gefühl, daß man mit kleinem Kram im Dienste anderer sich fast vollständig aufbrauchen muß und von diesen ausgenutzt wird, – wie gut haben es doch solche Menschen, die, ohne von jemandem abhängig zu sein, ganz ihren Interessen leben können".

Ich frage mich nun, ob sie auf ihn den Eindruck gemacht hat, beneidenswert unabhängig zu sein, und ob sie diesen Eindruck ihm gegenüber vielleicht erwecken wollte? Das Talent, zu imponieren und gleichzeitig sich fürsorglich und herzlich zu zeigen, das hatte sie nach meiner Beobachtung auch noch als alte Frau und nutzte es, sobald sie jemanden brauchen konnte. So z. B. hatte sie Peter Gast in Nietzsches letzten Lebensjahren nach Weimar gelockt und ihn dazu überredet, wieder mit ihr zu arbeiten, vor allem, weil er Friedrichs Handschrift auch an schwierigen Stellen entziffern konnte. Auf diese Weise hat er dessen Tod miterlebt und tiefbewegt an seinem Grab gesprochen. Die darauffolgende Zusammenarbeit mit EFN hat dann ein unerfreuliches Ende genommen...

Dt. Eylau, 13.10.02

"Liebe Tante Elisabeth, trotzdem ich sehr in der Arbeit bin, möchte ich Dir doch gern grade in diesen Tagen, in denen Du gewiß wieder besonders in wehmütiger Erinnerung Deines teuren Bruders und seiner Leidensgeschichte denkst, einen warmen herzlichen Gruß senden; ich bedaure oft, daß ich nicht dazu komme, Dir öfters ausführlicher zu schreiben, doch kann man bei den hiesigen hochgespannten dienstlichen Verhältnissen kaum mal eine Stunde für sich zum Selbststudium abknapsen, viel weniger noch zum Briefschreiben. Außerdem geht nun wieder eine wilde Geselligkeit hier los, die sehr viel Zeit kostet und selten etwas Erfreuliches bietet. Da wir seit kurzer Zeit einen neuen General hier haben mit zwei erwachsenen Töchtern, werden die Festlichkeiten dieses Jahr besonders reichlich gestaltet werden – Mein Urlaub Mitte November ist mir so gut wie sicher, ich werde ihn in Halle verleben, in stiller Behaglichkeit bei Mutter und Geschwistern und einigen Büchern, ungestört durch die Aufregungen einer Brautschau, wie sie der vorjährige Urlaub mit sich brachte. Weißt Du noch, wie herzlich Du gelacht hast, als ich Dir auf der Fahrt von der Bahn zu Deinem Haus die traurige Affaire erzählte? Und mitten im schönsten Lachen sagtest Du immer wieder: 'Ja, das ist doch aber eigentlich sehr traurig!'

Du bist sicher so liebenswürdig, mir gelegentlich zu schreiben, wie und wann es Dir am besten paßt, daß ich Dich besuche; es würde sich also um die Zeit vom 15. November bis etwa 15. Dezember handeln, und wenn ich auch, wie Du schriebst, wegen des Hausbaus (Umbaus?) nicht lange bei Dir bleiben kann, so möchte ich doch wenigstens ein oder zwei Tage bei Dir sein, um Dich zu sprechen und von den Erlebnissen des Sommers zu hören.

Meine Gedanken werden in diesen Tagen besonders viel bei Dir sein,

Dein treuer und dankbarer Max Oehler"

Ja, der "Umbau" ist es gewesen, von dem M. Oe. Näheres erst erfahren hat, nachdem Elisabeth im Frühling 1903 von ihren Reisen zurückgekehrt und wieder in Weimar war. Am 15. Oktober hat dann van de Velde das von ihm umgebaute Archiv feierlich eröffnet. Zu der Zeit ist M. Oe. grade nach Berlin umgezogen, weil er im Frühjahr unerwartet die Prüfung für die Kriegsakademie bestand, obwohl er gedacht hatte, sie wiederholen zu müssen. Elisabeth freute sich darüber und spendete ihm Taschengeld ... Van de Velde hat später in "Geschichte meines Lebens" die Entwicklung seiner Arbeit am Nietzsche-Archiv beschrieben. Damals gab es in der Reihe "Kochs Monographie" von Paul Kühn einen Band "Das Nietzsche-Archiv in Weimar", reich bebildert und mit Beschreibungen der einzelnen Räume. Die Sprache des Kühn ist üppig und verherrlichend, von Zarathustra-Zitaten durchwachsen und kam bei den Zeitgenossen gut an, wohl auch wegen der Abbildungen. Max schenkte das Buch später seiner Freundin Else zu Weihnachten, als sie heimlich zusammen feierten und schon wußten, daß sie sich trennen mußten – Else war verheiratet, und ihr Mann gab sie nicht frei.

Fortsetzung am 11.7.03:
"wir tummeln uns jetzt hier eifrig im Freien und sind alle braun gebrannt wie die Kaffeebohnen. Wenn ich erst in einer dumpfigen Großstadtklause sitze (in Berlin), werde ich doch manchmal an die preußische Landschaft denken, ihren eigenartigen Reiz, ihre herrlichen meilenweiten, von der Kultur in ihrer Ursprünglichkeit noch nicht zerstörte Wälder, mit dem kraftvollen Baumwuchs, den wilden Farrenkräutern und den stillen, märchenhaft einsamen Seen; ich kann es so gut verstehen, daß die Menschen, die hier groß geworden sind, gar nicht auf längere Zeit weg wollen. Viele Leute verstehen das nicht. Für mich ist der hiesige Wald noch besonders mit unauslöschlichen Erinnerungen verknüpft. Abgesehen von den unausbleiblichen "in rebus feminalibus" bin ich in den ersten Sommern unseres Hierseins häufig nach einer mir lieb gewordenen Stelle gefahren – mit dem Rad -, die mitten im Walde und doch so hoch liegt, daß man einen weiten Blick über die Landschaft hat, und bin hier zuerst der Gedankenwelt Deines Bruders nähergekommen. Wie anders sind die Eindrücke in einer solchen Umgebung als im möblierten Zimmer einer schmuddlichen Kleinstadt. Nochmals herzlichen Dank für Deinen lieben Brief."

Im Oktober nach Berlin in die Motzstraße umgezogen, bedankt sich Max bei Elisabeth erst einmal herzlich für das Geld und beteuert, daß es ihn bedrückt, diesen Zuschuß von ihr annehmen zu müssen, aber besonders jetzt habe er ihn so nötig. "Mein einziger Trost ist Dein schon so oft bewährtes Finanzgenie", fügt er hinzu. Und: "Hier bin ich schon einigermaßen in der neuen Tätigkeit drin. Das viele Hören und Aufpassen – von 9 bis 1 oder auch von 9 bis 3 – strengt mich ziemlich an, die Vorträge aber sind alle riesig interessant, die Lehrkräfte ausgezeichnet, besonders die beiden Professoren in Geschichte und Geographie, und es ist mir das besonders lieb, weil ich grade das erste Jahr mich mit diesen beiden Fächern und anderen, allgemeinen Wissenschaften beschäftigen will; das rein Militärische soll vorläufig etwas zurücktreten."

Er hat schon Bekannte getroffen auf der Akademie, frühere Regimentskameraden usw., hat aber auch einen neuen Freund (namens Brüggemann), mit dem er sich sehr gut versteht – vielleicht weil der auch ein Nietzsche-Leser ist.

Die Wohnung einzurichten war schwierig; es lag ihm daran, daß sie behaglich wurde, weil er denkt, daß er viel zu Hause sitzen und arbeiten wird.

Am 5.12.03 (mit der Bitte, ihm nicht böse zu sein, weil er so lange nicht geschrieben hat) berichtet er von seinem neuen Leben in Berlin – "ein Strudel von Ereignissen und neuen Eindrücken" – "die 2 Monate sind mir förmlich verflogen, und ich freue mich, daß mit 16tätigen Urlaub (vom 22. 12. bis 6.1.) mal wieder Ruhe eintritt, so daß man zur Besinnung und Verarbeitung all des Neuem kommt."

Zurück aus Danzig nach Prüfung zur Kriegsakademie, Dt. Eylau, am 24.3.03: "Verzeih mir, daß ich so wenig von mir habe hören lassen, doch hatte ich die letzten Monate scharf zu arbeiten, wenn ich überhaupt mitkonkurrieren wollte. Unglücklicherweise wurde auch noch der Regimentsadjutant 4 Wochen krank, so daß ich ihn vertreten mußte und aus dem Arbeiten zum Examen wenig wurde. Daher habe ich sehr wenig Aussicht, einberufen zu werden, doch schadet das nichts, noch bin ich im Dienstalter reichlich jung für die Akademie, und die Arbeit dieses Winters ist für das nächste Jahr nicht verloren, zumal zu jedem Examen neben dem wirklichen Wissen auch eine gewisse Routine gehört. Die Examenstage (von Montag, d. 16.3. bis 22.3.) waren reizend – schon deshalb müßte mans nochmal machen. Die Prüfungen dauerten von 8 Uhr morgens bis 2 oder 3 Uhr nachmittags, dann aßen wir und fuhren oder ritten in herrlichem Frühlingswetter spazieren, an die See oder in den Wald. Zwei der Danziger Generalstabsoffiziere sind Schüler in Pforta gewesen, und ein dritter, ein Hauptmann namens Kundt, stand in Naumburg als Bezirksadjutant."

Wahrscheinlich war das günstig; Die Herren haben sich den Leutnant Oehler genau angesehen, und aus seinen nächsten Briefen geht hervor, daß er wider Erwarten die Prüfung in Danzig bestanden hat und im Herbst nach Berlin umziehen wird, weswegen Elisabeth ihm einen monatlichen Zuschuß geben wird, denn Berlin ist teuer …

Zum 10.7.1903 etwas verspätete Glückwünsche: "da wir bis zum 9. Juli auf dem Truppenübungsplatz waren, wo wir unter den Augen unserer höchsten Vorgesetzten scharf geschossen haben, was, wie Du vielleicht nicht weißt, immer eine unbequeme Sache ist, viele Vorbereitungen, viel Lauferei und vor allem entsetzlich viel Schreiberei verursacht. Wenn der Laie etwa glaubt, das Wichtigste sei das Schießen selbst und das, was Mann und Führer dabei lernen, so befindet er sich in einem bedauerlichen Irrtum; weit wichtiger als alles das sind die Berichte – zunächst vorher (wie es gemacht werden soll) und nachher (wie es tatsächlich gemacht worden ist). Dazu kam der Rücktransport in die Garnison unmittelbar nach dem Schießen, offizielle Festlichkeiten mit den hohen Herren pp, so daß man keine ruhige Stunde hatte, und für eine flüchtige Postkarte ist mir Dein Geburtstag ein zu hohes Fest.

Du kannst nun mit großer Befriedigung auf das verflossene Jahr zurückblicken, das Dich dem schönen Ziel, das Du Dir gesteckt hast, einen erheblichen Schritt näher gebracht hat: Du hast dem großen Anhängerkreis Deines Bruders einen Sammelplatz großen Stils und Deinem engen Freundeskreis eine Heimstätte geschaffen, wie sie schöner und reizvoller nicht gedacht werden kann. Ich sagte Dir ja schon oft, wieviel Anziehendes diese Verbindung intensivsten geistigen Lebens und trauter Häuslichkeit in Deinem Heim für mich hat, aber ich muß es Dir immer mal wiederholen. Wenn es Dir paßt, möchte ich zwischen dem 20.9. und 1.10. Für ein paar Tage zu Dir kommen..."

Fortsetzung des Briefes aus Berlin vom 5.12.03:

"Mein Tageslauf stellt sich folgendermaßen dar: Morgens von 9, 10 oder 11 Uhr an haben wir Vorträge in der Akademie, die ich in einer halben Stunde von meiner Wohnung aus zu Fuß durch den Tiergarten erreiche. Die Vorträge dauern 4 mal in der Woche bis 3 Uhr Nachmittags, mit einer Viertelstunde Pause nach jeder Stunde, die man zum Frühstücken und hastigen Mittagessen (im Kasino) benutzen muß, sonst bis 1 oder 2 Uhr. Unter viel Langweiligem hört man eine Menge höchst interessanter und anregender Dinge, vorgetragen von Generalstabsoffizieren und Professoren der Universität. Auf dem Nachhauseweg schlüpfe ich häufig auf kurze Zeit in einen der Kunstsalons (Schulte oder "Keller und Reiner"), wo ich abonniert bin, und 2 mal in der Woche gehe ich von 5 bis 6 zu einer höchst amüsanten Französin, mit der ich Konversation treibe, um endlich diese Sprache sprechen zu lernen; in der Akademie haben wir zwar auch 6 Stunden französisch, aber bei 20 Schülern kommt der einzelne doch zu wenig dran. Diese Dame ist eine geborene Pariserin und war in Danzig mit einem Kaufmann verheiratet, wo sie mitten im glänzenden Gesellschaftsleben stand. Sie ist eine Verwandte einer unserer Familien, durch die ich sie kennen lernte. Nach furchtbarem Unglück mit ihrer Familie muß sie sich hier in Berlin auf diese Weise Erwerb schaffen. Sie ist so dankbar, wenn sie mal wieder herzlich lachen darf, was sie ihrem Temperament nach so gern tut, wozu sie aber naturgemäß jetzt selten kommt – nun, in den beiden Stunden besorgen wir das redlich; sie ist äußerst anregend und amüsant, und ihr kluger Kopf steckt voller Flausen.

In ästhetischer Hinsicht habe ich mich nach den Jahren der Entsagung gründlich "ausgetobt" – ich kann keinen anderen Ausdruck finden, denn fast war es etwas zu viel an Theaterstücken, Konzerten und Kunstgenüssen aller Art, und grade dabei ist das "zu viel" nicht gut, ein Eindruck verwischt bei der raschen Aufeinanderfolge den anderen, und der Wert liegt doch grade im nachherigen Verarbeiten.

Jetzt also bin ich etwas bummelmüde und muß auch häuslicher sein, da ich an einem Vortrag in Kriegsgeschichte arbeite, den ich im Januar halten soll, und an der Korrektur der Druckbogen der Geschichte unseres Regiments und seiner Stammregimenter, die ich seiner Zeit mal zusammengestellt habe.

Paßt es Dir, daß ich Dich während des Weihnachtsurlaubs besuche?

Bis auf evtl. frohes Wiedersehen herzliche Grüße, Dein dankbarer Max Oehler"

Im Jahr 1904 spielt der neue Freund Massenbach eine große Rolle; immer wieder kommt er in den Briefen vor, und ich nehme an, daß M. Oe. der Elisabeth auch bei seinen Besuchen in Weimar viel von diesem Freund erzählt hat. Da gibt es vom 13.6.04. einen schwierigen Brief, in dem zwei Leute genannt werden – v. Münchhausen und v. Massenbach -, beide haben sich über Italien geäußert, und zwar sehr unterschiedlich. Max nennt sie beide "Herr v. M.", was ja den Buchstaben nach auch stimmt, aber who is who? Er meint, daß dem Massenbach "eine gewisse Kompetenz zur Beurteilung der Frage nicht abgesprochen werden könne". Freilich, meint er, widerspräche der Artikel ja in fast allen Punkten der Ansicht des Herrn v. M. (Münchhausen)

Fortsetzung im Jahr 1904, der Brief mit den beiden Herrn v. M:

"Es fragt sich doch überhaupt, ob die Kultur derartige Wirkungen jemals haben kann, wie sie ihr Herr v. M. zuschreiben möchte. All diese äußeren Dinge wie Haltung, Betragen, Reinlichkeit, chevalereskes Wesen sind doch wohl mehr Konsequenzen der Zivilisation und des Wohlstandes (...) Wo Armut ist, ist auch Schmutz und Rohheit, aber Wohlstand bringt überall gefälligere äußere Lebensverhältnisse mit sich. Und was nun Haltung und Benehmen usw. betrifft (die berühmten Allüren selbst des Bettlers), so findet man die bekanntlich auch bei anderen romanischen Völkern und noch mehr bei niedrig stehenden orientalischen Stämmen, z. B. Arabern. Das liegt an der Rasse, nicht aber an den Wirkungen der Kultur. Die Wirkungen der Kultur bleiben, – glaube ich – doch eher in den oberen Regionen, dazu ist eine edle Kultur etwas viel zu Feines, es gehört eine zu feine innere Organisation dazu, als daß sie Gemeingut der Massen werden könnte; in die breiten Schichten gelangen wohl doch nur die Ausstrahlungen der Kultur auf dem Wege von Schule,

Haus, Erziehung, sozialem Wirken, aber von einem vollständigem Durchdringen kann doch wohl keine Rede sein (vergleiche Frankreich mit seinem enormen Gegensatz zwischen der alten Kultur in den oberen Schichten und der blöden, stockkatholischen Stumpfsinnigkeit der breiten Massen; vergleiche auch den berüchtigt schlechten Geschmack der heutigen Italiener (Camposanto in Genua)."

Aus Deutsch-Eylau schrieb er ihr dann am 4.7.04, daß er sich wohlfühlt in der kleinen ruhigen Stadt, seine alten Bekannten wiedersieht und eine kleine Stube mit weitem Blick über Wiesen und Wasser bewohnt, sich viel zu lesen mitgebracht hat und auch wieder Violine spielen will. "Mit meinen guten Freunden Hauptmann Nahrath und seiner Frau bin ich täglich zusammen, wir rudern, segeln, radeln, spielen Tennis, sitzen abends in ihrem schönen Garten bei Erdbeerbowle und schneiden dabei die wichtigsten Lebens- und Tagesfragen an und geben uns redliche Mühe, von den vielen ungelösten Problemen der Welt und Menschheit wenigstens einige der Lösung näher zu bringen. So wird auch diese Zeit, die der Berliner so gänzlich unähnlich ist, rasch vergehen, dann kommt das Manöver, und dann wird man froh sein, wieder nach Berlin zurückkehren zu können; das Glück (oder doch ein Teil davon) liegt eben im Wechsel oder wenigstens in einer vernünftigen Abwechslung ... "

Im ganzen hatte er in diesem Sommer viel Zeit, weil "die Akademiker" nur zu solchen Diensten herangezogen wurden, bei denen sie etwas für das Wesen und die Verwendung der Waffe lernen konnten. Auch Nachtritte im tiefsten Wald fanden als Übung bei den reitenden Offizieren statt. Am Tag auf einem einsamen Gut wohnend -"an einem großen stillen, von hohem Schilf bewachsnen märchenhaftem See, wie man sie hie hier in Westpreußen so viel hat", ist er manchmal Hühner schießen gegangen und hat abends die Enten, Taucher und Kraniche am See beobachtet. Ein idyllisches Leben war das, "wenn man nicht ständig von Fliegenschwärmen umbraust würde, und es nützt nichts, wütend um sich zu schlagen, zum Gelächter der Eingeborenen, die sich an diese Plage längst gewöhnt haben ... "

25.8.1904, Manöver-Quartier Stangenwalde: "An dem heutigen, Dir und uns allen so schmerzlichen Tage sind meine Gedanken naturgemäß besonders viel bei Dir und bei dem uns so teuren Toten, bei dem, was er geschaffen und was Du mit so unendlicher Liebe und Sorgfalt weitergeführt und ausgebaut hast. Wie lebendig werden heute alle die schönen und schmerzlichen Erinnerungen jener letzten schweren Zeit wieder vor Dir stehen! – Richard schrieb mir, daß er in letzter Zeit wieder einige so besonders schöne Tage bei Dir verlebt habe;

hoffentlich kommt es im Herbst dazu, daß auch ich mal wieder einige Stunden in Deinem uns allen so überaus sympathischen Heim verbringen darf."

Ich, seine Tochter und Leserin dieser Briefe – nach 90 Jahren! – frage mich nun, ob mein Vater solche etwas phrasenhafte Sätze damals geschrieben hat, um ihr wohlzutun oder gar ein bißchen aus Berechnung? Glaube das aber doch nicht, denn er konnte seinen Werdegang ja nicht 'berechnen' und hat ihr das auch oft beteuert, daß es zwar sein ehrlicher Wunsch und sein Ziel sei, eines Tages bei ihr im Archiv zu arbeiten, aber wann und wie, das wisse er nicht. Außerdem wolle er auf keinen Fall seinem Bruder im Wege stehen, der sich, wie er meinte, gut für diesen Posten eignen würde, (vielleicht sogar besser, aber das müsse sie entscheiden). Und jetzt kommt wieder meine eigne Meinung: Richard, den ich ja gut gekannt habe, hätte etwas anderes daraus gemacht, nämlich eine Karriere für sich, und vielleicht hat Elisabeth mit ihrer kleinen Spürnase das schon rechtzeitig gerochen. Die Karriere wollte schließlich sie machen, und dazu konnte sie den Max als Helfer gut gebrauchen; er war philosophisch veranlagt, und es würde ihn nicht stören, im Hintergrund zu leben und zu arbeiten. In gewisser Hinsicht hat das auch gestimmt – die bescheidenen Erfolgserlebnisse, die er brauchte, verschaffte er sich später mit Hausmusik und dem geselligen Leben, in dem er jahrelang sehr beliebt war.

Die Freundschaft mit Massenbach im Jahr 04 und weiterhin hat meinen Vater deutlich geprägt, und seine 'Sehnsucht nach kulturellen Genüssen' wurde durch ihn bestärkt. Massenbach stammte aus wohlhabender Adelsfamilie, und für ihn war es selbstverständlich, Konzerte, Theater und Museen zu besuchen, sich durch Reisen zu bilden und überall interessante Freunde zu haben, und ich glaube, er hat seinen Freund Max, der ihm sicher nicht verschwiegen hat, daß er nicht im Gelde schwamm, zu der im Brief beschriebenen Reise eingeladen.

30.12.04, Grand Hotel Porta Rossa & Central, Florences
"mit herzlichem Gruß und besten Neujahrswünschen aus dem schönen Italien. Du kannst Dir denken, mit welchem Genuß ich von einer Herrlichkeit zur anderen eile; ich habe mich schon immer danach gesehnt, all das Schöne mal zu sehen, bin aber nun ganz froh, daß ich nicht früher dazu gekommen bin, denn sicherlich gehört eine gewisse Reife der ganzen Entwicklung dazu, um den vollen Genuß am Schönen zu haben. Nur schade, daß die Zeit so kurz ist. In Massenbach habe ich einen vorzüglichen Führer, der schon oft in Italien war, und dessen weise Einteilung durch allmähliges Steigern der Genüsse erhöht wird und vor Übermüdung bewahrt."

Im Jahre 1905 veröffentlichte EFN unter dem Titel "Nietzsche-Legenden" einen kämpferischen Artikel gegen Lou Andreas-Salomé, ihre Begegnung mit Nietzsche und ihr Nietzschebuch. Damit hat sie sich C. A. Bernoulli zum Feind gemacht (und nicht nur damit; diese Feindschaft verschlimmerte sich). In den Briefen von M. Oe. finde ich darüber nicht das Geringste; offenbar kannte er den Artikel gar nicht oder, wie ich eher glaube, war er mit seinen eignen Angelegenheiten und Ideen intensiv beschäftigt. In diesem Jahr wurde er Oberleutnant und im Dezember 30 Jahre alt und fuhr, um das zu feiern zu seiner Familie nach Halle.

Im April dieses Jahres besuchte der schwedische Bankier Ernest Thiel das Nietzsche-Archiv in Weimar, um die Schwester des von ihm verehrten Philosophen kennen zu lernen – sie hat ihn mit der ihr eignen Liebenswürdigkeit und Geschicklichkeit empfangen, und daraus entstand eine Freundschaft über viele Schwierigkeiten hinweg bis zu ihrem Tod 1935. Ich habe den reichen Herrn Thiel in den zwanziger Jahren sehr gut gekannt, war mit seinen Kindern befreundet, und die Familie Thiel hat in meinem Leben damals eine große Rolle gespielt, aber seine Briefe an Elisabeth habe ich erst jetzt, bei meinen Recherchen für das Leben meines Vaters gelesen; sie sind nicht nur freundschaftlich, sondern liebevoll, handschriftlich, in deutscher Sprache und wurden von der Empfängerin nicht gefälscht, wie so vieles andere, denn sie waren immer wieder des Lobes voll über alles, was sie tat und leistete. Selbst ihre Begeisterung für Mussolini und Hitler hat er ihr anscheinend nicht verübelt, sie war Nietzsches Schwester und damit ihm ebenbürtig...

Thiel war ein sehr kluger und sprachlich hochbegabter Mensch; er übersetzte im Laufe der Zeit "Jenseits von Gut und Böse", "Die Genealogie der Moral", "Götzendämmerung" und "Ecce homo" ins Schwedische. Das Geld, das er damit verdiente (auch das weiß ich erst jetzt) schickte er an Elisabeth und wollte keinen Dank dafür haben, mit der Begründung: "Es ist Dein Geld."

Am 26. Juni 1905 starb Overbeck. Von da an verschärfte sich der Kampf zwischen Weimar und Basel, an dem M. Oe. offenbar nur aus der Ferne teilnahm; z.B. an dem Streit um die verlorenen Handschriften und Elisabeths Behauptung, außer ihr habe sich niemand um die Papiere ihres kranken Bruders gekümmert.

Richard Oehler verteidigte sie in einem Artikel "Zum Kampf gegen das Nietzsche-Archiv". Bernoulli verteidigte die Witwe Ida Overbeck, und die Sache mit den verlorenen Handschriften führte zu so und so vielen Prozessen; in Elisabeths Schrift "Das Nietzsche-Archiv, seine Freunde und Feinde" behauptete sie sogar, die angeblichen Handschriftenverluste seien der Grund gewesen für ihr Zerwürfnis mit Overbeck 1894, also schon vor 10 Jahren. Und nun fürchte ich, Max und Richard Oe. haben nicht aus echter Überzeugung ihr immer zur Seite gestanden, sondern ihr einfach geglaubt. Warum? Weil sie die jungen Verwandten waren? Weil sie immer alles so glaubhaft darstellen konnte? Weil sie Nietzsches Schwester war?

Aus Berlin, Augsburgerstraße, Sonntag 9.7.05.

"Meine liebe Tante, nimm meine herzlichsten Glückwünsche zu Deinem Geburtstag; Du weißt, welcher Wunsch mir für Dich am meisten am Herzen liegt, daß Du Dir nicht zu viel zumutest, und daß Dir alles Ärgerliche, an dem Deine Tätigkeit naturgemäß so reich ist, im neuen Lebensjahr möglichst erspart werden möge. Hoffentlich erlebst Du vielmehr Erfreuliches, siehst Dein Streben von Erfolg gekrönt und Deine Pläne sich immer mehr verwirklichen.

Am Sonntag und Montag (den 16. und 17.) feiern wir hier die Hochzeit der ältesten Tochter meines früheren Brigadekommandeurs, Exz. Brandau, der jetzt hier verabschiedet wohnt; sie heiratet den Dr. Alexander Tille, den Du wohl als großen Nietzsche-Interpreten kennst, und den sie hier durch Zufall kennen gelernt hat. Ein sehr nettes Mädchen, die freilich geistig dem Mann nicht das Wasser reicht; aber das schadet wohl nichts, soll jedenfalls so besser sein, als umgekehrt, habe ich mir sagen lassen. Wenn Du über Dr. Tille etwas Näheres hören willst, so schreibe ich Dir gern ausführlicher über ihn, seine Werke und sein Wirken für die deutsche Litteratur in England. Ich war schon öfter mit ihm zusammen. Er ist übrigens Syndikus der zweiten Handelskammer in Saarbrücken und ein wohlhabender Mann – wir sollten mit ihm in Verbindung bleiben."

In Verbindung kommen wollte M. Oe. damals in Berlin auch mit dem Grafen Kessler, weil er von Elisabeth so viel Interessantes über ihn gehört hatte. Er konnte zu seinem Bedauern einen Vortrag von ihm nicht miterleben; stattdessen aber gelang es ihm, ihn zu besuchen und sich mit ihm zum Frühstück zu verabreden, im Automobilklub am Leipziger Platz, und Max schrieb darüber an EFN: "Dort waren außer mir noch zwei Herren eingeladen, und es war nett und interessant, wenn es mir auch lieber gewesen wäre, mit K. mal allein zu sein; man lernt dann einen Menschen ganz anders kennen. K. sieht übrigens recht gut aus und ist sehr munter und läuft viel herum, noch etwas hinkend natürlich, behauptet aber, der Arzt wünsche, daß er ginge und hofft, daß er mit der ärztlichen Behandlung Ende des Monats soweit sei, daß er wegfahren kann. Ich glaube, er will dann nach Paris."

Am äußersten Rand dieses Briefes: "E. läßt sich Dir empfehlen; ich habe ihr so viel von den entzückenden Tagen bei Dir erzählt."

Wer "E." war, das erfährt man aus einem Brief vom 23.9. (ohne Jahreszahl), nachdem M. Oe. als Adjutant eines neu aufgestellten Bataillons sehr viel zu tun gehabt hatte und nicht zu Briefschreiben kommen konnte und:

"Schließlich war diese ganze letzte Zeit hindurch meine Angelegenheit mit Berlin in eine böse Krisis geraten; der Mann hatte selbst von Scheidung zu reden angefangen, doch bin ich überzeugt, es war ihm gar nicht Ernst, er wollte nur einen Druck ausüben und die Sache ihrer Mutter zur Kenntnis bringen. Es hat darob böse Szenen gegeben; die herzkranke Mutter hat fast den Tod davon gehabt, und absolute Hoffnungslosigkeit für uns ist das Resultat. Daß meine Stimmung nun nicht die rosigste ist, kannst Du Dir denken – dies war ein Kampf mit einer kompletten Niederlage. Das Furchtbarste für mich ist daß dies arme Geschöpf all das Widerwärtige allein durchfechten muß, und ich als der Stärkere muß ohnmächtig dabeistehen und zusehen, wie sie über sie herfallen, um sie mit Gewalt wieder zurückzuschleudern in ein Dasein, das ihr im Innersten zuwider ist – dies herrliche Wesen, das für Sonne und Glück geboren ist, wie kein zweites Weib auf Erden. Nun, mögen sie tun, was sie wollen; daß wir uns lieben, kann uns kein Gott und kein Teufel nehmen, und ich werde an ihr festhalten, und sollte ich daran zugrunde gehen! … "

An ihr festhalten durfte er nicht, und zugrunde gegangen ist er auch nicht, jedenfalls nicht an dieser heftigen Liebe. Immerhin ist ein gesunder und begabter Sohn aus dieser Liäson entstanden, der Max heißen durfte (beide Väter hießen so), hochmusikalisch war und schon mit zwölf Jahren Konzertpianist werden wollte, und er wurde es. Wie unser Bruder Henning hatte Max ein kurzes, reiches Leben – das tröstet ein bißchen – und eine junge Frau und ein Kind hatte er auch. Als Soldat wurde er nach Rußland geschickt, und als er nicht zurück kam, hat seine Mutter Else sich das Leben genommen; damals, im Jahre 1906 Gottseidank nicht. Ich habe sie kennen gelernt, während sie mit ihren beiden Söhnen als Witwe in Berlin-Steglitz lebte, habe sie gern besucht und allerdings im Stillen gedacht, daß sie zu meinem Vater nicht so gut gepaßt hätte wie meine Mutter. Gesagt hätte ich so etwas nie – wir redeten ja auch sonst nicht über längst vergangene Probleme.

Im Herbst aus Berlin W., Augsburger Straße, ein eiliger Brief ohne Datum, in dem M. Oe. seinen Besuch in Weimar ankündigt und sich auf eine Aussprache freut: "Sorge Dich aber bitte nicht zu sehr um mich, liebe Tante, ich bitte Dich immer wieder darum. Ich hätte Dir diese Sorge gern erspart, aber schließlich konnte ich Dir das Ganze auf die Dauer doch nicht verheimlichen, da Du stets so liebevollen Anteil an meinem Lebensschicksal nimmst."

Marienburg, 5.10.06, Hotel zur Marienburg: "Herzlichen Dank für die Übersendung der Rundschau-Nummern; wer ist dieser Leo Berg? Soll ich Dir die Aufsätze zurücksenden? Sonst würde ich sie an Richard schicken. In der Overbeck-Sache scheinen mir alle Hauptpunkte sehr klar und scharf hervorgehoben, hast Du dabei mitgewirkt? Ich möchte es fast annehmen. Auch sonst ist der ganze Aufsatz hocherfreulich: da ist doch einmal ein Mensch, der tiefgehendes Verständnis bekundet, der wirklich in das Wesen Deines Bruders und seiner Werke eingedrungen ist, und wie selten findet man das noch immer, selbst bei Menschen, die sich viel mit ihm beschäftigt haben, – ganz zu schweigen von der Menge derer, die nur "über ihn" gelesen haben und mit unverstandenen Schlagworten um sich werfen. "Ich bin kein Gesetz für alle, ich bin ein Gesetz für die Meinen!" Das soll wohl wahr bleiben, und es ist gut so."

Ferner schrieb er in diesem Brief, daß er seine Else "sehr blaß und schmal gefunden habe, aber sonst vermöge ihrer prächtigen Natur und der ihr innewohnenden Elastizität wieder leidlich auf Deck". Nun schreiben sie einander Briefe und versuchen, sich heimlich zu verabreden und: "auf keinen Fall darf Mutterchen etwas davon erfahren!"

Schluß des Briefes vom 5.10.06 aus dem Hotel zur Marienburg:
"In meinem letzten Brief (nach dem Manöver) habe ich Dir glaube ich nicht geschrieben, daß an einen gemeinsamen Aufenthalt in Florenz oder sonstwo nach diesen letzten Ereignissen für uns nicht zu denken ist. Wie steht es eigentlich mit Deinen Winterplänen? Ich hoffe, etwa am 20. dieses Monats auf einige Wochen Urlaub zu bekommen, und wenn Du da bist und mich haben willst - Weimar. Mutterchen darf davon nichts wissen! Solltest Du in nächster Zeit mit ihr zusammentreffen, so denke bitte daran, daß ich neulich (im August) 'offiziell' mit Massenbach in München gewesen bin. Mutterchen fährt übrigens am 9. Oktober mit Elli und Ida nach Florenz zu Richard." Hier hat der "dankbare und getreue Max" (so seine Unterschrift) der Cousine Elisabeth ja allerhand zugemutet! Aber sie scheint es ihm nicht verübelt zu haben und seine Geheimnisse ausgeplaudert hat sie offenbar auch nicht. Sein Interesse an Leo Berg ist in dieser aufregenden Zeit anscheinend nicht groß genug gewesen, denn ich fand in keinem der nächsten Briefe eine Erwähnung. Bei Krummel aber, im Band II, Seite 256/57, ein Zitat aus einem Artikel über Nietzsches Freundschaftstragödien; "Von allen Freundschaftstragödien, die sein Leben beschatten, ist dies die traurigste, denn hier handelt es sich wirklich um einen Verrat, um etwas Häßliches und Niedriges, das mit keiner einzigen seiner sonstigen Erfahrungen verglichen werden kann ... " Overbeck scheine" ihn am frühesten verlassen und es doch verstanden zu haben, ihn anderthalb Dutzend Jahre zu täuschen."

Ich aber muß mir jetzt aussuchen, ob ich meinen Vater hier zu leichtgläubig oder verständnislos finde ...
Brief ohne Datum über einen Aufsatz mit dem Titel "Der Offizier" ...

"der Dich, liebe Tante, ebenso wie mich interessieren wird. Ich finde, er trifft die Kernpunkte unseres Standes ausgezeichnet. Gewisse Ideen sind ihm (dem Offizier) einfach verboten, gewisse Weltanschauungen, gewisse ethische Freiheiten. Wie oft haben mir schon Leute gesagt, 'mit solchen Ideen können Sie aber doch eigentlich nicht Offizier bleiben' – und ähnliches. Und immer und immer den Mund halten und anders tun und oft auch sprechen müssen, als man denkt – das ist es eben. Ich habe darum längst im hintersten Kämmerlein meines schwarzen Herzens beschlossen, die letzte Konsequenz meiner Denkweise zu ziehen und dem Stand lebewohl zu sagen, der mir an sich durchaus sympathisch ist, der aber eine vorschriftsmäßige Denkweise von mir verlangt, die ich nicht habe. Natürlich war es bisher bei dem geheimen Plan geblieben, denn auf Jahre hinaus war ja keine Möglichkeit abzusehen, ihn zu verwirklichen. Du kannst Dir nun denken, wie Deine Idee bei mir einschlägt. Denn zu dem negativen Grunde für das Abschiednehmen (Unmöglichkeit der Annahme des militärischen Glaubensbekenntnisses) kommt nun ein positiver: mein Zukunftstraum, an dem Kampf – der zweifellos die nächsten Jahrzehnte ausfüllen wird – dem Kampf zwischen den Anschauungen Deines Bruders und einem halben Dutzend antiquierter – mich zu beteiligen, und zwar aktiv, das ist mein Entschluß, und wenn ich es nicht schon heute tue, liegt es eben nur am Geld"...

Berlin, Augsburger Straße 19, 23.12.06

"Meine liebe Tante,

ich weiß zwar nicht, wo Du bist, und hoffe doch, daß dieser Brief Dich auch in Deiner entferntesten Zufluchtstätte erreichen wird; ich möchte Dir doch gerade zum Fest einen herzlichen Gruß senden. Bedeutet uns dieses Fest auch nichts in religiöser Hinsicht, so hat es doch durch Kindheitserinnerungen, Gewohnheiten und die ganze Art, wie man es feiert, seine eigenen Zauber, und man müßte von Holz sein oder sich selbst belügen, wenn dieser Zauber keine Wirkung haben sollte. Ich denke mir, daß Du an solchen Tagen, an denen alle Menschen sich mit denen zusammenfinden, die ihnen lieb sind, Dein Alleinsein doppelt schwer empfindest. Ich werde es Dir nie vergessen, daß Du damals, als ich das erste Mal nach dem Tode meines Vaters bei Dir war, sagtest, Du seiest zu sehr Weib, um ganz ohne einen Menschen sein zu können, dem Du Deine mütterliche Fürsorge zuwenden könntest. Ich wünsche mir nun zweierlei: daß aus dem Fürsorgekind, das Du Dir aussuchst, nicht einmal ein Sorgenkind wird, und daß noch einmal der Tag kommt, an dem ich Dir all Deine liebevolle Fürsorge vergelten kann. Hoffentlich kommt dieser Tag doch noch einmal, denn wer so viel scheelsehende Neider hat wie Du, der braucht auch Leute, die für ihn in die Schranken treten, und es ist einer meiner Lieblingsgedanken, das einmal tun zu können. An der Lust zum Raufen fehlt es mir jedenfalls nicht."

Fortsetzung am 24.12.;
"Ich bin seit dem 22. früh hier, habe durch die unglaubliche Güte des Oberst schon wieder 13 Tage Urlaub bekommen und sollte durchaus nach Wiesbaden fahren zu Mutterchen und den Tanten, aber nicht für einen Wald von Affen ! Daß ich hier bin, weiß Mutterchen natürlich nicht.

Vorgestern Abend hatte ich für Else eine kleine Weihnachtsbescherung aufgebaut, mit Bäumchen und Lichtern und allem Drum und Dran; sie kann sich an so etwas wie ein Kind freuen. Unter anderem schenkte ich ihr die Koch'sche Monographie "Das Nietzsche-Archiv", dessen vorzügliche Abbildungen ihr einen Begriff geben sollen, wie es bei Dir aussieht und wie schön es ist."

Dieses Buch, gedruckt bei der Verlagsanstalt Alexander Koch, Darmstadt (ohne Jahreszahl), ist damals wahrscheinlich ganz neu gewesen; ich besitze es und kann das an den Bildern erkennen. Der Garten ist noch kahl, es gibt keinen hohen Baum wie 20 Jahre später, als wir dort ein- und ausgingen. Elisabeth auf der Veranda mit dem Blick auf die Stadt herunter sieht trotz ihrer altmodischen Kleidung viel jünger aus als in den zwanziger Jahren. Aber die Innenräume des Hauses sind mir ganz vertraut, obwohl die damaligen Fotographien eine bräunlich-fahle Färbung hatten, die sie befremdlich wirken lassen, aber ich erkenne auf ihnen alle Gegenstände, Möbel, Bilder und Ornamente, wie ich sie in Erinnerung habe.

Am 30.1.07 aus Marienburg, Hohe Lauben, die freudige Nachricht, daß er schon wieder einige Tage Urlaub bekommt, nach Berlin und Halle fahren kann, und wie gut wegen Else, "denn Briefe sind eben doch nur Surrogate". Gut auch, daß er sich mit Richard treffen kann, den er immer wieder lobt – auch als möglichen Mitarbeiter im Archiv – ganz offensichtlich will Max sich nicht dazwischendrängen, auch nicht sich als den passenderen oder besser geeigneten hinstellen. Mit "Mutterchen" hat er sich über die Else-Tragödie zwar nicht ausgesprochen, aber auf ihren Wunsch ihr einen erklärenden Brief geschrieben, und sie hat verständnisvoll geantwortet. Weiß aber nicht alles.

Später wörtlich: "Ich habe in der letzten Zeit eine äußerst interessante Bekanntschaft gemacht, nämlich den geheimen Oberbaurat Steinbrecht, der seit 30 Jahren die Wiederherstellungsarbeiten der Marienburg leitet, den Kaiser, der zweimal im Jahr zur Besichtigung kommt, jedesmal selbst herumfährt und naturgemäß ein Kenner der vielseitigen Ordensgeschichte mit allen ihren Verzweigungen ist, wie es keinen zweiten gibt. Ich war schon öfters bei ihm in seiner Wohnung im Schloß, habe mir Bücher von ihm geben lassen und die interessantesten Anregungen bekommen. Er ist ein überaus bescheidner kleiner alter Herr, Thüringer von großer Lebhaftigkeit mit viel Humor; man hört ihm stundenlang mit Vergnügen zu, wenn er aus seinem an interessanten Dingen so reichen Leben erzählt."

1.2.07: "Ich hoffe, schon heute Abend fahren zu können, und bin in glücklichster Stimmung. Hoffentlich bleiben die Züge nicht stecken, der Schnee liegt schon einen halben Meter hoch und es schneit immer lustig weiter."

Aus einem späteren Brief ohne Datum:
"In meiner Berliner Angelegenheit ist insofern eine Änderung eingetreten, als wir übereingekommen sind, daß ich ernstlich an heiraten denken soll, da es vollkommen ausgeschlossen ist, daß Else jemals freikommt. Das ist nun leichter gesagt wie getan, und außerdem läßt sich theorethisch sehr schön vernünftig über diese Dinge reden, wie sie es tut – wenn es dann aber ernst wird, ist alle Vernunft wieder zum Teufel – das weiß ich schon; der Mensch ist eben nicht aus Holz. Jedenfalls aber stehe ich dem Gedanken, mich zu verheiraten jetzt näher wie seit Jahren (unter u n s gesagt)."

(Dieses einzelne Blatt, das sich in meiner Sortierung irgendwie verirrt hat, ist mit etwas größeren, derben Buchstaben geschrieben, die einen unwirschen Eindruck machen. Viele seiner erzählerischen oder sachlichen Briefe zeigen ein anderes Schriftbild.)

Am 12.2.07 schrieb M. Oe. aus Marienburg an Elisabeth, nachdem er sich mit Bruder Richard über die Archiv-Angelegenheit ausführlich besprochen hatte: "Förmlich erschrocken bin ich, ebenso wie Richard, über den Gedanken einer Abgabe der Bibliothek, der Manuskripte und der Nietzsche-Litteratur an die Universität Jena; das hieße doch in der Tat Dein mit so viel Aufwand von Kraft und Mitteln zur Freude der Menschheit schaffenes Werk von Grund aus zu zerstören! Der Hauptwert Deiner Verdienste liegt doch nicht im Sammeln der Manuskripte pp., sondern in der Schaffung einer Zentralstelle für die gewaltige Bewegung der Geister, die doch erst in den Anfängen begriffen ist, die in ihrer weiteren, austeigenden Entwicklung aber dringend einer solchen Zentralstelle bedarf. Erst eine späte Nachwelt wird begreifen, wie groß Dein Verdienst in dieser Hinsicht ist, – leider verbieten ja tausend Rücksichten, daß man es der Mitwelt in die verschwollenen Ohren posaunt. Selbstverständlich brauchen alle derartige große Geistesbewegungen ihre Zeit, man kann sie nicht mit Gewalt vorwärts treiben, trotzdem aber ist es von der allergrößten Bedeutung, ob eine solche Bewegung ein Zentrum hat, von vornherein, oder ob sie sich erst nach tausend Seiten verzweigt und verläuft und dann später erst wieder gefaßt, gesammelt und vereinigt wird. Auf praktischem Gebiet würde die Einigung ja auch durch die Abgabe der Manuskripte pp. nach Jena gewährleistet sein, nicht aber auf ideellem Gebiet, – und das ist meines Erachtens der springende Punkt: das Kulturzentrum, das Du im Archiv geschaffen hast und dessen Bedeutung als Kulturstätte bis jetzt nur wenige Menschen erkannt haben, würde vernichtet sein; die Handschriften würden als "wertvolles Material" herabgewürdigt werden und nur noch einen "wissenschaftlichen" Wert besitzen, und in Weimar würde nichts übrig bleiben wie eine "Sehenswürdigkeit ersten Ranges". -

Etwas weniger schlimm läge die Sache schon, wenn eine Angliederung in Jena stattfände unter voller Wahrung des jetzigen Archivzustandes und unter Vorbehalt absoluter Freiheit in Angelegenheiten des Archivs, der Handschriften, der Weiterführung der Herausgabe u.s.w.; so also, daß die Universität Jena als Behörde nur eigentlich eine Ehrenstellung dem Archiv gegenüber einnimmt, ohne in seine Angelegenheiten im geringsten eingreifen zu dürfen. Ich begreife wohl, daß bei einem solchen Arrangement erhebliche Schwierigkeiten betreffs der Verwaltung, Anstellung der Beamten, überhaupt pekuniären Angelegenheiten erwachsen würden, doch möchte ich meinen, daß diese Schwierigkeiten nicht unüberwindlich sein können. Der Universität müßte nur klar gemacht werden, daß das Archiv eben mehr bedeutet wie eine Sammlung von Handschriften pp. und daß es eben dieser hohen Bedeutung wegen durchaus in seiner jetzigen Gestalt erhalten werden muß. Wahrt sich das Archiv nicht die absolute Freiheit im Handeln, also z. B. Veröffentlichungen, Gründung einer Zeitschrift usw., so sind ihm doch eben als Zentralstelle der ganzen Nietzsche-Bewegung die Flügel in unerfreulicher Weise beschnitten. Und schließlich würden es dann doch Professoren sein, Universitäts-Professoren oder Bibliotheks-Direktoren, die dem Archiv ihren Geist einhauchten, denen die "wissenschaftliche Ausbeutung des wertvollen Materials" (Die vielen Unterstreichungen in diesem Brief sind von M. Oe. U.S.) die Hauptsache sein würde, nicht aber der Kampf, die Bewegung, das Vorwärtsstreben. Denke blos an das Kapitel "Von den Gelehrten" im Zarathustra: "Ausgezogen bin ich aus dem Hause der Gelehrten, und die Tür habe ich noch hinter mir zugeworfen. – Freiheit liebe ich und die Luft über frischer Erde, lieber noch will ich auf Ochsenhäuten schlafen als auf ihren Würden und Achtbarkeiten. -

Denn die Menschen sind nicht gleich: so spricht die Gerechtigkeit. Und was ich will, dürften sie nicht wollen!" -

Weitaus am sympathischsten schien mir die Lösung der Angelegenheit, die das Archiv vollkommen selbstständig und unabhängig erhielte. Da nun weder Du noch Richard noch ich in absehbarer zeit über die Millionen verfügen, die uns eigentlich zukommen und die diese Lösung sofort ermöglichen würden, so könnte das wohl nur durch eine Nietzsche-Gesellschaft bewerkstelligt werden. Nun liegt für Dich der Gedanke nahe, daß mit der Gründung einer derartigen Korporation eine Bevormundung Deiner Persönlichkeit und Deines Wirkens verbunden sein werde. Das ist aber durchaus nicht notwendig. Man könnte doch die Sache sehr gut so gestalten, daß Du als die Spitze der Gesellschaft absolute Vollmacht in allen Archiv-Angelegenheiten behieltest. Du mußt auch bedenken, daß alle Menschen, die sich daran beteiligen würden, Deine allerbesten Freunde sind, die nichts mehr wünschen, als daß Du so lange wie irgend möglich das Heft ganz allein in der Hand behältst, so daß die Gesellschaft also zunächst Dir nur entsprechende Hilfskräfte zur Verfügung stellte. Die Annahme einer solchen Hilfe wird nie etwas Peinliches für Dich haben können, wenn Du bedenkst, daß Du lange genug alle die Lasten und Kosten Deiner schweren Aufgabe ganz allein getragen hast und doch nicht zu Deinem eignen Nutzen, sondern zum Nutzen der Allgemeinheit, und nun hat diese Allgemeinheit doch wahrhaftig die Pflicht, dabei auch mitzutun und Dir nicht die ganze Last weiterhin allein aufzubürden. Ich glaube, Du kannst fragen, wen Du willst, darin wird mir jederman beistimmen. Ich habe ähnliches auch schon häufig genug aussprechen hören. Die Nietzsche-Gesellschaft liegt förmlich in der Luft, und ich bin felsenfest überzeugt, es würde ein Wort, ein kurzer Aufruf genügen, um Hunderte von Menschen der besten Klasse zusammenbringen. Kommen muß diese Gesellschaft einmal, das unterliegt doch keinem Zweifel – warum also sollst Du diese Freude, diesen Triumph nicht mehr miterleben? Natürlich geschieht die Gründung ohne das geringste Zutun von Deiner Seite, schreibe mir, daß Du nichts dagegen hast, und ich schreibe sofort an Kessler, der der gegebene Mann ist. Natürlich könnte man die Sache zunächst auch ohne öffentliches Verfahren machen, und zwar mittels gedruckter Rundschreiben an alle Freunde des Archivs, deren Liste Dir vorher vorgelegt wird, eine vertrauliche Anfrage richten. Schon so würde sich sicher eine stattliche Anzahl zusammenbringen lassen. Sodann wirst Du durch Akklamation zur Präsidentin gewählt, eine Kommission arbeitet die Statuten aus, Du wirst mit den glänzendsten Vollmachten ausgestattet, erhältst einen Archivar, der Dir genehm ist, zur Verfügung gestellt, und die Welt hat, was sie schon lange haben müßte, den internationalen Nietzsche-Bund.

Dann kommt die in mindestens 4 bis 5 Sprachen erscheinende Zeitschrift "Das Nietzsche-Archiv", die einfach ein dringendes Bedürfnis sein wird und natürlich nicht nur Archiv-Angelegenheiten enthalten dürfte, sondern eben das Organ, der Herold, der Rufer im Streit werden müßte. Dann solltest Du sehen, wie sie aus allen Teilen der Welt, als allen Winkeln hervorkommen würden, die Scharen von Anhängern, die jetzt keinen Sammelpunkt haben und hier und dort herumtappen.

Wenn Du meinst, daß Kessler Dir zu nahe steht, um die Sache ins Werk zu setzen, kann es natürlich auch ein andrer machen, z. B. wäre Gocht mit seiner Energie außerordentlich geeignet; Du weißt gewiß auch noch andere Leute, mit denen sich Gocht oder Richard oder ich in Verbindung setzen könnten. Ich habe immer noch die Hoffnung, daß Du Dich mit diesem Gedanken befreundest; bedenke immer, daß dieser Bund ohne allen Zweifel mal kommt, also warum nicht jetzt, wo damit gleichzeitig das Archiv vor dem Anschluß an einen staatlichen Organismus bewahrt werden kann. Daß ein solcher Anschluß, sei er auch noch so locker, unter allen Umständen seine Schattenseiten hat, kann doch keinem Zweifel unterliegen.

Es würde mich freuen, wenn Du diesen Brief mit Richard nochmal gemeinsam durchgingest, und Du wirst sehen, er ist im Wesentlichen derselben Ansicht wie ich. Sehr dankbar wäre ich für eine kurze Nachricht über das Ergebnis dieser Besprechung, bei der ich brennend gern dabei wäre.

Meine Sorge ist nur, daß Dich alle diese wichtigen Dinge wieder so sehr beschäftigen, daß Du doch nicht recht zur Erholung kommst, aber hoffentlich verstehen es Deine Freunde gut, Dich recht viel auf andere Gedanken zu bringen,"
Aus Berlin, Augsburgerstraße 19, am 30.5. (ohne Jahreszahl)

"... bin tüchtig am Arbeiten; wir haben mehrere sehr umfangreiche Schlußarbeiten anzufertigen, die viel Zeit in Anspruch nehmen, und ich hoffe, nun in den nächsten Tagen damit fertig zu werden.

Ich glaube, ich dankte Dir noch gar nicht für die Zusendung der mir sehr wertvollen Kinderbilder, die mir grade noch fehlten. Ich habe nun ca. 60 verschiedene Bilder von uns in einem Album vereinigt und ein Gedicht dazu gemacht; ich schicke es Dir mit. Mutterchen hat sich darüber unglaublich gefreut ... "

"Habe recht herzlichen Dank für Deinen letzten Brief, – wie lieb hast Du mir da wieder geschrieben, tausend Dank. Mit Deiner Reise hierher wird es hoffentlich Mitte Juni etwas werden; es wäre herrlich, wenn wir hier ein paar nette Tage zusammensein könnten, wie damals. Am 1. Juli ziehen wir auf die taktische Schluß-Übungsreise nach Thüringen, fangen bei Jena an, treiben uns drei Wochen im Thüringer Wald herum, zu Pferde, reiten über Rudolstadt und Koburg schließlich nach Eisenach. Ich hoffe bestimmt, daß ich Dich in dieser Zeit einige Male besuchen kann. Ich freue mich auf diese Zeit unbändig, denn es gibt nichts herrlicheres, als zu Pferde zusammen mit netten frohen Menschen eine schöne Gegend zu durchqueren.

Ende Juli muß ich nach Deutsch Eylau zurück; im Herbst siedele ich mit dem ganzen Regiment nach Marienburg über. Mir würde davor gar nicht so grauen, wenn eins oder vielmehr e i n e nicht wäre, die sich Dir herzlich empfehlen läßt. Sie möchte Dich so brennend gerne kennen lernen. -

Glückwunsch übrigens zu der Abweisung der Klage; haben die Leute sich nun beruhigt?"

Um welche "Klage" es sich da gehandelt hat, weiß ich nicht, es gab ja deren viele. M. Oe. scheint sich darüber nicht besonders aufgeregt zu haben, teils wegen der vielen eignen Angelegenheiten und auch, weil er offensichtlich für selbstverständlich hielt, daß Elisabeth im Recht sei.

Verwundert bin ich über das Album mit 60 verschiednen Kinderbildern, das ich nicht nur nie gesehen habe, sondern ich hielt auch nicht für möglich, daß die Oehlerschen Kinder (drei Söhne und drei Töchter) so oft photographiert worden sind.

Gedichtet zu Mutterchens 60. Geburtstag (mit den Bildern aller 6 Kinder)
"Wenn sich in traulich stillen Abendstunden
Des Tages mühevolle Last gelegt,
Wenn Du die wohlverdiente Ruh' gefunden
Von allem was Dein sorgend Herz bewegt,
Dann mag wohl oft zu längst vergangenen Zeiten
Dein warm Erinnern still hinübergleiten.
Zu uns dann kamst Du, denn vom frühen Morgen
In heißer Liebe bis zur späten Nacht
War unser all Dein selbstlos stilles Sorgen,
Hat uns Dein Mutterauge treu bewacht.
Nie ruhte Deine liebe Hand. Dein Leben
War nicht mehr Dein. Du hast es uns gegeben.
Und wenn Dein liebend Herz von jenen Zeiten
Zu Gegenwärtigem herübereilt,
Sind wir's die Deine Hoffnungen geleiten,
Sind wir's, bei denen still Dein Sehnen weilt.
Dein Leben füllen wir, Dein Denken, Fühlen
Im Einst, im Jetzt und in der Zukunft Zielen.
Und wollten wir je an Vergelten denken:
Du gabst zu viel – vergelten läßt sich's nicht.
Nur Kindesliebe können wir Dir schenken,

Die voll und warm aus unserm Herzem bricht.
Und jede Stunde sei von uns gesegnet,
Da unsere Lieb der Deinen noch begegnet.

Max Oehler."

Den Brief aus Cadinen, Westpreußen, Kaiserliches Schloß, vom 26.7.07 schreibe ich in Auszügen ab; er ist drollig und ausführlich und offensichtlich soll er Elisabeth erheitern. Dort machten "Kaisers" im Juli Sommerferien mit kleinem Hofstaat und "bewegten sich in ungezwungener Weise auf dem Gutshof und im Dorf zwischen Bauern, Kindern und Hühnern". Leutnant Oe. wohnte im Gasthof als wachthabender Offizier für die Kaiserin und ihre beiden jüngsten Kinder, er aß mit an der Tafel, er musizierte mit der Französin der Prinzessin (die Klavier spielte) und dem Erzieher des Prinzen (Cello), und sie spielten Mozart und Bach, was der Kaiserin so gut gefiel, daß sie sich nach dem Abendessen eine Wiederholung wünschte. Es gab auch lange Unterhaltungen über Musik und Theater, und er, Max, hat sich getraut, "einige Schnurren aus unserem Leben auf dem Truppenübungsplatz zu erzählen, über die sie herzlich lachte, und sogar der alte, abgeklärte Zeremonienmeister, Herr v. Knesebeck, der sonst sein erlauchtes Antlitz höchstens zu einem Lächeln verzieht, lachte aus vollem Halse."

An der Tafel saß er neben dem Prinzen, "der wie die meisten Jünglinge von 16-17 Jahren immerzu gewaschnes und ungewaschnes Zeug durcheinander redet, sich auch mal mit Herrscherblick nach dienstlichen Angelegenheiten erkundigt" – dabei aber eigentlich doch ein netter Junge sei.

Am liebsten aber saß M. Oe. beim Essen neben der Prinzessin – und sie neben ihm – weil sie so viel Spaß miteinander hatten; sie war 15, aber noch kindlich unbefangen und hatte: "ein munteres Plappermäulchen. Wir haben uns brillant unterhalten über ihre Pferde, ihre Hunde, meine Pferde, meine Hunde, über die Schiffer in Tolkemit, das Segeln, das Leben am Strand, die beste Art, Unken und Frösche zu fangen, und wir haben mehr gelacht als die ganze, ziemlich langstielige Gesellschaft zusammen."

Die Kaiserin habe das, so bemerkte er, mit wirklich zwanglos liebenswürdigem Lächeln beobachtet, sicher wird ihm das geschmeichelt haben, aber vielleicht war er auch ehrlich erfreut: so natürlich kann eine gekrönte Dame sein.

In einem Brief vom 16.9.07 aus Marienburg in dem M. Oe. sich bei Elisabeth für die Broschüre "Das Nietzsche-Archiv" herzlich bedankt, deutet er an, daß er ein Referat über "die 10 Bände der Taschenausgabe" (welche genau, das weiß ich nicht) geschrieben habe, das er an eine militärische Zeitschrift nicht schicken könne, "da dort eben nur Militärisches erscheint". Er gehe aber bereits mit dem Gedanken um, mal etwas zu schreiben, was die enge Verwandtschaft der Ideen Nietzsches mit den Grundsätzen beleuchtet, auf denen die preußische Armee aufgebaut ist. Wörtlich: "ausgehend von seiner Vorliebe für den Krieg, den Kampf in jeder Form, die Zucht, die scharf ausgeprägte Rangordnung, die Disziplin, die strenge Erziehung, den Wert der Persönlichkeit, das Herausheben der Tüchtigsten aus einer bereits vielfach gesiebten Klasse ausgesuchter Menschen usw. Die Umwertung enthält unzählige Stellen (besonders das 4. Buch "Zucht und Züchtung"), welche so, wie sie dastehen, die Leitsätze darstellen, nach denen seit Jahrhunderten das preußische Offizierskorps gelebt hat und erzogen worden ist. Mit Moral und Religion ist noch keine tüchtige Armee herangebildet worden, sondern nur mit der gewaltsam durchgeführten Forderung der Höchstleistungen aller, und nicht der frömmste Offizier erzieht die beste Truppe, sondern der tüchtigste, der die stärkste Persönlichkeit darstellt."

Das ist, so meine ich, die innere Vorbereitung zu einem Aufsatz meines Vaters mit dem Titel "Mussolini und Nietzsche, ein Beitrag zur Ethik des Faschismus", sechs Seiten, von dem ich eine Abschrift ohne Datum im GSA gefunden habe und in einem seiner späteren Briefe dann die Bemerkung, er habe diesen Artikel "schon vor Jahren veröffentlicht". Eine Lieblingsidee offenbar, von Nietzsche angeregt, die bei ihm, dem Archivar, immer wieder auftauchte. Mussolini habe schon als junger Sozialist Nietzsches Werke in die Hand bekommen und habe sie "ohne Ausnahme gelesen" (ziemlich unglaubhaft, finde ich); daß sie ihm aber "tiefen Eindruck" gemacht haben, kann ich mir schon eher vorstellen. Dennoch hat es lange gedauert, bis er nach Rom marschierte, um die Macht zu ergreifen und schließlich der Duce zu werden, und wenn M. Oe. auf Seite 2 erklärt, daß dieser italienische Politiker schon "alle Phasen des Sozialismus durchlaufen" hatte und nun wußte, daß Nietzsche recht habe, wenn er ihm jede schöpferische Zukunftsmöglichkeit abspräche, kommt mir das sehr konstruiert vor. "Die Tat taugt mehr als die Doktrin", beteuert M. Oe. zu dem Thema, "e i n e kraftvolle verantwortungsfreudige Persönlichkeit mit angeborenen geschulten Führereigenschaften mehr als die redefreudigste Versammlung von Durchschnittsköpfen" – diese von Nietzsche hundertfach variierten Sätze seien die Kern- und Leitsätze für Mussolini gewesen. Und weiter: Die der faschistischen Erziehungstätigkeit zugrunde liegenden sittlichen Werte sind Einfachheit, Selbstzucht, Ordnung, Disziplin, Tatkraft, Opferbereitschaft für das Gemeinwesen, also die alte, schlichte, brave Soldatenmoral, die Rom, Sparta und Preußendeutschland groß gemacht hat, nicht in erster Linie durch Kriege...

Und hier möchte ich aufhören, meinen Vater zugunsten Mussolinis zu zitieren; und werde auf dieses Thema viel später zurückkommen müssen – in einer Zeit, die ich selber miterlebt habe.

Ende November 1907 muß Elisabeth den Vetter Max nach Weimar zu einer Festlichkeit eingeladen haben, und er hat am 3.12. zugesagt, sehr erfreut, ohne Einzelheiten, nur daß er sich gleich nach der Ankunft umziehen müsse und hoffe, am darauffolgenden Sonntag in Ruhe mit ihr reden zu können. Übernachtung im Hotel Elephant.

Was da vorausgegangen war: Ernest Thiel hatte EFN informiert, ihr zusammen mit seiner Frau Signe für das Nietzsche-Archiv testamentarisch 300 000 Mark vermachen zu wollen.

Am 9.12.07 langer Dankesbrief von M. Oe. an EFN, wie schön es wieder gewesen sei, und großes Lob für "die entzückenden Tage" bei ihr, die richtige Festtage gewesen sind mit "weihevoller Stimmung und sprühenden Anregungen". Der Brief enthält eine Anzahl von Zitaten der Begeisterung aus "Also sprach Zarathustra" (gut ausgesucht), die er "jubelnd fröhliche Worte guter Zuversicht" nennt. Ein euphorischer Brief ist das, und wie schon oft voller ehrlicher Bewunderung ihrer Arbeit und der Art, wie sie sich für das Werk ihres Bruders einsetzt. Er möchte in Zukunft daran teilnehmen, – aber das weiß sie ja schon. Nun klingt es so, als habe er vor, sein Leben so schnell wie möglich zu ändern; auch mit Richard habe er darüber gesprochen, der sich wünscht, eine Anstellung in der Weimarer Bibliothek zu bekommen, um dann nebenbei für das Archiv zu arbeiten – er meint, daß das möglich sei.

Zu Weihnachten aber und zum neuen Jahr schreibt M. Oe. an Elisabeth, daß er es besser fände, nichts zu übereilen. Zeit haben müsse der Plan, und das Wichtigste sei, daß er überhaupt gelänge – "und dann recht gut."

Der Brief vom 25.1.1908 bezieht sich auf Elisabeths Antwort, mit der sie ihm eine "Riesenfreude" gemacht habe und ihn wahrscheinlich auf die Idee mit dem längeren Urlaub gebracht hat, einem Arbeitsurlaub, den er ihr nun erläutert.

In diesem Fall wüßte ich besonders gern, was sie ihm geschrieben hat, und ich überlege, wie schon mehrfach, ob es ihre Briefe aus jener Zeit noch irgendwo gibt. Vielleicht hat sie sie nicht diktiert, sondern mit ihrer zierlichen Handschrift geschrieben, auch ohne Entwürfe dazu gemacht zu haben. Er wird sie aufgehoben haben. WO? Noch nicht in seinem späteren Schreibtisch aus den 'Deutschen Werkstätten', an den ich mich genau erinnere - den bekam er ja erst von den Schwiegereltern, als er und Annemarie heirateten – also drei Jahre später. Ich kann mir aber vorstellen, wie er ihn eingeräumt hat, sorgfältig, und Elisabeth bekam bestimmt ein Sonderschubfach, wo ihre Briefe dann bis an sein Lebensende geblieben sind, denn er wird sie nicht mitgenommen haben in das Haus am Silberblick, als er 1919 dort als Archivar einzog. Er wird sie in der Südstraße gelassen haben in seinem Arbeitszimmer, das wir "Bibliothek" nannten, wo ich ihn nie habe arbeiten sehen (es war ziemlich düster und nicht heizbar), aber der Schreibtisch hatte einen schönen Platz im Erkerfenster. Ich habe das Zimmer in meinem Roman "Zarthustras Sippschaft" beschrieben und habe erzählt, wie ich dort in der Nacht heimlich versucht habe, aus einem Lexikon des Jahres 1902 zu erfahren, wie man sich liebt und "sich begattet" – übrigens ohne irgendeine brauchbare Erklärung zu finden – habe auch nachgeforscht, was "Inzest" bedeutet, nämlich eine schreckliche Sünde, vor der man sich hüten muß. Niemals aber hätte ich bei solch einer Gelegenheit in meines Vaters Schreibtisch gestöbert, und darum weiß ich nicht, ob Elisabeths Briefe darin waren und werde es nie erfahren, denn die Sowjets, die nach dem zweiten Weltkrieg und Max Oehlers Verschwinden mein Elternhaus ausgeräumt haben, werden wohl das Papier aus den Schubladen ausgekippt und weggeworfen haben. Oder verbrannt. Aufbewahrt haben sie es wahrscheinlich nicht.

Marienburg, 25.1.1908

"Meine liebe Tante, Du hast mir mit Deinem letzten, sehr lieben Brief eine Riesenfreude gemacht; hab herzlichen Dank dafür. Du weißt, wie ich mir wünsche, Dir in irgendeiner Weise bei den Aufgaben, die Du Dir gestellt, behilflich zu sein und Dir womöglich (späterhin wenigstens) etwas davon abzunehmen. Auch möchte ich so gern, daß das beruhigende Gefühl mit der Zeit immer festere Gestalt bei Dir gewänne, daß auch nach Deinem Tode Deine, Deines Bruders und des Archivs Angelegenheiten in uns kräftige Verteidiger und Förderer finden werden, und die neueste Gestaltung der Archivangelegenheiten läßt mich ja hoffen, daß mein schon seit Jahren gehegter Wunsch, dabei mittun zu können, einmal in Erfüllung gehen wird.

Du weißt, daß ich vernünftig genug bin, um micht nicht zu fest an unsere "Luftschlösser" zu klammern und daß mir von vornherein die Arrangements, wie Du sie für richtig und der Sache dienlich hältst, recht sind. Könnt Ihr mich jetzt nicht brauchen, so schadet das gar nichts (wenn es freilich auch herrlich wäre, wie wir uns das damals zusammen ausgedacht) – einmal wird doch der Zeitpunkt kommen, wo ich mich von den Fesseln des Berufs freimachen und auf dem Plan erscheinen kann, – und dann, denke ich, soll es ein fröhliches Raufen werden!

Ich hörte gerne Deine Meinung zu folgendem: Wie wäre es, wenn wir einen längeren Urlaub meinerseits für das Frühjahr ins Auge faßten (z. B. April Mai Juni). Einmal muß die Sache, das heißt die Einrichtung des Archivs, doch einen Anfang bekommen, und je eher wir anfangen, desto besser wäre es. Wir würden einen Arbeitsplan festlegen, jeden Tag 1/2 – 1 Stunde Besprechung zusammen haben (wie der Kommandeur mit seinem Adjutanten), und im übrigen würde ich Dich in Deinen Arbeiten gar nicht stören. Kann ich nicht bei Dir wohnen, so würde ich mir ein Zimmer in der Nähe mieten. Was meinst Du? Die kurzen Entschlüsse sind meist nicht die schlechtesten. Pekuniär würde die Sache keine Schwierigkeiten machen, da ich ja mein Gehalt weiter bezöge. Ich hätte nur gern bald Bescheid, da man dann anfangen müßte, die betreffenden Schritte zu tun.

Richard ist mir ein Rätsel, er war nach unseren letzten Unterredungen fest entschlossen, die Verlobung nach dem Examen aufzulösen, – er ist sich ganz klar darüber, daß diese Heirat ein Wahnwitz wäre; er rennt also scheints mit sehenden Augen ins Verderben; die Frauen können wirklich stolz sein: Was bekommen sie alles fertig!

Allerherzlichste Grüße, Dein getreuer Max Oehler"

Offensichtlich mit Elisabeths Zusage ist Max am 15.2.08 mit diesem Anliegen bei seinem Oberst gewesen, der zunächst "persönlich einverstanden" war, aber den Einspruch der höheren Vorgesetzten befürchtet, die einen längeren Urlaub bewilligen müssen.

Außerdem gibt es Schwierigkeiten wegen besonderer Fälle, in denen andere Offiziere krankheitshalber für längere Zeit beurlaubt werden und vertreten werden müssen. Der kommandierende General in Danzig muß wahrscheinlich besucht werden, damit ihm von den Betreffenden selbst die Sache vorgetragen werden kann. Das alles dauert seine Zeit. Elisabeth hat einen ausführlichen Brief diktiert, in dem sie dargelegt hat, wie nötig sie die Hilfe ihres jungen Verwandten braucht, und einen Brief ihres Arztes über ihren Gesundheitszustand mitgeschickt. Drei Tage später, am 18.2.08, haben sich noch andere Schwierigkeiten herausgestellt, und es sieht beinahe so aus, als ginge überhaupt nichts. Aber M. Oe. läßt nicht locker, und der Oberst scheint ein netter Mensch zu sein – aufgeschoben ist nicht aufgehoben, und so hoffen sie beide auf den 1. April, zu dem der ersehnte Urlaub vielleicht doch bewilligt wird. Es gibt noch eine Menge Hin und Her, sicher ziemlich aufreibend für beide – dann aber einen kurzen Brief vom 17.3.08:

"Man soll sich als Soldat auf keinen Urlaub freuen, ehe man nicht in dem bereits in Bewegung befindlichen Zug sitzt, aber nach menschlicher Berechnung ist es nun sicher, daß ich am 1. April bei Dir sein kann. In sehr großer Freude

Dein getreuer Max Oehler"

Vom 23.2.08

gibt es einen langen Brief, in dem von diesem Plan und seiner Ungewißheit die Rede ist, aber nicht ausschließlich. Vielleicht, um sich selber abzulenken und über den möglichen Mißerfolg zu trösten, schreibt M. Oe. schon auf der ersten Seite: "Die Verzögerung paßt mir insofern ganz gut, als ich mitten in der Bearbeitung der Geschichte des Deutschen Ritterordens stecke, die ich jetzt bis zu einem gewissen Abschluß bringen zu können hoffe; die Arbeit interessiert mich im weiteren Fortschreiten mehr und mehr: was waren das für prachtvolle Menschen, diese 'Deutschherren', Kraft- und Vollmenschen, Herrenmenschen im wahrsten Sinne des Wortes, denen das Gefühl für ihr Herrentum und damit die rücksichtsloseste Tatkraft im Blute saß, etwas, worauf wir uns dank Deinem Bruder jetzt erst langsam wieder besinnen. Es ist schade, daß ihm die von der Richtung seiner Studien ja etwas seitabliegende Ordensgeschichte nicht näher bekannt geworden ist; er würde seine Freude daran gehabt haben. 'Jede Erhöhung des Typus Mensch war bisher das Werk einer aristokratischen Gesellschaft, – und so wird es immer wieder sein: als einer Gesellschaft, welche an eine lange Leiter der Rangordnung und Werkverschiedenheit von Mensch und Mensch glaubt und Sklaverei in irgendeinem Sinne nötig hat', – dieser Anfang des Kapitels 'Was ist vornehm?' aus Jenseits von Gut und Böse paßt ebenso wie so viele andere Stellen dieses Kapitels Wort für Wort auf die streng aristokratische Genossenschaft des Ordens. Alle die Ausführungen von dem Pathos der Distanz, von dem eingefleischten Unterschied der Stände, von dem beständigen Ausblick und Herabblick der herrschenden Kaste auf Untertänige und Werkzeuge, von der ebenso beständigen Übung im Gehorchen und Befehlen, Nieder- und Fernhalten, von den ganzen Vorbedingungen für das Werden und Vergehen solcher aristokratischer Organisationen – all das ist wie auf den Deutschen Orden geschrieben. Das drängte sich mir ganz besonders auf, da ich grade in den letzten Wochen zwischen der Arbeit und der Ordensgeschichte 'Jenseits von Gut und Böse' wieder langsam durchgelesen habe. Und ebenso drängt sich mir immer wieder die außerordentliche Verwandtschaft, ja Identität der Gedanken Deines Bruders für die schaffenden Werte mit den Grundsätzen auf, auf welchen die deutsche Armee aufgebaut worden ist und noch ruht. Sobald ich Zeit habe, werde ich diese Sache mal eingehender bearbeiten; eine Menge Notizen dazu habe ich mir schon gemacht. All dieses ist nur so schwer anzubringen, – die Zeitungsschreiber sind meistens gänzlich schimmerlos oder haben nur sehr oberflächliche Ahnungen von den Gedanken Deines Bruders. Ich glaube überhaupt, daß es nur sehr wenige Menschen giebt, die ein umfassendes Verständnis für NIETZSCHE für sich in Anspruch nehmen können, – es gehört bei ihm mehr als bei irgend einem anderen zum Verstehen nicht nur Verstand, sondern Empfindung, Feinfühligkeit. Und der klügste Mensch, der aber Nerven mit dem Durchmesser von Schiffstauen hat, wird seinen Werken doch gänzlich verständnislos gegenüberstehen. Man braucht ja nur mal in der Litteratur nachzuforschen, um das bestätigt zu finden. Heiliger Simplicius, was findet man da alles! Ich blätterte dieser Tage mal wieder im "Anti-Zarathustra" des ehrenwerten Dr. Hanne am Rhyn, – erst ärgerte ich mich, aber dann wurde es so toll, daß ich lachen mußte, und so danke ich dem Trefflichen noch eine vergnügte Stunde. Der ist doch nun kein ganz dummer, – man faßt sich an den Kopf. Wie ist so etwas nur möglich. Und dabei diese Pose als 'Retter des Vaterlands' der sich lange besonnen hat, ob er auf den Plan treten soll, er, der berühmte Mann, der es aber doch schließlich für seine Pflicht hält, dem Unfug der Nietzsche-Bewegung ein für alle Mal ein Ende zu machen. Du lieber Himmel! De mortuis nil nisi bene, – aber mir fiel das Wort Zarathustras ein: 'Jedwedes Wort gehört nicht in jedes Maul, – das sind feine ferne Dinge, nach denen sollen nicht Schafsklauen greifen!'

Da aber der Schafsklauen immer mehr sein werden wie der zarten Finger und sie das Zugreifen an falschen Stellen nicht lassen werden, so meine ich, wäre es an der Zeit, ein Gegenwicht gegen die heillose Verwirrung zu schaffen..."

M. Oe. als Bote von Elisabeth in Stockholm

In diesem Sommer 1908 wurden zunächst noch keine Briefe gewechselt, da Max ja in Weimar war und im Archiv arbeiten und täglich mit Elisabeth sprechen konnte, dann aber, nach ihrem Geburtstag, dem 62., von ihr nach Schweden geschickt wurde, zu Ernest Thiel, ihrem Freund und Wohltäter des Nietzsche-Archivs.

Auf Postkarten, alle schwer leserlich, engbekritzelt, von der Ankunft in Hamburg bis zur Überfahrt nach Schweden und Ankunft in Stockholm hat M. Oe. der Elisabeth kurz und vergnügt berichtet, wie er am 19.7.08 bei strömendem Regen angekommen sei, dann aber am nächsten Tag bei Sonnenschein schon viel gesehen habe. Weiter nach Lübeck, wo er gleich einen Rundgang durch die Stadt gemacht hat, die er "hochinteressant" fand und schließlich auf einer Volkswiese landete, wo er in "Jugenderinnerungen schwelgt", weil es nicht nur warme Würstchen, Schmalzkuchen und Bier gibt, sondern auch "Amalie, die bärtige Jungfrau" und "fürchterliche Vampyre, die Schrecken Japans". Max amüsiert sich wie ein Schuljunge und ist bester Ferienlaune.

Am 22.7., ebenfalls aus Lübeck, daß er gestern ein gutes Konzert gehört habe, in Travemünde gebadet und zwei Stunden an der See entlang marschiert sei: "es war zauberhaft, alles wie von Gold überflutet.. Heute vormittag will ich hier ins Museum und in einige Kirchen. L. ist wirklich eine selten interessante Stadt, besonders für mein Spezialstudium, die nordische Gotik."

Auf dieser Karte steht ganz dünn, unten am Rand: "Herzlichen Dank für den Brief, den ich eben erhielt."

Das ist wieder so ein Fall, von dem ich gern wüßte, was sie ihm wohl geschrieben hat? Schließlich handelte es sich darum, daß er in ihrem Auftrag nach Stockholm gereist war...

Am 25.7. aus Stockholm, Blockhusudden:

"Meine liebe Tante, hier ist es schön wie im Märchen, das Haus ein herrliches Schloß am Meer, das Wetter prachtvoll; bin den ganzen Abend schon mit Frau Thiel im Auto herumkutschiert, um diese wunderschöne Stadt zu besehen.

Heute, 6 Uhr abends, aßen wir mit der Mutter von Herrn Thiel und seinen Kindern auf der Terrasse eines nah gelegenen Seebades. Die älteste Tochter ist seit einiger Zeit von ihrem Mann geschieden, sie ist wunderschön und bezaubernd in ihrem ganzen Wesen, – ich saß die zwei Stunden neben ihr."

"Ich bin nun auch etwas über die Familie orientiert. Der Vater des Herrn Thiel war deutsch-belgischer Industrieller (Tuchfabrikant), wurde nach Schweden berufen zur Hebung der Tuchindustrie, heiratete eine Frankfurter Jüdin, die noch jetzt hier lebende, sehr nette Mutter des Ernest Thiel, der selbst Jude ist, noch heute (es war die Bedingung bei der Heirat seiner Eltern). Sein Vater aber war, wie gesagt, Deutsch-Belgier. Seine Kinder aus der ersten Ehe sind nicht jüdisch. Die Scheidung der ältesten Tochter ist im Laufe des Winters erfolgt, da der Mann sich zum trinkenden Trottel entwickelt hatte; sie hat ein 1 1/2 jähriges Söhnchen, sieht aus wie 18 und ist Anfang der zwanziger. Sie hat viel durchgemacht, wie mir Frau Thiel erzählte, und eine leise Melancholie gibt ihrem ruhigen, abgeklärten Wesen etwas Entzückendes. Frau Thiel spricht sich in rührender Weise ganz offen zu mir aus, auch über ihr ganzes bisheriges und jetziges Leben und hat für Dich eine gradezu schwärmerische Verehrung!

Gute Nacht für heute, ich bin sehr müde und abgespannt, – dieser Tag ist vielleicht einer von den entscheidenden gewesen?? Vielleicht! Thiels lassen Dich herzlich grüßen, sie sind reizend zu mir. Dein M.Oe."

31.7.08, Blockhusudden, Stockholm:

"Meine liebe Tante, Du wirst auf Nachricht warten, doch wollte ich nicht schreiben, ehe ich nicht klar sehe. Frau Signe II (die Tochter, sie heißt auch Signe, und ich nenne sie der Einfachheit jetzt Nr. II) ist seit Dienstag hier im Haus zu Besuch und ist mein ganzes Entzücken; – aber ihr kleines liebes Herz ist bereits wieder vergeben. Sie hat sich sehr lieb und offen zu mir ausgesprochen über ihre Ehe, hat mir Dinge erzählt, die entsetzlich sind, und ich nehme das als einen Beweis von Vertrauen; auch von dem Glück das sie nun wieder erwartet, sprach sie so lieb zu mir, – aber der andre hört von allem nur das "nein". Das hilft nun nichts, auch das muß und wird überwunden werden. Ich hadere nun zwar etwas mit dem Geschick: es giebt so viele schöne Frauen, die ich mit Leichtigkeit gewinnen könnte, aber ich mag sie nicht, und jedesmal, wenn mir eine erstrebenswert erscheint, ist das Schicksal gegen mich. Ich denke nun an die Abreise. Frau Signe II bleibt bis Sonntag; ich werde wohl Anfang nächster Woche fahren, doch weiß ich noch nicht, für welchen Tag ich einen Platz auf dem Dampfer bekommen werde. -

Im Ganzen ist es nach wie vor herrlich hier, Thiels sind beide entzückend, Frau Signe I und ich sind wirklich gute Freunde geworden, sie begünstigte auf das lebhafteste meine Wünsche; sie wußte übrigens nichts davon, daß Signe II nicht mehr frei ist. – Ich werde mich nirgends mehr lange aufhalten, doch dauert die Kanalfahrt allein mehrere Tage. Frau Signe II brennt darauf, Dich kennen zu lernen, und will im Winter nach Weimar kommen. Mit den herzlichsten Grüßen Dein etwas trüb dreinschauender Max Oehler."

In Göteborg, Donnerstag Abend hatte M. Oe. ein schlechtes Gewissen gegen Elisabeth, daß seine Reise sich nun über Gebühr ausdehnte, doch konnte er "unmöglich früher von Stockholm fort". Er will ihr das alles genau erzählen, da in den letzten Tagen noch sehr merkwürdige Dinge passiert seien, – "man muß sich immer wieder von neuem wundern".

Und dann ganz beiläufig: "Die Fahrt von Dienstag früh bis heute, Donnerstag, war herrlich, prachtvolles Wetter. Heute, vier Uhr nachts, gehts weiter nach Kopenhagen." Wo kurvte er da herum? Und wieso? Von Stockholm quer durch Schweden nach Göteborg und dann um vier Uhr nachts nach Kopenhagen? Ziemlich rätselhaft, aber er hatte ja schon angedeutet, daß "in den letzten Tagen sehr merkwürdige Dinge" passiert seien. Die sprunghaften und, gegen seine sonstige Art, unordentlich geschriebenen Briefe und Karten von dieser Reise haben mir Mühe gemacht, nicht nur sie zu entziffern, sondern auch die Hintergründe zu verstehen. Immerhin weiß ich nun, daß M. Oe.s leicht entflammbares Herz sich zwar für die jüngere Signe entzündet hatte, die Ehefrau Signe aber sich ein Kind von ihm wünschte und es auch bekam, einen Sohn, Tage Thiel, von Ernest Thiel anerkannt (und wahrscheinlich auch gewünscht). Zu Signe II kann ich berichten, daß ich sie 1925 bei meiner ersten Stockholmreise sehr gut kennengelernt habe, daß ich bei ihrer Familie zu Besuch war und das in meinem Roman "Zarathustras Sippschaft" ausführlich beschrieben habe. Daß ich Signe Henschen, geb. Thiel, bewundert und lieb gehabt habe und später, als ich Bescheid wußte, mir überlegte, ob ich vielleicht auch mit ihr verwandt sei, aber nein, doch wohl nicht, denn sie hatte ja andere Eltern als Tage. Mit meinem Vater war sie, wie sie mir selbst erzählt hat "damals ein bißchen verliebt", aber da war sie ja schon mit dem Stockholmer Biologen versprochen, den sie bald darauf heiratete und fünf Kinder mit ihm bekam. "Du kannst uns oft besuchen", sagte sie zu mir, "du paßt gut in die Reihe meiner Kinder".

Max Oehlers Beurlaubung nach Weimar zur Mitarbeit im Nietzsche-Archiv erstreckte sich vom 26.3.1908 bis zum 11.12.1908.

Im Juli steht ganz klein und dick unterstrichen:

"18. Juli bis 12. August verreist"

Das war die Schwedenreise, zu der ich seine Briefe abgeschrieben habe.

Aus dieser Zeit gibt es nur wenig Handschriftliches von M. Oe., in dem Tagebuch Nr. 1, zum Beispiel

"29.4.: Ankündigung, daß Detlev von Lilienkron Gedichte im Archiv vorlesen möchte."

Ebenfalls im April: "Jemand namens E. Kirsch, Frankfurt a.O., bittet uns um Friedrich Nietzsches sämtliche Werke !!! – Papierkorb"

"Dr. Kippenberg antwortet ablehnend, da sein Verlag nichts Polemisches verlegt."

Etwas Wichtiges am 23.5.1908:
"Der Staatssekretär des Großherzogtums Weimar Sachsen unterzeichnet ein Dokument, daß die Nietzsche Stiftung als gemeinnützige, wirtschaftliche und kulturelle Institution bestätigt worden sei."

Am 21.10.08: "Dr. Böckel schickt Entwurf zur Berichtigung an 'Leipziger Neueste Nachrichten'. Betr. Beleidigungsprozeß an Diederichs"

Letzte Eintragung von M. Oe. aus diesem Zeitraum
"10.12.08: Rechtsanwalt Böckel bittet um Urteil des Schöffengerichtes Jena wegen Privatklage der Frau Förster-Nietzsche gegen Diederichs wegen Beleidigung."

Die meisten Eintragungen in dieser Zeit und später noch viele in den immerhin über 10 Jahren, ehe M. Oe. als Major a. D. endlich Archivar im Nietzsche-Archiv wurde, hat Fräulein von Alvensleben gemacht, eine langjährige Freundin von Elisabeth, die ich in den zwanziger Jahren dort kennengelernt habe; da war sie alt und grauhaarig, sehr dünn, sehr bescheiden angezogen aber immer lebhaft und freundlich und zur Hilfe bereit. Auch viele Briefe mit Elisabeths Unterschrift sind von diesem guten Geist des Archivs geschrieben worden.

Aus anderer Quelle unter 23. Mai 08:

Gründung der Stiftung Nietzsche-Archiv.

1. Vorsitzender: Adalbert Oehler, Mitglied des Stiftungsvorstandes: Die Philosophen Max Heinze, Raoul Richter und Hans Vaihinger, Harry Graf Kessler, der Mediziner Hermann Gocht und Nietzsches Vetter Max Oehler.

Die Gründung geschah mit Hilfe des Geldes von Ernest Thiel.

Zu E.F.N.'s Privatklage gegen den Diederichs Verlag:
Im September 1908 veröffentlichte Carl Albrecht Bernoulli seinen 2. Band 'Franz Overbeck und Friedrich Nietzsche. Eine Freundschaft. Nach ungedruckten Dokumenten und im Zusammenhang mit der derzeitigen Forschung dargestellt.'
Die Ausgabe erschien bei Eugen Diederichs in Jena, verspätet aufgrund von Urheberrechtslage des Nietzsche-Archivs, mit teilweise eingeschwärzten Seiten.

Ueber dieses wichtige und schwierige Ereignis ist im Tagebuch Nr. 1 des Nietzsche-Archivs bei meinen Vater nichts Näheres vermerkt.

Auch nichts über die Erstausgabe von 'Ecce Homo' als Vorzugsausgabe im Inselverlag Leipzig, Herausgeber Raoul Richter, Gestaltung Henry van de Velde, Druck: Friedrich Richter in Leipzig, 1250 Exemplare. nr. 1 bis 150 gedruckt auf Japanpapier und in Leder gebunden, nr. 151 bis 1250 auf Bütten gedruckt und in Halbpergament gebunden. Diese Ausgabe wurde wegen ihrer Kostbarkeit und ihres hohen Preises wegen 'Bankiers-Ausgabe' genannt und war schnellstens vergriffen.

Im selben Jahr erschien eine monumentale Luxusausgabe von "Also sprach Zarathustra" im Inselverlag, Einbandentwurf H. van de Velde, schwarz, purpur und Gold, 500 nummerierte Exemplare, Preis RM 120.

Zu der gewiß notwendigen Stiftung Nietzsche-Archiv hatte M. Oe. sich in einem besonders langen Brief an E.F.N. am 12.2.07 geäußert, nachdem er sich ausführlich mit Bruder Richard beraten hatte. Beide waren erschrocken gewesen über den Gedanken, die Manuskripte Nietzsches, seine Bibliothek und sonstige Literatur an die Universität Jena abzugeben, und Max befürchtete – wie auch wahrscheinlich Elisabeth – in einem solchen Fall eine Bevormundung ihrer Persönlichkeit. Er sei ganz sicher, beteuerte er, daß alle Menschen, die ihre Freunde seien, sich nichts anderes wünschten, als daß sie so lange als irgend möglich, "das Heft ganz alleine in der Hand" behielte. Mindestens eine halbe Seite lang lobt er sie, um ihr Mut zu machen, da sie doch niemals zu ihrem eigenen Nutzen sondern zum Nutzen der Allgemeinheit die Lasten und Kosten allein getragen habe; alle denken so, meint er: "Ich glaube, da kannst Du fragen, wen Du willst!"

Seine Vorschläge für die 'Nietzsche-Gesellschaft', wie er sie nennt, sind in diesem Brief sehr prägnant, aber auch ungeheuer optimistisch dargestellt, und natürlich frage ich mich nach der Entwicklung der darauffolgenden Zeit, und dem, was hier später daraus wurde, wie kurzsichtig diese Nietzsche-Verehrer eigentlich damals waren, die glauben wollten, daß sie herrlichen Zeiten engegenstrebten. Ja, sie strebten. Sie nahmen sich vor, die Schwester Nietzsches mit "glänzenden Vollmachten auszustatten" (gegen die sie sich nur pro forma wehren würde), und alle, so meint M. Oe., würden sie per Akklamation "zur Präsidentin wählen" und ihr in jeder Beziehung zur Seite stehen.

Wann mein Vater den Aufsatz "Friedrich Nietzsche als Kulturkritiker" geschrieben hat, weiß ich nicht, habe aber gefunden, daß er ohne Angleichung an die Nazi-Ideologie viele gute Zitate aus Nietzsches Freundesbriefen enthält, die M. Oe. später bei Reclam herausgegeben hat, damals wahrscheinlich für 80 oder 90 Pfennige. Zunächst glaubte ich, daß es zwischen diesem Aufsatz und seiner Veröffentlichung einen inneren Zusammenhang gegeben hat. Der Versuch, undatierte Texte meines Vaters zeitlich einzuordnen, ist mir leider schon mehrmals mißlungen, und so war es auch diesmal: Der Titel ohne Jahreszahl, der auf vergilbtem Papier sehr alt aussieht, bezieht sich zwar hauptsächlich auf Freundesbriefe, aber das Vorwort zur Veröffentlichung bei Reclam, trägt die Unterschrift: Weimar, Nietzsche-Archiv, im April 1944.

Das wäre nicht erstaunlich, weil es sich bei diesem Vorwort auf den ersten zwei Seiten um Nietzsches biographische Daten handelt, die M. Oe. in dieser Kurzform schon oft geschrieben hatte; wahrscheinlich hatte er sie sogar im Kopf. Aber auf der 3. Seite stehen, wie ich finde, die wesentlichsten Mitteilungen über den Philosophen, knappe Sätze auf 26 Zeilen über seinen leidenschaftlichen vielschichtigen Charakter, und sie sind wichtig, weil, wie M. Oe. es formuliert, "bei kaum einem anderen Denker Persönlichkeit und Werk in so engen Wechselbeziehungen stehen, wie bei Nietzsche".

Das war 1944, zu einer Zeit, als nicht nur in Deutschland, nicht nur in Europa, sondern überall Grausames und Entscheidendes passierte, was wir nicht wahrhaben sollten. Im Haus am Silberblick wurde noch gearbeitet, fast möchte ich meinen, im alten Stil. Viele junge Männer, auch meine Brüder, der älteste und der jüngste waren in Rußland gefallen, und in den Zeitungen stand: Für Führer und Vaterland.

Ich bin hier mit diesen Text unversehens um um Jahrzehnte vorausgeeilt, möchte das aber so stehen lassen, um zu erklären, wie mir das passieren konnte. Andererseits wurde mir aus Nietzsches Briefen nun vieles deutlich gemacht, was mir bei seinen philosophischen Texten oft unklar gewesen ist; jedenfalls sind sie nicht der schlechteste Weg, um seine Werke besser verstehen zu lernen. Freilich enthalten sie – die Briefe – auch vieles, was ich lieber im übertragenen Sinne verstehen möchte, z. B. Ausdrücke wie "das rüstige Kämpfen" oder "das strenge Fechten" oder "das Schwert in der Hand" oder "nach langem Suchen und Kämpfen" – dies alles sind kriegerische Worte, von denen ich nicht glauben möchte, daß der noch jugendliche Nietzsche sie so gemeint hat: mörderisch. Ich denke, auch seine Freunde haben sie anders verstanden, mehr als herausfordernde Überschwenglichkeit. Schließlich sollte z.B. "der fröhliche Kampf für eine höhere deutsche Kultur" ganz sicher nicht mit dem "Schwert in der Faust" ausgefochten werden (denn wie könnte er dann fröhlich sein) sondern eher "mit zorniger Liebe zu den Deutschen und mit dem Glauben an ihre Zukunft".

Osterode, Ostpreußen, 4.1.09

Meine liebe Tante, tausend Dank für das herrliche Geburtstagsgeschenk. Ich freue mich von Herzen mit Dir, daß das Werk so gelungen ist, und ich blättere mit unendlichem Genuß immer wieder darin herum. Entschuldige gütigst, daß mein Dank für diese herrliche Gabe so verspätet kommt, doch erhielt ich das Paket wegen der vielen Feiertage, und weil es postlagernd geschickt war, verspätet. Ich mußte es selbst abholen. (Um was für ein Werk es sich handelt, weiß ich nicht. – U. S.) vielleicht: "Friedrich Nietzsches Briefe an Mutter u. Schwester"

Ich habe mich nun hier wieder eingenistet, wohne in einer zwar zum Hotel "Preußischer Hof" gehörigen, aber vom Hotelbetrieb abgetrennten, mit besonderem Eingang versehenen Wohnung und denke, es wird da ganz behaglich werden, wenn ich alle meine Sachen habe. Ich habe meist nur 2 bis 3 Stunden Dienst und somit viel Zeit für mich, will nun gleich anfangen, die Ordensgeschichte weiterzuführen; den fertiggestellten ersten Band erwarte ich in diesen Tagen, nachdem ich in Frankfurt a. O. die letzte Karte zur Korrektur bekam. Die Beigabe von Karten und Bildern macht doch infam viel Schwierigkeiten. – Abends und auch Nachmittags werde ich fast immer zu Hause sein, denn ich gedenke nur die nötigsten Besuche zu machen; wir haben hier nur zwei verheiratete Offiziere, und bei denen des anderen hier stehenden Regiments macht man nur Besuch, um der Form zu genügen. Auch Landverkehr werde ich nicht wieder anfangen, er nimmt, so nett er ist, zu viel Zeit in Anspruch. Eine Ausnahme wird die Familie des im Sommer auf einem Gut in der Nähe wohnenden Landrats sein, die sozusagen zum Offizierskorps gehört; eine Tochter hat sich im Herbst mit dem einzigen von meinem Regiment, dem ich innerlich etwas näher stehe, Leutnant Höfer, verheiratet; er ist auf der Kriegsakademie, ich sah das junge Paar dieser Tage hier. Die andere Tochter ist noch "zu haben", doch fehlt wieder das leidige Geld; bei Höfer ging es nur, weil er selbst etwas Vermögen besitzt. Ich habe in den Jahren 06/07 die ganze Verlobungsgeschichte und alle Schwierigkeiten miterlebt, so freue ich mich sehr, die beiden in ihrem jungen Glück jetzt zu sehen, – mit einem gewissen Neid, ich kann es nicht leugnen, zumal ich Frau Rita selbst immer ein bißchen gern hatte. Es ist reizend zu sehen, wie dieses frische, unverbildete Waldkind von dem trotz seiner Jugend geistig und seelisch hochstehenden Höfer mit seinem sicheren Taktgefühl heraufgezogen wird, langsam und unter großer Schonung, aber stetig; ich konnte das schon während der Verlobungszeit beobachten.

Wenn auch nicht als Bildner eines in holder Weiblichkeit verkörperten Stückes ostpreußischer Wald-Natur, – so errege ich doch auch Neid meiner Regimentskameraden durch meine Schlankheit: "Mensch, sind Sie schlank geworden! Wie haben Sie das gemacht?" war regelmäßig die erste Begrüßung, und verschiedene Dicke laufen nun mit zusammengezogenen Brauen umher, – Anzeichen eines bevorstehenden wichtigen Entschlusses: sie gehen ernstlich mit dem Gedanken um, es mit der "AbendsnurÄpfelKur" zu versuchen und den gewohnten, vielgeliebten Abendschoppen aufzugeben. – Viel Spaß macht mir einer unser jüngeren Offiziere, den ich vor 10 Jahren als Fähnrich ausgebildet habe; er ging dann als ganz junger Offizier nach Südwest, hat dort jahrelang Dienst getan, während der Aufstände 8 Gefechte mitgemacht, an schwerer Verwundung lange krank gelegen und ist nun wieder hier: zu unser aller Staunen ist aus einem jungen Jagdhund ein Mann geworden. Krieg, Strapazen und Krankheit sind doch eine prachtvolle Schule, und grade in Südwest wurden und werden ganz junge Leute ja vor erstaunlich verantwortungsvolle Aufgaben gestellt. Das erzieht eben die ganzen Kerls, daß man stets mehr verlangt, als die Leute eigentlich leisten können; zum Glück ist das ja in der preußischen Armee stets ein Grundsatz gewesen, auch im Frieden: das Unmögliche verlangen, um das Mögliche zu erreichen.-"

Nach dieser Beschreibung des jungen Offiziers, der durch Krieg, Strapazen und schwere Verwundung ein "ganzer Kerl" geworden ist, was M. Oe. zu meinem Leidwesen für den Beweis der hohen Qualität preußischer Erziehung hält, berichtet, er von friedlichem Familienbeisammensein mit den Schwestern Elli und Ida und dem Schwager Walter v. Hauff, der ein intelligenter Mann mit trocknem Humor sei, und daß Mutter Auguste Freude an ihren Kindern gehabt habe. Auch hier wieder: "Schade, daß Du nicht dabei warst!" Der Satz kommt in seinen Briefen oft vor und scheint mir ehrlich gemeint zu sein.

In einem der nächsten Briefe aber – ohne Datum – macht er sich über ein Familientreffen lustig: "In Wiesbaden bin ich vor Liebesbezeugungen der drei dicken Tanten beinahe auf dem Platz geblieben, habe fast alle Verwandten infolge glücklicher Arrangements durch besagte dicke Tanten gesehen und einen heiligen Eid geleistet (natürlich im Stillen), sobald nicht wieder dahin zu gehen; Himmel, was ist das für eine spießbürgerliche Gesellschaft! und die jungen Mädchen voran – die Brautschau ist daher gänzlich resultatlos verlaufen."

Im selben Brief auf Seite 2: "Mit dem Immediatgesuch hat es ja keine Eile – bedenke die Sache nur in Ruhe, das Gesuch kann zu jeder Zeit gemacht werden. Ich spreche darüber vorläufig zu keinem Menschen; wenn Du zum endgiltigen Entschluß gekommen bist, schreibe es mir nur. Daß es immer bei meinem Wunsche bleiben wird, Dir bei dem weiteren Ausbau und der Befestigung Deines Lebenswerkes zu helfen, weißt Du, und ich freue mich, daß auch bei Richard die Begeisterung für dieses Werk und seine Zukunft so warm ist. Vielleicht ist es doch später nochmal möglich, daß er sich ganz der Sache widmet; habt Ihr darüber gesprochen? Ich würde es ihm wünschen, daß er nicht so viel von seinen guten Kräften in dieser elenden subalternen Tätigkeit des Bibliotheksbetriebes verbrauchen muß; der Eindruck, den ich neulich hatte, als ich ihn in der Bibliothek aufsuchte, war ziemlich niederschmetternd, – zu denken, man sollte Tag für Tag 6 und mehr Stunden in solch engen, dunklen Räumen, wo nicht nur eine wenig gute, sondern eine ekelhaft schlechte Luft war, mit tatsächlich subalternem Schreibkram zubringen – entsetzlich! Bei uns hat die Berufstätigkeit, die auch viel Zeit wegnimmt, doch wenigstens einen frischen, tatkräftigen Charakter, man ist immer in Bewegung, in frischer Luft, reitet, marschiert, schießt, kurz, man tut lauter Dinge, die etwas von Sport an sich haben ..."

Der wesentlichste Teil eines Briefes vom 23.2.09 handelt von seiner Arbeit über die Ordensritter:

"Es tut mir leid, daß das Exemplar der Ordensgeschichte, das für Dich besonders gut eingebunden wird, immer noch nicht fertig ist. Der Absatz scheint gut in Gang zu sein. Viel Freude machen mir allerlei zustimmende Zuschriften von mir fremden Leuten. Eine ganz besondere Freude aber hatte ich heute durch einen Brief des alten Geheimrat Steinbrecht, des Leiters der Wiederherstellungsarbeiten an der Marienburg, von dem ich Dir ja öfters erzählte. Er schreibt: "Ihr Buch liegt vor mir, und ich habe verschiedene Aufsätze darin schon gelesen, stets mit dem Empfinden einer schönen Anregung und eines Respekts vor Ihrer Arbeit. Die überzeugte, eindringliche Schreibweise wird dem Buche Wege bahnen. Sie haben ein Riesen-Unternehmen begonnen, als Sie diese umfassende Darstellung wählten. Welche weiten verschiedenartigen Gebiete haben Sie erst mal unter Ihre Herrschaft bringen müssen, ehe Sie an das Niederschreiben denken konnten. Dafür aber ist das Buch auch eine wahre Bibel geworden für die Deutschen, soweit sie noch eine großzügige Geschichtsauffassung zu würdigen verstehen und sich noch nicht verloren haben in der Wüstenei unsrer kleinen Interessenwirtschaft."

Ist das nicht nett? Steinbrecht ist nicht nur der beste Kenner der Ordensgeschichte, sondern er ist auch im Mittelalter überhaupt zu Hause wie wenige, lebt er doch seit mehr als 30 Jahren ausschließlich darin. Mir war grade deshalb vor seinem Urteil etwas bang, und ich bin nun doppelt erfreut, daß es so günstig ausgefallen ist. So etwas macht Mut zur Fortsetzung der Arbeit, an der ich eifrig beschäftigt bin. – Ich habe oft rechtes Heimweh nach meinem hellen Arbeitsstübchen im Archiv, nach den traulichen Plauderstunden mit Dir und dem freien SichAussprechenKönnen; hier ist man doch recht vereinsamt trotz des vielen Zusammenseins mit anderen Menschen und muß fast immer mit seiner eigentlichen Meinung zurückhalten, ja oft genug statt ihrer eine ganz andere, falsche zur Schau tragen. Herzlichst, Dein tr. M. Oe."

Vom Truppenübungsplatz Graudenz schrieb M. Oe. am 25.3.09 mit spürbarer Erleichterung, daß er von dem ersehnten 1. Band 55 Stück verschickt habe (bei 25 Freiexemplaren – das kommt mir bekannt vor, U. S.) und daß der nette alte Steinbrecht ihm gesagt habe: "Darüber müssen Sie sich gar nicht wundern. Man teilt die Verleger ein in solche, bei denen man sich tot ärgert, und solche, bei denen man zuzahlt." "Das Bücherschreiben" – so M. Oe. – "scheint somit ein teurer Spaß zu sein. Immerhin bekomme ich die gebundenen Exemplare zum Subskripts.Preis von 3 M., und ich brauche die Bücher nicht selbst zu bezahlen, sondern bekomme den Betrag vom Honorar abgezogen. Es sind schon etwa 400 Exemplare verkauft, die Auflage betrug 2000. In einer Menge Zeitungen sind Besprechungen erschienen; Karl Strecker schrieb mir, er wolle es in der Tägl. Rdsch. besprechen und Schölermann in der Deutschen Zeitung. Auch in zwei wichtigen historischen Zeitschrifen unseres Ostens sind mir Besprechungen zugesagt. Eingehend und anerkennend schrieb mir Havenstein über das Buch, was mich außerordentlich freute; er schreibt u.a.: Was das Ganze betrifft, so habe ich mich vor allem darüber gefreut, Sie in einer dreifachen Gestalt darin immer wieder zu finden, als Soldaten in erster Linie, dann aber auch als NietzscheJünger und endlich als Freund der alten Architektur in Deutschland. Der Soldat zeigt sich fast überall, und das giebt dem Buche, wie mir scheint, seinen besonderen Wert." Aber im Ganzen, beteuert M. Oe., sei er nicht in rosigster Stimmung, denn: "Dies tägliche Verpulvern der schönsten Zeit mit Dingen, die einen (innerlich wenigstens) nichts angehen, ist doch schließlich aufreibend, man wird kribbelich, leicht erregbar, heftig u.s.w. mit all den wenig erfreulichen Begleiterscheinungen solcher Zustände. Man ist morgens frisch und munter, hat die besten Gedanken oder die Lust, sich in ein Buch zu vergraben, aber die harte Notwendigkeit stellt einen vor einen Haufen mehr oder weniger blöde dreinschauender Jünglinge, mit denen man über Dinge reden muß, die längst hinter einem liegen. Jedenfalls festigt sich in mir mehr und mehr der Entschluß, der, wie Du ja weißt, nicht von heute ist, sobald ich es pekuniär ermöglichen kann, davon zu gehen und mich irgendwo zu vergraben, wo es still ist, keine Elektrischen giebt und nicht so viele Menschen, vorausgesetzt natürlich, daß ich in Weimar nicht gebraucht würde, was mir aber das liebste wäre. Wie wäre es übrigens, wenn wir beide uns zusammentäten? Du träumst doch auch immer von einem Leben in Ruhe und Zurückgezogenheit, und wir haben ja die Probe gemacht, daß wir gut zusammen leben können. Ab und an würden wir uns dann zur Erholung von unseren Studien zu einem Plauderstündchen zusammenfinden und uns über das, was uns bewegt, "austun", wie Du das so charakteristisch nennst; sei es, daß wir einen Feind abknicken oder tüchtig zusammen lachen und was dergl. gesunde Beschäftigungen mehr sind. In Punkto Heiraten werde ich nämlich immer skeptischer; habe neulich mal im Stillen nachgerechnet, jede zweite der mir näher bekannten Ehen ist ein Hohn auf das Wort; wohin man hört, ist von Ehescheidungen die Rede, und von vielen, deren Zusammenleben die Hölle ist, hört man gar nichts. Und nun kommt besonders in unserem Stand noch hinzu: hat eine Frau besondere Vorzüge, so hat sie auch ein Heer von Anbetern, die sich meist mit anbeten nicht begnügen wollen. Ich will mich in diesem Punkte nicht in die Brust werfen, – ich habe, wie Du weißt, keinen Grund dazu, aber grade wenn man weiß, wie es zugeht, wie schwer es den jungen Frauen bei uns gemacht wird, tugendhaft zu bleiben, so ist man geneigt, hinter jeder Ehe, der man "entgangen" ist, drei Kreuze zu machen. Aber freilich, was helfen alle theoretischen Betrachtungen! Eines Tages wird man genau so ein Tor sein wie alle die anderen. So ist die Welt, – unvollkommen! –"

Es folgen noch drei Seiten mit allerlei Mitteilungen und Plaudereien, alles sorgfältig geschrieben, und ich kann mir vorstellen, daß er sich einen langen Abend dazu genomen hat. Und die Versicherung, er möchte nichts lieber, als bei ihr in Weimar arbeiten, ist inzwischen wirklich nicht mehr neu...

Als Ergänzung finde ich in einem etwas späteren Brief, Mai 1909, eine ebenfalls lobende Kritik über den ersten Ordensritter-Band:

"Ich wollte Dir schon immer einiges aus einem Brief Prof. Kettners mitteilen, dem ich auch mein Buch geschickt hatte. Er schreibt zunächst, der Stoff sei ihm nicht sehr vertraut, er könne also den wissenschaftlichen Wert der Arbeit nicht beurteilen. Dann fährt er fort: "Um so reiner und unbefangner habe ich mich an der schriftstellerischen Leistung als solcher erfreut. Das Bild, das Sie uns entwerfen, ist ebenso umfassend und gründlich, wie klar und anschaulich. Mit strenger Gewissenhaftigkeit verschmähen Sie es, in die Überlieferung Ihre subjektive Auffassung hineinzutragen und die Persönlichkeit Hermanns von Salza phantasievoll auszumalen. Aber wie scharf und bestimmt tritt doch seine Gestalt und sein Wirken in der entsagungsvollen Skizze, die Sie davon geben, hervor! – Vor allem aber haben Sie die Kultur des Ordens in ihrer eigenartigen Größe nach allen Seiten hin klar und tief erfaßt. Die Weite der historischen Perspektive verbindet sich in ihrer Schilderung mit der liebevollen Ausmalung der Details, sodaß dieser reiche und fest in sich gegliederte Organismus dem Leser vollkommen lebendig wird" ... u.s.w.

Dazu M. Oe. an E.: "Das hat mich, wie Du Dir denken kannst, außerordentlich gefreut, Du weißt, wie hoch ich Kettner schätze. Im weiteren sagt er noch etwas (ähnlich wie Havenstein), das Dich auch interessieren wird: "In der Kultur, die hier von einer starken Persönlichkeit getragen, alles Einzelne gestaltend durchdringt, mag der Offizier und der NietzscheJünger gleichzeitig ein historisches Ideal erblicken."

Osterode, an 4.5.09

"Liebe Tante, besten Dank für den Schluß des Andler-Artikels; ich freue mich von Herzen, daß Du dieser Großschnauze (entschuldige den derben dem Soldatenmilieu entnommenen Ausdruck) mal ordentlich eins oder vielmehr mehrere draufgegeben hast. Ich hatte schon lange eine Wut auf den Kerl!"

Da ich nun Elisabeths entsprechenden Brief nicht kenne, versuche ich, bei Krumel nachzuschlagen, was es mit Andler und Bernoulli auf sich hatte, zumal sich M. Oe. nach seinem Arbeitsurlaub in Weimar und dem Stockholm-Besuch intensiver an Elisabeths Tätigkeiten und Streitigkeiten beteiligte als vorher. Und immer wollte er ihr Recht geben, zumindest in seinen Briefen, denn er kannte sie inzwischen doch ganz gut und wußte wahrscheinlich auch, warum er so reagierte.

Bei Krumel, Band II, finde ich, daß Charles Andler, Professor an der Sorbonne, von Elisabeth scharf getadelt wurde, weil er sich zum Bundesgenossen der Herren Diederichs und Bernoulli gemacht habe. Andler hatte Bernoullis Buch "Nietzsche und Overbeck", das bedeutendste Ereignis der Nietzsche-Forschung seit vielen Jahren genannt. Elisabeth war entschieden anderer Ansicht, und Max hatte "eine Wut auf den Kerl." Prof. Andler hatte geurteilt: "Bernoullis Buch ist das Erste, das uns jene heftigen inneren Dramen, jenen häufigen Rollenwechsel in Nietzsches Seele eindringlich schildert." Elisabeth wollte davon nichts wissen, und M. Oe., der das später vielleicht eingesehen hat, war damals noch nicht so weit. Wie immer lobte er sie, wenn sie sich tüchtig wehrte.

Bernoulli, bei seinem Nachruf auf Overbeck, hatte von dessen Kummer berichtet, seinen Freund Nietzsche zum "Museumsobjekt" herabgewürdigt zu sehen, und den Peter Gast nannte er später "Nichts anderes mehr als das geduldige Sprachrohr des Nietzsche-Archivs." Solche und ähnliche Formulierungen mußten offenbar bestritten werden, und da half es auch nicht, daß

Bernoulli Nietzsches Briefe an Overbeck gewissenhaft herausgegeben hatte, zu denen Horneffer geschrieben hat: "Diese Briefe sind ein einziger Schatz der Weltliteratur." Um Briefe gab es immer wieder Streitigkeiten, weil diese oder jene Einleitung oder Formulierung oder Erklärung nicht nach Elisabeths Geschmack gewesen war, und mit dem Verleger Diederichs hatte sie diesen langatmigen Prozeß gehabt mit ihrem Schlußwort: "Nur ich allein weiß ja in dem ganzen Leben meines Bruders genau Bescheid." Ich fürchte, sie hatte ein besonderes Talent, aus den Briefen ihrer Gegner immer das herauszulesen und zu betonen, was ihre Autorität als einzige Schwester anzuzweifeln schien.

Im Juni 1909 trennte sich Peter Gast endgültig vom Nietzsche-Archiv, und es gibt viele Briefzitate darüber, wie enttäuscht und verletzt er sich fühle und anderseits erleichtert, daß er nun "von jenem Lügenhügel da oben über Weimar" erlöst sei, und er brauche jetzt nichts als Ruhe und Neutralität. Er hat sich bis zu seinem Tod 1918 nie wieder öffentlich über Nietzsche geäußert. Meinem Vater hat das leid getan, und in einem seiner späteren Briefe meinte er, ob man nicht versuchen könnte, den Kontakt mit ihm wieder herzustellen... Und nicht zum ersten Mal wundere ich mich, daß er Elisabeth in seinen Briefen nie widersprochen hat, auch später nicht. War das Taktik? Oder war er wirklich immer der gleichen Meinung wie sie? Wie waren die Zwiegespräche? Haben sie sich gegenseitig mit ihrem Charme herumgekriegt? Er hatte ja auch welchen. Später, als er Archivar geworden war und sich bewährte, k ö n n e n sie gar nicht immer einig gewesen sein und ich weiß, das hat ihn viel Nerven gekostet. "Jawohl", würde Tiedemann jetzt sagen, "der Major war oft wütend, aber er hielt den Mund, damit die Chefin denken konnte, sie hätte mal wieder Recht." Tiedemann, langjähriger Hausmeister, über ihren und seinen Tod hinaus, ein Faktotum bester Qualität, hat die Beiden gekannt und die Situation oft durchschaut.

Was ich, Ursula, jahrelang beobachten konnte: seinen Bruder Richard brauchte mein Vater immer als Vertrauten; wenn er zu Besuch kam, holte er ihn vom Bahnhof ab, ging mit ihm essen und nach dem Abendbrot spazieren oder ein Glas Bier trinken, damit sie in Ruhe alles besprechen konnten, und ich bin sicher, sie sind einander nie in den Rücken gefallen.

In den nächsten Briefen von Mai, Juni, Juli 1909 wiederholt sich manches, was die Zukunft der Archivarbeit betrifft: es ist, als ob M. Oe. sich schon vollverantwortlich fühlt, ohne in Weimar zu sein, und immer wieder wird erwogen, wer denn nun demnächst Archivar werden könnte, Richard oder Max oder vielleicht ein ganz anderer, aber das bleibt noch ungewiß. Max bot sich dazu an, von Osterode aus die notwendigen Rundschreiben regelmäßig an die Vorstandsmitglieder zu schicken, zumal er mit Fräulein von Alvensleben korrespondieren könnte, die sich nicht nur als Freundin von Elisabeth, sondern inzwischen auch bei ihm als Mitarbeiterin bewährt hatte. Vorübergehend gab es Anfang Juli die Ueberraschung, daß Richard mit Hilfe des Vetters Adalbert Oehler, der ihn juristisch beriet, ein ähnliches Urlaubsgesuch gestartet hatte, wie Max im Jahre vorher, und alle zusammen hofften sie nun, daß das gelingen würde. Aber schon einige Wochen später wurde es abgelehnt, obwohl M. Oe. sich mit offenbar vernünftigen Vorschlägen brieflich eingeschaltet hatte.

Am 20.7.09 vom Truppenübungsplatz bei Graudenz schrieb Max, er wolle nach der Regimentsbesichtigung wieder einmal "ganz offen mit dem Oberst sprechen und ihm die Sache vorstellen. Ich denke, er wird sich bei der Gelegenheit auch über meine evtl. Aussichten oder Nichtaussichten, Brigade-Adjutant zu werden, erklären. Ich übrigens glaube nicht, daß es mit diesen Aussichten weit her ist, denn wie ich Dir schon sagte, gelte ich für einen schwierigen, wenn nicht renitenten Untergebenen; etwas ähnliches steht auch in meinen Papieren, und das ist, wie Du Dir denken kannst, nicht gerade eine Empfehlung für den angehenden Adjutanten eines Generals. Ich weiß nicht, ob es Dir bekannt ist, daß die rote Hose dem Träger das Bewußtsein absoluter Unfehlbarkeit, ja einer gewissen Gottähnlichkeit suggeriert – das ist alte preußische Armeetradition, für die nächste Umgebung des Betreffenden häufig sehr komisch, häufig aber auch unbequem."

Und nun planten sie wieder gemeinsam ein Entlassungsgesuch, für M. Oe., und Elisabeth hatte von sich aus schon eines entworfen, mit dem er zwar formell nicht einverstanden war, sich aber doch ausführlich damit beschäftigen wollte, mit der Begründung, daß es "so persönlich" nicht bleiben könne. Sein Spott über die "preußische Armeetradition", mit der er sich meiner Meinung nach selbst widersprach, kam in den Briefen an Elisabeth schon früher ab und zu zum Ausdruck, obwohl er doch damals und auch später immer wieder behauptete: "daß das alte preußisch-deutsche Offizierskorps einen Kulturfaktor ersten Ranges darstelle; als Träger einer Arbeits-Berufs-Erziehungs-und-Persönlichkeitskultur hatte es nicht seinesgleichen."

Und das ist nur ein Zitat dieser Art, das ich hier angebe, es ist, wie auch andere, von Nietzsche inspiriert, wenn zwar durchdacht, wie ich zur Ehre von M. Oe. annehme, andererseits immer da angewendet, wo es ihm hinzupassen schien. Oder ? Wenn die "rote Hose" an den falschen Typ geriet, der ihrer nicht würdig war? Und wie konnte sie das bei der "Persönlichkeitskultur"? Das ist eine Fangfrage, die zu stellen mir vor 50 Jahren allerdings nicht eingefallen war.

Die Vorschläge aus dem Brief vom 24.7.09 aus Graudenz nach gut überstandener Regimentsbesichtigung sind folgende: "Betreffs der Abfassung des

Gesuchs würde ich raten, Persönliches wegzulassen oder doch nur in geringem Umfang anzubringen, denn derartige Gesuche bekommt Majestät ja garnicht selbst zu lesen. Die betreffenden Beamten sehen lediglich danach, ob das Gesuch stichhaltig begründet ist. Ich würde daher raten, den Gang der Begründung so abzufassen, wie ich ihn entworfen hatte; vor allem darf m. E. n icht fehlen, daß mir aus den gleichen Gründen schon einmal ein 3/4 jährlicher Urlaub bewilligt war. Das schließt natürlich nicht aus, daß Du hier und da dem Text eine persönliche Note giebst. Mein Urlaub und die ungefähre Schilderung meiner Tätigkeit ist besonders deshalb nötig, weil die Leute sonst erstaunt fragen werden, was denn ein Offizier in einem Archiv nützen solle. Du selbst mußt – das hilft alles nichts – recht kümmerlich, alt, schwach und hilflos erscheinen, ich dagegen rührig und tüchtig, und wer das Ganze gelesen hat, muß tränenden Auges ausrufen: 'die arme alte Dame ! Man muß ihr schleunigst die gewünschte kräftige Stütze zur Seite geben!' Auch muß der Leser den Eindruck gewinnen, daß der Weiterbestand des Archivs von meiner Versetzung abhängig sei. Wenn es Dir recht ist, mache ich noch einmal einen Entwurf, einschließlich der Formalitäten."

Am 22.7.1909 war in Hamburg der Dichter Detlev von Liliencron gestorben. M. Oe., der mit ihm befreundet gewesen war, ist traurig und erschüttert gewesen. Der Feldzug 1870/71, an dem Liliencron teilgenommen hatte, war lange her; an einen Weltkrieg dachte man noch nicht. Mir scheint sogar, daß niemand so etwas für möglich hielt, nicht einmal die Männer, die für dieses Handwerk ausgebildet wurden.

Als ich den Aufsatz meines Vaters, "Das alte Heer und das Volkslied", zu lesen bekam, wußte ich nicht, wann er ihn geschrieben hatte, und möglicherweise habe ich mich über den Zeitpunkt geirrt. Schadet nichts, es war eben eine seiner Liebhabereien, die mit seiner Musikalität und seiner Liebe zum Volkstümlichen zusammenhing, darum füge ich meine Beschreibung hier hinein, während das Urlaubsgesuch angefertigt und auf die Dienstwege gesendet wurde.

Diese Volksliedersammlung, mit ausführlichem Text vom M. Oe. entstand nach und nach, und ich glaube, er hat sich auch damit beschäftigt, als er 1915 des schlimmen Ischiasanfalls wegen im Lazarett und danach bei einer Kur in Wiesbaden soviel Zeit hatte. Schließlich konnte er nicht immerzu lesen, das weiß ich aus eigener Erfahrung, aber etwas durchdenken und notieren und verbessern und daran Freude haben, eine noch so bescheidene schöpferische

Arbeit; wie gut das tut, kann ich ihm nachfühlen; ich bin mit dem Mann verwandt.

Und nun denke ich, daß er schon oft mit musikalischem Ohr seinen Soldaten zugehört hatte, vielleicht auch mal etwas mitgesungen, und dabei im stillen gegrinst, weil er die Texte komisch fand, "ungeschickt im Ausdruck, plump, regellos und willkürlich in der Form", andererseits auch mal "von einer überraschenden Zartheit der Empfindung", und die Melodien, nun ja, so schlicht, daß jedermann meint, er kennt sie schon...

Wo die Lieder herkamen? z. B. hatte ein Gefreiter eines aus dem Urlaub mitgebracht – "aus seinem Dorf". Oder ein Sergeant, der von einem Kommando zurückgekommen war, "hat uns das gelernt". Es gab sogar in Norddeutschland ein Loblied "Auf mein Tiroler Land mit seinen stolzen Höhen und seiner Felsenwand".

Die Texte und auch ihre Melodien sind anrührend wie viele Volkslieder wegen ihrer Naivität und verborgenen Traurigkeit und auch wegen ihres Wahrheitsgehaltes, und ich denke, wer, wie M. Oe. sie so oft hat singen hören und dabei gedacht hat, daß diese Männer, die auf Befehl "auf den Feind anlegen" und ihn umbringen oder sich umbringen lassen mußten, arme Kerle waren, die ihre Lieder zur Ermutigung gesungen haben. Sie sangen, so schreibt er, lieber als "Heil Dir im Siegerkranz" oder "Deutschland, Deutschland über alles" zum Beispiel so etwas:

"Es wollt eine Mädchen früh aufstehn
Dreiviertel Stund vor Tag
Im Wald wollt sie spazieren gehen, juju spazieren gehen,
Bis daß der Tag anbrach..."

und was dann noch alles passierte mit immer der gleichen Melodie, war spannend oder schön oder vielleicht auch ungeheuer traurig. Und es ließ sich danach marschieren.

Der Dichter Detlev von Liliencron, wie Friedrich Nietzsche 1844 geboren, hatte wie dieser ebenfalls die Feldzüge 1870/71 mitgemacht, allerdings als Offizier, und er ist, nach seinen Gedichten zu urteilen, freilich von ganz anderer Mentalität gewesen als Nietzsche. Max Oehler und Detlev von Liliencron haben irgendwann einander kennengelernt und sind wahrscheinlich 1906 anläßlich Elisabeths 60. Geburtstag in Weimar des trockenen Tones satt, abends zusammen ausgegangen und haben "scharf pokuliert", wobei sie das gemeinsame Interesse für Soldatenlieder entdeckten. Liliencron, der damals in Hamburg lebte, und unter anderem auch Gesangslehrer gewesen war, ist plötzlich aufgestanden und hat gesungen, "umbekümmert um die umhersitzenden Gäste mit halblauter Stimme": "Ein Schifflein sah ich fahren Kapitan und Leutenant Darinnen waren geladen Zwei brave Kompanien Soldaten, Kapitän, Leutenant, Fähnrich, Sergeant, Nimm das Mädel, nimm das Mädel bei der Hand, fallara! Kamerade, Soldate, nimm das Mädel, nimm das Mädel bei der Hand."

M. Oe. hat ihm daraufhin seine Soldatenliedersammlung zugeschickt und einen dankbaren Brief bekommen für all die anrührenden Texte über die alten, vertrauten Gestalten: Jäger oder Wanderer, Soldat auf einsamer Wacht oder zu Tode verwundet, treuer Kamerad, treues oder untreues Mägdelein, die Jägersfrau, die Wirtin, die Müllerin, und es fehlen auch nicht "die wohlbekannten Szenerien": der Wald mit Hirschen und Rehen und den Vögelein, die wunderschön singen, und unter denen die Frau Nachtigall den ersten Rang behauptet, Wiese und Garten, Blümlein und Bächlein, Berg und Tal, ferne Straßen und blutige Schlachtfelder und die weite, weite Welt; Kampf und Tod für Freiheit und Vaterland, Liebe und Eifersucht, Treue und Untreue, Abschiedsweh, Verlassenheit und Wiedersehen, Sehnsucht nach der Heimat und der Liebsten, sterben und begraben werden.

Vom Truppenübungsplatz bei Graudenz am 1.8.09 mit dem zuversichtlichen Satz: "nun kanns ja losgehen" bis zu einem anderen ersten Satz: "das war ja eine traurige Nachricht", verging ein reichliches Vierteljahr, in dem sich freilich auch anderes ereignete, nicht nur Unerfreuliches. Ich suche nun aus den immerhin 6 ausführlichen Briefen an die stets mit "meine liebe Tante" angeredete Elisabeth die Passagen heraus, die sich auf das Gesuch beziehen. Das ist nicht einfach, aber vielleicht typisch für die Zeit vor dem ersten Weltkrieg, für den Amtsschimmel von damals und für die Ansichten eines "etwas renitenten", wenn auch nicht unfähigen jungen Offiziers. Ich bringe lauter Einzelzitate aus den Briefen, z. B. "Der Oberst war sehr einsichtsvoll, von seiner Seite werden wir keine Schwierigkeiten haben. Zum Brigade-Adjutanten bin ich sowieso noch zu jung, dem Dienstalter nach."

"Ob ich Dir den Entwurf von hier aus absendungsreif, das heißt mit allen Formalien, werde zusenden können, kann ich noch nicht bestimmt sagen. Ich bin nämlich in diesen Tagen bei den Besichtigungen mehrerer Regimenter und unserer Brigade als Ordonanzoffizier zum Divisions-Kommandeur kommandiert worden und als solcher sehr beschäftigt, auch weiß ich nicht, ob die Adjutanten hier die Bestimmungen über derartige Gesuche zur Hand haben..."

"Betr. des Gesuchs selbst hast Du ganz Recht: es muß jetzt, da an die Anstellung eines Archivars gedacht wird, anders abgefaßt werden wie in meinem ersten Entwurf." "Zum fertigen Entwurf mit allen Formalitäten: Die Abstände zwischen Anrede und dem Beginn des Textes, sowie zwischen Text und

Schlußformel recht groß, desgleichen die Abstände zwischen dem oberen und unteren Rand des Bogens. Adresse auf dem Umschlag: An seine Majestät den Deutschen Kaiser und König von Preußen. B E R L I N . Die Gesuche sind alle nach Berlin zu richten, auch wenn der Kaiser nicht dort ist. Die vorgeschriebene Schreibweise des Namens meines Regiments: Deutsch Ordens-InfanterieRegiment Nr. 152 (Abkürzungen sind nicht zulässig, außer bei Nr. Zwischen Deutsch und Ordens kein Bindestrich!)

Der Geschäftsgang: Von Berlin geht das Gesuch an unser Generalkommando in Danzig, das zum Bericht aufgefordert wird. Der Adjutant, der die Sache bearbeitet, ist der Major Nahrath, den ich, wie Du weißt, sehr gut kenne. Ich glaube, die Sache hat die besten Aussichten!"

Kulm an der Weichsel, 12.9.09: "Willst Du so gut sein und mir kurz schreiben, ob das Gesuch schon abgegangen ist? Ich werde jetzt öfter danach gefragt, da ich als Ordonanzoffizier der Division viel mit den Adjutanten der höheren Behörden zusammenkomme. Adresse wie immer: Osterode, Ostpreußen. Von dort bekomme ich alles nachgeschickt."

Danach vier Wochen Urlaub mit vielerlei Beschreibungen: Eine Hochzeit in Polen, in Berlin Besuche bei der Familie und Freunden, ganz beiläufig aber das Wichtigste: Die Reise nach Bremen zu Lemelsons, und daß sie ihn "schon öfters eingeladen" hatten.

Am 11.11.09 aus Osterode dann die Antwort auf "die traurige Nachricht": "Ich hatte nach der Befürwortung durch die Behörden ziemlich sicher auf Erfolg gerechnet. Allerdings weiß ich nicht, ob nicht der kommandierende General von Mackensen selbst uns nicht den Strich durch die Rechnung gemacht hat; der Adjutant war gewonnen. Aber Mackensen ist streng religiös und insofern engherzig, weil er wohl nicht begreifen kann, wie ein Offizier noch andere Interessen haben kann als den königlichen Dienst. Aber glaube nicht, daß es mir schaden wird! ganz sicher nicht. Ich werde bald hören, ob Mackensen befürwortet hat oder nicht. Im ersteren Fall wäre Wilhelm der einzig schuldige. Das ist nun der Dank, daß man ihn gegen alle Anfeindungen seitens Kippenberg, Van de Velde ect. immer in Schutz genommen hat!

Übrigens mußt Du die Form der Ablehnung nicht als "unhöflich" auffassen; derartige Bescheide aus dem Kabinett kommen immer nur ganz kurz und ohne Begründung. "An und zurück..." – Du merkst, das ist nun mal die militärische Kürze.

Wie sehr bedaure ich, daß Du jetzt wieder alles allein tun mußt. Aber nun kommt ja wohl bald "der junge Mann" (wahrscheinlich Dr. Otto Weiß, mit dem sie später ja nicht mehr zufrieden war) und dann wird es für Dich leichter werden. Ich bin begierig zu hören, wie Du darüber denkst, denn ich glaube, Du hast nach Art der guten Kämpfer nach dem Fehlschlagen unseres Planes gleich einen neuen zur Hand. Herzlichst, Dein Dir dankbar ergebener Max Oehler"

14.11.09: "Liebe Tante, eben schreibt mir der Adjutant des Generalkommandos, daß "alle Instanzen, insonderheit auch das Generalkommando Dein Gesuch warm befürwortet hätten". Ich schreibe Dir das gleich damit Deine Besorgnis, die Sache könne mir schaden, endgültig zerstreut wird. Die warme Befürwortung beweist deutlich, daß die Vorgesetzten mir wohl wollen, was ich auch aus anderen Anzeichen merke, und daß vor allem keiner daran denkt, mir wegen des Gesuchs gram zu sein. Also, Wilhelm ist und bleibt der einzig schuldige! Ich fürchte, er wird Mühe haben, diese Scharte wieder bei uns auszuwetzen."

26.11.09, Seite 2: "Daß Dir meine Nicht-Versetzung so nahe gegangen ist, giebt meinem ohnehin erfreulich entwickelten Selbstbewußtsein neue Nahrung. Aber denke nun nicht mehr daran, – was hülfe es auch. Es muß und wird auch so gehen, zumal, da Du ja nun ein ganz bestimmtes abschließendes Ziel vor Augen hast. Zu dem, allen Anschein nach das beste Vertrauen erweckenden und zu den besten Hoffnungen berechtigenden Verlag herzlichen Glückwunsch!

Was Du von Gast schreibst, ist ja schrecklich. Wieso hat er N. gegenüber ein schlechtes Gewissen? Es wäre ein Jammer, wenn sich das alte, freundschaftliche Verhältnis mit ihm nicht wiederherstellen ließe. Paß auf, in kurzem wird ein Triumphgeheul in der Presse losgehen, daß es nun doch gelungen sei, Dich und Gast auseinanderzubringen. Es ist mir ein wenig erfreulicher Gedanke, daß er nun verärgert und verbittert – weiß der Himmel worüber – in seiner Klause sitzt. Ich würde gern mal an ihn schreiben, aber natürlich nur mit Deinem Einverständnis. Vielleicht, daß er sich mir gegenüber mal offener ausspricht. Herzlichst, Dein getreuer Max Oe."

Mit einem undatierten Brief aus Bremen, Osterdeich 104, bei Hauptmann Lemelson hat M. Oe. die Elisabeth ganz vorsichtig und ziemlich verschleiert auf das Ereignis vorbereitet, daß er diesmal ernsthaft auf Brautschau sei. Denn sicher war er noch gar nicht. Immerhin war Annemarie im Juli erst 17 geworden, und vielleicht wäre ihr Vater dagegen, die Tochter noch zu gehorsam, und die besorgte Mutter fände es wahrscheinlich sowieso unmöglich, einen so alten Schwiegersohn zu bekommen – sie selbst wurde gerade erst vierzig.

M. Oe. schrieb: "Die drei Mädchen sind nun groß geworden, 17, 16 und 13, aber nicht weniger goldig wie einst als Kinder. Es ist hier unsagbar behaglich, wir haben viel von früheren Zeiten zu reden und verstehen uns nach wie vor ausgezeichnet. Sie haben ein allerliebstes Haus am Ende der Stadt mit

Max und Annemarie Oehler, geb. Lemelson, als Brautpaar 1910

weitem Blick über die Weser-Niederung mit ihren bunten Kuh-Herden. Mit den Mädels strolche ich viel in der Stadt umher; es ist ein eigenes Verhältnis zwischen uns, noch halb onkelhaft und doch nicht mehr so ganz. Ab und zu nennen sie mich in der Eile noch "du", um alsogleich vorschriftsmäßig zu erröten. Ich werde hier noch einige Tage bleiben; dann, oder auch später würde ich gerne zu Dir kommen. Ich freue mich sehr auf das Wiedersehen mit Dir!"

Der nächste Brief ist aus Berlin, am 5.12.09, 11/30 abends. Er klingt nicht so, als hätten sie – Elisabeth und Max – bei seinem Besuch in Weimar Näheres über seine Absichten in Bremen gesprochen, nun aber sind die Lemelsons und er in Berlin zusammengekommen, wo sie, "das goldige Kind, mir heute gesagt hat, daß sie mein Eigen werden und mir ihr junges Herz anvertrauen will."

Mir, der jetzt über 80jährigen Tochter klingt das wie eine Phrase aus einem Kitschroman, aber da ich weiß, daß mein Vater im späteren Leben kitschige Redewendungen nicht mochte oder sie höchstens lächerlich fand, meine ich, dies aus seiner Überglücklichkeit verstehen zu können, an diesem Abend, nachdem er mit der jungen Braut und den Schwiegereltern auf die Verlobung angestoßen hatte, die übrigens noch heimlich bleiben sollte. Mindestens 18 müßte Annemie ja erst werden!

Aus Osterode kam am 13.12.09 ein sehr langer Brief über alle Einzelheiten, die er vorher in Weimar noch nicht preisgeben wollte, wofür er sich dann entschuldigt. Seine Sätze auf der ersten, dicht beschriebenen Seite kommen mir vor, als habe er ein Kind adoptiert.

"Es waren 8 Tage des sonnigsten Glücks, wie sie das Leben nur selten bringt. Das Kind ist nicht nur holdselig, sondern auch trotz seiner Jugend ein wertvoller kleiner Mensch, voller Begierde zu lernen und zu streben und voller Vertrauen zu mir, daß ich ihr dabei helfen kann und werde. Sie ist aus ihrer kindlich-scheuen Zurückhaltung nun schon herausgegangen; ich habe dafür gesorgt, daß wir wenigstens die Vormittage meist allein in Berlin herumspazierten, mein Entzücken ist noch Tag für Tag gewachsen, ein so goldiges kleines Geschöpf zur Entfaltung zu bringen, ist allein ein Menschenleben wert."
Fortsetzung vom 13.12.09

"Die Nachmittage waren meist der Verwandtschaft gewidmet; zwei Kousinen des Vaters Lemelson sind Töchter des alten Gruson in Magdeburg, der dort die gewaltigen Eisenwerke begründet hatte (jetzt von Krupp angekauft), das sind Frau Winkelmann und Frau Hildebrandt, zwischen denen wir immer hin- und herpendelten. Beide sind kinderlos, und ich habe früher schon viel in beiden Häusern verkehrt. Die beiden Männer leben auch noch, alle sind alte, reizende Leute und waren mir schon immer sehr zugetan, so daß sie sich aufrichtig über die Verlobung freuen, besonders Frau Winkelmann, die Patentante Annemaries, hat mich in ihr Herz geschlossen und mir bei der Überwindung der Widerstände sehr geholfen. Das ist natürlich für die Zukunft von größter Wichtigkeit. Annemaries Vater wollte nämlich, trotzdem wir immer sehr befreundet waren, erst nicht recht an die Sache ran, doch war es ihm mit der Ablehnung wohl nicht ganz ernst – er wollte wohl nur mal sehen, ob mir die Sache ernst war. Das war sie aber und ist sie, denn vom ersten Augenblick, als ich dies reizende kleine Wesen, das mich als Kind schon immer entzückt hat, sah, gab es für mich kein Besinnen mehr. Du bist mir hoffentlich nicht böse, daß ich mich Dir nicht eher anvertraut habe, doch war die Sache, als ich bei Dir in Weimar war, noch mehr wie unsicher. Die pekuniären Verhältnisse werden später sicher mal recht gut, jetzt sind sie, soviel ich erfahren konnte, jedenfalls auch leidlich. Der Schwiegervater ist außerordentlich genau in Geldsachen und mehr wie sparsam, das ist aber für einen Schwiegervater nur ein Vorzug. Er hat mir gesagt, daß pekuniäre Schwierigkeiten der Verlobung nicht entgegenstünden. Jedenfalls aber wird er uns nicht einen Deut besser stellen, als es unbedingt nötig ist – soweit kenne ich ihn schon. Schadet nicht, denn ein wenig Erziehung zur Sparsamkeit kann ich ja immer brauchen. Eine andere, auch schwer reiche Patentante von Annemarie ist eine Frau General Hentschel in Berlin, die wir ebenfalls eingeweiht und besucht haben; ich habe mich gleich mit ihr gefunden, da sie Nietzsche, wenigstens den Menschen, glühend verehrt; sie kennt die Briefbände sehr genau, von der Philosophie allerdings weniges. Als sie von meiner Verwandtschaft mit N. hörte, geriet sie ganz außer sich. Diese äußeren Konstellationen sind also sehr günstig, auch besonders dadurch, daß ich schon seit nunmehr 14 Jahren mit der Familie Lemelson befreundet bin und ihre nächsten Verwandten schon so gut kannte. Nett war es, daß Mutterchen, ohne etwas zu wissen, grade nach Steglitz zu Hauffs gekommen war, sie aß einmal bei Winkelmanns mit uns und einmal bei Hildebrandts, dann waren wir in Steglitz und Friedenau zusammen, und auch Elli war dabei, die schleunigst aus Hinterpommern angesaust kam. Sie hat sich schon mit Annemarie angefreundet, die beiden haben viel ähnliches im Wesen, dieselbe einfache Natürlichkeit, dieselbe Wohlerzogenheit, denselben mädchenhaften Liebreiz.

Die Verlobung soll zu meinem Verdruß erst Ostern veröffentlicht werden; das hat gar keinen Sinn, da die beiderseitigen näheren Verwandten alle eingeweiht sind, und den Fernerstehenden kann es doch ganz gleichgültig sein. Doch denke ich, Vater Lemelson, so dickköpfig er ist, mit Hilfe der auf meiner Seite stehenden Damen, herumzukriegen."

Hier muß ich mich wundern und nachrechnen wegen der Mitteilung im Brief vom 13.12., er habe schon 14 Jahre vor der Verlobung die Lemelsons gekannt, Annemarie und Erika als Kleinkinder – wie kam das? 1909 minus 14 ist 1895, da war M. Oe. grade erst junger Offiziersanwärter. Aber auch da hat er schon an Elisabeth geschrieben, z. B. von einem Truppenübungsplatz bei Loburg, wo sie in Baracken wohnten und "ein ziemlich unzivilisiertes, von aller Kultur mindestens 2 Stunden entferntes wildes Lagerleben" führten. Loburg ist nicht weit von Magdeburg, dort lebten die Lemelsons zu der Zeit, und mein Großvater Friedrich L., damals noch Leutnant könnte den jungen M. Oe. zu sich eingeladen haben, und der, immer schon kinderlieb, hat mit den kleinen Mädchen gespielt und der hübschen Olga, die nur etwa fünf Jahre älter war als er, schöne Augen gemacht. Trau ich ihm alles zu.

Der sehr lange Brief aus Osterode vom 13.12.09 hat auch noch einen praktischen Teil, in dem es wieder um das Archiv geht. Dort gab es inzwischen einen Archivar, den M. Oe. noch nicht kannte, er hieß Otto Weiß, und die Brüder Max und Richard haben sich Gedanken über ihn gemacht. Zitat: "Wäre es z. B. nicht ratsam, eine Art Rechenschaftsbericht alle Vierteljahr von ihm zu fordern, worin er kurz darlegt, was er gearbeitet hat? Der wäre dem Kuratorium vorzulegen, und am besten könnte er (mit Adalberts Zustimmung) wohl an mich gehen, um von mir herumgeschickt zu werden, da ich doch von allen am besten über den Stand des Ordnens der Bücher, Zeitschriften pp. orientiert bin. Was hat er eigentlich bis jetzt gemacht? Hat er schon begonnen, die Sichtung und Katalogisierung der Zeitschriften fortzusetzen? Ich will dem Herrn W. nicht zu nahe treten, – aber die Gefahr liegt natürlich sehr nahe, daß jemand, der sich nicht kontrolliert weiß und an der Fortführung der Archivarbeiten kein unmittelbares Interesse hat, den größten Teil der Zeit seinen Privatstudien widmet. Einzuarbeiten giebt es ja bei der Zeitschriften-Katalogisierung weiter nichts, damit kann jeder, der lesen und schreiben kann, gleich beginnen, nachdem das Ordnungsprinzip festgelegt ist. Vielleicht könnte auch Richard in seiner Eigenschaft als Fachmann eine Art persönlicher Kontrolle über den Fortgang der Arbeiten übertragen werden; er ist ja doch öfter in Weimar. In solcher Kontrolle braucht niemand ein Mißtrauensvotum zu sehen, das ist in ganz Deutschland so, daß Beamte auch kontrolliert werden ... "

Zum Schluß: "Darf ich so kühn sein, einen Weihnachtswunsch zu äußern? Mir fehlen von der Gründungsausgabe die Bände IX, X, XIII und XIV; hast Du vielleicht einen oder den anderen der Bände übrig? Allerherzlichste Grüße, Dein dankbarer und getreuer Max Oehler"

Am 31.12.09 die "Freuden-Nachricht"
daß die Verlobung doch bereits Ende Januar veröffentlicht und gefeiert wer-

den soll. Max ist von der Familie L. zum Geburtstag und zu Weihnachten "wie ein Prinz beschenkt worden", das Prunkstück "eine echt goldene Uhr mit einem Deckel zum Aufhüpfen", den ganzen Lessing und eine sehr schöne Heine-Ausgabe hat er bekommen und außerdem "entsetzlich viel zu essen; es ist keine Aussicht vorhanden, das bis Ende Januar alles zu beseitigen. Den Weihnachtsabend haben wir zu viert behaglich im Kasino verlebt, wo wir eine Schmauserei veranstalteten auf Kosten der Kasinokasse und der Urlauber mit allerlei ausgesucht schönen Dingen. Ich habe mit Entsetzen bemerkt, daß Kaviar, Austern und Champagner niederschlagend bezüglich der Sehnsucht nach Bremen und durchaus stimmungshebend wirkten, sodaß der Weihnachtsabend längst nicht so traurig wurde, wie ich gefürchtet hatte ... "

Festlich und üppig ist es dann auch Ende Januar in Bremen zugegangen und außerdem reichlich familiär. Zwar galt es nicht für "wohlanständig, daß der Bräutigam im Hause der Schwiegereltern wohnte, trotzdem sie dort 13 Zimmer hatten", aber eingeladen, bewirtet und beschenkt wurden er und Annemarie überall bei der Verwandtschaft, die alle umgänglich und nett waren, Bremer Großkaufleute mit behaglichen, wohleingerichteten Häusern. Und Tante Marie Winkelmann in Berlin hatte "dem holdseligen Kind 1/3 ihres mehrere Millionen betragenden Vermögens testamentarisch vermacht."

Das aber hat Annemarie nie bekommen, jedenfalls wüßte ich nicht, wann es gewesen sein sollte, obwohl ich mich an die Tante Winkelmann noch erinnere, vielmehr nicht eigentlich an sie, sondern an ihre Wohnung, die mir ungewohnt üppig und beinahe fürstlich erschien. Bei uns zu Hause in der Turmstraße 30 war es zwar gemütlich, aber daß man in solcher Pracht wohnen konnte, hat mich gewundert. Dazu aber passten die Haustiere von Tante Marie besonders gut, ein Papagei und ein sehr kleiner Rehpinscher, die einander nicht leiden konnten, weshalb man immer auf die beiden aufpassen mußte, damit sie nicht übereinander herfielen, schreiend und quiekend. 1919, nachdem wir von Berlin weggezogen sind, ist die Tante Winkelmann gestorben, und ob sie da noch Geld gehabt hat, um es meinen Eltern zu vererben, das weiß ich nicht – vielleicht war es schließlich nur grade so viel, daß sie mal eine Kur in Bad Berka machen konnte ...

Die nächsten Briefe vom Jahre 1910 – März, April, Mai und Juni – handeln nun fast alle von den derzeitigen Schwierigkeiten, nämlich wer wann und warum wohin fahren konnte oder mußte (Truppenübungsplatz, Berlin, Halle, Weimar, Bremen) und vor allem, wo und wie sie beisammen sein könnten, er und sie. Das war nicht einfach wegen der allseits verlangten Wohlanständigkeit, nichts für M. Oe. aber möglicherweise für ihre Holdseligkeit sehr gut. Seiner Beschreibung nach ist sie auch mit beinahe 18 Jahren noch ein halbes

Kind gewesen, das mit den jüngeren Schwestern gackerte und dabei glücklich war, aber ein kluges und wißbegieriges Kind soll sie gewesen sein, und das kann ich mir gut vorstellen, weil ich als ihre Älteste ihr später nahe stand; wir haben zeitweise dieselben Bücher gelesen, haben manchmal zusammen gedichtet oder gezeichnet, und noch später haben meine Kinder, die musikalischer waren als ich, gerne mit ihr gesungen.

Ich kann mir auch vorstellen, daß Elisabeth sich beim Kennenlernen in Weimar mit ihr verstanden hat – sie sind sich in dieser anscheinend heilen Welt naiv und unbeschwert begegnet. Gut für ihn, daß sie sich leiden mochten, Elisabeth und Annemarie, denn obwohl ihm zu der Zeit nichts wichtiger zu sein schien als diese Heirat und ihr Gelingen, wollte er die ersehnte Zukunft im Nietzsche-Archiv nicht beiseite schieben, im Gegenteil, er versuchte sehr schnell – das lese ich zwischen den Zeilen – Annemarie zu beweisen wie wichtig das für sie alle sei, für ihn, für sie, für die zukünftigen Kinder und auch für die "Tante". Vermutlich war das überhaupt nicht schwierig, denn im Vergleich zu ihren zwar netten und tüchtigen Verwandten in Bremen war der geliebte und bewunderte Max für die Holdselige (die er Goldchen nannte) ein hochgeistiger und ungewöhnlicher Mensch. Und daß er lustig sein konnte und so gut aussah, daß er die Natur liebte, daß er wanderte und schwimmen und reiten konnte, daß er musikalisch war und Geige spielte, all das zusammen wird für sie entscheidend gewesen sein, ihm, wie er es nannte, "ihr junges Herz anzuvertrauen". Und ihm zu glauben.

Umgekehrt versuche ich, mir zu erklären, warum dieser gebildete und vielseitige Mensch mit einem gesunden Selbstbewußtsein es nötig hatte, sich seelisch und geistig an die mütterliche Freundin anzuschließen und das, wie ich glaube, nicht nur aus Berechnung; nun aber brauchte er das liebe kleine Frauchen, gescheit und bildsam zwar, dennoch eigentlich zu jung. War das die ganz andere Aufgabe – die pädagogische? Er erklärte und belehrte ja gern. Aber vielleicht haben die beiden Frauen allerlei Gemeinsames gehabt, trotz des großen Altersunterschieds (56 Jahre, fast auf den Tag); ich denke an die vielen Stellen in seinen Briefen, die von entzückenden lieblichen Frauen handeln, von mädchenhafter, schlichter Natürlichkeit, temperamentvoll, fröhlich und lachlustig, mit einem Schalk im Nacken und einem klugen Köpfchen – all das traf ja auch auf Elisabeth zu – es gibt Beschreibungen von ihrer Persönlichkeit, die das bestätigen. Der Altersunterschied hatte ihn wohl nicht gestört, sondern eher ermutigt, sich ihr anzuvertrauen. Schließlich war er nicht wie ihr Bruder von einem so überragenden Geist besessen, und sie konnten ihn gemeinsam bewundern und gemeinsam "für ihn streiten". M. Oe. verfügte übrigens auch über eine ähnliche Art der Überschwänglichkeit wie Elisabeth –

seine Briefe beweisen das – und er hatte nicht wie Nietzsche die Fähigkeit zu dieser herben, gnadenlosen und gewiß auch quälenden Selbstkritik bei allem, was er dachte und schrieb. Ein wichtiger Unterschied zwischen dem Jahrhundertgenie und einem klugen, gebildeten Durchschnittsmenschen dieser Zeit (ob sie verwandt waren oder nicht).

Wie ich Elisabeth gesehen habe, als ich ein Kind war, das steht in meinem Roman "Zarathustras Sippschaft", und daß ich es noch wußte, liegt vielleicht daran, daß ich damals schon Tagebuch geschrieben habe. Zitat: "Eine kleine, hübsche alte Frau aus Marzipan, in schwarzen altmodischen Kleidern, wohlriechend und großmütterlich, mit irgendetwas Eisernem im Gesicht, wenn ihre Marzipanfinger mir die Markstücke abzählten, auch wenn sie, wie sie zu sagen pflegte, "einen lieben Kuß" haben wollte und auch, wenn sie seufzte, sie sei so froh, uns zu haben, weil doch der liebe Gott ihr keine eignen Kinder beschert hatte ... " Ganz sicher ist sie zu der Zeit nicht mehr die Vertraute meines Vaters gewesen, denn er war ihr Angestellter, und das "etwas Eiserne" in ihrem Gesicht überwog auch im Inneren.

Zitat aus einem Brief vom April 1910, daß der kommandierende General, der zu Besichtigungen da war, gesagt habe: "ich sei vom 1. Juli ab auf den Truppenübungsplatz Gruppe bei Graudenz als Adjutant kommandiert (auf 3 Jahre), ein Kommando, das ich mir lange gewünscht habe. Man ist dort sehr selbständig, hat ein Pferd, das einem der Staat kauft und füttert, mehrere Krümperwagen zur Verfügung, keinen Truppendienst, vorwiegend Verwaltungstätigkeit, Beaufsichtigung landwirtschaftlicher und gärtnerischer Arbeiten und dergl. Der Platz ist ca. 25 Quadratkilometer groß, hat viel Wald an den Grenzen, liegt landschaftlich überhaupt sehr hübsch; man hat einen weiten Blick über die breite Weichselniederung. Annemarie, die viel Freude am Landleben hat, ist ganz außer sich vor Vergnügen. Ich hoffe, wir werden ein Häuschen beziehen können, das etwas außerhalb des Lagers liegt und von einem Garten umgeben ist. Das Lager ist Bahnstation, man fährt 1/4 Stunde bis Graudenz, wo viel Militär ist, auch sind nette Familien auf dem Lande und in der näheren Umgebung."

Diese Kommandierung wurde im Mai schon wieder rückgängig gemacht, "weil das alte E ... von Kommandant durchaus keinen verheirateten Adjutanten haben will."

Sie waren zuerst einmal traurig, haben sich aber rasch mit der Aussicht getröstet im Frühjahr 1911 nach Marienburg zu heiraten, – "dann ist dort das ganze Regiment zusammen, wir haben zur Zeit eine Anzahl netter junger Frauen, und unsere musikalischen Neigungen werden in Marienburg jedenfalls mehr Nahrung finden als in "Gruppe". Vor allem ist da mein alter Musikfreund Benwitz, ein unverheirateter Amtsrichter, der wie ein Künstler Klavier spielt. Ich denke, wir werden mit ihm – er hat eine große Wohnung und einen prachtvollen Flügel – und einigen befreundeten Familien regelmäßige Musik-Abende einrichten. Derartiges gehörte immer zu meinen Lieblingsträumen. Annemarie kann zwar noch nicht viel am Klavier, aber sie hat gute Anlagen und ist seit unsrer Verlobung mit Rieseneifer beim Üben und StundeNehmen. Sie ist ein sehr ehrgeiziges kleines Menschenkind und wird nicht ruhen, bis sie mittuen kann."

Die Beschreibung des Lebens in Marienburg, das ja erst im Jahr 1911 beginnen und dann auch weiterhin beschrieben wird, gefällt mir so gut, daß ich bedaure, damals noch nicht dabei gewesen zu sein und auch an die ersten zwei Jahre meines Lebens mich nicht erinnern kann. Nur stört mich nachträglich ein bißchen, daß Annemarie von Max, so sehr er sie doch liebte, immer wieder als "kleines Menschenkind" oder "kleines goldiges Mädchen" dargestellt wurde. Ob ihr das eigentlich gefallen hat? Oder war es eben der damalige Stil? Andererseits hat M. Oe. auch oft beteuert, wie glücklich es ihn machte, daß sie, die "Holdselige", für die er sich nun entschieden hatte, überall akzeptiert und bewundert wurde. So hatte er sichs gewünscht.

Zum 10. Jahrestag von Nietzsches Tod (25.8.1910) ein besonders herzlicher Brief von M. Oe. an Elisabeth mit der Bemerkung, er sei froh, daß sie jetzt den treuen Freund Kielmannsegg bei sich habe. Er und Annemarie wollten im September in Berlin die Möbelausstattung aussuchen, die sie von den Schwiegereltern zur Hochzeit bekommen, und sie planen, sie danach in Weimar zu besuchen. Sie freuten sich darauf...

Aus Berlin W., Hospiz des Westens, schrieb M. Oe. Ende Juli 1910:

"Du wirst Dich über den Abgangsort dieses Briefes wundern; ich bin auf 3 Wochen zur InfantrieSchießschule kommandiert worden, die in Schandau liegt. Fahre jeden Morgen mit der Elektrischen dorthin und Mittags zurück. Die Kommandierung erfolgte ganz plötzlich für einen erkrankten Offizier; ich bin hier seit einigen Tagen, bleibe bis zum 17.8. Ich hatte gehofft, Annemarie könnte jetzt zu ihren hiesigen Verwandten, die sind jedoch alle verreist. In 8 Tagen fahre ich auf 3 Tage nach Bremen; es ist ja von hier aus nicht weit. Der Haken bei diesem an sich ganz netten Kommando ist, daß ich vom 1.–28. Oktober auf den Übungsplatz muß, um die jetzt hier eingesogene Weisheit an mehrere hundert dort zusammenkommende Offiziere und Unteroffiziere abzugeben. So kann ich nur vom 11. bis 30. September Urlaub nehmen, und unser schöner Weimar-Plan zerrinnt daher vielleicht in nichts. Wir wollen im September hier jedenfalls Möbel besorgen; bist Du dann schon zurück und paßt es Dir sonst, so könnten wir ja immerhin auf ein paar Tage kommen.

Wie brennend gern wir länger blieben, das weißt Du. Für Deinen sehr lieben und herzlichen Brief vielen vielen Dank. Ja, ich denke, unsere Freundschaft ist sozusagen im Feuer gehärtet und nicht so leicht zu erschüttern.

An die Weimarer Freunde kann ich diesmal leider die letzte Schrift, die Du hoffentlich richtig bekommen hast, nicht senden; ich habe, um den Druck zu ermöglichen, auf jede Honorierung verzichtet und nur 25 Frei-Exemplare bekommen. Andererseits liegt mir viel daran, daß grade in Mitteldeutschland urteilsfähige Menschen mal etwas auf die enormen kulturellen Leistungen der Deutschen im Osten MittelEuropas gestoßen werden."

Bei dieser Schrift, von der er in dem Brief berichtet, handelt es sich wahrscheinlich oder sogar sicher um ein ganz bescheiden gedrucktes und auch äußerlich bescheidenes Buch von 110 Seiten mit dem Titel: "Der Krieg zwischen dem Deutschen Orden und PolenLitauen 1409 – 1411, Druck und Verlag E. Wernichs Buchdruckerei, Elbing 1910." Es sind zwei handgezeichnete Karten darin, eine Geländedarstellung zwischen Tannenberg und Ludwigsdorf, eine Zeichnung von Marienburg zur Zeit der Hochmeister, und der Text – ich bin keine Historikerin – scheint mir gewissenhaft und sorgfältig geschrieben zu sein. Daß dieses schmale Buch so bescheiden wie möglich hergestellt werden mußte, kann ich verstehen. Wo sollte M. Oe. das Geld und die Zeit hernehmen, um es besser und aufwendiger zu gestalten?

Aus Gruppe bei Graudenz am 14.10.10: … "und ich habe Dir noch immer nicht gedankt für die ganz köstlichen Tage, die wir zusammen bei Dir verleben durften. Ich hatte wirklich nicht im mindesten den Eindruck, daß unser Zusammensein unter dem Druck der auf Dir lastenden Sorgen gelitten hätte; ich fand Dich im Gegenteil heiter und wohlgemut. Wenn Du nun nach der Regelung aller Angelegenheiten noch fröhlicher bist, mußt Du ja dauernd in einer wahren 'RabensteinerinStimmung' sein, worüber ich mich von Herzen freuen würde."

"Die lastenden Sorgen" aus dem Brief von 1910 beziehen sich wahrscheinlich auf Geldsorgen des Archivs, die ja stets wieder von Neuem auftraten, vielleicht aber auch auf die Streitigkeiten, deren es so viele gegeben hatte und immer noch gab – nur kann ich mir vorstellen, daß M. Oe. sie in der Zeit seiner Verlobung und zukünftigen Hochzeit etwas vergessen oder sogar verdrängt hat, zumal es nun die Stiftung Nietzsche-Archiv gab und er dem Vetter Adalbert zutraute, daß er mit seinen juristischen Kenntnissen Elisabeth beistehen würde. Adalbert hatte, vermutlich nach Absprache mit EFN, eine Rechtfertigungsschrift der Stiftung verfaßt, die mit uneingeschränktem Eigenlob und mit Kritik an den Brüdern Horneffer und Bernoulli zeigen sollte, daß die wahre Tradition über Nietzsche nicht in diesen Kreisen, sondern ausschließlich im Archiv zu Hause sei.

Zur gleichen Zeit hatte der Verleger Alfred Kröner EFN angeregt, eine kürzere Biographie ihres Bruders zu schreiben, und sie arbeitete an dem Band, den sie "Der Junge Nietzsche" nannte; der mit dem Kapitel "Unsere Vorfahren" begann und mit ihrem und ihres Bruders Zusammensein in Bayreuth 1876 endete. Sie nannte diesen ersten Teil immer "Mein kleines Buch" und beteuerte, es handele von einer glücklichen Zeit, die sie freilich nur so nennen konnte, weil sie darin Vieles beschönigt und Unerfreuliches fortgelassen hatte. Max, wie ich aus seinen Briefen weiß, hat es aber mit großem Vergnügen gelesen, auch Annemarie begeistert und, wie ich vermute, völlig kritiklos, da sie die Tante, die älter war als ihre Mutter und auch in anderer Weise gebildet, ohne Vorbehalt verehrte und bewunderte.

In dem Brief vom 14.10.10 schrieb M. Oe. außerdem: "Ich lege 2 Besprechungen meiner letzten Schrift bei, die ich in ihrer Gegensätzlichkeit belustigend finde. Es sind in den drei Monaten, seitdem das Buch erschienen ist, doch schon 500-600 Exemplare abgesetzt; in etwa 70-80 Zeitungen ist es besprochen worden. Auch der Absatz des 1. Bandes geht ganz nett vorwärts; in den letzten 1 1/2 Monaten wurden 50 Exemplare verkauft. Jetzt fangen auch namhafte wissenschaftliche Zeitschriften (darunter eine französische) an, sich mit dem Werk zu beschäftigen. Sie heben meistens hervor, daß es sich zwar nicht um selbständige historische Quellenforschung handele, daß das Werk aber doch mehr sei als eine geschickte Kompilation des bereits gedruckten Materials, es zeige sich überall Selbständigkeit des Denkens und der Auffassung. Ich hoffe, das wird man bei den weiteren Bänden noch im erhöhten Maße finden – in dem ersten traute ich mir selbst noch nicht so recht. Ich bin nun neugierig, wann die Militärbehörde mich beim Kanthaken kriegen wird. Bekanntlich kann doch nur 'ein guter Christ ein guter Soldat sein'. Dreister ist die Wahrheit wohl selten auf den Kopf gestellt worden, wie mit diesem albernen Satz. Ein 'christlicher Soldat' ist ein Widerspruch in sich selbst, wie er krasser nicht gedacht werden kann."

Am 15.12.10 aus Marienburg, Hotel Schumacher: Du hast erschrecklich lange nichts von mir gehört, aber ich hatte sehr viel mit meiner Arbeit zu tun, da der zweite Band der Ordensgeschichte jetzt im Druck ist. Doch wird es noch Monate dauern, bis er fertig wird; die Abbildungen, Karten usw. machen viel Mühe. Auch bin ich mit dem Manuskript noch gar nicht fertig, der Stoff wächst und schwillt erst während der Bearbeitung in oft beängstigender Weise. Zum Glück bin ich dienstlich nur wenig in Anspruch genommen, so daß ich fast alle Zeit für mich habe. Abends allerdings war ich sehr viel aus, aber wenn man den Tag über gearbeitet und gelesen hat, ist nette Geselligkeit am Abend ja eine wirkliche Erholung und wir haben zur Zeit eine Menge netter Familien hier, was mich für Annemarie besonders freut. Dazu kommen meine alten Freunde, Geheimrat Steinbrecht, Bauinspektor und Provinzialkonservator Schmid, ein hochintelligenter feinsinniger Mensch und Kunstkenner und der Amtsrichter Benwitz, der vortreffliche Musiker, von dem ich Dir schon früher erzählte. Die Musik steht also in höchster Blüte; wir haben jetzt sogar 2 regelmäßige Kammermusikabende, einen bei Benwitz, wo sich stets Steinbrecht und Schmid und einige andere Musikliebhaber einfinden; den anderen beim Oberst, der ein guter Cellospieler ist. Steinbrecht und Schmid sind mir natürlich für meine Arbeit von größtem Wert – von ihnen erhält man fast unmerklich eine Menge Anregungen und Aufklärung.

Urlaub habe ich bis 9. Januar beantragt, hoffe auch, daß er so lange bewilligt wird. Soll im Januar wieder eine Vorstandssitzung sein? Ich schrieb deswegen schon an Adalbert, als ich ihm zu Düsseldorf gratulierte, doch habe ich noch keine Antwort bekommen. dieses Weihnachtsfest wird schöner als das vorige, das ich in Osterode verleben mußte. Die Berliner Tage kommen mir hier, in gewohnter Umgebung und Arbeit wie wunderschöner Traum vor, zumal ich mit niemandem von meinem Glück sprechen darf und immer so tun muß, als sei es gar nicht wahr. Herzlichst, Dein getreuer

Max Oehler

Aus Bremen am 31.12.1910 schreiben sie dann zusammen, Max und Annemarie, an die von beiden geliebte Elisabeth, daß sie ihr für das neue Jahr alles Gute wünschen, daß sie hoffen, sie bald wieder besuchen zu können, daß die Hochzeit am 6. März stattfinden soll und sie sich riesig freuen würden, wenn sie "das Fest durch ihre Anwesenheit verschönen würde". Sie sind wieder fürstlich beschenkt worden, meist Sachen für die zukünftige Einrichtung, alles sehr wertvoll; zur Hochzeit bekommen sie einen Flügel und Silber für achtzehn Personen.

Für das Jahr 1911 versuche ich jetzt mit Einzelzitaten aus den Briefen von M. Oe. und einigen von Annemarie die neue Situation zu schildern.

Dabei verzichte ich auf die Daten der Briefe, außer in besonderen Fällen, in denen ich es wichtig finde, sie anzugeben. Jedes Zitat wird in zeitlicher Reihenfolge in Anführungsstriche gesetzt, ohne Anrede und Unterschrift.

"Danke für Deine beiden reichen Geschenke! Die Büste wird ausgezeichnet auf das Schränkchen passen und der schönste Schmuck unserer Wohnung sein."

"Ich hoffe, die Wohnung wird hübsch. Ich habe alle Zimmer in sehr warmen und satten Farben streichen lassen, Goldgelb, Braun, Dunkelblau Pompejanisch-Rot usw., immer so, daß die Farbe der Wände mit den Farben der Möbel einen lebhaften und nicht disharmonisch wirkenden Kontrast bildet."

"Am 28. ist bei einer Freundin von Annemarie das Kranzbinden (anstelle des Polterabends). Ich werde froh sein, wenn der ganze Zauber erst vorüber ist."

"Es giebt so viel zu überlegen, zu schreiben und einzurenken, jetzt, so kurze Zeit vor der Hochzeit. Ich finde, das Einpassieren in den gerühmten Hafen der Ehe wird einem recht schwer gemacht, und man kann nicht einsehen, warum. Es wäre uns ja gewiß eine herrliche Erinnerung für das ganze Leben gewesen, wenn Du kommen würdest, aber ich kann es Dir nicht verdenken, wenn Du all den Unsinn nicht mitmachen willst."

"Daß die stattliche Schwiegermutter uns die Wohnung im März fertig einrichten wird, schrieb ich Dir wohl schon?"

Marienburg, W. Pr., Junkergasse 19: "Jetzt sind wir schon fast 8 Tage daheim. Wir kamen Freitag bei Schneewetter hier an, und natürlich war noch eine Menge zu tun und zurechtzurücken, vor allem meine Bücher einzuräumen, und wir haben tüchtig geschafft. Die hübschen gediegenen Möbel präsentieren sich in den hellen Zimmern brillant und zeigen mit den kräftigen Farben des Anstrichs der Wände lebhafte und fröhliche Wirkungen. Ich bin noch bis Ende der Woche beurlaubt, wandere noch immer im unscheinbaren Gewand des Bürgers einher, aber natürlich wissen sie alle, daß wir hier sind."

"Das Mädchen, das die Schwiegermutter aus Bremen mitgebracht hat, ist zwar sehr jung, aber gewandt und selbständig, und Annemarie ist stolz, daß ihr Mädchen nicht älter ist als sie selbst; beide zusammen sind sie grade so alt wie ich! Gottseidank können sie beide zusammen besser kochen als ich."

"An Geschenken zur Hochzeit haben wir so viele und kostbare Sachen bekommen, besonders Silber, Porzellan, Kristall und Teppiche, daß wir nun wirklich prunkvoll ausgestattet sind. Für Dein schönes Telegramm, das ich eben Annemarie nochmals vorlas, besonders herzlichen Dank, weil es sich so vorteilhaft aus der Menge der nichtssagenden gereimten und ungereimten Glückwünsche heraushob."

"Die Generalstabsreise ist harmonisch verlaufen, und ich habe, wie mir zuletzt gesagt wurde, "gut abgeschnitten", ob das aber für eine Karriere von irgendwelcher Bedeutung ist, das ist mir zweifelhaft. Ich gestehe, daß mir jede höhere Adjutanten-Tätigkeit oder dergl. sehr zuwider ist. Den ganzen Tag

Arbeitszimmer von Max Oehler 1912 in Marienburg, Junkergasse 19

Büro-Arbeiten! In der Front hat man doch wenigstens einige Zeit für sich, oft ganze Tage, ja manchmal Wochen. und vor allem hat man Herz und Kopf frei für anderes als Berufsdinge (!), während man grade als Adjutant andauernd 'im Druck' ist, wie der Leutnant sich auszudrücken pflegt, und man ist dauernd mit Kleinkram beschäftigt, auch innerlich."

"Zu militärischem Ehrgeiz habe ich mich nie erheben (oder vielleicht richtiger nie erniedrigen) können, und das werde ich nun auch nicht mehr lernen. Zum Glück will auch meine Frau Goldchen keine Karriere machen. Kürzlich saß sie bei einer Gesellschaft "neben dem Adjutanten des Generalkommandos aus Danzig, einem sehr einflußreichen Mann, der zu ihr sagte: Na, nun wird Ihr Mann ja bald Brigadeadjutant werden – worauf sie ihn ganz hart anließ und ihm klar machte, daß 'wir' das gar nicht werden wollten. Der Mann hat sich halbtot gelacht."

"Wir haben hier schon einige Gesellschaften gegeben, die, wie ich glaube, auch vor Deinem kritischen Urteil gut bestanden hätten. Die Wohnung sah reizend aus mit all den schönen Sachen; ein Zimmer hatten wir nur durch Kerzen erleuchtet, über dem Flügel hängt eine herrliche Bronzekrone, ein Erbstück aus dem Grusonschen Haushalt, an der Tür zwei dazugehörige Armleuchter. Die Bedienung bestand aus meinem recht gewandten, in anständige Livree gekleideten Burschen und einer Kasino-Ordonanz, ebenfalls in Livree. Das Ganze ging wie am Schnürchen, und meine kleine Hausfrau thronte an der Tafel mit der Sicherheit einer großen Dame und tat, als ginge sie der ganze Kram nichts an. Ich hatte allerdings die Leute vorher etwas gedrillt. Ich habe zu oft in jungen Haushaltungen die lächerlichsten Entgleisungen gesehen und möchte, daß bei uns alles hübsch klappt. Wir lassen auch zur Schulung den Burschen täglich bei Tisch servieren. Im Juli wird Freund Hoefer Aufnahmen von den Zimmern machen, dann senden wir Dir Bilder.."

"Viel Spaß macht uns unser sehr großer Garten, den wir aus Ackerland erst geschaffen haben. Wir bauen sämtliche Gemüsesorten an, die es giebt, sogar Kartoffeln und natürlich auch Blumen. Zur Zeit schwelgen wir täglich in Spinat, Radieschen und Salat. Bekommst Du nicht Lust, uns im Juli oder August zu besuchen? Wir gehen dann anschließend noch etwas an die Ostsee, was meinst Du? Von Berlin aus fährt man in herrlichen D-Zügen in 7 Stunden hierher."

"Da Du mal etwas Gutes in dienstlicher Beziehung von mir zu hören wünschtest, will ich Dir den Wortlaut der Beurteilung mitteilen, die mir nach der Generalstabsreise zuteil geworden ist. Eigentlich darf man davon nichts erfahren, aber ich konnte sie mir sogar abschreiben. Sie lautet:
Frisch und sehr sicher im Auftreten mit vortrefflichen Umgangsformen

und sehr gediegener Bildung. Fleißig und zuverlässig. Militärisch hervorragend beanlagt mit sicherem Blick für das Gelände und schnellem Orientierungsvermögen. Bei der – auch für größere Verhältnisse – schnellen und zutreffenden Auffassung taktischer Lagen, dem klaren Urteil und der stark ausgeprägten Entschlußfähigkeit waren die Leistungen vortrefflich. Besonders hervorzuheben die Fähigkeit, sich schriftlich und mündlich klar, kurz und sachlich zu äußern. Nach Charakter, Persönlichkeit, Fähigkeiten und Kenntnissen zur Kommandierung zum Generalstab geeignet. Gez. v. Winterfeld Oberstltn. u. Chef des Generalstabs ... Du kannst Dir vorstellen, wie geschwollen ich jetzt einhergehe!"

"Am 30. ist die unerquickliche, unruhige Zeit hier zu Ende. Dann kehrt auch Frau Goldchen, meine kleine Strohwitwe von ihrem Landaufenthalt nach Marienburg zurück, und wir haben mal 2 ruhige und jedenfalls trennungslose Monate zu Hause."

In diesem Sommer, am 6. Juli 1911, war Annemaries 19. Geburtstag, der erste, den sie als Ehefrau feiern konnte, und nach ihrer Beschreibung in einem Brief an Tante Elisabeth haben sie ihn wunderbar gefeiert; bei schönem Wetter, im Garten, den sie mit Lampions beleuchtet hatten, mit guten Freunden und einer vortrefflichen Erdbeerbowle. Max hat ihr sämtliche Beethovensonaten geschenkt, die sie fleißig üben wollte, und dabei dachte sie wieder an Weimar, ganz in seinem Sinne, denn auch sie hatte nicht den Ehrgeiz, als Offiziersfrau Karriere zu machen, etwa als "rechte Hand der Frau des Generals". Offenbar, nach dem Brief zu urteilen, sprachen meine Eltern in Marienburg immer wieder zuversichtlich von ihrer Zukunft in Weimar und ihrer beiden hausmusikalischen Entwicklung, zumal Annemaries reiche Tante in Berlin dem Max eine der alten wertvollen Geigen ihres verstorbenen Mannes geschenkt und ihm damit einen seiner sehnlichsten Wünsche erfüllt hat. Seitdem übte er, soviel er konnte, und sie planten schon das nächste Hauskonzert.

Eine andere Mitteilung dieses Jahres war nicht erfreulich, Max an Elisabeth:

"Ich habe Ischias und muß für 4 Wochen nach Bad Landseck nach Schlesien. Das Leiden ist in Folge heftiger Schmerzen ziemlich angreifend, besonders da man nachts nur sporadisch schläft. Ob Frau Goldchen mitfahren kann, ist fraglich, weil die Sache dadurch sehr kostspielig würde, und der Schwiegervater streikt. Er hat für seine und seiner Frau Kuren in Wiesbaden schon Unsummen bezahlen müssen. Ein Gutes haben die Ischias-Beschwerden – ich könnte daraufhin leicht mal später meinen Abschied nehmen, sie sollen ein treuer Begleiter sein, auf deren regelmäßige Wiederkehr man sich verlassen kann."

Das mit der "regelmäßigen Wiederkehr" hat dann gestimmt; viel später, in Weimar, Südstr. 26, war die Familie sogar daran gewöhnt. Heute denke ich, daß seine gelegentlichen Grobheiten, mit denen er besonders Annemarie und mich gekränkt hat, oft auch mit den verdrängten Schmerzen zusammenhingen, von denen er nicht immer reden mochte. Ob er nach der Kur in Schlesien gesünder nach Hause kam, weiß ich nicht, nehme aber an, daß es ihm da besser ging, z. B. im Oktober 1911, als er keine nächtlichen Schmerzen hatte, sondern sein erfreuliches Liebesleben, bei dem er den "Kronprinzen" zeugen konnte – so hieß es damals in jenen Kreisen – jedes Paar fühlte sich verpflichtet, als erstes einen Sohn zur Welt zu bringen. Immerhin möchte in meinen Vater bei dieser Gelegenheit loben, daß er später nie so unsensibel war, zu mir zu sagen: "Du solltest ja eigentlich ein Junge werden"...

Auch über das Hauskonzert, von dem ich annehme, daß es im Winter stattgefunden hat, bekam Elisabeth einen Bericht von M. Oe.: "25 Personen ! Die Leute kamen um 4/30 Uhr am Nachmittag, bis 6 wurde gespielt und dann war Pause mit Thee, Brödchen, Bier, Zigarren, dann noch 1/2 Stunde Musik. Sängerin war die Frau eines hiesigen Arztes, die auf der Hochschule in Berlin ausgebildet ist. Klavier spielte zum Teil Freund Hoefer, zum Teil ein neuer Freund, Musiklehrer am hiesigen Seminar, ein außerordentlich befähigter und musikalisch gebildeter Mann. Er kommt jede Woche mindestens 1 Mal zu uns zu Ueben. Hier das Programm:

1. Sonate für Klavier von Mozart
2. Arie aus dem "Pilgrim von Mekka" von Gluck
3. Sonate für Klavier und Geige von Mozart
4. Arie aus "Titus" vom Mozart
5. Trio für Klavier, Geige und Bratsche von Mozart

Nach der Pause: Große Phantasie für Klavier von Mozart

Annemarie an Elisabeth, Weihnachten 1911:

"Auch ich bin glücklich im Hinblick auf unseren Kronprinzen. Und das Schenken macht mir so viel Spaß. Ich mache den im allgemeinen nicht neugierigen Max doch neugierig, in dem ich immerfort von langen, breiten, zugleich runden und viereckigen Sachen erzähle, die auch hübsch blau, rot und gelb wären. Er ist schon ganz verwirrt und rät auf Schlafröcke und dergleichen. Denk Dir mal Max im Schlafrock mit einer Zipfelmütze!

Nun müssen wir aber unseren Baum schmücken, das heißt, wir hängen nur

Lichter und Lametta dran, so sieht er am schönsten aus. Wir denken wieder, hoffentlich kommt einmal die Zeit, daß wir Weihnachten zusammen verleben können. Du mußt Dir gerade in diesen Tagen recht vereinsamt vorkommen in Deinem großen Haus."

In einem Glückwunschbrief für die kommende Zeit hatte Max nochmals ausführlich zusammengefaßt, was er EFN schon oft beteuerte, nun aber mit dem Einverständnis seiner jungen Frau:

"Zunächst also alles Gute für das kommende Jahr, Du hast ja stets so viele Pläne, daß man in Verlegenheit kommt, was man Dir wünschen soll – möge Dir alles gut gelingen, möge Dir vor allem der fröhliche Schaffensdrang, die jugendliche Elastizität und Kampfesfreudigkeit erhalten bleiben, die Dich immer ausgezeichnet haben und in so erfreulicher Weise das Aergernis Deiner Gegner sind. Dann wird auch Dein Traum vom süßen Nichtstun, der Dir vorschwebt, eben ein holder Traum bleiben. Für Leute Deines Schlages gibt es nur eins: In den Sielen sterben. Trotzdem ich überzeugt bin, daß das bei Dir der Fall sein wird, und solltest Du 115 Jahre alt werden, so kann ich es doch ganz verstehen, daß Du den Wunsch hast, entlastet zu werden, und zwar von einem Menschen, der Dir nahe steht. Ich habe ja immer gesagt, daß die eigentümlichen Verhältnisse des Archivs eine Dir verwandschaftlich und innerlich nahestehende Hilfskraft erfordern und daß Dir mit fremden Menschen, mögen sie noch so tüchtig sein, nur halb gedient ist. Ich begreife nicht, daß Adalbert, der doch die Archiv-Verhältnisse so genau kennt, das nicht einsieht. Aber diese Einsicht liegt wohl mehr auf dem Gebiet der Empfindung wie auf dem des Verstandes. Doch sei dem, wie ihm wolle, jedenfalls freue ich mich, daß Du durch all die Jahre hindurch, bestärkt durch neue Erfahrungen, an unserem ersten, damals leider gescheiterten Projekt festgehalten hast, das nämlich einer von uns zu Dir kommen müsse. Ich bin nach wie vor der Meinung, daß es das einzig Richtige wäre. Wer von uns es wäre, ist eine Frage 2ten Ranges, und ich glaube, Du brauchst nicht zu befürchten, daß zwischen uns ein unliebsamer Rivalenstreit ausbrechen wird. Für mich kann ich jedenfalls versichern, daß ich aus vollster Seele zustimmen werde, wenn Deine Wahl auf Richard fällt. Ich werde ja doch, wie ich hoffe, später mal die Möglichkeit haben, mich unabhängig zu machen, d. h. meinen Beruf aufzugeben. Ich wiederhole, daß ich es schon heute täte, wenn ich könnte, und sollte man mir die höchsten Stellen der Armee anbieten. Das Gegebene ist eben doch, daß ich nach Weimar gehen will, der Entschluß steht bei mir seit langem fest. Du mußt nicht denken, wie Du es in Deinem letzten Brief aussprichst, daß eine gute Karriere mich irgendwie veranlassen könnte, einen Tag länger Offizier zu bleiben, als ich muß. Es ist ja doch nicht Unmut über Zurücksetzung oder dergl., was mir den Beruf verleidet, sondern eine erdrückende Menge von Gründen, die im System liegen, in Dingen, für die niemand etwas kann. Karrieremachen wäre gleichbedeutend mit vollständigem Aufgehen im Beruf, verbunden mit der doch sehr begrenzten Berufsarbeit. Noch kürzlich sagte mir ein Generalstabsoffizier stöhnend: 'ja, darüber muß man sich heutzutage von vornherein klar sein, wenn man die roten Hosen anzieht: seine Wünsche und Interessen als Mensch muß man begraben.' – Ich danke verbindlichst! Für diesen Preis bin ich auch für die höchsten militärischen Ehrenstellen nicht zu haben. Außerdem ist eine gute Qualifikation nicht gleichbedeutend mit guter Karriere, und der Graf Kielmannsegg hat im Ganzen sehr recht, daß es ohne "Schusterei" nicht geht. Also tu mir die Liebe, liebe Tante, und laß Deinen infolge meines letzten Briefes begrabenen "Lieblingstraum" schleunigst wieder auferstehen! Ich rechne schon jetzt immerzu herum, wie und wann er zu verwirklichen wäre. In genau zwei Jahren habe ich – wenn ich als Hauptmann den Abschied nähme – 2310 Mark Pension, das ist nicht viel, aber immerhin. Zinsen haben wir jetzt 2500, macht zusammen 4810. Das ist gegen das, was wir jetzt haben, nur ca. 500 weniger, und dafür würden sehr viele Ausgaben, die man als Offizier hat, wegfallen... Es grüßt Dich herzlichst, Dein stets getreuer und dankbarer Max"

"Einverstanden! A."

Auf die Beurteilung war M. Oe. also stolz, aber zum Generalstab kommandiert werden wollte er nicht. Wie, wenn er Offizier geblieben wäre wie sein langjähriger Freund Karl Strecker, den er zu meinem Paten ernannte? Der wurde in der Nazizeit General, hatte ein schönes Haus, einen Wagen mit Fahrer, war nett und fröhlich und, wie mir schien, ganz und gar unpolitisch. 1942 wurde er in Stalingrad mit der 6. Armee eingeschlossen und galt für verschollen, hat aber als Gefangner in einem Offizierslager überlebt. Als er wiederkam, fand ich ihn verändert, und ich war es wohl auch, und wir haben uns dann nicht mehr verstanden ...

Ich glaube, ich bleibe bei der Methode mit den Einzelzitaten ohne das familiäre Beiwerk, das sich ja auch wiederholt. Z. B.

"Wenn man doch diesem ganzen FriedensMilitarismus erst sein "Valete" zurufen könnte, es würde bei mir recht herzhaft herauskommen. Bei dem Gedanken, nun noch 12 bis 13 Jahre Kompagniechef spielen zu müssen, packt mich ein Grausen."

"Ja, die Wehrvorlage! Wenn ich im Herbst Hauptmann würde (nur bei namhafter Armeevermehrung), habe ich im Sommer 1913 2200 M. Pension. Kommt jetzt keine wesentliche Vermehrung, so kann ich erst später auf den Hauptmann rechnen. Ich habe schon in ernsthafte Erwägung gezogen, ob man nicht, wenn man ca. 1 Jahr Hauptmann ist, sein Ischias-Bein hervorzieht und sich zum Bezirksoffizier in Weimar machen läßt. Man hätte da außer der Pension noch erhebliche Zulagen und den Vorteil, daß man einen Burschen gestellt bekommt. Zu tun hat man nicht viel. Wenn man sich freiwillig meldet, berücksichtigen die Behörden besondere Wünsche gern.

Frau Goldchen geht es ausgezeichnet; wir gehen jeden Tag tüchtig spazieren, sie sieht rosig und munter aus und ist allerliebst. Alle Menschen haben Freude an ihr, namentlich die älteren Damen verwöhnen sie sehr."

"Schon längst wollte ich Dir für den "Jungen Nietzsche" herzlichst danken, desgleichen für Deinen lieben, langen Brief vom 1. April. Wie nett, daß die alten Bekannten mich in gutem Andenken haben. Ist Paul Ernst nicht in Weimar? Ich schickte ihm meinen 2. Band, erhielt aber keine Nachricht; Professor Kettner dagegen hat mir sehr nett geantwortet. Ein anderer unsrer gemeinsamen Bekannten, Gallwitz, forderte mich vor kurzem auf, Mitarbeiter bei einer von ihm herausgegebenen Zeitschrift "Die Güldenkammer" zu werden. ich sagte mit Freuden zu. Die Güldenkammer ist eine Monatsschrift etwa in der Art der Süddeutschen Monatshefte; sie war ursprünglich eine bremische Monatsschrift, ist aber jetzt auf breiterer Basis gestellt und hat den Ehrgeiz, auch außerhalb der freien Reichsstadt Leser zu finden, jetzt im 2. Jahrgang."

(Gallwitz scheint eine Dame zu sein, jedenfalls bedankt sich M. Oe. in seinem nächsten Brief an Elisabeth für die "Aufklärung über Frl. Gallwitz". 1913 erschien dann in der Zeitschrift "Die Güldenkammer" ein Aufsatz von M. Oe., "Soldatenlieder", der, wie er fand, sehr gut bezahlt wurde.)

"Für Deinen lieben letzten und so anerkennenden Brief vielen herzlichen Dank. Du kannst Dir denken, mit welch freudigem Stolz mich der Ausdruck Deines Bedauerns erfüllt, daß Dein Bruder meine Arbeiten nicht mehr erlebt hat. Befürchte übrigens nicht, daß mir die Bücher schaden können. Meine Vorgestzten lesen "so was" nicht, und außerdem scheuen sie den Stich ins Wespennest, wenn sie wirklich mal Kenntnis von derartigen Dingen bekommen.

Es freut mich so sehr, daß Du mit dem "Jungen Nietzsche" so große Anerkennung findest. Ich las inzwischen mehrfach darin und finde es in der Tat meisterhaft, wie sich das Geranke der vielen reizvollen Einzelheiten gefällig um die großen Linien der inneren Entwicklung Deines Bruders schlingt. Das Ganze atmet dadurch so viel Lebenswärme –"

Elisabeth lobte den Max auf ihre Art für seine schriftstellerische Tätigkeit, und ich finde in einem Briefentwurf vom März dieses Jahres die Sätze: "Dein lieber Brief und nun heute Dein vortreffliches Buch hat mich außerordentlich erfreut. Die Einleitung zu Deinem 2. Band ist wieder vorzüglich. Ich staune über die Kühnheit und feine Psychologie, mit welcher Du den wahren Sachverhalt darstellst, aber ich mußte doch denken: Was wird S. M. dazu sagen? Leider habe ich aber auch etwas an dem herrlichen Buch auszusetzen. Es tut mir sehr leid, daß Du mich vorher nicht gefragt hast. Du hättest im Text nämlich alle die Urkunden in unser Hochdeutsch übersetzen sollen und hinten in dem Anhang die Urkunden in der Originalfassung abdrucken lassen. Dann würde sich das Buch so spannend wie ein Roman lesen, während man jetzt über das urkundliche Deutsch ein wenig stolpert. Der Leser von heutzutage will sich nicht quälen und hat auch zu wenig Zeit. Du selbst hast Dich so in den Geist der Sprache und Ausdrucksweise eingelebt, daß Du nicht mehr die Schwierigkeiten siehst, die es anderen bereitet. Aber es kann auch sein, daß, wie Du es gemacht hast, es wissenschaftlicher erscheint, ich habe nur vom gewöhnlichen Leser aus geurteilt."

In einem anderen Briefentwurf, ebenfalls handschriftlich mit vielen Abkürzungen nach einem Besuch in Halle bei seiner Mutter: "Wir kamen auch auf Dein Buch zu sprechen, worüber sich Dein Mutterchen etwas zu beunruhigen scheint. Leider fand ich nicht die richtigen Worte, um ihr Deinen Standpunkt verständlich zu machen, daß die Ordensritter nicht missioniert haben, wie jetzt die braven Missionare, die doch keine Länder erobern wollen; das ist nämlich überhaupt nicht zu vergleichen. Aber zwischen Tür und Angel, wo das Gespräch begann, war es mir nicht möglich, einen versöhnenden Standpunkt hervorzukehren. Vielleicht ist das überhaupt nicht möglich, denn das, was mich an dem Buch so entzückt, weil Du gewissermaßen das glänzende Beispiel für Ideen des Buches giebst, ist doch für andere, die nicht diese Anschauungen haben, unangenehm aufregend."

Sie hoffte nun, daß er und Annemarie gelegentlich Zeit hätten, einander aus ihrem "neuen kleinen Buch" vorzulesen; sie wolle dann auch Ratschläge annehmen, ob sie etwas vergessen habe oder besser hervorheben könne, da dies dann in ihr nächstes Buch "Der einsame Nietzsche" hineingebracht werden könne. Während in Danzig der erhoffte Kronprinz geboren werden sollte, der sich am Abend des 9. Juli 1912 als gesundes Mädchen entpuppte, schrieb Max an EFN seine alljährlichen Glückwünsche mit der immer wiederkehrenden Hoffnung auf eine Zeit der gemeinsamen Tätigkeit für Nietzsche und das Nietzsche-Archiv. Auch diesmal klagte er über "das militärische Getriebe, die besinnungslose Hetze und die vielen Mängel, die dem Beruf anhaften, die mehr im System liegen, als daß man den Einzelnen dafür verantwortlich machen könne" und beteuerte, daß er sich nicht dafür begeistern könne, Hauptmann zu werden. "Frau Goldchen, die Treffliche, ist derselben Meinung", so schrieb er. "Zur Zeit ist sie mit der stattlichen Schwiegermutter in Danzig, Heilanstalt Charlottenheim und erwartet..."

Und schon am nächsten Tag: "Das hat Annemarie lieb eingerichtet, daß Du zu Deinem Geburtstag ein Telegramm erhieltest – nicht wahr? Natürlich ist dieses Kind ein ganz besonderes Kind; alles an ihm ist auffallend und ganz anders als bei gewöhnlichen Kinder: die langen dunklen Haare, die blauen Augen, die lächerlich kleinen Ohren, die enorm langen Fingerchen. Nur über die Nase ist bislang nichts besonderes auszusagen, sie hat vorerst die wenig ansprechende Form eines großen Druck-Knopfes, doch man belehrte mich, daß die Nase sich immer erst später zu ihrer charakteristischen Form entwickele. Solche Belehrungen enden nun stets mit einem von oben herabgeschmetterten 'das verstehst Du nicht', dazu die Handbewegung, mit der man etwa ein lästiges Insekt hinwegscheucht. Ich habe in keiner Epoche meines Lebens so oft den Tadel hören müssen, daß ich nichts davon verstehe, – also liebe Tante, habe bitte einiges Mitleid mit mir !"

(Zwei Fortschritte dieses nicht mehr ganz jungen Vaters bei der Geburt seines ersten ehelichen Kindes: Kein Wort darüber, daß es kein Junge war ! und die humorvolle Billigung des Vorwurfes: 'Das verstehst Du nicht!)

Elisabeth antwortete mit großer Freude, und daß sie mich schon jetzt wie ein Enkelkind liebte, noch ohne mich zu kennen. Auch daß ich 'Annemarie, Ursula, Elisabeth' heißen sollte, hat sie gefreut, und ein Taufkleid aus weißer Seide war bereits unterwegs.

Das von EFN mit einigen Vorbehalten gelobte Buch über die "Geschichte des Deutschen Ritterordens" war im Verlag "E. Wernichs Buchdruckerei Elbing" erschienen, zwei Bände, sorgfältig gedruckt und nicht nur schön, sondern künstlerisch interessant eingebunden. Es enthielt auch Karten, die seine junge Frau gezeichnet hatte – eine von ihnen wirkt ein bißchen ulkig, weil da von Stettin nach Marienburg nur ein Katzensprung zu sein scheint – aber bei der anderen hat sie wohl genauer nachgemessen.

Ein Buch schreiben, ein Kind zeugen und einen Krieg erleben

Und nun denke ich, M. Oe. hat damals schon den Spruch gekannt, ein echter Mann solle ein Buch schreiben, ein Kind zeugen und einen Baum pflanzen. Das wird ihm gefallen haben. Zwei Söhne hatte er allerdings schon vorher gezeugt, nur konnte ein Mann am Anfang dieses Jahrhunderts sich mit vorehelichen Nachkommen noch nicht offiziell beweisen. Den Baum könnte er in seinem Garten in der Junkergasse gepflanzt haben, vielleicht sogar für mich, aber das vermute ich nur, denn meine einzige, eher traumhafte Marienburger Erinnerung ist die Vogelscheuche bei den Gemüsebeeten.

Jetzt aber muß ich mich schämen, dieses in meinem Geburtsjahr erschienene Buch meines Vaters früher nie beachtet zu haben, obwohl ich doch, wie wir das damals nannten, eine Leseratte gewesen sein soll. Aber was lesen Leseratten? Offenbar nicht, was ihre Väter vor unendlich vielen Jahren geschrieben haben...

Zur Zeit besitze ich nur den zweiten Band und bin auf der Suche nach dem ersten. Immerhin hat auch dieser zweite ein Vorwort und eine Einleitung, durch die der Leser, wie von einem gewissenhaften Historiker, aufgeklärt wird, was ihn erwartet. Vorurteile sollen ausgeräumt, die Heiligkeit und Tugendhaftigkeit der Ordensmitglieder bestritten werden, und das ist die Fragestellung von M. Oe.: "Kämpften die denn wirklich zu Ehren der Jungfrau Maria oder vielmehr um die Herrschaft im deutschen Nordosten?" Seiner Meinung nach ging es ihnen nicht um den Glauben, sondern sie wollten Land erobern, wollten Macht haben und die Bevölkerung unterjochen, aber nicht, um sie zum wahren Christentum zu bekehren, sondern um Vasallen aus ihnen zu machen. Zwar behaupteten sie, dies alles geschähe zu ihrem Besten und zu Ehren Gottes, und offenbar haben sie gut verstanden, das den Landbewohnern zu suggerieren, denn nur so, meint M. Oe., konnten sie in den eroberten Gegenden Fuß fassen. Das Wichtigste, sagt er, war ihnen nicht die Frömmigkeit ihrer Leute, sondern ihre Hingabe an die "Genossenschaft". Ordensritter nannten sie sich, fühlten sich aber nicht als Mönche, weil sie das Schwert für wichtiger hielten als das Kreuz – alles andere, bei ihrer christlichen Kirche erlernte, haben sie vorwiegend als Tarnung benutzt.

Das ist zunächst verblüffend, aber darüber nachdenkend, habe ich mich erinnert, daß diese Ritterchristen und ihre Gefolschaftsleute schon im elften Jahrhundert in die Ostseeländer gezogen sind, und ihre Kämpfe dort haben sich, wie ich dem Lexikon entnehme, schwer überschaubar über mehrere Generationen erstreckt, weshalb ich mich immer wieder gefragt habe, wie mein Vater in seiner Ausbildungszeit als junger Offizier es denn fertig gebracht hat, diese schwierige und weit zurück liegende Kolonisationsgeschichte aufzuspüren. Aber in seinen Briefen an Elisabeth habe ich nach und nach eine Menge Erklärungen darüber gefunden; er hat Leute aufgespürt, die ihn ermutigt haben und ihm behilflich waren, und er hat gemerkt, daß die "Freizeitbeschäftigung" neben dem oft langweiligen Militärdienst ihm immer wichtiger wurde und notwendig war. Zwar klagte er gelegentlich über die Mühsal des Schreibens und freute sich andererseits, wenn die Arbeit voranging. Möglich auch, daß er schon in Schulpforta Interesse für diese Themen gehabt hat und dort vielleicht einen Geschichtslehrer hatte, der den Schülern mehr beibrachte, als wer Hermann von Salza war und wann die Schlacht bei Tannenberg stattfand. Außerdem können hier Nietzsches "Unzeitgemäße Betrachtungen" im Kopf des späteren Archivars eine Rolle gespielt haben, nämlich "das typische Erlebnis eines Menschen", wie Thomas Mann es nennt, das sich ja auch auf ein Lese-Erlebnis beziehen kann, ein früheres, das er von Neuem bestätigt fand, weil es sich auf Nietzsches "Lob der Selbstzucht" aufbaut, auf Opferbereitschaft, militärischer Erziehungsarbeit, auch auf der "alten schlichten Soldatenmoral", die Sparta und Preußendeutschland groß gemacht hat durch "Unterordnung, Zucht und Dienstbarkeit" und ähnliche Begriffe, die uns heute nach zwei Weltkriegen in den Ohren gellen.

Die Beschreibungen im Einzelnen, das heißt, der eigentliche Text dieses zweiten Bandes beträgt 185 Seiten; dazu kommen, ganz professionell gemacht, Inhaltsübersicht, Vorwort und Einleitung, die Personalien der Hochmeister und Landmeister des 13. Jahrhundert und die Erläuterungen zu den Karten. Mit wieviel Erfindungsgabe das Ganze ausgeschmückt ist, konnte ich allerdings nicht feststellen, auch nicht, aus welchen Chroniken oder Urkunden die überall eingestreuten altdeutschen Texte von kriegerischen Ereignissen und Ordenslegenden entnommen wurden – da eröffnet sich beim Lesen eine ferne, fast märchenhafte Welt. M. Oe. schreibt dazu: "Es ist ein seltsamer Eindruck, den wir von diesen Verzückungen und Gesichten, von dem Schauen der ewigen Herrlichkeit und dem ins Geistige übertragenen Minnedienst mitten in all dem Waffenklirren, Jammer und Blutvergießen empfangen; – es ist, als träfen wir in wildem Gestrüpp auf einzelne verirrte Blumen. Wir halten inne und vergessen einen Augenblick das Getümmel ringsumher, das Ringen von

Völkern und Rassen, ihr Streiten und Morden, ihre Pläne und Ziele. Leicht kann es geschehen, daß in deren brausendem Strudel alles Menschliche vor unseren Augen versinkt; – in jenen naiven Erzählungen treibt es hier und dort an die Oberfläche, Kunde gebend, wieviel zartes Leben auf seinem Grunde wob, was die Gemüter jener armen Menschen erfüllte, was sie aufrecht hielt in dieser furchtbar harten Zeit, die das Leben des Einzelnen so verzweifelt niedrig wertete, was ihr Glaube, ihre Hoffnung war. All diese kleinen Züge sind Dokumente, Offenbarungen der Seele der Zeit, wir fühlen in ihnen den Pulsschlag warmen Lebens, das Zucken von Menschenherzen."

Und weiter nach diesen anrührenden Sätzen, mit denen der Autor sich und seiner Forderung nach strenger Erziehung, Gehorsam und Selbstbeherrschung widerspricht oder zumindest ihre Wichtigkeit untergräbt:

"Es scheint nicht angebracht, die Vereinigung von Christ und Ritter so kurzweg abzulehnen, wie das vielfach geschehen ist. Es heißt, zu viel vorauszusetzen bei diesen einfachen Menschen, den Grad ihrer Verantwortlichkeit überschätzen, wenn man ihnen das Vermögen und den Willen zutraut, selbständig zu denken, zu unterscheiden und zu wählen. Uralte, aus längst vergangenen Zeiten noch fortdämmernde Auffassungen vom Dienen (Kämpfen), das Übertragen der altangestammten Gefolgschaftsidee auf das religiöse Gebiet, die Neigung zu schwärmerischer Hingabe; das in jener Zeit voll schwankender Unsicherheit allgemeine Streben nach Anschluß an einen Bund, eine Genossenschaft; das Bedürfnis, einen Halt zu finden, ein Asyl für seine Odachlosigkeit, unterzukommen um nicht unterzugehen – das alles hat mitgewirkt, den eigenartigen und unserer Zeit so schwer verständlichen Typus des Bruders des Ritterdienstes Christi, des Ritterchristen zu schaffen. Er ist eine Bereicherung des Menschentypus, streng, ohne Düsterkeit, in feste Form gefaßt und doch sprühendes Leben, gezügelte und doch nicht gefesselte Kraft – einer der ernstesten und zugleich anziehendsten Typen, die die Geschichte kennt."

Der Hochmeister Ulrich von Jungingen, der im Juli 1410 mit 12 000 Mann bei Tannenberg geschlagen wurde, kommt in diesem Band über den Ritterorden noch gar nicht vor; die Information, daß er von König Wladislav II. Jagiello und Großfürst Willhold mit Hilfe von etwa 20 000 Kriegern besiegt wurde, habe ich aus dem großen Brockhaus, in dem ich weiter las und feststellte: Fünfhundertvier Jahre und sechs Wochen später wurde östlich von Tannenberg bei den masurischen Seen die russische Narew-Armee von der deutschen 8. Armee geschlagen – 191 000 Russen gegenüber 153 000 Deutschen. Da ist mein Vater dabei gewesen, und weil er Hauptmann geworden war, wird er seine blaue Uniform mit den goldenen Knöpfen getragen haben und einen schwarzen Lederhelm mit Metallspitze und Schuppenkette, den ich nie an ihm gesehen habe, aber ich weiß, er hatte ihn. Viel später in Weimar wurde der mit der eigemotteten Uniform auf dem Boden in einer Kiste verstaut, und eine meiner Katzen gebar darin ihre Jungen. Mein Vater, der wie ich Katzen lieber mochte als Hunde (weil sie nicht bellen), fand das gar nicht schlimm.

Was schlimm für ihn gewesen ist, war die feuchtkalte Gegend, in der er leben und arbeiten mußte und schon "nicht mehr der jüngste" war und es doch eigentlich sein wollte – mit sehr junger Frau und kleinem Kind, sportlich und lebenstüchtig – andererseits aber mit der Sehnsucht nach dem geistigen Leben, deren Ausdruck die Briefe an Elisabeth waren, die sie wahrscheinlich verstanden hat. Auch Annemarie verstand ihn, aber anders – einfach aus Liebe.

Das "Reiten für Deutschland", noch gesund und unbeschwert während der friedlichen Offizierszeit, hatte M. Oe. stets besonders genossen, was mich nachträglich für ihn freut, denn eines Tages war es damit vorbei; die ersten schweren Ischiasanfälle hatte er ja schon gehabt, und nun wiederholten sie sich. Von seinen Reitererlebnissen und den damit verbundenen menschlichen Begegnungen würden wir heute nichts erfahren, wenn er nicht, neben allem anderen, auch davon der verehrten Verwandten berichtet hätte.

So an einem 27.7. (ohne Jahreszahl): "Seit Montag marschieren wir nun jeden Tag zu Pferde, 30 bis 50 km durchs Land, unser Ziel ist Posen, wo wir mit 12 anderen Kavallerieregimentern unter den Augen des Kaisers unsere Uebungen haben. Die Quartiere sind wechselnd, mal schöne große Güter, mal kleine polnische Besitztümer. Es hat einen eigenen Reiz, so durch die Lande zu reiten, jeden Tag wo anders zu sein und stets unter anderen Verhältnissen; es ist eine gute Ecke, die wir da von Danzig bis Posen durchreiten, wo wir am 5. August ankommen sollen. Berittene Truppen befördert man nicht mit der Bahn, weil das Marschieren billiger ist und die Pferde in Uebung hält. Die beiden jungen Leutnants meiner Schwadron sind famose Leute, ungebildet wie ihre Pferde, beide stammen sie aus dem Lande, und weisen alle Nachteile und Vorteile dieser Landedelleute auf – niedrige Instinkte, aber natürlich und wahr bis in die Knochen, den offenen Blick nur auf das Reale gerichtet, von Hause aus gewöhnt, Leute der niederen Klasse unter sich zu haben und daher vorzüglich geeignet, die Mannschaften zu behandeln. Vor nichts in der Welt Respekt wie vor ihrem Regimentskommandeur - kurz, die geborenen Frontoffiziere und als solche unübertroffen."

M. Oe., der inzwischen Hauptmann und Kompaniechef in Marienburg geworden war, schrieb im Herbst 1912 an EFN: "Meine beiden Goldchen, die viele Wochen in Bremen gewesen sind, kommen nun endlich zurück. Ich habe den Plan, sie von Berlin abzuholen, aber wieder aufgegeben. Für die wenigen Tage hätte sich die Reise nicht gelohnt, und unterwegs kann ich Annemarie nichts helfen, darum hole ich sie von Dirschau, wo sie umsteigen muß; bis dahin fährt sie von Berlin nur 5 1/2 Stunden, während deren nur einmal gehalten wird, ein neu eingerichteter Zug, über den wir uns freuen. Wie wäre es, wenn Du ihn mal ausprobiertest? Gelegentlich eines Erholungsurlaubes an der See im Sommer, anschließend eine kleine Ueberfahrt nach Stockholm und über Kopenhagen zurück. Du wirst über diesen verfrühten Plan lachen, doch scheint es mir angeraten, recht bald damit zu kommen. Vielleicht befreundest Du Dich im Laufe des Winters damit; er ist wirklich garnicht so abenteuerlich. Unsere Seebäder hier haben vor vielen anderen den Vorzug, daß sich bis dicht ans Wasser die herrlichsten Wälder erstrecken.

Zum Arbeiten bin ich in letzter Zeit leider wenig gekommen; die neue Kompanie, Handwerker-Arbeiten und Umräumen in der Wohnung machten viel Schererei. Nachdem ich nun solange den Haushalt geleitet und ein neues Mädchen angelernt habe, bin ich sozusagen perfekt. Falls Du also mal etwas nicht so recht weißt, wende Dich vertrauensvoll an mich, und Frau Goldchen wird es nun nicht leicht haben – mein Auge ist bedenklich geschärft. Was sagst Du dazu, daß man mich zum Vorstand der Unteroffizier- und Mannschaftsküche des Bataillons ernannt hat? Jeden Tag für 600 große Mäuler ein schmackhaftes Essen herzurichten, das wenig kosten darf, ist keine Kleinigkeit! Zur Zeit brüte ich über dem Problem, wie man gedörrtes Gemüse eßbar herrichten kann. Die Leute wollen nämlich davon nichts wissen oder, richtiger, es nicht essen, und doch müssen wir es verbrauchen, da es zu den Beständen der Festung gehört. Wenn Du am Freitagmorgen zufällig an mich denkst, so stelle Dir mich in riesiger Küche mit vier Riesenkesseln vor bei der Bereitung von Dörrgemüse. Ich denke, mit allerlei Zutaten und Kräutern wird dem Zeug schon beizukommen sein – und sage mir noch einer, der Offiziersberuf sei einseitig. Der vielseitigste aber ist fraglos der Kompaniechef, denn der muß einfach alles verstehen: schustern, schneidern, kochen, tischlern, anstreichen, scheuern, bügeln, reden, schreiben, Betten machen, Stiefel wichsen, Knöpfe putzen, Lampen reinigen – um nur einige der wichtigsten Sachen zu nennen, wohlgemerkt, dies außer seinem eigentlichen militärischen Dienst. Ich finde, daß diese Stellung bei der menschlichen Gesellschaft bislang nicht entsprechende Wertschätzung gefunden hat – es sei denn beim alten, trefflichen Liliencron, den bei dem Wort 'Hauptmann' stets ein Schauer des Entzückens überlief."

Marienburg, 10.12.1912:

"Ja, unsere Weimarer Wünsche und Hoffnungen – unser Traumland, liebe Tante, sieht genau so aus wie das Deine; wir sind wirklich jeden Augenblick bereit zu Dir zu kommen. Daß es noch nicht gleich sein kann, ist ganz gut; mit der Pensionierung machts sich das dann nachher leichter. Es tut uns nur leid, daß Du immer wieder neuen Aerger und neue Schwierigkeiten mit den Verlegern hast. Kröner tat doch zuerst so lieblich? Aber Paul Ernst hat vielleicht recht: Die Verleger sind alle Erzhalunken.

Schade daß Du Ursula nun vorläufig nicht zu sehen bekommst. Sie ist wirklich auffallend niedlich und sieht mit ihren großen blauen Augen oft schon verständig drein, daß man denkt, im nächsten Augenblick müsse sie anfangen zu reden. Sie sieht auch gar nicht so pavianartig aus wie sonst diese kleinen Wesen, und ich muß zugeben, daß ich völlig vernarrt bin in das allerliebste Geschöpf und mich stundenlang mit ihr beschäftigen möchte."

Das Weihnachtsfest in meinem Geburtsjahr mußte sehr eilig gefeiert werden, weil meine Eltern mit mir nach Bremen fahren wollten. Mir wird das nichts ausgemacht haben, denn gut hatte ich es überall, und einen Babykorb zum Schlafen und die warme Milch aus der Brust meiner Mutter bekam ich auch überall. Annemarie, die so genüßlich schenkte, hatte ihrem Max mit zwei Frauenalmanachen aus den Jahren 1821 und 1826 überrascht. Mit 23 herrlichen Kupferstichen und Beiträgen der damals berühmten Dichter. Er schrieb an Elisabeth: "Ich bin nämlich seit einiger Zeit ganz wild auf derartige Bücher, das heißt, ich war es schon immer, hatte nur nicht Muße und Platz genug, für eine derartige Sammlung. Mutterchen hat mir bei ihrem Umzug nach Wiesbaden eine Menge höchst interessanter und z. T. wertvoller alter Bücher hinterlassen, desgleichen 100 Kupferstiche aus den Jahren 1805, die zu der historischen und moralischen Bilderbibel von Lossius gehören – 8 Bände, ich habe sie auch. Viele Leute haben auf den Dachböden einen Ballast alter Schmöker herumliegen; solltest Du mal von jemand hören, der sie loswerden will, so laß es mich wissen. Oft ist es nur der Druck, der Einband, die Broschierung, was den Liebhaber interessiert, für andere aber wertlos ist. Heute schickten die Tanten aus Wiesbaden wieder ein Paket alter Bücher, prachtvolle Sachen darunter, z. B. ein Psalter von 1710 mit unzähligen Kupfern."

Dann bedauert er sie wieder wie schon so oft, daß sie zu Festen einsam sein muß, und er schreibt es sei ihm "ein lieber Gedanke, daß sich das noch einmal ändern könne, daß Du in nicht all zu ferner Zeit, drei Menschen um

Dich haben, die Dir von Herzen zugetan sind, und an deren Herdfeuer Du Dich zuweilen ein wenig wärmen kannst – um in der Sprache meiner gefühlvollen Frauenalmanache zu sprechen."

Aus dem nun vergangenen Jahr kenne ich eine Menge Briefentwürfe von Elisabeth, es sind Diktate mit vielen Abkürzungen, Verbesserungen, wahrscheinlich von ihr selbst, an die verschiedensten Adressaten gerichtet. Ihr Stil ist sehr unterschiedlich, von herzlich und liebevoll, über klagend oder vorwurfsvoll bis boshaft; manchmal aber auch von erstaunlicher Ehrlichkeit oder Bescheidenheit – wahrscheinlich wußte sie, was sie damit bewirken konnte und bei wem. Max und Richard wurden wegen ihrer Tüchtigkeit gelobt; bei Adalbert, dem Aeltesten der drei Vettern klagte sie darüber, wieviel Geld sie immer für das Archiv ausgeben müsse, daß sie "unter großen Opfern ihr ganzes Privatvermögen" da hinein gesteckt habe und "die schreckliche Last, die kein Freund meines Bruders auf sich nehmen wollte", 19 Jahre getragen habe. Auf seine besorgten Fragen bekam Max nach wortreichem Lob über sein "herziges Frauchen" und das "Prachtkindchen Ursula" einen ausführlichen Bericht über die große Gesamtausgabe, und daß sie "förmlich berauscht von dem Gedanken sei, diese Herausgabe noch zu erleben; das alles habe aber viel zu lange gedauert, ihre Kräfte und Geldmittel seien total erschöpft, und der jetzige Archivar habe zu langsam gearbeitet. Diesem Dr. Otto Weiß, den sie hoffentlich bald los würde, traute sie sowieso nicht mehr und dem Verleger Kröner auch nicht, und sie habe sich vorgenommen, zum Ende des Jahres 1913 die Arbeit im Archiv zu beenden. "Ich selbst", schreibt sie in diesem langen Brief, "habe mich genug geplagt und gräßliche Sorgen und Lasten zu überwinden gehabt. Soll sich nun doch ein anderer plagen."

Max hat – immer tröstend und ermutigend – geschrieben und wäre ihr gern zur Hilfe geeilt, nur leider mußte er im Januar 1913 in Wiesbaden seinen Ischias auskurieren, und er beschäftige sich täglich den ganzen Vormittag in der Wilhelm-Heilanstalt "mit diesem Bein, das der Kuckuck holen möge." Nach drei Wochen mit zu geringem Erfolg wußte er, daß er noch länger in Behandlung bleiben müsse: "Vormittags die Kur, nach dem Essen zu Bett, nachmittags ein paar Stunden auf, dann wieder zu Bett. Ich lese fast unausgesetzt." Trost waren ihm außer Büchern und Briefen die neuen Fotos vom Minimalgoldchen und der Stolz, daß es nun Griessuppe auf Kalbsbouillon essen könne und zwei Zähne habe. Elisabeths Buch über Nietzsches Jugend hatte er mit Vergnügen gelesen; er lobte es und fand offenbar ihren Wunsch verständlich, es ins Schwedische übersetzen zu lassen. Das erwies sich aber als schwieriger, als sie erwartet hatte; hier war der sonst so hilreiche Ernest

Thiel überfordert, weil seine Zeit dazu nicht reichte, und Signe, seine junge Frau, die diese Arbeit vielleicht gern gemacht hätte, konnte nicht genügend deutsch und erwartete zudem wieder ein Kind. Sie hoffte auf ein Mädchen und bekam es – Inga-Maria, genannt Lill, mit der ich mich 12 Jahre später angefreundet habe.

Ende Februar 1913 hoffte M. Oe. aus Wiesbaden abreisen zu können. "vorausgesetzt, daß der Arzt es erlaubt." – eine ungewöhnliche Formulierung von ihm für mich, die ich ihn später, allerdings viel später so oft habe sagen hören, daß Ärzte eben auch nur Geschäftsleute seien, die es auf unser Geld abgesehen haben und außerdem auch nicht klüger sind als wir. Sein Grundsatz: "Ein vernünftiger Mensch wird auf natürliche Weise wieder gesund oder er stirbt an seiner Krankheit, und dann braucht er den Arzt nur, um den Tod feststellen zu lassen."

An Elisabeth am 4.3.13: "Ich komme also Donnerstag 2/51 am Nachmittag an, habe nur Handgepäck bei mir; am Sonnabend möchte ich nach Berlin weiter, Du wirst verstehen, daß ich nach Hause dränge. Mir wäre es das liebste, wenn wir die Tage ganz alleine blieben, um uns nach Herzenslust aussprechen zu können. Hoffentlich lassen mich die Schmerzen, die immer nochmal wiederkommen, möglichst ungeschoren. ich kann dann nur liegend existieren – vielleicht auf dem Teppich, zu Deinen Füßen hingestreckt, was sich gewiß hübsch ausnehmen würde."

Marienburg, Junkergasse, 27.3.13:

"Ich liege immer noch viel und muß mir das Schreiben daher einteilen, tue aber wieder Dienst, und es scheint zu gehen, auch mit dem Reiten. Doch freuen wir uns nicht zu früh ... Unser kleines Goldchen ist wirklich ein allerliebstes Spielzeug, es ahmt bereits allerlei nach, was man ihm vormacht, kräht, jauchzt und lacht und macht uns unendlich viel Freude. Du solltest sehen, wie meine beiden Weiberchen sich auf dem Teppich herumrollen und zusammen quieken. Und dabei soll der Mensch eine psychologische Studie über Gneisenau schreiben: Ich hätte nicht übel Lust, mich dazu zu rollen und die Schreiberei an den Nagel zu hängen."

"Das Nietzsche-Bild ist gut angekommen, nochmals tausend Dank! Es ziert mit unseren andren Nietzsche-Kostbarkeiten einen besonderen kleinen Tisch."

Marienburg, 28.4.13:
Ich war bereits 8 Tage auf dem Übungsplatz Arys im äußersten Südostwinkel Ostpreußens; wir gehören jetzt zu dem neugebildeten 20sten Armeekorps und gehen daher nicht mehr auf den bisherigen Platz bei Graudenz. Arys liegt im dunkelsten Masurenland, herrliche Wälder und Riesenseen ... "

(Die Landschaft, die er am meisten liebte: Wälder und Seen. Wir haben später oft gelacht, wenn er sagte, "wenn ich nicht euch alle am Bein hätte, dann würde ich als Einsiedler in einem großen Wald leben – und ein See müßte in der Nähe sein." Aber so komisch war das gar nicht gemeint, glaube ich.)

Marienburg, 6.5.13, abgesandt erst am 13.5.

11.5: "Ich komme erst heute zur Beendigung meines Briefes, da die letzten Tage etwas stürmisch waren – unsere Hoffnung auf einen Kronprinzen ist leider zunichte geworden; Frau Goldchen hatte eine ziemlich scharfe Attacke auszuhalten, doch nun ist hoffentlich alles überstanden. Sie liegt natürlich fest zu Bett und bedarf sorgsamster Pflege, damit nicht etwa Fieber entsteht, ist aber vergnügt und munter und nicht weiter betrübt über die fehlgeschlagene Hoffnung; Ursula füllt ihr kleines liebes Mutterherz vorerst noch vollständig aus."

(Daß ich meinen Eltern über die Enttäuschung hinweggeholfen habe, in Unschuld und Ahnungslosigkeit, das "Minimalgoldchen, Barockengel und Familienclown in einer Person", das freut mich noch heute, zumal ich es früher nicht gewußt habe – über derartig längst Vergangenes wurde in unsrer Familie nicht gesprochen – jetzt aber, nach über achtzig Jahren, bekomme ich das schriftlich.)

Annemarie aus Marienburg, 8. Juli 1913, ein lieber Geburtstagsbrief an Tante Elisabeth, und daß sie sich erholt habe, wieder lange Spaziergänge machen und Tennis spielen kann. "Der Garten ist so wunderbar, und Ursula ist goldig, sie erzählt uns lange Geschichten in einer Art Hottentotten-Deutsch, und wir glauben ihr alles."

M. Oe., ebenfalls 8.7.13, Glückwunschbrief, in dem er allerdings meint, daß "gute Wünsche leider nicht viel nützen; sie werden nicht verhindern, daß Du auch im kommenden Jahr wieder viel Arbeit, Schererei und Ärger haben wirst. Von Herzen hoffen wir aber, daß Dir deine gute Tapferkeit erhalten und Dein Mut ungebrochen bleibe. Dann sind Kämpfe ja eine Freude und Schwierigkeiten ein Ansporn. Wir schmeicheln uns, daß unter den vielen Wünschen, die Du für Dein neues Lebensjahr hast, auch einer ist, in dem wir eine Rolle spielen. Freilich wird es mit der Versetzung nach Berlin noch nicht so rasch gehen, aber im Oktober 1914 könnte man doch daran denken. Zwei Jahre müßte ich wohl doch Kompagniechef sein, aber so ein Jährchen vergeht ja rasch. Die kriegsgeschichtliche Arbeit über Gneisenau möchte ich gern bis zum Herbst fertig haben, weiß aber noch nicht, ob das gelingt, die Zeit wird einem im Sommer zu sehr zerrissen."

(Ja gewiß, die Zukunftsplanung. Aber kein Gedanke daran, daß es demnächst Krieg geben könnte? Offenbar nicht. Stattdessen etwas ganz Interenes.)

"Lasest Du in den Zeitungen von den vielen Hitzschlagfällen auf dem Truppenübungsplatz Arys in Ostpreußen? Das war unsere Brigade; wir hatten an dem einen schlimmen Tag bei 5 Bataillonen 5 Tote! Da – offenbar von den höheren Militärbehörden beeinflußt – durch die Zeitungen Bemäntelungen und Entstellungen des Sachverhalts versucht wurden, schickte ich an die Tägl. Rundschau eine sehr deutliche Darstellung des wirklichen Hergangs mit klarer Hervorhebung der Tatsache, daß unvernünftige Überanstrengung der Truppe der eigentliche Grund der traurigen Vorfälle sei; die Übung war vom kommandierenden General geleitet, die ganze eine Division des Armeekorps nahm daran teil. Ich finde es mehr als kläglich, wenn Leute etwas Dummes gemacht haben, sich dann mit allerlei törichten Ausflüchten herausreden zu wollen. Die Rundschau, aus der meine Darstellung auch in andere Zeitungen überging, hatte meinen Namen nicht genannt, trotzdem hätten die Vorgesetzten ihn aber rauskriegen können, wenn sie gewollt hätten, aber sie haben nicht gemuckst. Ich hatte mich schon darauf gefreut, für einige Tage in die "prison" zu wandern und dann mit der Krone des Märtyrers herauszukommen – vergebens.

In der letzten Nummer der Güldenkammer ist ein Aufsatz von mir, der Dich interessieren wird, "Klassenwirtschaft im Heere". Die Unterschrift "Trusc" bedeutet der "Ingrimmige"; die Leute wollten durchaus ein Pseudonym haben. Ich werde es beibehalten, denn es giebt ja noch allerlei Grimmig-Kritisches über unsere Heeres-Verhältnisse zu sagen."

(Das Ingrimmige hat M. Oe. im Wesentlichen beibehalten, nur war er in der zweiten Hälfte seines Lebens nicht mehr so siegesgewiß und furchtlos, wobei der Verlust der Furchtslosigkeit, wie ich glaube, vorwiegend mit der Verantwortung für die Familie zusammenhing – das kam allerdings höchstens mal in ironischen Bemerkungen zum Ausdruck, die ich erst später nachdenkend verstanden habe.).

26.8.13, Marienburg:

Dein Erfurter Projekt ist nicht schlecht, aber leider wird die Kriegsschule Erfurt erst 1916 eingerichtet. Auch denke ich es mir nicht grade erfrischend, solch dummen Jungens, die militärisch noch völlig unreif sind und alles andere, nur nicht Taktik und dergl. im Kopf haben, meine Weisheit zu predigen. Ich denke, wir halten an dem Berliner Projekt fest, so etwa in einem Jahr könnte schon etwas daraus werden; ich bin dann 2 Jahre Kompagniechef gewesen.

Alles ist nun sehr gespannt, was der September bei Schluß des KaiserManövers bringen wird. Für uns könnte höchstens etwas Unangenehmes dabei herauskommen, nämlich die Versetzung nach Stuhm, einem kleinen Kreisstädtchen hier in der Nähe, wo am 1. Oktober unser 3. Batl. errichtet wird, aber es ist nicht wahrscheinlich. Daß ich mit dem KasernenNeubau in Stuhm viel zu tun habe, will nichts sagen; es ist vorgeschrieben, daß bei solchen Neubauten ein Offizier als Berater zugezogen wird, damit die Interessen der Truppe, die die Bauleute nicht im Einzelnen kennen, gewahrt werden. Diese Tätigkeit macht mir Freude; man kann da eine Menge Annehmlichkeiten für die Truppe erwirken und bekommt einen Einblick in den ganzen BauApparat. Die Kaserne für dieses eine Batl. kostet die Kleinigkeit von 1 Million, 300 000 Mark. Eine andere Kaserne, die hier in Marienburg für ein neues TrainBatl. und TrainDepot (riesige Wagenhäuser) gebaut wird, kostet 2 Millionen. Ich möchte mal wissen, welche Summen der Staat augenblicklich allein in die KasernenNeubauten reinsteckt."

24.11.13, Marienburg:

Ich sitze bis über die Ohren an meiner Kriegsgeschichtlichen Arbeit und habe die halbe Königsberger Bibliothek um mich herum aufgestapelt. Als Kom.-Chef hat man aber so viele Abhaltungen; tausend Kleinigkeiten stören einen fortwährend, daß ich nicht so rasch vorwärtskomme, wie ich hoffte. Auch türmen sich die Schwierigkeiten immer erst, wenn man die Arbeit angepackt hat – vorher sieht das stets einfacher aus. Wir fahren am 15. Dezember für einige Tage nach Berlin und dann weiter nach Bremen. Hast Du nicht Lust zu einem kleinen Abstecher nach Berlin in dieser Zeit? Du würdest Dich wundern, wie Ursula herangewachsen ist. Sie läuft schon ganz flott und plappert den ganzen Tag. Nach Tisch spielt die Familie in meinem Zimmer "wau wau", wobei man auf allen Vieren krauchen und entweder fürchterlich bellen oder sich schrecklich ängstigen muß. Auch sonst giebt es vielerlei unterhaltsame Spiele mit dem kleinen lustigen Quirl ... "

(Die arme Tante Elisabeth. Ob sie es begehrenswert gefunden hätte, mit mir um den Tisch herum "wauwau" zu spielen? Später, als wir in Weimar wohnten und ich dort zur Schule ging, bin ich jedenfalls sanfter mir ihr umgegangen, habe z. B. zu ihrem Geburtstag ein Nietzsche-Gedicht aufgesagt – das vom Wanderer, der durch die Nacht ging und einen Vogel singen hörte, von dem er sich angesprochen fühlte. Aber der Vogel meinte nicht ihn, sondern sein Vogelweib, für das er flötete, und das sagt er dem Wanderer auch und bedauert ihn hinterher. Tante Elisabeth weinte und behauptete, der einsame Wanderer sei sie, und da habe ich natürlich nicht gebellt, sondern bin mit ausgebreiteten Armen zu ihr gegangen, um sie zu trösten. Spätestens seitdem bin ich ihr "liebes Kind" gewesen und bin es geblieben, auch viel später, als ich ihr längst nicht mehr alles glaubte und mich im Stillen über sie lustig gemacht habe.)

M. Oe. am 26.11.1913 aus Marienburg: "Heute fand ich, von einem Übungsritt zurückkommend, zu meiner großen Freude den 'Einsamen Nietzsche' hier vor; tausend herzlichen Dank! Das wird eine herrliche Urlaubslektüre werden. Wie froh und glücklich wirst Du sein, daß Du diesen zweiten Band der Lebensbeschreibung, der gewiß gewaltige Schwierigkeiten bot, nun zu Ende geführt hast."

Dann wurde es Weihnachten, das letzte im Frieden, aber wer wußte das denn? Ein festliches, lustiges Familienweihnachten mit der Bremer Verwandtschaft, nicht ganz nach meines Vaters Geschmack, und ich kann ihn heute übrigens verstehen, vielleicht, weil ich alt genug bin, um diese Art der Familienfeste nicht mehr zu mögen, aber vielleicht auch, weil ich mit ihm verwandt bin, denn aufwendige Feiertage mit ihrem Lärm und übertriebenem Freudengeschrei mochte ich schon lange nicht mehr, obwohl ich als kleines Kind solch eine lustige Person gewesen sein soll. Man entwickelt sich eben doch im Laufe eines langen Lebens.

M. Oe. Bremen, Osterdeich 104, am 23.12.13: "Hier erhielt ich eine Einladung für Annemarie und mich zu einem literarischen Tee bei Frl. Gallwitz. Zu dumm, daß grade an dem Tag die Taufe des ersten Sohnes bei der Schwester Erika ist – ich hätte so gern die Mitarbeit der Güldenkammer mal kennen gelernt". (Mein Vetter Harald, 20 Jahre später als

Kunst-Student in München, hätte dazu gesagt: Was? wegen meiner Taufe hat sich der Onkel Max so was versagt, was ihm viel mehr Spaß machte?)

Wieder über die Güldenkammer: "Die Zeitschrift hält sich zu meiner Freude auf einer respektablen Höhe, trotzdem sie bedeutend billiger geworden ist. Die Honorare sind aber sehr gut; ich bekam für einen im Dezember-Heft veröffentlichten Artikel von 5 1/2 Seiten über die Ausbildung unserer Offiziere und ReserveOffiziere 55 Mark. So ein paar hundert Mark Zuschuß aus der literarischen Beschäftigung im Jahr sind uns doch sehr erwünscht."

(Ich versage mir, mich über die "paar hundert Mark Zuschuß" zu äußern, im Vergleich zu den heutigen Ansprüchen. Schließlich aber war das die Zeit, in der ein Frühstücksbrötchen 2 oder 3 Pfennige kostete ...)

Das Jahr 1914 begann für M. Oe. "ganz junggesellenhaft und ohne alle Weiblichkeit", allein mit dem Burschen in Marienburg, weil Annemarie mit Kind bei ihren Eltern in Bremen geblieben ist – sie ist ein bißchen blutarm, soll zum Arzt gehen und sich pflegen lassen. So ganz gefällt es ihm zwar nicht, obwohl er es genießt, stundenlang ungestört arbeiten zu können, aber daß es immerfort "so ganz still ist" in der Wohnung, das schmeckt ihm nicht mehr.

Für dieses Frühjahr fehlen mir wieder einmal die Briefe von Elisabeth an Max, die sie wahrscheinlich geschrieben hat, z. B. über eine geplante Nietzsche-Stiftung, zu der Richard Oehler einen Aufruf geschrieben hatte. Max fand ihn "etwas zu sachlich", er vermißte "eine begeisternde Wärme", von der Art, daß man sofort "nach dem Lesen aufspringt, mit der Faust auf den Tisch schlägt und mit funkelnden Augen ausruft: "Teufel auch, da ist Gefahr im Verzuge, da muß etwas geschehen!" Er machte sich viele Gedanken über einzelne Persönlichkeiten mit Einfluß und guten Verbindungen, denn es ging um die Bildung eines Nietzsche-Fonds zu dessen 70. Geburtstag (15.10. 1914) der von Wissenschaftlern und Künstlern unterzeichnet werden sollte. M. Oe. wußte in Berlin einen Kommerzienrat Koppel, "der schon einige größere Stiftungen für kulturelle Zwecke gemacht hat, freilich in literarischen Dingen ein Kanadier ist und von Nietzsche so viel Kenntnis hat, wie etwa ein Lappländer." Dem wollte er schreiben und ihm genau erklären, worum es sich handelt, um ihn für den Plan zu erwärmen, denn er glaubte, "Werbearbeit Einzelner beim Einzelnen" sei in dieser Angelegenheit das Wirksamste. Seine kriegsgeschichtliche Arbeit war fast fertig und sollte bald gedruckt werden. Einen größeren fertigen Teil hatte er vor einiger Zeit nach Berlin an den Chef der kriegsgeschichtlichen Abteilung, General v. Friedrich, geschickt, der ihn gelobt hatte; er fand die Arbeit "scharfsinnig, logisch und überzeugend" und glaubte, "daß sie Effekt machen wird".

Im Frühsommer gab es viel Verwandtenbesuch in Marienburg in der Junkergasse, und in keinem der Briefe stand auch nur ein Wort über einen möglichen Krieg, der, wie später behauptet wurde, schon Anfang Juli beschlossene Sache gewesen sein sollte. Anders steht es jetzt in einer neuen, wissenschaftlich fundierten Biographie des Generals v. Falkenhayn, von dem sein Biograph (Holger Afflerbach) schreibt, daß er aus Langeweile, Ehrgeiz und Überdruß am eintönigen Kasernenleben den Krieg als erfreuliche Abwechslung empfunden habe; ein adliger Herr, geboren auf einer Burg in Westpreußen, erzogen in einer Kadettenanstalt, vielseitig und hochgebildet, der 1913 zum Kriegsminister ernannt worden war. Dieser Mann hatte aufgezeichnet, daß Kaiser Wilhelm II erst am 31. Juli 14 die "Ordre über die drohende Kriegsgefahr" unterzeichnete, und darum ist es nicht verwunderlich, daß M. Oe. am 30.7. an Elisabeth schrieb: "Wir wissen natürlich auch nicht mehr als das, was in den Zeitungen steht. Die Eisenbahnbrücken hier sind besetzt, auch sind unsere Offiziere und Leute, die beurlaubt waren, zurückgerufen. Das alles will aber nichts sagen – es sind Vorsichtsmaßregeln. Man glaubt auch hier nicht recht daran, daß Rußland schließlich Ernst machen wird. Es hat mit seinen Rüstungen wohl nur Oesterreich schrecken wollen, auf dem Balkan zu weit zu gehen. Man muß nun abwarten, was Rußland auf die Anfrage der deutschen Regierung antwortet. Hocherfreulich ist die Einmütigkeit, mit der im ganzen Volk die Haltung unserer Regierung gebilligt wird. Bricht der Krieg aus, so bleiben wir – unser Regiment – zunächst hier, als FestungsBesatzung. Marienburg ist nämlich zum Schutz der Brücken stark befestigt. Annemarie wird mit dem Silberkasten unter dem einen und dem kleinen Goldchen unter dem anderen Arm, sofort nach Berlin, bzw. Bremen abdampfen. Die kleine Frau sieht der Kriegsgefahr tapfer ins Gesicht, im Gegensatz zu einigen andern Offiziersfrauen, die sich albern benehmen; die hätten dann eben keinen Offizier heiraten sollen, sondern einen buckligen Oberlehrer, der ein lahmes Bein hat und halbblind ist.

Unter den Offizieren ist eine erfreuliche, von Herzen kommende Kriegslust bemerkbar. Ebenso bei den Unteroffizieren und Mannschaften, trotzdem dieser Krieg ja fraglos einer der unvernünftigsten der Weltgeschichte wäre. Aber auch in diesen Leuten steckt schließlich der richtige Instinkt: Der gute Krieg ist es, der auch die schlechteste Sache heiligt!"

(An die Richtigkeit dieser Instinkte vermag ich nicht zu glauben; und was ist ein guter Krieg, und wer bestimmt die Schlechtigkeit einer Sache, und welche Sache ist überhaupt gemeint? Eher glaube ich, daß damals viele Offiziere und Mannschaften, wie der General v. Falkenhayn aus Überdruß am langweiligen Kasernenleben den Krieg als willkommene Abwechslung empfunden haben, unter dem Motto "endlich ist mal was los".) M. Oe: "Aber wie gesagt, ich glaube nicht, daß es dazu kommen wird. Sehr wichtig ist auch, daß England und Frankreich gar keine Lust haben."

Und dann die Feldpostkarten mit den Stempeln vom 7.8., vom 20./21./25. und 30.8 aus den verschiedenen Biwaks in Ostpreußen mit der Bitte: "Verwechsle ja die Zahlen nicht, sonst kommt nichts an." Aber die eng bekritzelte Karte vom 30. August ist aus dem Garnisonslazarett: "Ich liege hier an einem heftigen Ischias-Anfall infolge des anhaltenden Draußenliegens im NachtTau. Das ist bitter, aber man muß sich fügen. An der viertägigen Schlacht in Ostpreußen gegen fünf russische Armeekorps und zwei KavallerieDivisionen, die mit einem vollen Siege endete, und von der Du jetzt lesen wirst, waren wir auch beteiligt, alle Tage auf dem Schlachtfeld, zweimal im heftigen Feuer. Ich bin unverwundet geblieben. Alle Inf.Regimenter haben sehr starke Verluste gehabt, infolge des scharfen und rücksichtslosen Draufgehens. Das war eine wahre Pracht! Die Kerls waren nicht zu halten. Gegen diesen Schneid helfen auch die besten Feuerwaffen nichts. Es wird immer große Verluste geben, aber unsere Armee ist unbesiegbar; die Russen halten diesem draufgehen nicht Stand. Noch ehe man ganz heran ist, heben sie Hände hoch, werfen die Gewehre weg und schwenken weiße Tücher."

Die Geschichte vom Ischias-Anfall Ende August bei Tannenberg muß also gestimmt haben, wenn ich auch nicht sicher bin, ob er mitten im Kampfgetümmel so dramatisch vom Pferd gehoben werden mußte, wie ich mir das vorgestellt hatte, denn ich habe schon als Schulmädchen eine ziemlich lebhafte Phatansie gehabt. Zudem ist die Zeit, in der unser Vater uns im Familienkreis nach dem Mittagessen seine Soldatenerlebnisse erzählte, ja schon sehr lange her; der Anlaß dazu war meistens auch ein eher komischer, nämlich wenn er ihn mal wieder zwickte, der vertrackte Ischiasnerv, so daß er unerwartet nicht vom Stuhl aufstehen konnte, dann schimpfend und lachend das zu überspielen versuchte, indem er uns vorführte, wie weh es damals getan hatte und immer noch tat, und wir durften mitlachen, weil er sich mit seinem Leiden selber verulkte, nur daß es ihm damals viel peinlicher gewesen sei – so sagte er. "Aber gut, ich lebe noch, andere Leute sind längst unter der Erde ... "

Dann schlich er ins Nebenzimmer zu seinem Schreibtisch, auf dem der Zigarrenkasten stand, und wenn wir den Tisch abgedeckt hatte, schaute er nochmal herein und erklärte, daß er zum Mittagsschlaf eine Wärmflasche haben müsse.

Feldpostkarte ohne Datum:

"Meine Kom. hatte an dem einen Tag starke Verluste, machte aber eine Masse Gefangene. Im Ganzen sind in den letzten Tagen Tausende gefangen. Alle unsere herrlichen Siege im Westen verfolgen wir mit dem größten Jubel. Wie gönne ich dem belgischen Vagabundenpack diese Lektionen. Hoffentlich hat man aber bei der Zerstörung von Loewen die Kunstschätze geschont. In meiner Wohnung hier fand ich Tante Ida Forst und zwei andere Offiz.-Damen mit zwei Mädchen vor, aus Allenstein geflüchtet, grundlos natürlich."

Auch Annemarie in Bremen, deren Vater mit der Mobilmachung beschäftigt ist und wohl noch irgendwo eine Garnisonsstelle bekommen wird, weil er, wie sie schreibt, "leider nicht mehr felddienstfähig ist", schlägt in ihrem Brief an Elisabeth patriotische Töne an, die ihr der geliebte Max beigebracht hat, jedenfalls denke ich mir das so, und sie ist, wie sie schreibt, "jetzt angesichts der dauernden Gefahr, in der er sich befindet, ganz ruhig geworden. Man gewöhnt sich an alles. Aus seinen Briefen spricht seine und seiner Leute Ungeduld, vor den Feind zu kommen. Und so ist es überall. Sonst würden unsere Truppen auch nicht solche herrlichen Siege erfochten haben. Die Feier dieser Siege hier auf dem Marktplatz und in der Kirche war erhebend schön. Wir konnten zuletzt alle nicht mehr unseren Tränen gebieten. Kleine Jungens kletterten unter patriotischem Gesang auf die Denkmäler Kaiser Wilhelms I., Bismarcks und Moltkes und schmückten sie über und über mit Blumen. Durch jeden Menschen zog derselbe feierliche Schauer, der einen empfinden läßt, daß man in solchen ernsten Zeiten von neuem zusammengehämmert wird, und daß gemeinsame Kriege und Siege ein großes innerliches Band schlingen."

Abgesehen von dem ungeschickten Stil der gehorsamen und grade erst zweiundzwanzigjährigen Annemarie und dem "großen innerlichen Band", von dem alle umschlungen wurden, bin ich nach diesem Brief enttäuscht von den Helden und Heldenvätern, wie sie ihren unerfahrenen Frauen den Patriotismus beigebracht und sie dann womöglich dafür gelobt haben, wenn sie sich nicht fürchteten. Ich habe im zweiten Weltkrieg ganz andere Erfahrungen gemacht, habe immer Angst gehabt und mich ihrer nicht geschämt, habe nicht "den Feind gehaßt und verachtet", sondern die Nazis mit ihren Parolen, und war einverstanden, ja sogar froh, daß mein Mann keine Offiziers-Karriere machen sondern einfacher Soldat werden und möglichst niemanden umbringen wollte. Ob wir, die wir so empfanden, damals klüger oder reifer waren oder ehrlicher oder einfach feige, das möchte ich an dieser Stelle nicht untersuchen.

Am 10.9.14 schreibt M. Oe. aus dem Festungslazarett in Marienburg (im

Liegen): "Herzlichen Dank für Deinen lieben ausführlichen Brief und Deine freundliche Absicht, mir ein Paketchen zu senden: Rauchwerk und Lesestoff sind mir immer willkommen. Besonders gern hätte ich einige neue Nummern von guten Zeitschriften, die sind hier natürlich schwer oder gar nicht zu bekommen. Ich lese sehr viel, Nietzsche, Zeitungen, Goethe, alles bunt durcheinander. Der Alte zieht mich wieder mächtig an, die Wahlverwandtschaften und viele kleinere Schriften lese ich mit großem Genuß - ich merke jetzt wieder, was Dein Bruder so oft betont: man muß Zeit haben, wenn man wirklich lesen will, wirkliche Muße – ein Wort, das kaum noch gebraucht wird und anscheinend dem Aussterben nahe ist, bezeichnenderweise. Es klingt etwas altväterlich bereits in der wüsten Hetze, in der alle Welt daherrast.

Die Unruhe und die innere Auflehnung gegen den Zwang, hier nun so untätig liegen zu müssen, peinigt einen ja viel; ab und zu gelingt es mir aber doch, beim Lesen alles zu vergessen und mich wirklich eingehend mit den Themen zu beschäftigen. Ich will sehen, daß ich mich vielleicht in nächster Woche garnisondienstfähig melde und mich hier in der Festung oder im Etappendienst oder bei der Ausbildung der Ersatzmannschaften betätigen kann. An Reitern ist vorerst nicht zu denken.

Bruder Eduard wartet in Steglitz immer noch auf Einstellung. Er hat sich bei ca. 10 Regimentern als Freiwilliger gemeldet, aber es ist alles überfüllt. Jetzt glückts ihm vielleicht eher, da alle InfantrieRegimenter starke Verluste gehabt und schon je 1000 Mann und mehr Ersatzmannschaften eingestellt haben aus den, in den Garnisonen aufgestellten ErsatzBataillonen (für jedes Regt. eins). Diese ergänzen sich wieder aus den RekrutenDepots. Wenn die Gegner denken, wir hätten unsere Kräfte schon aufgebraucht, so irren sie sehr. Zur Zeit werden viele Hunderttausende von Rekruten im ganzen Reich schon wieder ausgebildet und sind zumindest schon so weit, ins Feld geschickt zu werden; neue Hunderttausende brennen darauf, eingestellt zu werden, und konnten bisher wegen Überfüllung nicht angenommen werden. Man muß nicht vergessen, daß wir ca. 10 Jahre lang und länger jedes Jahr etwa 100 000 taugliche Leute nicht ins Heer einstellen konnten, weil kein Platz da war. Die sind alle nun ErsatzReservisten und werden ausgebildet und nachgeschoben, desgleichen viele Hunderttausende mit kleinen Fehlern, wegen häuslicher Verhältnisse Freigekommene u.s.w. Wir können also glatt 10 Jahre hindurch unser Heer dauernd auf derselben Stärke und in derselben Güte erhalten, wie es zu Anfang des Krieges war, ja noch länger, da ja jedes Jahr wieder ca. 500 000 junge Leute das dienstpflichtige Alter erreichen und ihre rasche und sorgfältige Ausbildung gewährleistet ist. Da die ganze Maschinerie hinter den Kulissen so tadellos funktioniert wie nirgendwo sonst, und da unsere oberste Führung doch offensichtlich den anderen weit überlegen ist, kann der Ausgang nicht zweifelhaft sein.

Du erhältst demnächst von Annemarie einen langen Bericht über meine Erlebnisse. Schicke ihn bitte an Richard, an den der Brief gerichtet war, der sich aber, ohne daß ich es vorhatte, zu einem ausführlichen Bericht auswuchs."

Den Brief vom 10.9.14 aus dem Festungslazarett habe ich unwillig und im zweiten Teil sogar mit Abscheu abgeschrieben, aber unterlassen konnte ich das nicht, weil er nun einmal dazugehört in diese Zeit, die mir ungeheuer fern liegt und immer unverständlich bleiben wird. Da drängten sich Männer, junge und alte, zu Hunderttausenden in den Krieg, selbst meines Vaters Bruder Eduard, den ich später sehr gern gemocht und ganz anders eingeschätzt habe, ein stiller, gebildeter freundlicher Mensch, der in seiner Berliner Universitätsbuchhandlung sicher notwendiger gewesen ist, denn als Reservist "vor dem Feind", der meinte damals, sich unbedingt freiwillig melden zu müssen. Wenn ich nicht schon von jeher gegen die allgemeine Wehrpflicht gewesen wäre – jedenfalls glaube ich das rückblickend von mir -, dann hätten die militärischen Beschreibungen meines Vaters das jetzt bewirkt. Außerdem weiß ich noch zu gut, wie anders wir, als wir jung waren, zu Beginn des zweiten Weltkriegs gedacht und empfunden haben; wir hatten ihn nicht herbeigesehnt, auch begeister hat er uns nicht, und wir haben sein Ende nicht, wie unsre Eltern wegen der Herrlichkeit des deutschen Volkes, selbstverständlich als Sieg erwartet. Wir wollten uns auch nicht opfern, nicht unsere Männer oder Brüder für dieses Vaterland, von dem wir nicht wußten, ob wir es lieben könnten, und vielleicht sollten wir uns heute, wenn auch viel zu spät, überlegen, ob wir es denn zu wenig geliebt haben und warum? Vielleicht, wer weiß, wäre sonst manches anders verlaufen? Dennoch haben wir, die wir zu der Zeit so jung waren wie die Generation unserer Eltern im ersten Weltkrieg, einander flüsternd eingestanden, wir möchten nicht, daß Deutschland in diesem Krieg siegen würde, mehr noch, wir stellten es uns unerträglich vor. Unerträglich war es dann allerdings, aber so schlimm hatten wir es uns doch nicht vorgestellt. Auch unsere Eltern hatten es sich s o schlimm nicht vorgestellt, im Gegenteil, sie hatten an Preußen Gloria geglaubt und: wir schaffen das schon. "Unsere großartigen Jungs" und "die Maschinerie, die hinter den Kulissen so tadellos funktioniert", eine Formulierung von M. Oe., die ich zum Kotzen finde. Selbst wenn ich mir überlege, daß ich heute mehr als doppelt so alt bin wie er, als er das schrieb, bin ich wütend auf ihn und auch enttäuscht über Elisabeth, die immerhin 30 Jahre älter war als er und einen starken Einfluß auf ihn hatte, wie ich doch nun aus seinen Briefen weiß; hätte sie ihm nicht mal den Kopf zurecht setzen können, anstatt ihn für seine Allwissenheit zu loben? In den Nachkriegszeiten hat sie das oft getan (ich weiß es!). "Mein lieber Freund" – so begannen diese Gespräche, aber da handelte es sich nicht um Politik und erst recht nicht um Militarismus, den alten oder den neuen, sondern einzig und allein um das Nietzsche-Archiv, seinen Aufbau und seine Erhaltung. Okay, das war ihre und seine Aufgabe, der Krieg war lange vorbei, und der nächste noch nicht in Sicht. Dennoch kann ich mich eines bösen und vielleicht übertriebenen Gedankens nicht erwehren: Auch Friedrich Nietzsche hat ja in seinen Texten den Krieg verherrlicht, und selbst wenn ich nicht glauben kann, daß 1914 bis 18 jeder Soldat die Kriegsausgabe von "Also sprach Zarathustra" im Tornister bei sich trug, kann ich mir doch vorstellen, daß manch einer den Satz gekannt hat: "Der Mann müsse ein Krieger sein und die Frau die Erholung des Kriegers" – Dieses Wort werde ich dem Nietzsche nie verzeihen. Allerdings war er, als er das gesagt oder geschrieben hat, weder alt noch kriegserfahren, wie leicht vergißt man das und auch, daß er so viel anderes geschrieben hat, Widersprüchliches und Warnendes (an seine Menschenbrüder), und wahrscheinlich konnte er damals auch nicht wissen, daß Krieg nicht nur "jene rauhe Energie des Feldlagers" sein kann und auch nicht "jene stolze Gleichgültigkeit gegen große Verluste, gegen das eigne Dasein und das der Befreundeten", das sind romantische Ideen, die wir längst ablegen mußten, seit wir wissen, daß Krieg kein großes Abenteuer ist sondern einfach unsinnige Meuchelei.

Nach fünf Seiten ähnlicher Art wie in dem Brief vom 10.9. mit genauerer Beschreibung der tadellosen "Maschinerie hinter den Kulissen" geht es weiter am 22.9.14: "Am 11. und 12. Sept. war unser Regiment bei der 2ten großen Schlacht im nördlichen Ostpreußen wieder tüchtig im Gefecht, die Verluste an Offizieren waren ziemlich groß, die an Leuten geringer. Ich habe nun hier ein RekrutenDepot übernommen, wohne in unserer Wohnung, aus der der General von Rechenberg ausgezogen ist, und kuriere eifrig weiter. Die letzten Regentage waren sehr ungünstig für mich, weil die lähmenden Kreuzschmerzen sich wieder einstellten. Eine trostlose Geschichte, nur gut, daß Frau Goldchen nun kommt. Sie ist schon in Berlin, doch ist die Bahn hierher für einige Tage gesperrt wegen Truppentransporten. In Ostpreußen steht nun wirklich kein Russe mehr, abgesehen vielleicht von StreifPatrouillen, deren herüberkommen natürlich nie ganz zu verhindern ist. Das russische Gouvernement Suwalki, östlich von Ostpreußen, ist von unseren Armeekorps besetzt. Im Vertrauen (aber das ist streng geheim! bitte sprich mit Niemand darüber vorläufig!) Wir haben vier Armeekorps (etwa 130 000 Mann) unter Generaloberst v. Hindenburg den Oesterreichern zu Hilfe geschickt; die Bahntransporte dieser Korps, zunächst nach dem südlichen Schlesien, sind bereits seit Freitag im Gang und dauern noch einige Tage. Ich denke, nun wird es da dann auch vorwärts gehen. Die vier Korps waren erst mit hier oben (wir hatten im Ganzen 7 und 1/2 Armeekorps hier). Das Prachtvolle der Einheitlichkeit unserer ganzen militärischen Schulung und Ausbildung ist eben, daß man aus beliebig zusammengewürfelten Truppen (Aktive, Reserven, Landwehr) im Handumdrehen neue Divisionen und Armeekorps aufstellen kann – "aus dem Boden stampfen". Ein pensionierter General wird telegraphisch zitiert, GeneralstabsOffiziere werden ihm beigegeben – los! Und die Karre geht ihren gewohnten Gang, weil alles sich untereinander versteht, alle von einem Geschlecht, einer Familie auf einen Ton gestimmt sind, vom Armeeführer bis zum Grenardier. Dabei hilft uns unser hochentwickeltes BahnNetz und die glänzende Organisation des ganz unter militärischer Leitung stehenden Bahnbetriebs außerordentlich. Z. Beispiel: Anfang Sept. endigte die zur Katastrophe der russischen NarewArmee führende Verfolgung in Südostpreußen. Wir hatten da viereinhalb Armeekorps gehabt gegen fünf russische und drei russisch Kava.Divisionen. Da bewegten sich neun starke russische Kräfte (etwa 7 Armeekorps auf das östliche Ostpreußen (Tilsit-Insterburg) zu. Binnen wenigen Tagen waren unsere 4 und 1/2 Armeekorps auf 7 und 1/2 verstärkt. Die Verstärkungen kamen zum Teil aus Mitteldeutschland, zum größten Teil aber aus Belgien! Das soll uns mal einer nachmachen. Und den, in so kurzer Zeit herangeschafften Armeekorps fehlte es an nichts: Fahrzeuge aller Art, Munitions- und Verpflegungskolonnen, schwere Artillerie – alles war zur richtigen Zeit und auf die Minute! am richtigen Platz. Tag und Nacht folgte hier durch Marienburg ein langer Transportzug dem anderen, mit kurzen Zwischenräumen. Der russische Oberbefehlshaber hat seinem Erstaunen über das märchenhaft plötzliche Auftreten so starker deutscher Kräfte im östlichen Ostpreußen in seinem amtlichen Bericht auch unverhohlen Ausdruck gegeben. Die dummen Gesichter der Russen möchte ich erst sehen, wenn die preußischen Pickelhauben und der dicke Hindenburg in Galizien plötzlich auftauchen! Aber nochmals: bitte kein Wort darüber vorläufig; grade in Weimar giebt es ja eine Menge Russen! Und das russische über ganz Deutschland sich erstreckende AgentenNetz hat uns schon viele Unbequemlichkeiten bereitet.

 In Kurzem werde ich hier den Posten des NachrichtenOffiziers der Festung übernehmen – eine sehr interessante Tätigkeit: Man hat den ganzen KundschafterFernsprechTelegraphenBrieftauben u.s.w.Dienst unter sich und erfährt so mancherlei, was anderen Sterblichen Geheimnis bleibt."

Noch am 22.9.14 aus Marienburg, Junkergasse:

Allerherzlichsten Dank für die kostbare Zigarrensendung und die anderen schönen Sachen. Die erste der vorzüglichen Zigarren hat mich heute zu einem ziemlich schlemmerhaften Frühstück verleitet, um einen gebührenden Auftakt für ihren Genuß zu schaffen. Aber mit der Ankunft meiner kleinen lieben Hausfrau werden wieder geregelte Zustände eintreten, und allen sybaritenhaften Ausschreitungen wird ein Ende bereitet. Deinen Aufsatz im "Tag" las ich mit großer Freude. Du weißt, wie sehr mich das Soldatische im Wesen Deines Bruders immer angezogen hat. Ich wollte darüber schon längst etwas schreiben, denn es ist wirklich ein wichtiges Element seines Wesens, von dem aus vieles bei ihm erst verständlich wird. Jetzt wäre ein guter Zeitpunkt für eine derartige Arbeit; aber Zeit, Zeit!

Das Vorgehen gegen Krupp damals war im Grunde wohl berechtigt, wenn auch vielleicht etwas über das Ziel hinausgeschossen wurde. Daß die Franzosen die strenge Ahndung derartiger Unredlichkeiten lächerlich finden, ist nicht verwunderlich. Aber das ist ja kein Grund für uns, es auch lächerlich zu finden. In Frankreich sind derartige Durchsteckereien, Annahme von Schmiergeldern u. s. w. an der Tagesordnung; jede russische Anleihe wurde ja durch Zahlung ungeheurer Schmiergelder an die führenden französischen Zeitungen vorbereitet. Die Anleihe konnte nur populär gemacht werden durch Hinweis auf die Notwendigkeit russischer Rüstungen gegen Deutschland, und ganz gewiß kommt ein gutes Teil der deutschfeindlichen Stimmung in Frankreich auf Rechnung der von Rußland an die französischen Zeitungen gezahlten Schmiergelder. Ist doch eigentlich zum Tollwerden, daß derartiges möglich ist; das heißt doch nichts weniger, als daß infolge der Bestechlichkeit dieser Halunken von PresseMenschen ein Weltbrand entzündet worden ist. Diese Leute, die sich stets als das "öffentliche Gewissen" aufspielen, müßte man vierteilen, denn sie sind ja im Grunde die gewissenlosesten Schufte und Narren. Und im ganzen öffentlichen Leben ist es doch in diesen "Politisch hochentwickelten" Staatswesen Frankreichs und Englands so: Jede Meinung, jedes Glaubensbekenntnis ist für Geld zu haben – man muß nur genug bieten. Jeder Prozeß ist zu gewinnen – wenn man genug Geld hat. Ich meine, da muß jeder bei uns in Deutschland wie ein Schießhund aufpassen, daß derart ekelhaft schmutzige Machenschaften nicht auch bei uns Eingang finden, daß bei uns die Gewissen eng bleiben. Wenn das auch bei uns so weit käme, müßte man sich ja scheuen, überhaupt noch eine Zeitung anzufassen und müßte sich in einen Winkel verkriechen, wo man nichts hört und sieht von diesem Schweinestall (entschuldige), genannt öffentliches Leben. – "

Dann die Mitteilung von seinem Freund Karl Strecker, daß er das eiserne

Kreuz bekommen hat, aber seine etwas zu eilige Verlobung mit Annemaries jüngster Schwester Siny hat sich aufgelöst, "und zwar hat sie den entscheidenen Schritt getan, unbeeinflußt von anderen." Max schreibt dazu: "Ich glaube, es ist gut so; denn wenn man in eine so fragwürdige Sache, wie jede Ehe es nun einmal ist, schon mit Bedenken und Zweifeln hineinlaviert, anstatt sich besinnungslos mit einem Kopfsprung hineinzustürzen, dann ist das nichts. Die verstandesmäßige Überlegung, die bei jedem höher gearteten Menschen stets von der Ehe abraten wird, muß durch die Stärke der Empfindung überwältigt werden. Dann ist es das Richtige. -

Ursula bleibt in Bremen; das Reisen mit dem unruhigen kleinen Wesen ist sehr anstrengend. Ich habe oft eine scheußliche Sehnsucht nach dem geliebten Geschöpf. Freue mich übrigens sehr, daß Agnes (Richards Frau) ein Kindchen erwartet. Es kommt damit doch eine neue Note in das Zusammenleben, dessen eigenartige Reize durch nichts anderes ersetzt werden können."

Zu den "Halunken von Pressemenschen" in Frankreich und England, die sich "als öffentliches Gewissen aufspielen", kann ich mich nur fragen, ob es solche nicht auch in Deutschland gab? Waren denn alle deutschen Journalisten reine Toren? Und ist Verheimlichung etwa keine Unredlichkeit?

Zu Nietzsches "soldatischem Wesen", das M. Oe. immer wieder faszinierte, habe ich auf Seite 81 schon einiges geschrieben, das ganz sicher nicht genügt; auch wird dieses Thema in meinen Aufzeichnungen und Texten noch oft vorkommen. Zitate gibts genug, z. B.: "Der Krieg und der Mut haben mehr große Dinge getan als die Nächstenliebe." Oder "Einem guten Kriegsmanne klingt 'du sollst' angenehmer als 'ich will'. Und: "Alles, was euch lieb ist, sollt ihr euch erst noch befehlen lassen."

Wie fleißig solche Sätze zwei Jahrzehnte später in der Hitlerzeit herausgesucht und angewendet wurden, das haben wir, die es denkend und fürchtend miterlebt haben, nicht vergessen, und doch ist es verdrängt worden und ist, glaube ich, nie wieder gut zu machen. Was wir gut oder jedenfalls besser machen könnten, das wäre, nicht jeweils für bestimmte Fälle Zweckdienliches herauszusuchen, sondern den Nietzsche wirklich zu lesen, um nachzudenken, uns vielleicht mit ihm zu streiten oder auch uns von ihm begeistern zu lassen, was freilich eine kompliziertere Aufgabe wäre, als Sprüche aufzuspüren und sich an sie zu klammern. Mein Vater hat sehr gut gewußt, daß dieser dichterische Philosoph und Menschenkenner in fast unbegreiflich kurzer Schaffenszeit – mit seiner Schulzeit in Pforta waren es nur dreißig Jahre – bei seinem Lebenswerk gewaltige Wandlungen durchgemacht hat, und er, der zukünftige Archivar, hatte sich als junger Mann doch schon intensiv damit beschäftigt. Aber in seinen Briefen an Elisabeth – das drängt sich mir förmlich auf – ging es ihm nicht nur darum, ihr zu antworten, sondern vor allem, ihr Recht zu geben, sie zu unterstützen und zu bestätigen; immer war er auf ihrer Seite. Und falls er viel später, bei seiner beruflichen Arbeit Nietzsches Gedankengänge wichtiger und glaubhafter gefunden hat als die Ansichten seiner Schwester und ihre Sorge um das Archiv, war es für M. Oe. zu spät, sich dazu zu bekennen.

Am 15.10.1914 hatte M. Oe. nicht an Nietzsches 70. Geburtstag gedacht. Er schrieb am 16.10. an Elisabeth, daß er jetzt zu vieles im Kopf habe: "Denn eine solche moderne Festung ist ein sehr vielgliedriger Organismus, und da ich beim Stab der Kommandantur der einzige bin, der Lokalkenntnisse besitzt, wird mir vieles aufgehalst, was eigentlich gar nicht meines Amtes ist. Und doch bin ich froh, mich wenigstens auf diese Weise nützlich machen zu können."

"Der 15. Oktober ist ja nun unter etwas anderen Umständen herangekommen als erwartet. Aber aufgeschoben ist nicht aufgehoben. Auch den Nietzsche-Fonds gebe ich noch nicht verloren. Bei derartigen Dingen ist Zähigkeit die Hauptsache. Nach dem Kriege wird sich bei der besseren Schicht der Menschheit ein Heißhunger nach geistiger Nahrung und ein großer Betätigungsdrang in nicht materiellen Dingen zeigen, und man kann in dieser Hinsicht wohl berechtigterweise von dem Einzelnen, auch von sich selbst auf die Gesamtheit schließen. Mitten drin in dem rein materiellen, animalischen und mechanistischen Getriebe, wie das Leben im Felde nun mal ist, überfällt einen ab und zu die Sehnsucht nach jenem anderen Höheren, Unwirklichen mit einer Kraft, wie man es sonst kaum kennt. Wir brauchen, glaube ich, die Verflachung der siebziger Jahre nicht wieder zu befürchten: Die Basis, auf der sich der Wiederaufbau des geistigen Lebens vollziehen wird, ist heute eine breitere und festere als damals."

(Das klingt nicht nur tröstend, sondern auch optimistisch – im ersten Kriegsjahr, als er noch nicht wissen konnte, daß es vier Jahre werden sollten, und was dann in Deutschland alles zu Bruch gehen würde. Er glaubte eben wirklich an Preußens Gloria und auch daran – wie es am Ende dieses Briefes heißt, daß die Verstärkungen, die sie zur Zeit an die Grenze geschickt hatten, "dem Gesindel nun wohl wieder ordentlich was auf die Mütze geben werden.")

Danach gab es erst am 7. Dezember wieder einen Brief von M. Oe. an Elisabeth (aber keinen von Annemarie), und seine Nachrichten sind nicht gut.

"Zeitweise war es ganz toll; wir schufteten manchmal bis in die Nacht hinein, um neue Truppentransporte nach Soldau zu senden, wo der Ansturm der übermächtigen Russen nur mit großer Mühe in 14 Tage langem Ringen von den Festungstruppen aus Marienburg, Graudenz und Kulm abgewendet wurde. Schließlich flutete die Bande zurück, und unsere Truppen sind nun nach einiger Ruhezeit wieder im Vorgehen. Wir sind wie alle Welt sehr gespannt auf die große Entscheidung in Polen, zu der man unsererseits gewaltige Truppenmassen versammelt hat. Die heutigen Nachrichten lauten vielversprechend; mein Regiment war bei den Umgehungstruppen nordöstl. Lodz, die dann von den Russen eingeschlossen wurden und sich in harten Kämpfen durchschlagen mußten, ein Heldenstück, das die Bewunderung der ganzen Welt erregt hat. Das Regiment steht jetzt 3 Wochen lang unaufhörlich im Kampf dort bei Lodz. Von den Offizieren sind nur ganz wenige noch unverwundet, 10 sind gefallen, darunter 6 Hauptleute, 2 Regiments-Kommandeure nacheinander verwundet."

Er selber hat leider oft derartige Kreuz- und Hüftschmerzen, daß er nur mühsam gehen kann, und an Reiten ist nicht zu denken. Aber das Minigoldchen Ursula ist wieder in Marienburg, macht ihrer Mutter eine Menge Arbeit und heitert ihren Vater in seiner Freizeit auf.

Weihnachten 1914 hat M. Oe. das Eiserne Kreuz bekommen. Er schreibt an Elisabeth am 1.1.1915, es sei sein schönstes Weihnachtsgeschenk gewesen, und setzt hinzu: "Ich hätte es freilich lieber im Felde bekommen, aber eine Freude war es mir auch so". Dann über den Kriegszustand sehr ausführlich: "Richard schreibt zornerfüllt, daß er den Krieg nun reichlich satt habe, und ich gestehe, daß ich über einen baldigen Frieden auch erfreut wäre. Die Kraft- und Belastungsprobe, als welche der Krieg ja in erster Linie Bedeutung hat, haben wir glänzend bestanden; an ein vollständiges Niederwerfen der einen oder anderen Partei ist bei den gewaltigen beiderseitigen Hilfsquellen doch nicht zu denken; davon werden sich die Regierungen allmählich überzeugen müssen, wenn sie sich auch noch so wütend gebärden und zunächst "Krieg bis aufs Messer" schnauben. Ich denke, die Russen werden, wenn sie nun über die Weichsel geworfen sind genug haben und gemerkt haben, daß sie doch nichts ausrichten können gegen unsere weit überlegene Führung. Ihre Führung ist in der Tat wieder höchst minderwertig, wie sie es immer war, sonst müßten sie wenige Wochen nach Ausbruch des Krieges in der Linie Danzig – Thorn – Posen – Breslau stehen, womit man bei uns ja auch gerechnet hatte. Es ist für mich amüsant, daß der Schwerpunkt der Operation nun doch nach dem Osten verlegt worden ist. Ich habe nämlich, seit man in den letzten Jahren von den besseren und schnelleren Mobilmachungsvorbereitungen der Russen hörte, stets die Meinung verfochten, man solle sich im Westen, gestützt auf die starken Festungen defensiv verhalten und die schlecht geführten russischen Massen rasch entscheidend schlagen. Damit ist die Hoffnung der Franzosen vernichtet, denn daß sie mit den Engländern zusammen die Deutschen schlagen könnten, wagten auch ihre größten Großmäuler nicht zu behaupten. Die Russen waren ihre Hoffnung. Hübsch wäre die Eroberung von Paris ja gewesen, sie brachte aber nie die Entscheidung, solange die Russen nicht geschlagen waren. Das ist ja nun der Fall, ich glaube bestimmt, daß die ganze Linie der Russen in Polen baldigst von Neuem ins Wanken kommt, und dann wird es kein Halten mehr geben. Sind diese Massen auch nicht gänzlichst zu vernichten – zu einer Offensive großen Stils gegen uns sind sie dann nicht mehr fähig. Wie schlecht die Russen wieder geführt wurden, und wie sie hätten geführt werden müssen, kann ich Dir hoffentlich nochmal an der Hand von Karten näher erläutern. Mein Regiment liegt am RanskaAbschnitt (nördlich Rawa) und ist seit vielen Wochen fast unausgesetzt im Kampf. Von Strecker, der mit den Nerven sehr herunter ist, sich aber wacker hält, haben wir oft Nachricht.

Die Arbeit hier läßt – zum Glück – nicht nach. Besonders interessant ist mir ihre wirtschaftliche Seite (Arbeitsverhältnisse, Lebensmittelpreise, GetreideAufkäufe u.s.w.), womit ich viel zu tun habe, im Einvernehmen mit der Zivilverwaltung, und wobei man manchen Einblick tun kann. Auch in den Festungswerken und weit vorgeschobenen starken Verteidigungsstellungen wird fleißig gearbeitet und weiter ausgebaut, für alle Fälle. Mit dem Wunsche, daß uns das neue Jahr einen guten Frieden und ein näheres Zusammenrücken bringen möge ... "

Nachträglich fällt es mir schwer, mir 'einen guten Frieden' im Jahre 1915 vorzustellen. Auch klingt mir der Brief vom 1.1. dieses Jahres so überheblich, vor allem wegen der allzu lockeren Art, sich aus relativ sicherer Stellung zum Kriegsgeschehen zu äußern; wieso konnte M. Oe. die 'höchst minderwertige Führung' der Russen so durchschauen, daß er wußte, wie sie es besser hätten machen können? Und wenn er es wußte, kraft seiner militärischen Erfahrung und seinem gesunden Optimismus, so stört mich dennoch die Schnoddrigkeit, daß z. B. er es 'amüsant' fand, den Schwerpunkt der Operationen in den Osten verlegt zu sehen, und daß eine Eroberung von Paris ja 'hübsch' gewesen wäre – was für töriche Verniedlichungen. Aber so redeten wahrscheinlich die jungen Offiziere im ersten Weltkrieg, und auch im zweiten habe ich übrigens ähnliches Geschwätz gehört und es verabscheut.

Ab Ende Januar mußten Feldpostbriefe in die Heimat offen abgesendet werden. Die ankommenden von Verwandten oder Freunden durften aber geschlossen sein.

Am 17.3.1915 aus Marienburg, Junkergasse, an Elisabeth (dies ist also ein offener Brief – ob er deshalb so positiv klingt?):

"Ich komme mir – und Dir wahrscheinlich auch – recht schnöde vor, daß ich Dir so lange nicht ausführlich geschrieben habe; die Zeit rast dahin. Ehe man sichs versieht ist der Tag herum und so Wochen und Monate, ohne daß man recht zum Besinnen kommt. Ein merkwürdiger und mir ungewohnter Zustand, so nur der Forderung des Tages und immer nur in einer Art Reaktion auf irgendeinen Anstoß zu leben. Aber ich gestehe, es macht gute Stimmung; man weiß, wozu man da ist, hat klar vor sich liegende Aufgaben, die auch nicht alle ganz unwichtig sind. Im Frieden fehlt eben der Hauptpunkt, der jetzt dem Ganzen ein so anderes Gesicht giebt: der Ernst. Alles ist nur Schein, Vorbereitung, Theater, man muß andauernd so tun 'als ob'. Das nimmt dem militärischen Treiben auf die Dauer den Reiz. J e t z t ist alles wichtig und von Bedeutung; ich würde mit Vergnügen Steine karren oder Schweine füttern, soweit diese Beschäftigungen kriegerischer Natur wären – und welche Beschäftigung wäre das jetzt nicht!"

Dazu Bert Brecht aus seinem Schauspiel "Mutter Courage und ihre Kinder": "Frieden, das ist Schlamperei. Erst der Krieg schafft Ordnung. Die Menschheit schießt ins Kraut im Frieden. Mit Mensch und Vieh wird herumgesaut, als wärs gar nix ... Nur wo Krieg ist, gibts ordentliche Listen und Registraturen, kommt das Schuhzeug in Ballen und das Korn in die Säcke, wird Mensch und Vieh sauber gezählt und weggebracht, weil man eben weiß: ohne Ordnung kein Krieg!"

Da ich ganz sicher bin, daß M. Oe. und B. B. sich nicht gekannt oder gar über dieses Thema sich geeinigt haben, beschränke ich mich auf den Vergleich und fahre fort mit dem Brief vom 17.3.1915: "Du solltest unsere Schweine-Vieh und Schafställe hier sehen! wahre Mustereinrichtungen. Wir haben von all den entzückenden Tierchen viele Hunderte, und ich statte ihnen öfters Besuch ab. Auch auf unserem Schlachtviehhof ist es interessant, ebenso in der Bäckerei, in der Wurstfabrik, und alles wird von Soldaten betrieben und funktioniert ausgezeichnet. Jetzt geht auch bald der landwirtschaftliche Betrieb los; alles fiskalische Gelände, das sich irgend dafür eignet, wird mit Frühkartoffeln und Gemüse bebaut. Augenblicklich hat sich freilich ein kleiner Nachwinter eingestellt mit Schnee und 4° Kälte in der Nacht. Kürzlich mußte ich grade mal wieder einige Tage ausspannen, zu Bett liegen und heiße Sandpackungen machen. Ich war viel draußen gewesen bei den Arbeiten, und das Bein hatte die Feuchtigkeit übel genommen.

Den meisten Spaß an meiner Tätigkeit macht mir das Verfolgen aller Operationen auf den verschiedenen Kriegsschauplätzen; ich zeichne alles genau in wandgroße Karten ein. Die letzten Operationen Hindenburgs in Ostpreußen gehören nach Anlage und Durchführung zum Gewaltigsten, was die Kriegsgeschichte aller Zeiten aufzuweisen hat. Sie übertreffen noch Tannenberg, das doch auch schon ein Prachtstück war. So etwas haben weder Moltke noch Napoleon vorzuweisen; es fehlte ihnen zur Durchführung derartig weit ausholender Entwürfe einfach das Instrument: die wirklich gut durchgebildeten Unterführer und die auch den stärksten Anforderungen gewachsene Truppe. Moltkes glänzende Gedanken sind nie so zur Durchführung gelangt, wie er beabsichtigt hatte; die Leute vermochten seinen Ideen nicht zu folgen. Die lange angespannte Friedenstätigkeit auf der Grundlage der Moltke'schen Theorien, die Erziehung und Durchbildung nicht nur des Generalstabs, sondern aller fähigeren Offiziere im Moltke'schen Sinne, wie sie namentlich durch den Chef des Generalstabs der Armee Schlieffen durch lange Jahre betrieben wurde – das ist es, was derartig groß und raffiniert angelegte Operationen gelingen läßt. Mit russischen Generalen ließe sich so was nicht durchführen; sie stecken noch tief in den strategischen Kinderschuhen – zu unserem Glück – denn sie schlagen sich im Großen und Ganzen wacker, wie sie das immer getan haben. Der russisch-japanische Feldzug hatte bereits die vollständige Hilflosigkeit der russischen Führung gegenüber den Anforderungen moderner Heerführung großen Stils klar erwiesen. Es ist wohl etwas besser geworden, aber nicht viel. Während im südlichen Ostpreußen die Schlacht bei Tannenberg tobte, die streng genommen 5 Tage währte (ohne die Verfolgung), stand Herr v. Rennenkampf, wahrscheinlich ein russischer General deutschen Namens, der mit der Njemen-Armee in den Masuren "stand" zwei Tagemärsche davon entfernt mit 6 Armeekorps, stand und stand und tat nichts. Das würde heute jedem deutschen Feldwebel unmöglich sein; 1866 gab es noch preußische Divisionskommandeure, die ähnliches fertig brachten und die Auffassung vertraten, sie dürften nicht ohne Befehl "in das Gefecht eines anderen preußischen Armeekorps eingreifen"! 1870 gab es das schon nicht mehr bei uns, und es ist interessant, daß ein russischer Offizier schon vor Jahren in einem glänzend geschriebenen Buch über die Ursachen der Deutschen Siege 1870 den Kernpunkt in der Selbsttätigkeit der Unterführer, in dem verantwortungsfreudigen Drang, mittun zu wollen, findet; in dieser vielgerühmten Selbsttätigkeit, die so selbstverständlich scheint, im Ernstfall aber einen mächtigen Aufwand von Tatkraft erfordert: nur zu leicht wird sie durch die Bleigewichte der Verantwortung und ganz besonders der Ungewißheit gelähmt. Der angeborene Stumpfsinn des Russen; die Neigung der Slawen überhaupt, alles gehen zu lassen, wie es geht, der Mangel an Initiative wird es immer verhindern daß sie eine Heerführung im modernen Sinne begreifen lernen; auch der Mangel an Organisationstalent, der sich durch die ganze Geschichte aller slawischen Länder verfolgen läßt, wird ihnen hinderlich sein. Und die Fähigkeit zu organisieren ist bei der Kriegführung mit Massenheeren mächtig im Preise gestiegen; schon Napoleons Erfolge kann man auf die eine Formel 'Oganisation' bringen. Heute würde selbst ein solcher Kopf den ungeheuren Schwierigkeiten machtlos gegenüberstehen, wenn er nicht durch einen schon im Frieden tadellos funktionierenden Mechanismus unterstützt würde Und in dieser Hinsicht sind wir a l l e n voraus, darüber kann kein Zweifel sein, militärisch, finanziell, wirtschaftlich. Und doch hat uns dieser Krieg belehrt daß auch bei uns vieles noch besser hätte 'klappen' können – wer lernte grade auf dem Gebiet der Organisation je aus. Doch nun genug der Strategie. Hoffentlich bist Du gesund und zuversichtlicher Stimmung. Ich glaube, es braut sich an den verschiedensten Stellen allerlei zusammen, was uns berechtigt, guter Dinge zu sein."

Anmerkung zum Brief vom 17.3.1915, den M. Oe. selbst einen strategischen nennt, und der mir viel zu denken gegeben hat, negatives und auch posititves. Zunächst habe ich mich ein bißchen lustig gemacht wegen der Behauptung, daß "jetzt alles wichtig" ist, weil Krieg sei; darum brachte ich das Zitat von Brecht aus 'Mutter Courage' "Frieden, das ist Schlamperei ... ", danach aber dachte ich an das Ischiasbein meines Vaters, durch das er Festungskommandant und Nachrichten-Offizier wurde, wobei er sich wie er schrieb, "um alles kümmern" mußte und das auch gewissenhaft tat. Möglicherweise hat ihm das das Leben gerettet, das er sonst schon in der Schlacht in den Masuren gegen die Njemen-Armee vielleicht dem Vaterland hätte opfern müssen oder etwas später in Polen oder Litauen. Wollte er ja keineswegs bei all seinem vorwiegend theoretischen Interesse für die Kriegführung, besonders die der Deutschen, die er so einmalig fand. Wahrscheinlich wäre er ein besserer Erklärer des 1. Weltkriegs gewesen als später mein Geschichtslehrer in der Unterprima, der sich (wie ich) mehr für Kunstgeschichte interessierte und mir darum sympathisch war. Aber ob er – der Hauptmann und Nachrichten-Offizier bei den "Mustereinrichtungen" der Viehställe und landwirtschaftlichen Betriebe, die ihm solchen Spaß machten, nie daran gedacht hat, daß 'der Russe' wiederkommen könnte, alles überrollen, vereinnahmen und vielleicht zerstören könnte? War er wirklich der Erstklassigkeit deutscher Strategie so sicher oder – und das halte ich für möglich – wollte er in seinen Briefen an Elisabeth den ganzen Optimismus anbringen, den man seiner Meinung nach brauchte, um zu überleben? Ein offener Brief mit so viel Lob über die Wirksamkeit deutscher Organisationen - den kann außer EFN auch jemand anderes gelesen haben. Zwei Monate später wurde M. Oe. "ganz plötzlich nach Berlin kommandiert", zum stellvertretenden Generalstab, Eisenbahnabteilung; nicht schlecht, somit war seine eigentliche Soldatenzeit also vorbei, und obwohl er noch Uniform trug, mußte er sich nicht mehr kämpferisch geben, sondern konnte seine Fähigkeiten auf anderen Gebieten entfalten. Ich bin sicher, daß er das gemacht hat, und verabschiede mich jetzt gerne von seinen militaristischen Ideen, z. B. von der Behauptung, daß "Hindenburgs Operationen in Ostpreußen nach Anlage und Durchführung zum Gewaltigsten gehören, was die Kriegsgeschichte aller Zeiten aufzuweisen hat." Moltke habe ich übrigens nie gelesen und würde es auch heute nicht tun, um mich mit meinem Vater zu streiten, wenn er noch lebte (er 120 und ich 83 Jahre alt). Allerdings würde ich ihm nicht erlauben, vom "angeborenen Stumpfsinn der Russen" zu reden, und würde ihm zu erklären versuchen, daß der General v. Rennenkampf mit seiner Njemen-Armee von der Narew-Armee durch die masurische Seenplatte getrennt war und darum vielleicht während der Schlacht bei Tannenberg seine Soldaten nicht zwei Tage lang durch die Sümpfe marschieren lassen wollte, um danach in der Schlacht zu verenden, – was ich sehr vernünftig finde von dem Herrn.

Auf Seite 8 des langen Briefes meint M. Oe., dieser Krieg habe uns belehrt, daß selbst bei uns "vieles noch besser hätte klappen können". Aber ja. Bis zum Waffenstillstand im Wald von Compiégne war noch viel Zeit, etwas besser zu machen, mehr als drei Jahre, von Feinden umstellt, die zwar alle nicht so tüchtig waren wie die Deutschen, aber in der Überzahl ...

Bei dem unwahrscheinlichen Gespräch zwischen dem uralten Vater und der alten Tochter wäre noch hinzuzufügen, wieviel grausamer und ekelhafter die heutigen Kriege sind, die nicht 'erklärt' werden, sondern einfach losbrechen, ohne Planung und Organisation, ohne den "schon im Frieden tadellos funktionierenden Mechanismus", nicht aus Vaterlandsliebe entstanden, die so ansteckend zu sein scheint, sondern aus Haß und Besitzgier – ansteckend allerdings ebenfalls -, in denen gemordet wird und nicht gekämpft 'von Mann zu Mann', wie sie das früher nannten, in denen aber heute stattdessen Städte und Landschaften, Frauen und Kinder und andere Harmlose sinnlos vernichtet werden. Das ist freilich ein Thema, das ich nicht einfach mit einigen Sätzen vergleichend behandeln kann, obwohl es gedanklich ganz stark hierher gehörte.

Im Mai 1915 gab es von M. Oe. nur zwei kurze Mitteilungen an Elisabeth wegen der Kommandierung nach Berlin und seinem Umzug dorthin. Er hatte in der Lüneburgerstraße ein kleines Zimmer gemietet, war auf Suche nach einer Wohnung und lebte "in Hetze", weil alles so unerwartet kam und Annemarie Röteln gehabt hatte und sich schonen mußte. Außerdem war sie wieder schwanger, und er teilte der lieben Tante mit, es sollte sich im Oktober "ein Kriegsjunge zum Dienstantritt melden" (!!). Das war dann aber meine Schwester Mechthild, jahrelang "das Dickchen" genannt, dunkelhaarig, mollig und niedlich; sie hatte blaue Augen mit schwarzen Wimpern und besonders süße Kinderpatschhände, lernte nur mühselig laufen, eine Zeitlang mit geschienten Beinen, und auch mit dem Sprechen gings langsam voran. Sie wurde sehr gepflegt und – wie ich fand – verwöhnt, immer unter dem Motto, man müsse ihr Zeit lassen, dann würde es schon werden. Ja gut, warum sollte sie sich nicht langsam entwickeln, so dachte auch ich und habe erst nach dem Krieg in Weimar, als ich dort zur Schule ging, gemerkt, daß mit Mechthild etwas nicht stimmte. Schließlich wurde sie einfach nicht älter, lernte bei einem Hauslehrer mit Mühe lesen und schreiben, rechnen überhaupt nicht, wurde von den Eltern für jede Kleinigkeit gelobt und lernte später mit ihren schönen, aber ungeschickten Händen einfache Arbeiten im Haushalt zu verrichten, allerdings sehr ungern. Sie spaßte und lachte gern, nur blieb ihr Humor der eines kleinen Kindes, darum war es leicht, ihr Vergnügen zu bereiten – das war gut. Gut auch ihre seltsame und eigentlich unerklärliche Musikalität: sie konnte mit klarer Stimme jede ihr bekannte Melodie singen, ohne jemals Noten lesen zu können; sie erkannte fast jeden Komponisten beim Zuhören am Volksempfänger (dem einzigen Rundfunkapparat, den meine Eltern je besaßen), vor allem Mozart, Beethoven, Schubert und Schumann, die sie aus den Hauskonzerten kennen gelernt hatte. Dann saß und saß sie und rührte sich nicht vom Fleck, wenn sie nur Musik hören konnte. Körperlich blieb sie ungeschickt und dick – noch immer erinnere ich mich, daß sie nie, ohne sich am Geländer festzuhalten, Treppen hinauf oder hinuntergehen konnte, stets mit einem etwas ängstlichen Gesichtsausdruck, auch später, zu einer Zeit, als Henning und ich von unsrem Vater im dreistöckigen Haus in der Südstraße gerüffelt wurden, weil wir, wie er das nannte, wie die Wilden rauf oder runter rasten. Und wir hatten es doch immer so eilig, das allerdings zu einer Zeit, als wir beide noch kindlich waren, auch ich, trotz des Altersunterschieds von sieben Jahren, wie überhaupt mir der gescheite und freche kleine Bruder schon bald viel wichtiger war als die unentwickelte Schwester.

Berlin N. W., Lüneburgerstr. 3, 18.6.15:

"seit Wochen will ich Dir ausführlich schreiben, aber es wird nichts. Jedesmal wenn ich abends ans Briefeschreiben gehen will, liegt da noch ein Berg Sachen herum, der nach Erledigung schreit und mich bis in meine Träume verfolgt. Besonders die letzte Zeit hindurch war es ganz schlimm. Jetzt ist ein krankheitshalber beurlaubter Oberst zurückgekommen, den ich vertrat, darum wird es nun besser werden. Neben vielem Kleinkram gehen mir eine Menge interessanter Dinge durch die Finger; auch hört man viel bei den Besprechungen mit anderen Behörden. Am 13.6. war ich z. B. in Hannover zu solch einer dienstlichen Besprechung mit Vertretern des Reichs-Marine-Amts, des Admiralstabs, der Flotte, zweier Generalkommandos u. s. w. Leider darf man über alle diese Dinge, die schrecklich geheim sind, nichts verlauten lassen. Ich hatte eigentlich vor, im Anschluß an die Sitzung, die ich auf 1 1/2 Stunden geschätzt hatte, noch auf einige Stunden nach Bremen zu fahren. Aber die Sache dauerte drei Stunden, da ein Schwierigkeitenmacher, ein dickbramsiger Oberstltn., die ganze Vorlage zu Fall bringen wollte. Den mußte ich erst niederreden. Er war zwar nicht weniger 'gut zu Fuß unter der Nase' als ich, aber unklar und unlogisch, so daß er andauernd gute Angriffspunkte bot, worauf er jedesmal ein prachtvoll dummes Gesicht machte. Montag früh mußte ich durchaus wieder hier sein – so hätte ich bloß nach Bremen fahren können und gleich wieder zurück. Ich sehne mich schrecklich nach meinen beiden Goldchen, das kannst Du Dir denken. Und wann ich endlich wieder zu Dir kommen kann, ist noch gar nicht abzusehen; ich kann hier schlecht fort, weil ich einige, jetzt grade in der Schwebe befindliche Sachen bearbeitet habe, über die sonst niemand Bescheid weiß. Es kann dazu jeden Augenblick ein neuer Befehl aus dem Gr.H. Quartier kommen, und dann muß alles sehr rasch gehen. Aber wer weiß, vielleicht komme ich bald mal auf einer Dienstreise in Deine Nähe. Vor einiger Zeit war ich in Lüttich und Aachen, ebenfalls dienstlich, sehr interessant. Ich bekomme jetzt einen Einblick, welche Rolle eigentlich die Eisenbahnen in einem heutigen Kriege spielen; diese Leistungen sind fabelhaft. In der Unterhaltungs-Beilage der Tägl. Rundschau (Abendblatt von Donnerstag, den 17.6.) ist ein ausgezeichneter Artikel vom Eisenbahnkrieg, geschrieben von einem Offizier des Gr. H. Quartiers.

Von Richard hörst Du wohl öfter. Er ist auf seinem Posten sehr glücklich. Von Eduard auch gute Nachrichten. Er ist Feuer und Flamme für den Schützengrabenkrieg und war schon mehrfach im Feuer, im nördlichen Polen.

Wieviele Überraschungen bringt dieser Krieg! Ich staune immer: die wirtschaftliche Kraft Deutschlands, die zähe Widerstandskraft Frankreichs, die Unterseeboote und die klägliche Haltung der englischen Flotte. Unsere verkriecht sich nämlich keineswegs, sondern macht dauernd Vorstöße bis weit in die englischen Gewässer hinein, und jedesmal ist weit und breit kein englisches Kriegsschiff zu sehen. Diese Maulhelden! Leb wohl! Hoffentlich in nicht allzu ferner Zeit auf ein frohes Wiedersehen."

Berlin, Lüneburgerstr. 3, am 9.7.1915; dieser Brief, geschrieben an meinem dritten Geburtstag, während ich in Bremen und mein Vater allein in der Lüneburgerstr. war, scheint mir etwas Besonderes zu sein, wenn auch vielleicht nicht, weil ich grade drei jahre alt wurde – oder doch? Elisabeth wurde einen Tag später neunundsechzig.

"Liebe Tante Elisabeth, man getraut sich in dieser Zeit der Hochspannung gar nicht so recht, jemandem auf die gewöhnliche Art und Weise Glück zu wünschen. Alles ist so sehr ins Riesenhafte angewachsen, das Allgemeine steht so sehr im Vordergrund; Wünsche für ein Einzelwesen zu haben, erscheint einem fast frevelhaft. Und es wird niemanden geben zur Zeit, der seine liebsten Sonderwünsche nicht freudig darangäbe, wenn der eine große allgemeine Wunsch erfüllt würde, daß dies grauenhafte Morden und Verwüsten nun endlich ein Ende nehmen möchte. Ob man es noch erleben wird, daß dieses überheizte Nationalgefühl als das erkannt wird, was es ist: als eine Kinderkrankheit der Völker? eine Krankheit in der Tat mit den ekelhaftesten Begleiterscheinungen. Man darf so etwas jetzt zwar nicht "verlautbaren lassen" (wie die Bundesbrüder so hübsch sagen), aber ich bin der festen Überzeugung, daß man später – viel später – mal über diese Wutkrämpfe der Nationen gegeneinander (der europäischen zunächst) genau so lächeln und den Kopf schütteln wird, wie wir heute über die Kämpfe lächeln, die die deutschen Kleinstaaten einst gegeneinander austrugen. Ein Zusammenschweißen der europäischen Nationen "durch Blut und Eisen" – das ist meine letzte Hoffnung. Wenn das das letzte Ergebnis dieses Krieges wird, so soll alles gut sein. Dann war er ein Übergang, eine von den grausamen Notwendigkeiten, ohne die es kein Leben und keine Entwicklung giebt. Soll aber nachher noch Jahrzehntelang das Rasen des Hasses, der Niederträchtigkeit, der Verleumdung, dieses ekelhafte Begeifern und mit Schmutz bewerfen so weitergehen, so schwöre ich, daß ich nie mehr eine Zeitung in die Hand nehme, mir im dicksten Urwald Ostpreußens ein Blockhaus baue und mich 'der Welt begebe', wie man im Mittelalter sagte. Die schwerste Enttäuschung dieses Krieges war für mich das Verhalten so vieler Künstler und Schriftsteller. Daß die Zeitungsschreiber und Politiker sich in pöbelhaftem Geschimpfe in solchen Zeiten nicht genug tun können, ist nicht zu verwundern: das gehört zu ihrem schmutzigen Gewerbe. Aber daß Leute, die der Sonne am nächsten zu wandeln schienen, sich plötzlich mit Wonne mitten in die schlammigen Niederungen der DutzendPatrioten stürzen, dort lächerliche Wutanfälle bekommen und in wahrhaft kindischer Weise mit jeglicher Art von Schmutz um sich herumwerfen, – das ist für jeden, der auf eine Erhöhung des Typus "Mensch" seine Hoffnung gesetzt hat, schlechterdings niederschmetternd. Wie wohltuend groß wirkt gegen das Gebahren dieser armen Narren, was Goethe auf die albernen Vorwürfe, er habe der nationalen Erhebung Preußens kalt gegenübergestanden, zu erwidern hatte. Harden brachte diese Äußerungen in mehreren der letzten Zukunft-Nummern. Ich atmete förmlich auf. Wie selbstsicher, in sich geschlossen und innerlich wahr ist das gegen all das krampfigzappelige Getue dieser Maeterlinck, Hodler, d'Annunzio u.s.w.

Ein etwas eigenartiger Geburtstagsbrief, wie mir scheint. Nun, Du wirst nicht böse sein, daß er so unpersönlich geraten ist. Denke, wir hätten uns in einem Plauderstündchen mal ordentlich "ausgetan" über alle dise Dinge. Ich hoffe, daß wir das nun bald wirklich mal tun können. Es läßt sich jetzt schon eher einrichten, daß ich mich mal von Sonnabend Mittag bis Sonntag Abend frei machen kann. Herzlichst, Dein

Getreuer Max Oehler."

Mit einigen Berliner Briefen zwischen Juni und November 1915 ist es schwierig – manche haben keinen Anfang oder kein Datum oder es fehlt eine Seite, außerdem wiederholt sich allerlei, vermutlich aus Eile, denn in Eile scheint der neuernannte Eisenbahnoffizier Max Oehler in dieser Zeit fast immer gewesen zu sein. Dazu die dienstlichen Reisen, die 'so schrecklich geheimen', über die er allerdings nicht klagt, aber selbstverständlich kosteten sie Zeit, so daß er viel zu oft auch Sonntags in seinem Büro arbeiten mußte. Wenn irgend möglich machte er einen Abstecher nach Bremen oder besuchte den Bruder Richard in Brüssel in seiner Bibliothek, und auf einer Dienstreise nach Trier fuhr er anschließend ins Moseltal, wo er "bei einer guten Flasche und herrlichem Sonnenschein die Einnahme Warschaus feiern konnte, während ringsum die Glocken der unzähligen Kirchen läuteten ..."

Auch mit seiner Lieblingsschwester Elli konnte er sich gelegentlich treffen und er fand, daß er eigentlich kein unerfreuliches Leben habe, solange es mit Deutschland weiter aufwärts ginge, zumal man sich noch nicht wegen der Ernteaussichten sorgen müßte: Roggen und Weizen gut, Futtermittel mäßig – aber da würde die chemische Nahrungsmittelindustrie helfen, meinte er und schlug Elisabeth vor, in dieser Hinsicht "nicht auf ängstliche Gemüter zu hören". Außerdem gäbe es die Einfuhr aus neutralen Staaten, und, ganz ohne Scheu und geradezu amüsiert, beschreibt er eine Bahnfahrt, auf der "drei Getreidejuden großen Stils" sich ausführlich über diese Möglichkeiten unterhielten, z. B. daß "50 000 Sack Mehl von Göteborg in Schweden durch deutsche Torpedoboote (!) herübergeschleppt wurden", und M. Oe. meinte dazu, die Juden seien überhaupt nicht zu verachten; wo keiner mehr Rat wisse, fänden sie immer noch ein Hintertürchen. Und was er aus eigner

Erfahrung wußte und Elisabeth mitteilte: "Den ganzen Winter hindurch haben in Russisch-Polen ungezählte Dreschmaschinen Getreide für uns gedroschen, alles militärisch organisiert natürlich; ebenso sind monatelang Kartoffeln aus Polen und Kurland abgefahren worden. Jetzt fahren noch immer 13 Transportschiffe die Vorräte aus Libau ab, besonders Leder, Gummi, Kupfer, Vieh und Getreide. Riesenvorräte sollen in Riga und Mitau liegen, die wir auch bald haben werden. Und seit man Salpeter aus Luft macht habe ich ein blindes Vertrauen zu unserer Chemie. Ich würde mich nicht wundern, wenn sie morgen Pflastersteine in Kaviar verwandelt."

Ein anderer Brief ohne Anfang und Datum teilt der Tante mit, daß Annemarie mit dem "Minimalgoldchen" im September endlich von Bremen nach Berlin übersiedeln wird, daß er mit seinem Burschen beim Einrichten der Wohnung sei und wie immer zu wenig Zeit habe, Gottseidank aber alle Sachen aus Marienburg angekommen sind, und auch das alte Mädchen von dort aus nach Berlin käme, und "das ist bei Annemaries jetzigem Zustand von besonderem Wert".

Nun folgen die Briefe aus Berlin-Moabit, Turmstraße 30 a (aus dem 1. oder 2. Stock), einer großen Wohnung für nunmehr sieben Personen: Max und Annemarie, Schwester Siny, die Musik studierte, Ursula, Mechthild (das Dickchen), die ostpreußische Köchin und der Bursche Otto, der mein Freund war. Der zog nach dem Krieg wieder in seinen Heimatort, wurde dort Gastwirt und schickte mir eines Tages ein Foto von sich mit Uhrkette auf seinem dicken Bauch und der Unterschrift: "Zur Erinnerung an Deinen Dich liebenden Otto."

Die Wohnung in der Turmstraße hatte einen sehr langen, schmalen Korridor und wahrscheinlich ziemlich viele Zimmer, aber ich erinnere mich nur an die beiden Wohnzimmer, die groß und hell waren und, wie ich fand, sehr gemütlich und auch im Winter schön warm, weil Otto die beiden Kachelöfen schon frühmorgens heizte, ehe wir zum Frühstück kamen. Gefroren haben wir erst später, nach dem Krieg, als wir in Weimar lebten, diesem wunderbaren ungewöhnlichen Ort, von dem ich meine Eltern immer wieder reden hörte, mit dieser Tante wie eine gute Fee ...

Im Oktober, noch ehe das Dickchen geboren wurde, ist aus Stockholm die traurige Nachricht gekommen vom Tod der Frau Signe Thiel. Max schrieb einen bemühten Trostbrief an Elisabeth, erschüttert über das Unbegreifliche, aus dem für mich nicht zu erkennen ist, ob Thiel ihnen mitgeteilt hatte, daß sie sich das Leben genommen habe. Ich glaube eher, er hat ihnen nur eine liebevoll abgefaßte Todesanzeige geschickt und erst später bei einem Besuch im Archiv meinem Vater die tragische Wahrheit berichtet. Bei der Gelegenheit, meine ich jetzt, hätten sie sich doch darüber aussprechen können, die beiden Väter, der leibliche und der andere, der den Jungen großgezogen hat und ihn liebte. Aber nichts dergleichen habe ich erfahren – nur, daß meine Mutter, viele Jahre später, mir die sonderbare Geschichte zu erklären versuchte, von meinem Vater beauftragt, weil sie befürchteten, ich könnte in Schweden in den Sommerferien dem Charme dieses neunzehnjährigen Millionärssohn erliegen, der mein Halbbruder war.

Und nun möchte ich mit gewaltigem Vorgriff von 34 Jahren einen Brief von Tage Thiel hierhersetzen, im Jahre 1949 auf Umwegen aus Dalarö nach Weimar geschickt, den ich wörtlich und mit allen Fehlern abschreibe:

Fjärdlang, Dalarö, 1.7.1949

Liebe Ursula, ach ja, die Schweden sind nun so nachlässige Leute. Siehst du, die Sache war die, das ich so gerne selbst nach Weimar kommen möchte, und ich war mehrmals bereit, Visum zu suchen. Und ich wollte nicht schreiben, wenn das alles noch nicht klar ist. Ich hatte, ausser meine Interesse fuer das Nietzsche-archiv auch noch ganz persönliche Gruende, dich wieder einmal zu sehen und zu sprechen.

Ich möchte nämlich was wissen. Und dein Vater, der da allein Bescheid gebn konnte, ist ja nicht mehr am Leben. Und nun will ich dass du falls du Bescheid geben kannst, mich antwortest – ev. auch deine Mutter fragst. Die Sache liegt ja weit zurueck, und spielt uebrigens gar keine Rolle mehr. Nur ich persönlich möchte mal die Wahrheit wissen. Als mein Vater vor etwa zwei Jahren starb, habe ich von einigen seiner Freunden, sowie meiner Schwester Signe Henschen, erfahren, ich wäre nicht sein Sohn. Mein Vater, behaupten diese Freunden, wäre ein deutscher Offizier namens Oehler. Liebe Ursula, du und ich sind Geschwister!

Tatsache ist das dein Vater sich zu der Zeit in meiner Mutter verliebte. Tatsache ist es, das sie ihn zu der Zeit in Hamburg besuchte. Tatsache ist, das sie und mein Vater zwölf Jahre verheiratet waren, ohne Kinder zu kriegen. Und mein Vater hat sich, ich kann mich das jetzt erinnern, Sorgen darueber gemacht, ohne mich ganz offen zu erzählen.

Mensch, ist das nicht ein Schicksal! Und als ich erfuhr, daß dein Vater jetzt weg ist, wurde ich voll Sorge. Ich hätte ihn mal so gerne gesprochen – und umarmt! Denn ich fühle ganz bestimmt, das es so ist! Manche Verhältnisse meines Lebens und meiner Seele sind nur dadurch zu erklären. Liebe Schwester, auch wir sind ein bißchen ähnlich. Und dein Bruder, dem ich mich noch nur als ein schöner kleiner Junge erinnern kann! Und die kleine Schwester, die ich mich kaum mehr erinnern kann! Aber ich hätte den alten Herrn so gern mal wieder gesehen. Er wußte in der Sache natürlich Bescheid. Und vielleicht hätten wir uns unbewußt manche Sachen sagen wollen. Was fuer ein Schicksal! Liebe Ursula, schreibe mir recht bald. und sollte er wiederkommen, will ich ihn so gerne mal sehen ... Hier ist alles gut. Ein Paket haben wir geschickt und auch etwas geschrieben, aber die Verhältnisse hat es wohl verschleudert. Also leb wohl! Noch kann ich mich erinnern, wie ich als junge ganz blöde bei Euch saß. Mit dir und mit ihm ... ja, das ist ein Schicksal ... Dein Tage."

Annemarie, Berlin, Turmstraße 30 a, 6.1.1916:

Tausend Dank für Deine Geschenke! Weihnachten war schön, aber Berlin ist schrecklich. Ich kann nie eine Berlinerin werden! Gottseidank, daß wir hier so schöne Konzerte hören können. (Das sind die drei wichtigsten Sätze aus ihrem Brief an Elisabeth.)

M. Oe., 15.1.1916, Berlin. Turmstraße:

"Ein Tag nach dem anderen rast dahin in atem- und besinnungsloser Tätigkeit. Schon sind seit Weihnachten drei Wochen verstrichen, und ich habe Dir noch nicht für Dein köstlich duftendes Geschenk danken können. Eine Weile sah es nach einer Dienstreise in Eure Gegend aus, aber mein alter General läßt mich nicht gerne fort; unlängst kam eine Anfrage, ob er mich zum Feld-Eisenbahn-Chef ins große Hauptquartier abgeben wolle, aber er streikte, bezeichnete mich als "unentbehrlich", was zwar ehrenvoll, aber nicht sehr angenehm für mich ist, denn ich wäre der Front gern etwas näher gerückt. Meine Stellung hier ist aber sehr interessant und auch einflußreich. Sie nennen mich den "kleinen chef" der Eisenbahnabteilung, da mich der General bei allen wichtigen Sachen zu Rate zieht, und deren giebt es hier eine MENGE: alles, was im Kriege passiert, ist irgendwo mit den Eisenbahnen verknüpft. Im Vordergrund des Interesses steht jetzt die Versorgung der Türkei und Bulgariens mit Kriegsmaterial, die Heranschaffung von Getreide, Futtermitteln und Rohstoffen aller Art aus den Balkanländern, der schwierige Nachschub nach dem östlichen Kriegsschauplatz; das alles sind letzten Endes Transportfragen, und es sind zu ihrer Bewältigung gewaltige Organisationen geschaffen. Überall lehrt die Erfahrung immer wieder, daß es nur da gut vorwärts geht, wo man deutsche Offiziere hinsetzt, die von Fachleuten beraten sind. Den Beamten wie den Fachleuten fehlt meist die nötige Enerie, Rücksichtslosigkeit und Unbedenklichkeit. Die sind aber jetzt tausendmal mehr wert als alle Fachkenntnisse der Welt. Organisieren können – das ist heute das Wichtigste. Auch unseren braven Bundesbrüdern muß man in dieser Hinsicht mächtig nachhelfen. Sie haben den besten Willen, aber sie wissen nicht, was alles man machen kann. Jede Schwierigkeit scheint ihnen ein unüberwindliches Hindernis: "Dös geht net, dös kammer net mache!" Damit sind sie stets bei der Hand. Ich glaube aber, daß sie durch diesen Krieg von ihrer Willenslähmung geheilt werden – auf dem Wege der Suggestion unter der Einwirkung der deutschen Kraftäußerungen.

Man muß auf der Hut sein, daß man in all diesem Tatsachengetriebe und dem hastigen Erfüllen der Forderungen des Tages nicht 'Schaden nimmt an seiner Seele'. Es wäre gut, man errichtete nach dem Kriege allerwärts große, weithin sichtbare Tafeln, wie man sie in Tirol zuweilen findet mit der Aufschrift 'Mensch, rette deine Seele'. Der brutale Materialismus, das Tatsächliche, Stoffliche, die Kraft im rohesten primitiven Sinne stehen jetzt hoch im Preis und werden sich nach einem siegreichen Kriege – fürchte ich – wieder sehr breit machen."

Auch Max wollte kein Berliner werden und schrieb in einem der nächsten Briefe, er würde den Tag segnen, an dem sie dieser ekelhaften Stadt den Rücken kehren könne. Aber zwei Jahre später saßen sie immer noch in der Turmstraße 30 a.

M. Oe. an Elisabeth, Berlin, Mai 1916:

"Wie mag es dir gehen, und wo magst Du sein? Wohl schon in Deinem GebirgsVersteck? Es ist nicht ausgeschlossen, daß mich eine Dienstreise mal in dessen Nähe führt, und ich werde mir erlauben, dann nachzusehen, wie es Dir dort geht. Ich dachte Ostern dienstlich und außerdienstlich nach Bremen fahren zu können, doch wurde nichts daraus – eine kleine Ausspannung von einigen Tagen täte mir gut, denn ich gestehe, daß ich infolge des unausgesetzt herrschenden Arbeitshochdrucks zeitweise etwas erschöpft bin. Ganz früh morgens mache ich immer einen langen Spaziergang durch den Tiergarten, der in märchenhafter Frühlingspracht steht. Ursula ist schon in Bremen; Erika und Siny nahmen sie mit, und Annemarie und Mechthild folgen ihr Ende der Woche. Sie werden etwa 2 Monate fortbleiben. Die Kinder können dort den ganzen Tag im Garten sein, und Annemarie fühlt sich hier in Berlin sehr wenig wohl.

Eine ekelhafte Stadt: rohester Materialismus, skrupperloseste Erwerbshetze und plumpe Genußsucht auf allen Gassen! Ich bin in einer dauernden Wut über das viehische Gebahren der Menschen hier; aber etwas Genugtuung ist auch dabei: ich habe nämlich immer starke Zweifel gehabt an der mit Sicherheit zu erwartenden 'Wiedergeburt' des Volkes infolge der 'Größe' der Zeit, an der 'Veredelung' der Menschen, die nun notwendig kommen müßte. Du lieber Himmel! Was alles ist von Phantasten aller Grade und Stände in dieser Hinsicht besonders am Anfang des Krieges zusammengefaselt worden.

Das törichte, hurrapatriotische, sentimentale und verlogene Gequatsche der meisten ist unerträglich. Und der jammervolle Stil! -

Gestern erschien Massenbach plötzlich, und wir verplauderten über Mittag ein paar nette Stunden. Auch er ist empört über die Menschheit, die kleinliche, lachhafte Ordensjägerei, die völlige Unfähigkeit, das eigene Interesse der Sache gegenüber zurückzustellen, die Wichtigtuerei und Schaumschlägerei. Wenn es richtig ist, daß 'Deutschsein heißt: eine Sache um ihrer selbst willen tun', dann giebt es verteufelt wenig Deutsche.

Massenbach ist mit dem hessischen Armeekorps meistens an der Westfront, augenblicklich mit dem Großherzog in Darmstadt. Er kommt viel mit dem Gr. Hauptquartier zusammen und auch mit dem Kronprinzen, dem er jetzt – im Gegensatz zu früher – ein sehr gutes Urteil ausstellt: viel Herz, ernsthaftes Bemühen, den Dingen und ihren Ursachen auf den Grund zu gehen, im Gegensatz zum Kaiser – auch unangenehme Dinge anzuhören, sich darüber auszusprechen und auch von den seinen abweichende Meinungen zu würdigen. Leb wohl! Hoffentlich bald mal auf Wiedersehen. Dein getreuer M. Oe."

Berlin, Juni 1916: Eine schwedische Stiftung für das Nietzsche-Archiv.

Aus Kopenhagen meldet der Draht: Wie "Berlingske Tidende" aus Stockholm erfährt, hat die Witwe des schwedischen NietzscheForschers und Übersetzers E. Thiel dem Nietzsche-Archiv, dem Wunsche ihres verstorbenen Mannes entsprechend testamentarisch 300 000 M. vermacht.

Diese Zeitungsnotiz war ein böser Schreck für Weimar und Berlin; Briefe gingen hin und her, niemand wollte es glauben, Elisabeth am wenigsten, und sie behielt recht, Thiel lebte und war gesund – er lebte sogar noch 30 Jahre und hat immer wieder etwas für das Nietzsche-Archiv getan. Auch für mich, die Halbschwester seines jüngsten Sohnes (nie haben wir darüber gesprochen); er lud mich auf seine Insel ein, bezahlte meine Reisen und gab mir so viel Taschengeld, wie ich zu Hause nie bekam, dazu gute Ratschläge, was ich mit meinem Leben anfangen könnte, und er beglückwünschte mich, weil meine Tante, wie er sagte, "die bedeutendste Frau dieses Jahrhunderts" sei. Da war ich dreizehn und glaubte ihm nicht, auch später nicht, habe ihn aber im Stillen immer verehrt – ein Millionär mit einem so guten Charakter, der nicht geizig war und mit den Fischern auf seinen Inseln befreundet, der die Natur liebte und Kunstsammler war, seine sechs Kinder liebte, auch die beiden jüngsten, die nicht seine waren – was für ein Mensch. Ich habe aber nie gewagt, mich mit ihm über Nietzsche zu unterhalten, vielleicht wäre es auch nicht gegangen, denn der war ja s e i n Philosoph, und ich hatte damals viel zu wenig von ihm gelesen, und das wenige auch noch widerstrebend. Die Tante, nun ja, von ihr konnte ich erzählen, da hörte er mir zu, amüsiert, wie mir schien ...

Ende Juni 1916, als M. Oe. die Hoffnung aufgeben mußte, Elisabeth zu ihrem 70. Geburtstag besuchen zu können, weil er bei seinem Chef, dem General v. Schumann, "förmlich an der Kette lag", klagte er über das Alleinsein, aber mehr noch darüber, so angebunden zu sein an diese Arbeit, und wenn ihm auch kürzlich der "türkische Eiserne Halbmond auf die Heldenbrust geheftet wurde", fand er doch, das grenze schon an Freiheitsberaubung. Immerhin kam Annemarie wegen seines Ischias bald zurück mit Mechthild, "ein wonniger Speckhase, still und geduldig", die den Eltern nicht viel Mühe machte. Ursula dagegen, keineswegs still und geduldig, hatte sich zu einem eigenwilligen Zappelphilipp entwickelt und blieb in Bremen – ja, ich weiß noch, wie schön es dort war und daß ich es gut hatte, erinnere mich aber fast nur an den Garten, den Pferdestall (mit Pferd!), an den geliebten Großvater, mit dem ich auf dem Balkon frühstücken konnte, und daran, daß die Großmutter immer "mein Deern" zu mir sagte. Und an die Weser, die ganz in der Nähe vorbeifloß – wie gerne hätte ich in Berlin solch einen ländlichen Fluß gehabt mit Wiesen rundherum und bunten Kühen.

Berlin, 8.7.16, Geburtstagsbrief an Elisabeth:

"Wie sehr bedaure ich, daß ich Dir am zehnten meine Glückwünsche nicht persönlich überbringen und Dich nicht von Deinen eigenartigen Geburtstagsgästen umringt sehen kann. Ich finde diese Idee, den Festtag zu feiern, ganz reizend, und ich stelle mir mit Vergnügen vor, wie Du 50 bis 80 derbe Kriegerfäuste schüttelst und die ungeschickten Dankesworte der Braven entgegennimmst.

Karl Strecker, der Journalist, bat mich um Daten aus Deinem Leben und aus der Geschichte des Archivs. Ich schickte ihm das gedruckte Material darüber: 'Das Nietzsche-Archiv, seine Freunde und Feinde', 'Nietzsches Werke und das Nietzsche-Archiv' und einige Deiner früheren Zukunfts-Artikel. Auch aus Deiner ParaguayZeit erzählte ich ihm einiges und ermunterte ihn, mal Deinen damals bewiesenen Heroismus, von dem kein Mensch etwas wisse, ins gebührende Licht zu rücken. Ich meine nämlich, Du habest damals etwas geleistet, was unter 100 Frauen kaum eine unternommen, viel weniger fertiggebracht hätte. Das hat Dir die Kraft gestählt für die neuen, Deiner hier harrenden Aufgaben, die ebenfalls unter 100 Frauen kaum eine übernommen hätte. Es muß für Dich, an diesem Fest und Ehrentage zurückschauend, ein herrliches Gefühl sein, das Erreichte zu überblicken. So viele auch mitgeholfen haben Du warst die treibende Kraft, gegen die sich die immer neu entstehenden Schwierigkeiten stemmten, und die jedesmal den Hauptdruck auszuhalten hatte. Es giebt Kämpfernaturen aus hartem Holz, die innerlich, mag kommen was will, unberührt und unverletzbar bleiben. Zu denen gehörst Du nicht. Denn ich weiß, wie tief Dich tückische Bosheit, Übelwollen, absichtliches Mißtdeuten und Mißverstehen Deiner besten Absichten getroffen und bis ins Innerste verletzt haben. Die harten Naturen haben es leichter: sie brauchen sich nicht immer von Neuem zu dem schmerzlichen "trotzdem" aufzuraffen, und die Krone des Erfolgs wird ihnen nicht zur Dornenkrone.

Doch heute sei nicht von Dornen die Rede; denn auch diese Dir vom Schicksal nicht spärlich zugewiesenen haben sich zum Glück nun allgemach abgestumpft, und heute gar müssen sie Blumen und Kränzen Platz machen, wie es sich an einem solchen Tage in dieser Rosenzeit geziemt."

Solche blumigen Lobsprüche schrieb M. Oe. der siebzigjährigen EFN nach Breitbrunn am Ammersee, und fast fürchte ich jetzt, sie waren ehrlich gemeint, das heißt, er glaubte ihr und ihrem Bild von sich selbst und ihrer Aufgabe, denn schmeicheln mußte er ihr doch nicht mehr nach dieser langen Freundschaft von 15 Jahren, und er brauchte nicht mehr darum zu bangen, nach dem Krieg möglichst schnell die erwünschte Arbeit in Weimar im Archiv beginnen zu können. Für ihn stand das längst fest, zugleich aber, daß sie so tüchtig und so bedeutend und unverwüstlich sei, wie er sie haben wollte, freilich auch, daß man ihr beistehen müsse, durch Lob, durch Mitarbeit und nicht zuletzt durch Geld. Er hatte einen diplomatischen Brief an Thiel geschrieben, und der antwortete freundschaftlich und versprach, alljährlich 10 000 Mark zu den Archivkosten beizusteuern.

26.7.1916: "Wenn nur der dumme Krieg erst zu Ende wäre, damit man mal ans Pläne machen gehen könnte!" (aus einem Kurzbrief mit der Mitteilung von Thiel)

22.8.16, M. Oe. an EFN: "Die Kriegslage – mach Dir darüber keine Sorgen. Auf diesen allgemeinen Generalansturm der Gegner war man längst vorbereitet, und es ist nur erstaunlich, daß sie es nicht früher fertiggebracht haben, überall gleichzeitig anzurennen. Außer einigem Geländegewinn wird dabei nichts für sie herauskommen. Den Bundesbrüdern ist es zwar ziemlich schlecht ergangen, aber nun ist auch das Schlimmste überstanden, und die Russen werden demnächst tüchtig was auf die frechen Stumpfnasen bekommen."

In den nächsten Briefen geht es immer wieder um Zucker, Butter, Speck, Kaffee und Reis in kleinen Mengen, die Max bei Dienstreisen in Wien oder Belgien organisierte und nach Weimar schickte, denn was die Familie in Berlin bekam, das brauchten sie selber. Elisabeth revanchierte sich mit Äpfeln und "köstlicher Pflaumenmarmelade", deren Köstlichkeit ich bestätigen kann, zumal ich alle Obstbäume im Archivgarten kennen gelernt habe – ganz hinten auf der Wiese – und ich bin jeden Herbst auf ihnen herumgeklettert.

30.8.16 Berlin nach Anküdigung eines versprochenen SpeckPäckchens: "Heute hörte ich, es wehe ein scharfer Wind vom Militärkabinett betreffs Verabschiedung der Offiziere, die seit 1914 krank und nicht mehr felddienstfähig seien. Einer meiner Bekannten, ein Hauptmann, auch bei einer militärischen Eisenbahnbehörde seit langem tätig, ein sehr tüchtiger Mensch, der seit anderthalb Jahren nicht mehr felddienstfähig ist, hat bereits das bekannte freundliche Schreiben aus dem Kab. bekommen: 'Seine Majestät haben zu befehlen geruht, daß Sie den Abschied einreichen.' Mein General sagte mir heute, ich brauche keine Angst zu haben (wenn der wüßte!), der Feldeisenbahnchef (Groener) werde im Kabinett vorstellig werden und dafür sorgen, daß die Offiziere, die auch im Frieden in der Eisenbahnabteilung bleiben sollten, nicht verabschiedet werden. Er wisse freilich nicht, ob es etwas nütze. Nun könnte uns ja gar nichts Besseres passieren, als daß ich auch eines Tages ein Briefchen der oben beschriebenen Art erhielte; also ein Hoffnungsstrahl! Die Bayern sind schon früher sehr rücksichtslos vorgegangen und verabschieden alle kranken und nicht mehr felddienstfähigen Offiziere, da Luft geschaffen werden soll für schnellere Beförderung der verdienten Frontsoldaten. Auch wenn ich gehalten werden soll, bin ich dennoch in der Lage, nun zu sagen, es böte sich mir jetzt eine Gelegenheit für eine LebensStellung, und da man so wie so kranke Offiziere nicht mehr haben wolle ... u.s.w. Ich denke, wir warten den Winter ruhig ab und haben es dann ja in der Hand, die Sache selber vorwärts zu bringen. Es waren sehr schöne Tage bei Dir und Gochts, ich werde davon noch lange zehren. Unterdessen ist hoffentlich der Speck bei Dir angelangt (das Pfund. 3.25)."

Ab und zu glückte also doch ein Weimar-Besuch trotz des strengen Chefs, der seinen tüchtigen Mitarbeiter "an die Kette legen" wollte. Ende August haben Max und Elisabeth offenbar ausführlich besprochen, wie es denn aussehen könnte, wenn es endlich so weit wäre, daß sie zusammen arbeiten könnten. Am 6.9.16 schreibt M. Oe.: "Bei der ArchivEinrichtung unten ist nur zu bedenken, daß der Archivbetrieb dann leicht mit der Hauswirtschaft in Kollision geraten kann. Das Eßzimmer müßte als solches doch wohl bestehen bleiben, und es fragt sich, ob es dann gleichzeitig als Arbeitszimmer verwenbar sein wird. In derartigen Arbeitszimmern sieht es manchmal etwas wild aus – das ist nicht zu vermeiden, wenn wirklich gearbeitet wird – die Tische liegen voll Büchern und Akten, die man jederzeit zur Hand haben muß. Auch werden sich doch Leute einfinden, die im Archiv Studien machen wollen, und denen man für längere Zeit Platz einräumen muß und will. Besuch, Mittagsgäste, Festlichkeiten, das alles würde sich mit den unten liegenden eigentlichen Arbeitsräumen schlecht vertragen. Dagegen scheint mir folgendes möglich: die beiden unteren Zimmer (Eßzimmer und das anschließende kleine) werden mehr als bisher als wirkliche Bibliotheksräume, oder sagen wir ArchivRäume eingerichtet, wo die sämtlichen Ausgaben, die Nietzsche-Literatur (nur Bücher) und der bessere Teil der Dir geschenkten Werke untergebracht wird, übersichtlich, geordnet, katalogisiert. Für die geschenkten Bücher käme am besten das kleine Zimmer in Betracht, denn die dort befindlichen Regale lassen sich leicht in Bücherregale umwandeln. Das eigentliche Arbeitszimmer des "Archivrats" bliebe das Zimmer oben nach dem Hof hinaus, und alles, was man zum Arbeiten braucht, holt man sich von unten herauf. Das Eßzimmer könnte als solches bestehen bleiben trotz der Einrichtung als Bibliotheksraum, und Du könntest dort, wie bisher Deine Arbeiten und Briefe erledigen (ohne den Wust des bibliographischen Materials). Könnten die Mädchen nicht ganz oben wohnen, in dem Stockwerk, wo das Fremdenzimmer ist? In dem Fall könntest Du vielleicht das jetzige Mädchenzimmer als Schlafzimmer nehmen, und Dein jetziges Schlafzimmer ließe sich als Arbeitsraum für die Sekretärin (Annemarie?) herrichten oder zeitweise dort arbeitende Literaten. Du hättest dann Dein Reich ganz für Dich und behieltest Deine Bequemlichkeit; es war mir sowieso bedenklich, daß Du Dich mit einem Zimmer begnügen solltest. In die beiden Zimmer würde dann alles gebracht, was für Dich persönlichen Erinnerungswert hat, und Du behieltest die obere Veranda, mit der für Dich so viele liebe und traurige Erinnerungen verknüpft sind. Dein jetziges Schlafzimmer könnte ich mir dann auch als Zeitschriften-Bibliothek denken, deren Einordnung z. B. ein hübsches Geschäft für Annemarie abgäbe. Es muß sich davon doch eine Unmenge Wertvolles im Laufe der Jahre angesammelt haben."

Mitte September, nach einer Dienstreise, hatte Max wieder nach Weimar fahren wollen, aber es hat nicht sollen sein. Er war in Lüttich, Brüssel, Brügge, Antwerpen, Löwen, Ostende und Blankenberghe gewesen, berichtete aber nicht, was er dort gemacht hatte, und durfte das wohl nicht. Richard hatte er besucht, aber nicht "über unsere Pläne" mit ihm gesprochen. Adalbert könnte ihn in Elisabeths Auftrag in Berlin besuchen; dafür gibt Max seine Fernsprechnummer an: "Zentrum 6960. Da meldet sich die Zentrale des Generalstabs, worauf der Adalbert sagen muß, wen er sprechen will, um die Hausverbindung zu erhalten".

Am 6.10. "Von Adalbert nichts gehört und gesehen".
Am 13.10. wieder eine Absage: "Es geht nicht! Die Sonntage sind jetzt genau solche Arbeitstage wie andere; wichtige Sitzungen mit Oesterreichern und Ungarn wegen Regelung der Donauschiffahrt für Zwecke des HeeresNachschubs u.s.w. ..."

Annemarie am 2.11.: Dank für die Pflaumenmarmelade und Klagen darüber, daß sie nicht wegziehen können von Berlin, weil Max zu viel zu tun hat und sein General ihn offenbar nicht entbehren kann. Das bestätigt der nächste, sehr lange Brief vom 18. November: "Von Woche zu Woche hoffe ich, mich mal für zwei Tage losmachen zu können, aber immer vergebens. Augenblicklich ist es der reinste Hexensabbath hier infolge der schwierigen Verkehrs und Betriebslage auf den Bahnen, hervorgerufen durch die (im Herbst immer am tollsten) gesteigerten Transportanforderungen und infolgedessen dem überall herrschenden Eisenbahnwagen- und LokomotivMangel. Alles schreit: das Kriegsamt, die Industrie, die Landwirtschaft, die MunitionsPulver- und Waffenfabrik; alle wollen sie am dringendsten befördert werden: Kohlen, Koks, Erze, Rohstoffe aller Art, Kartoffeln, Rüben, Ersatztransporte und sonstiger Nachschub. Nun soll das Wasser aushelfen, das heißt die Wasserstraße. Wir haben die Genugtuung, daß die Leute endlich dahin kommen, wo wir sie schon seit einem Jahr haben wollten. Selbst so kluge Leute wie der General Groener (jetzt Chef des Kriegsamtes) wollten früher von den Wassertransporten nichts wissen. Der Urgrund der allgemeinen Abneigung liegt natürlich in dem unseligen altpreußischdeutschen RessortFimmel: Der Minister der öffentlichen Arbeiten, der die Wasserstraßen unter sich hat, ist gleichzeitig Eisenbahnminister und als solcher der natürliche Feind des Wassertransportwesens; hohe Einnahmen sind das Hauptziel der Eisenbahnen. Erleichtert man aber den Wasserverkehr, so werden die Einnahmen der Staatsbahnen vermindert – ecco!

Der Brief liegt nun schon wieder drei Tage. Heute kommt Strecker hier durch, mein Freund, der bisher unser Regimentsadjutant war und sich über alle Maßen glänzend bewährt hat; das weiß ich aus vielen Zeugnissen von seinen Kommandeuren bis herab zu den einfachen Leuten des Regiments. Menschen, die die Sache im Auge haben und nicht ihre eignen lächerlichen persönlichen Ziele und Eitelkeiten, das ists, was not tut, was aber leider auch in diesem Krieg verdammt selten zu finden ist. Und so gesehen ist Strecker einer der besten. Er siedelt nun auch ins Militär-Eisenbahnwesen über, kommt nach Charleville ins große Hauptquartier zur dortigen 'EisenbahnTransport-Abteilung' (eine Stelle des Feldeisenbahnchefs). Ich hoffe, daß er auf diesem Weg in den Generalstab kommt.

Sein Namensvetter Karl Strecker (der Literat) war kürzlich auf einer Reise der Presseleute im Osten; nach dem 1. Dezember werden seine Berichte in der tägl. Rundschau erscheinen. Er zeigt eine geradezu rührende Anhänglichkeit an mich, und wir werden nächstens mal wieder zusammen sein. Auch an ihm schätze ich den Ernst und die absolute Hingabe an die Sache, an das für richtig Gehaltene unter Zurückstellung aller persönlichen Interessen. Es wird nach dem Krieg noch mehr ein starkes Gegengewicht nötig sein, damit nicht das Motto 'was habe ich davon?', dieser elendste aller krämerhaftenglischamerikanischmaterialistischen Leitsätze auch bei uns völlig die Oberhand gewinnt. Wir waren und sind auf dem besten Wege dazu – davon muß sich jeder überzeugen, der, wie ich, unausgesetzt mit den verschiedensten Leuten der verschiedensten Lebenskreise in Berührung kommt.-"

Dann wieder der Zucker aus Wien – diesmal werden es fünf Pfund sein, und M. Oe. freut sich auf die Marmelade, die Jugenderinnerungen in ihm weckt: "Sie schmeckt nach Schkortleben und Lochau." Das sind die beiden Ortschaften in Sachsen, in denen die Familie Oehler (noch vollzählig) zusammengelebt hat, und von dort aus wurden die Söhne Max, Richard und Eduard Schüler in Pforta - wie der Vetter Nietzsche viele Jahre früher.

Am 12.12.1916 kündigte sich M. Oe. für den kommenden Sonnabend bei Elisabeth an, wollte aber lieber im Hotel wohnen, denn: "Ich bin es nämlich gar nicht mehr gewöhnt, mit anderen Leuten in einem Zimmer zu schlafen, wache dann alle halbe Stunde auf. Laß also Dein Gastzimmer nicht für zwei herrichten – ich steige gleich im Elephanten ab – diesmal aber auf meine Kosten!"

Am 18.12. bedankt sich Annemarie fast überschwenglich für eine Weihnachtsgans und hat inzwischen von Max "viel von den herrlichen Plänen gehört, die Ihr wieder geschmiedet habt."

(Ihr Brief klingt so, als könne es nun im nächsten Frühjahr so weit sein, daß die Familie endlich nach Weimar zieht. 1917! Da aber wird Max als "verantwortlicher Generalstabs-Offizier ins Kriegsministerium kommandiert")

Berlin, 31.12.16, abgesandt am 2.1.17:

"Für wieviel Schönes haben wir Dir zu danken! Die Bücher, sowie das Geld sind richtig angelangt. Es ist rührend von Dir, daß Du dieses "freundliche Scheinchen beigefügt hast. Es kam mir freilich sehr gelegen, da dieses Weihnachten sich etwas teuer gestaltet hat und ich beim Althändler einige Serien Chodowiecki'scher Kupferstiche fand, durch die ich mich zu einer groben finanziellen Ausschreitung verführen ließ, aber auch A. hatte und hat eine Riesenfreude an den entzückenden Stichen. Wir malen uns öfters aus, wie Du später in unserer Wohnung in Weimar umherwandeln und Dir unsere Sachen betrachten wirst. Ja, es wird uns entsetzlich schwer, uns nun doch zu gedulden; Du solltest nur das Gestöhne hören, das wir manchmal anstimmen. Auch Ursula leitet ihre weisen Betrachtungen jetzt schon öfter ein: 'Und wenn wir erst in Weimar wohnen'. Die kleine Maus ist wirklich goldig mit ihrer klugen, schon überlegten Art, ihrer ausdrucksvollen Manier zu sprechen und zu erzählen (mit grandiosen Gesten), auch deklamiert sie sehr niedlich. Du wirst viel Spaß an ihr haben.

Heute ist nun schon der 2. Januar, und meine guten Wünsche für 1917 kommen reichlich spät. Noch sieht es ja nicht nach Frieden aus, aber das häßliche Geschrei der Gegner in ihrer Not will doch wohl nicht allzuviel heißen. Sie wollen zunächst die Forschen spielen, die es noch nicht nötig haben, Frieden zu machen. Hoffen wir immerhin, daß uns das neue Jahr endlich die Erfüllung unseres gemeinsamen Wunsches bringt! Daß ich öfters zu Dir kommen könnte (etwa alle 8 oder 14 Tage), um Dir etwas zu helfen, wage ich vorläufig nicht zu hoffen; Du hast ja eingesehen, wie schwer es mir wurde, mich mal loszumachen. Und es ist nicht anzunehmen, daß der Betrieb jetzt hier nachläßt – im Gegenteil.

In den Briefwechsel habe ich schon mehrfach hineingeschaut. Interessant ist das verschiedene, ja grundverschiedene Tempo der beiden Briefschreiber; Overbeck lento, sostenento, Dein Bruder confuoco furioso oder mindestens conspirito. Für mich hätten die Überschriften 'Nietzsche an Overbeck' und umgekehrt ruhig fortfallen können, denn nach dem Lesen zweier Zeilen kann nie ein Zweifel sein, wer der Schreiber ist.

Der schnöde Gedanke, Dir Dein Schlafzimmer zu entwinden, war mir neulich nur aufgetaucht, weil ich nicht verstanden hatte, daß auch das Wohnzimmer Deines Bruders in dem alten Zustand bleiben solle. Ich dachte, Du könntest dieses dann beziehen. Mit dem neuen Zimmerchen unten wird dann schon genug Platz sein für alle Bücher, Zeitschriften u. s. w. Sei herzlichst gegrüßt von Deinem getreuen und dankbaren

Max Oehler."

So abrupt, wenn auch mit der gewohnten ergebenen Floskel endete der Neujahrsbrief von 1917, und ich habe den Eindruck, daß mein Vater es da einmal ziemlich satt hatte, andauernd Pläne zu schmieden, die sich nicht verwirklichen ließen, ob nun ganz Europa daran schuld war oder die alte Dame auf dem Silberblick mit ihrem Eigensinn. 'Jetzt wird erst mal wieder gearbeitet', mag er sich gedacht haben, 'schließlich bin ich nicht der Kaiser Wilhelm und auch nicht der liebe Herrgott, sondern ein kleiner Chef für die Eisenbahnbeförderung und Wasserstraßen.' Und da er sich stets über die Mitmenschen empörte, die nur an Orden und ihre egoistischen Ziele dachten, durfte er selber so nicht sein, und das war, glaube ich, nicht geheuchelt, sondern seine preußische Überzeugung. Allerdings, es mit Elisabeth verderben – das wollte er auch nicht.

Die zukünftige Einteilung der Archivräume, wie M. Oe. sie im Brief vom 6.9. 1916 vorgeschlagen hatte, ist dann nicht zustande gekommen. Freilich, das Eßzimmer ist damals so geblieben, der große Ausziehtisch – es gibt ihn noch heute –, die steifen Stühle, die Geschirrschränke mit den Butzenscheiben. Elisabeth hatte zwar eine Zeit lang zwischen den beiden breiten Südfenstern einen hübschen Sitzplatz, an dem sie auch Besuch empfangen konnte, aber zum Arbeiten hat es ihr dort offenbar nicht gefallen, und so zog sie mit ihrer Sekretärin in den ersten Stock in das Zimmer über der inzwischen berühmten Eingangstür von van de Velde. Sie behielt auch das Wohnzimmer mit den roten 'betrottelten Plüschsesseln' (so genannt von meinen Geschwistern und mir); nebenan Nietzsches Sterbezimmer, schmal und bescheiden, in das ich nur manchmal ehrfürchtig hineingeschaut habe. Weiter hinten im Korridor gab es ein düsteres Badezimmer mit großer, derber Wanne und gegenüber das Schlafzimmer mit dem Himmelbett, in dem sie am 8. November 1935 gestorben ist, allein, in der Nacht. Sie hatte also die ganze Zeit ihr "Reich für sich", wie mein Vater das in seinem Brief genannt hat, und behielt ihre Bequemlichkeit, freilich auf seine Kosten – erst nach ihrem Tod konnte er in das geräumige Arbeitszimmer im ersten Stock hinauf ziehen. Bis dahin standen im Eßzimmer an den beiden Fenstern die Schreibtische von ihm und seinem Mitarbeiter, dem alten bescheidenen Herrn Metzner, der alles mit der Hand schrieb, wie der Archivar. Wenn zum Essen Besuch erwartet wurde und auch jeden Sonnabend vor dem jour fixe mußten die Tische abgeräumt und mit weißen Tüchern bedeckt werden. M. Oe. hat dann wahrscheinlich oft unfertige Arbeit mitgenommen, nach Hause in die Südstraße ...

Nietzsches Wohnzimmer habe ich übrigens nie betreten, obwohl ich damals doch ziemlich neugierig war und konnte mir auch gar nicht vorstellen, daß er dort "gewohnt" hat.

In drei Briefen vom Januar 1917 geht es gleich auf der ersten Seite um Zucker – z. B. "daß die Aussichten trübe sind – daß in Wien nicht mehr zu holen sei – vielleicht das nächste Mal in Belgien durch Richard oder Eduard - oder möglicherweise auch auf Umwegen aus Rumänien" – und am 31.1. klagt Annemarie, "daß es nur so wenig sei und wie sehr es ihr leid täte." Ich, Ursula vom schönen vorigen Sommer bei den Großeltern ein bißchen verwöhnt, habe zwar die Rote-Rüben-Marmelade zum Frühstück auch nicht gemocht, erinnere mich aber nicht, besonders gehungert oder unter schlechtem Essen gelitten zu haben; vielleicht ist es einfach zu lange her. Immerhin, wie meine Eltern sich damit plagen mußten, sich und uns zu ernähren, das gehörte eben in diese Zeit, außerdem die tägliche Hetze bei der Arbeit, stundenlange Sitzungen, unnütz und ermüdend, aus denen Max bekümmert nach Hause eilte, um wenigstens noch ein bißchen Zeit für die Familie zu haben – die Erholung des Kriegsmannes –.

Im März 1917 muß es eine Verstimmung in der Oehlerschen Familie gegeben haben: "Mutterchens Äußerung zu Adalbert" hatte Elisabeth beunruhigt. Was war los?

Max schrieb dazu: "Es ist aber wirklich kein Grund zur Beunruhigung vorhanden. Du weißt ja, wie fest mein Entschluß ist, und wie reiflich alles von uns hin- und herüberlegt und erwogen worden ist. Ich könnte zwar wahrscheinlich noch einige Jahre hier im Generalstab bleiben, sei es in der Eisb. Abtlg., sei es in der kriegsgeschichtlichen Abtlg. Aber erstens ist das eine ganz unsichere Aussicht, da nach dem Kriege natürlich ein Heer von Generalstabsoffizieren aus dem Felde zurückkommt und untergebracht sein will. Du weißt, daß wir unzählige Divisionen Res.-Landwehr u. s. w. -Divisionen und Korps während des Krieges neu aufgestellt haben. Die sind alle mit einer ganzen Anzahl richtiger Generalstabsoffze. ausgestattet. Der größte Teil dieser neuen Divisionen und Korps wird nach dem Kriege wieder aufgelöst, da wir keine Friedensarmee von mehreren Millionen Soldaten halten können. Es liegt auf der Hand, daß man dann ein beängstigender Überfluß von Genstbs.Offzen, die im Felde waren vor den Offzen., die während des Krieges im Heimatgebiet waren, bevorzugt, abgesehen davon, daß ich überhaupt nicht dem richtigen Generalstab abgehöre, sondern dem stellvertretenden, der nach dem Krieg aufgelöst wird. Eine Übernahme in den richtigen Genstb. ist ausgeschlossen, da ich dazu viel zu alt bin. In den Genstb. übernommen wird man höchstens als junger Hauptmann, niemals aber, wenn man schon nahe am Major ist. Es ist nicht meine Art, jemandem nachzulaufen oder demütig darum zu bitten, mich doch noch hier im Genstb. weiterzubeschäftigen. Sowie ich also merken würde, daß ich hier überzählig oder nur geduldet sei, würde ich ganz gewiß sofort davongehen, und wenn ich mein Brot mit Steineklopfen verdienen müßte. In die Front kann ich keinesfalls zurück, da dafür Felddienstfähigkeit Bedingung ist. Schon jetzt während des Krieges sind hunderte, vielleicht tausende von nicht mehr felddienstfähigen Offzen. glatt verabschiedet worden, wen man sie auch noch bis zum Frieden in Bürostellungen und dergl. beläßt; nach dem Friedensschluß werden sie aber verabschiedet und müssen sehen, wo sie bleiben. Auch ich wäre unter den Verabschiedeten, wenn nicht Ludendorff selbst verfügen würde, die im Mil.Eisenbahnwesen, das jetzt eine so enorme Bedeutung hat, beschäftigten Offze. sollten unangefochten bleiben, und doch wäre ich unter den Verabschiedeten, und es muß daher, wie Du ganz richtig schreibst, als ungeheurer Glücksfall angesehen werden ‚daß sich mir etwas bietet, das noch dazu meinen Neigungen so sehr entspricht.

Ich habe Mutterchen die geschilderte militärische Sachlage, als sie hier war, natürlich auseinandergesetzt, aber sie meint immer in mütterlicher Verblendung, das Vaterland werde auf die Verdienste ihres vortrefflichen Sohnes nicht so leicht verzichten. Das ist verständlich aber darum doch nicht richtig. Ich werde ihr nun nochmals ausführlich darüber schreiben. Vorwürfe brauchst Du aber, glaube ich, nicht von ihr zu befürchten, denn ich zweifle nicht daran, daß sie sich (nach manchen früheren Erfahrungen) mit unserer Übersiedlung nach Weimar sehr rasch aussöhnen wird und bald finden wird, daß es das einzig richtige für uns sei. Ich bitte Dich also herzlich, Dich nicht weiter beunruhigen zu lassen, auch nicht, wenn Mutterchen Dir alle ihre Einwände nochmals schriftlich darlegt. Sie kann die militärischen Dinge nicht richtig beurteilen und weiß auch nicht, wie sehr es mir am Herzen liegt, Dein und Deines Bruders Erbe zu verwalten. Schließlich und endlich betone ich, daß ich 41 Jahre alt bin, über mein Lebensschicksal durchaus allein entscheiden muß und auch allein dafür verantwortlich bin. Es grüßt Dich, auch in Annemaries Namen in alter Treue und

Dankbarkeit Dein Max Oehler"

Ein gemäßigt ingrimmiger Brief, der aber geschrieben werden mußte, glaube ich. Daß die Frauen, insbesondere Mütter, immer so schwer zu belehren sind, mag er sich gedacht haben, aber es half ja nichts, er mußte ihnen das klar machen, immer wieder auch schriftlich, und Elisabeth war damals eine treue Leserin seiner Briefe, sonst hätte es wieder neue Komplikationen gegeben. Ob sie sich (wie ich, Ursula) beim Lesen über die komischen Abkürzungen amüsiert hat? Die 'Genstbs.Offze' zum Beispiel. Sie lachte doch so gern, das ist auch mir später aufgefallen, als wir in Weimar wohnten und sie schon über achtzig war; sie konnte kichern wie ein Backfisch und sah dabei ganz niedlich aus, schüttelte ihren altmodischen Lockenkopf und bekam rote Wangen und suchte in einer ihrer verschiedenen Rocktaschen nach dem Spitzentaschentuch.

Ende März hat sichs inzwischen herausgestellt, daß "Mutterchen" begriffen hatte, warum sie ihrem Sohn vertrauen und einsehen konnte, daß er sein Leben selbst in die Hand nehmen würde. Ich, die Enkelin, habe sie leider nur ganz schwach in Erinnerung, besitze einige Uralt-Fotos von Auguste Oehler, geborne Forst und bin mit meiner Mutter im Mai 1917 zu ihrem 70. Geburtstag nach Wiesbaden gefahren, woran ich mich auch kaum erinnere. Wahrscheinlich fand ich es langweilig und mußte artig sein, und sicher war ich es – ich wußte schon sehr früh, wann das notwendig war. Lieb und lustig fand ich Elli, die jüngste Schwester meines Vaters, die später das Haus erbte und es als Fremdenpension verwaltete; von ihr wird in meinen Texten sicher noch die Rede sein.

Im Brief vom 27.3. – M. Oe. an Elisabeth, dreht es sich zunächst wieder um Familienangelegenheiten, dann aber, wie schon so oft, um das Archiv:

"Wenn die Leute einen Philologen ins Archiv haben wollen, so verkennen sie gänzlich die Art der in Aussicht genommenen Stellung eines Archivars. Er soll verwalten, in Ordnung halten, ausbauen. Das Herausgeben wird im Wesentlichen immer Sache anderer Leute sein, und schließlich kann ich doch dabei zur Hand gehen, bin ja in diesen Dingen nicht ganz ohne Übung und Erfahrung. Auch habe ich die Absicht, mich noch weiter literarisch zu betätigen, und dann werden die Leute, die etwa zunächst mißtrauisch waren, allmählich ihr Mißtrauen überwinden lernen.

Auf die Entwicklung der Dinge in Rußland kann man sehr gespannt sein. Der mächtigste Mann, das heißt, der die stärksten Volkskräfte hinter sich hat, scheint nicht Miljakow zu sein sondern Kerenski, der Führer der radikalen Bauern. Jetzt hat er auch bereits, wie es scheint, mit den radikalen Industriearbeitern paktiert, und ich glaube, die Tage der liberalen Regierung sind gezählt. Sie wird durch eine radikale abgelöst werden, die die Massen (Bauern und Arbeiter) hinter sich hat, und die wollen den Frieden. Freilich sind wirksame englische Gegen-Minen gegen diese – an sich gegebene – Entwicklung nicht ausgeschlossen.

30.3.: Ich will jetzt rasch schließen, sonst kommt der Brief auch heute wieder nicht fort; ich werde dauernd unterbrochen."

28.4.17: M. Oe. an EFN

"Wegen der Angriffe im Westen braucht man sich nicht zu beunruhigen. Die Gegner haben natürlich Angst, daß in Rußland die Friedensströmungen überhand nehmen und greifen nun wie die Wahnsinnigen an. Aber man hat sich vorgesehen, und Ludendorff spaziert vergnügt und zuversichtlich im Hauptquartier umher. Man fragt sich nur immer wieder: Wozu diese fürchterlichen Opfer auf beiden Seiten?

Auch die Marine ist zuversichtlich mit dem Fortgang des U-Boot-Krieges, und in Rußland scheinen die revolutionären Elemente doch langsam die Oberhand zu bekommen. So kann man also vertrauensvoll in die Zukunft blicken. Auf die offiziellen Kundgebungen, daß in Rußland volle Einigkeit herrsche und alle auf das Programm der provisorischen Regierung schwören, braucht man nicht viel zu geben; die inoffiziellen Nachrichten lauten wesentlich anders. Einige Klarheit wird man erst bekommen, wenn die konstituierende Versammlung einberufen sein wird.

Wir teilen so sehr Deine Ungeduld wegen unserer Übersiedlung zu Dir, – nur daß Du noch mehr Grund dazu hast. Du mußt Dir eben fest vornehmen mindestens neunzig Jahre alt zu werden, und nach den neueren günstigen Arrangements des Herrn Thiel, wirst Du Dich ja nicht mehr verpflichtet fühlen, so bald davon zu gehen ... "

11.5.17: M. Oe. an EFN

"Ich hoffe, daß die freundliche Maisonne die trüben Gedanken und Sorgen unterdessen wieder verscheucht hat. Wie leid es mir tut, daß Du immer wieder durch die Sorge um die Zukunft des Archivs beunruhigt wirst, weißt Du. Was hilfts! Man muß sich mit Gleichmut wappnen, seine Angelegenheiten fest in der Hand behalten und im übrigen seinem Stern vertrauen. Zu letzterem hast Du ja, denke ich, eine ganz besondere Berechtigung.

Von Leuten, die wirklich ein Urteil haben, hört man immer wieder, daß die Gegner die Schiffsverluste in dem jetzt von den U-Booten angeschlagenen Tempo nur noch wenige Monate aushalten können. Amerikas Handelsflotte ist minimal; zum Bauen brauchen auch die Amerikaner Zeit. In englischen Zeitungen warnten letzthin Fachleute vor einer Überschätzung der amerikanischen Hilfe: Zum Bau von eisernen Schiffen fehlen ihnen die geschulten Arbeiter; zum Bau von Holzschiffen ist jahrelang ausgetrocknetes Holz notwendig. Nichts läßt sich so schwer beschleunigen wie der Schiffsbau in großem Umfang, wenn es an den Vorbereitungen dazu fehlt. Die in Amerika beschlagnahmten deutschen Schiffe, die bekanntlich von unseren Leuten stark demoliert sind und erst wieder hergestellt werden müssen, bedeuten auch keine Rettung aus der Not. Es sind 6-700 000 Tonnen. Soviel versenken wir in weniger als einem Monat. Kurz, es giebt nach unserer wie der feindlichen Fachleute Meinung weder ein Mittel gegen die U-Boote noch Mittel und Wege, nur annähernd so viele Schiffe zu bauen, wie versenkt werden.

In Rußland geht die Sache ihren – sozusagen – vorschriftsmäßigen Gang. Die russischen Zeitungen sind in den letzten Tagen voller Angstrufe über die steigende politische und vor allem wirtschaftliche Verwirrung. Die Verkehrsnot ist schlimmer denn je, auch die Heeres-Versorgung, die früher noch leidlich funktionierte, stockt jetzt bedenklich; die noch kriegslustige provisorische Regierung muß dem revolutionären kriegsfeindlichen Komitee eine

Konzession nach der anderen machen. Kein Volk kann sich heute während eines solchen alle Kräfte bis zum Äußersten anspannenden Krieges eine Revolution gestatten, am wenigsten das russische. Sicher ist, daß das russische Heer unter den obwaltenden Umständen zu keiner Offensive fähig ist. Das ist für uns ungeheuer viel wert. An der russischen Front herrscht eine Art Waffenstillstand, wie ich von Offizieren, die in vorderster Linie liegen, von verschiedenen Stellen der Front gehört habe.

Ich denke also, man hat zur Zeit mehr denn jemals Grund, zu hoffen, daß der Frieden nicht mehr allzu fern ist. Hoffen wir also!"

22.5.17: M. Oe. an EFN

"Ich muß immer wieder beklagen, daß Du aus der Beunruhigung wegen der Zukunft des Archivs nicht herauskommst. Meines Erachtens muß man sich fragen, was wichtiger ist: die Meinung der Leute, – anders ausgedrückt: das wissenschaftliche Ansehen des Archivs – oder die Gewähr, die Verwaltung des Archivs in zuverlässigen Händen zu wissen, und zwar aller menschlichen Voraussicht nach, auf eine ziemlich lange Zeitspanne. Diese Gewähr würde man bei meiner Anstellung haben, denn in Verwaltungstätigkeit bin ich genügend geschult, und meine hiesige, jetzt zweijährige Tätigkeit, die mich in unausgesetzten schriftlichen wie mündlichen Verkehr mit den höchsten Zivil und Militärbehörden gebracht hat, die mich häufig vor recht verwickelte Aufgaben gestellt hat, und in der ich oft genug gezwungen war, mit Leuten der verschiedensten Auffassungen zum Herausfinden eines gemeinsamen, gangbaren Weges zu verhandeln, ist eine gewiß nicht zu verachtende Schule gewesen. Dazu kommt meine eingehende Kenntnis aller wichtigen Vorgänge in der Geschichte des Archivs; dazu kommt meine angeborene Neigung zum Sichten und Ordnen, auf Grund deren mir man auch hier das Ordnen des KriegsArchivs (10 Stuben voll Akten) und das Sichten der KriegsErfahrungen im MilitärEisenbahnwesen (ein Berg Berichte) übertragen hat. Zur Zeit bin ich mit der Bearbeitung eines Riesenberichts über die gesamte Tätigkeit der Eisenbahnabteilung während des Krieges beschäftigt, wobei es wesentlich auf klare Anordnung, auf das Sichten und Ordnen ankommt. Ich meine, eine bessere Vorschule kann niemand haben für die Tätigkeit im Archiv, denn es handelt sich doch im Wesentlichen um eine Verwaltungstätigkeit! Was soll da ein Gelehrter? Ich wette zehn gegen eins, daß er – siehe oben – vestigia ferrent!"

Zwischenbemerkung von mir, der Tochter Usula (im Januar 1995) zu Max Oehlers Brief vom 22.5.1917:

ich finde diesen Brief, für den sich mein Vater an irgendeiner Stelle entschuldigt, weil er vielleicht so wirkt, als wolle er "sich rühmen", außerordentlich wichig und interessant. Ich würde jedem widersprechen, der behauptet, M. Oe. habe damals versucht, sich der Elisabeth Förster-Nietzsche aufzuschwatzen, um sich für die Zeit nach dem Krieg einen sicheren Posten zu verschaffen, denn was er auf diesen vielen handschriftlichen Seiten von sich berichtet, das ist keine Prahlerei, sondern ernsthafte und gelegentlich auch selbstkritische Beschreibung seiner Persönlichkeit. Nein, ein Gelehrter ist er nicht, aber – und was er dann von sich sagt, das spricht überzeugend gegen den eventuellen Gelehrten in der Stellung eines Archivars des Nietzsche-Archivs. Wenn ich vor vielen jahrzehnten, also etwa in den Zwanzigern, diesen Brief gelesen hätte (völlig unwahrscheinlich, denn da lag er im Archiv in irgendeiner Schublade), dann hätte ich gesagt oder gedacht; naja mein alter Herr hält vielleicht etwas zu viel von sich ...

Heute aber weiß ich: Alles, was er da angeboten hat, um diese Lebensstellung zu bekommen, die er sich nicht nur schon lange wünschte, sondern an der er schließlich sogar zugrunde gegangen ist – das hat gestimmt. Sogar die, wie man meinen könnte, "Diffamierungen der Gelehrten", die er ja damals als Mitarbeiter in dem Umfang noch gar nicht erlebt hatte – auch die haben gestimmt. So einer, hat er gemeint, der kommt zwar und macht mit und tut etwas, aber nicht für die Sache sondern für sich. Und dann geht er wieder. Genauso war es – die Beispiele – sie kommen später -

"Man muß sich doch klar machen, wieviele verschiedene Vorbedingungen erfüllt sein müssen, um einen Menschen für die Archivstellung geeignet erscheinen zu lassen:
1. Er darf nicht jung und unerfahren sein, sondern muß sich schon irgendwo und irgendwie bewährt haben.
2. Er muß neben der Gelehrsamkeit Organisationstalent und Ordnungssinn haben und praktischen Blick.
3. Er muß verstehen, mit Menschen der verschiedensten Art umzugehen, und muß gute gesellschaftliche Formen haben.
4. Er muß von Nietzsche etwas wissen und Interesse für das Archiv und sein Wachsen und Gedeihen haben.
5. Er muß die Neigung haben, möglichst lange in der Stellung zu bleiben.

Ich glaube nicht, daß es so einfach sein wird, einen Gelehrten zu finden, der diese Bedingungen erfüllt. Alle Personen, die dies nur als vorübergehende Stellung auffassen würden, müßten m. E. von vornherein ausscheiden, denn sie würden mehr schaden als nützen. Ältere Menschen, die dazu taugen, würden nicht ihre derzeitige Stellung aufgeben, um einen Sprung ins Ungewisse zu tun. Sie sind auch meistens verheiratet, müssen an die Familie, an eine Pension u. s. w. denken. Das ist ja auch der Haken bei Richard, den ich sonst für vorzüglich geeignet halten würde. Unsere (dieser Satz bezieht sich wahrscheinlich nicht nur auf seine Majorspension sondern auf die reichen Berliner Verwandten, von denen Annemarie erben sollte. / siehe Seite 54) Lage wird wie Du weißt, später mal sehr gut.

Versteh mich recht, ich weiß wohl, daß ich Dir mit all diesen Einzelheiten nicht Neues sage, aber es wäre gut, Du hieltest den Leuten, die Dir immerzu von einem Gelehrten reden, diese Punkte mal vor. Sie sollen Dir dann auch die praktischen Schwierigkeiten, die sich bei der Anstellung eines Gelehrten herausstellen, überwinden helfen. Schließlich könnte ich ja auch den Doktorhut erwerben, wenn man solchen Wert darauf legt. Bei der Nähe Jenas ginge das doch sehr gut, und ich habe schon Schwierigeres zustande gebracht als eine DoktorArbeit. Z. B. im Auftrag des Chefs der kriegsgeschichtlichen Abteilung des Generalstabs die Arbeit über Operationen Blücher-Gneisenaus im Frühjahr 1814 (polemisch gegen den bekannten Historiker Prof. Delbrück in Berlin), die fast fertig war, als ihre Herausgabe durch den Krieg unterbrochen wurde; damals sagte mir der General v. Friedrich, dem die fertigen Teile vorlagen, wörtlich vor Zeugen: 'Wenn diese Arbeit erscheint, sind Sie mit einem Schlage ein berühmter Mann'. Es ist ein ziemlich umfangreiches Manuskript, etwa 150 Druckseiten und hat einen streng wissenschaftlichen Charakter.

Entschuldige, wenn ich mich jetzt etwas rühme, aber ich möchte nur beweisen, daß ich in wissenschaftlichen Dingen kein absoluter Laie bin, wie viele Leute anzunehmen scheinen; die Arbeit erforderte ein umfangreiches und eingehendes Quellenstudium, und die Originalakten von 1814 waren mir dazu vom Genstb. zur Verfügung gestellt worden. Die Arbeit würde auch der Auftakt gewesen sein zu einem größeren Feldzug gegen Delbrück, der meiner Meinung nach mit seinen schiefen, verschrobenen Auffassungen und Darstellungen militärischer Operationen geradezu schädliche Wirkungen auf die Bildung der jungen Historiker ausübt. Er hat über Feldzüge aller Zeiten geschrieben, und niemand traut sich an ihn heran, weil er eine papstartige Stellung unter den Historikern einnimmt und alle über Kriegsgeschichte schreibenden Zivilisten und Offiziere einen mächtigen Respekt vor ihm haben und jede Polemik scheuen, weil er ein sehr gewandter Dialektiker ist.

Ich soll zum Kriegsministerium kommandiert werden, da dort eine neue Abteilung für EisenbahnAngelegenheiten eingerichtet werden soll, doch wird mich wohl mein General der von dem Projekt noch nichts weiß, hier nicht fortlassen. Wollen sehen.

Eben fliegt mir der 'Wille zur Macht' auf den Tisch. Herzlichen Dank, ebenso für die PantherNr. mit den beiden interessanten NietzscheAufsätzen. Gegen den Bauch'schen giebt es, wie mir nach flüchtiger Durchsicht erscheint, starke Einwände zu erheben. Die Sucht, einen Geistesheroen für eine bestimmte Weltanschauung in Anspruch zu nehmen, ist immer anfechtbar, weil sie zu schiefen Bildern und Verrenkungen führt. Auch ist es ein zweckloses Beginnen: Goethe z. B. kann man mit Leichtigkeit zum 'Beweis' fast sämtlicher Weltanschauungen heranziehen. Das Vorwort Brahns finde ich ausgezeichnet; doch muß ich das alles nochmal in ruhigen Abendstunden studieren."

Am 15.6.1917 war es dann so weit:

in "schauderhafter Hetze" mußte M. Oe. ins Kriegsministerium ziehen und dort "unter Beibehaltung der Etatsstelle im stellvertr. Genstb." diese neue Abteilung für Eisenbahnangelegenheiten aufbauen. Keine Aussicht auf ein freies Wochenende, um nach Weimar zu fahren. "Ein Berg Arbeit" wartet auf ihn im Kriegsministerium. Nun, "mit Geduld und Zähigkeit werden wir auch über diesen Berg hinwegkommen."

Am 8.7.17 von Annemarie ein lieber Geburtstagsbrief mit all den guten Wünschen, die sich leider in diesem Jahr noch nicht erfüllen werden. Inzwischen, nach dem Besuch in Wiesbaden, ist Annemarie mit mir, Ursula, in Weimar bei der Tante gewesen, und es müssen schöne Tage gewesen sein. Ich, knapp fünf Jahre alt, hatte mich leider hauptsächlich für den Puppenkaufladen, die Ziege im Grasgarten und die Küken interessiert, und meine Mutter bat Elisabeth, mir das zu verzeihen. Hat sie sicher gemacht. Danach, also Mitte Juli, fuhr Annemarie mit den beiden Töchtern wieder nach Bremen zu den Großeltern – das ging also immer wieder, und es wundert mich jetzt ein bißchen. Wie wurden wir abgeschirmt! Inzwischen schwitzte Max in Berlin bei dieser schwierigen und vorläufig noch uferlosen Arbeit, und ich denke, daß er sich vor Jahren seine 'junge Ehe' wahrscheinlich anders vorgestellt hat. Beklagt hat er sich nicht, jedenfalls nicht bei Elisabeth. Wenigstens hatte er den Burschen Otto, und das muß ein ganz treuer Kumpel gewesen sein.

Auch Max schrieb am 8.7. einen Geburtstagsbrief zum 10. nach Weimar:

"Nun ist Dein Geburtstag herangekommen, ehe ich Dir auf Deinen letzten lieben Brief antworten konnte. Ich verbinde also mit meinem Dank zugleich die allerherzlichsten Glückwünsche. Möge vor allem Friede werden, und der Wahnsinn, der allmählich alle Staaten ergreift, ein Ende nehmen, damit die Vernunft wieder zur Herrschaft gelange. Man könnte wirklich nachgerade an der Menschheit verzweifeln, auch an der deutschen. Jetzt scheint man ja einen energischen Vorstoß gegen die Regierung unternommen zu haben, um sie zu zwingen, Farbe zu bekennen und offen zu erklären, auf welcher Grundlage sie zum Frieden bereit ist. Die Unsicherheit in dieser Beziehung ist ja auf die Dauer unterträglich. Ob Bethmann diesen Stoß aushält, scheint fraglich. Zu wünschen wäre es nicht; er ist zu weich, zu nachgiebig nach allen Seiten, keine FührerNatur. Die letzten drei Wochen waren das tollste, was ich bis jetzt an Arbeitshetze erlebt habe. Ich gehe um 8 früh von Hause fort, komme ohne Mittagspause um 5/30 oder 6 Nachmittags nach Hause und habe dann da auch noch 3-4 Stunden zu arbeiten. Die Neueinrichtung unserer Abtlg. brachte neben den laufenden Geschäften viel Scherrerei mit sich, auch fehlten bisher drei Referenten, deren Arbeit mitgetan werden mußte. Nun rücken sie allmählich an, sodaß man etwas Luft bekommen wird. Zum Glück ist mir das ganze Arbeitsgebiet vertraut, sonst wäre es ganz schlimm. Das Arbeiten zu Hause geht, auch in den ersten Abendstunden, ganz gemütlich vor sich; wir sitzen alle 4 auf unserem hübsch mit wildem Wein und Blumen umrankten Balkon, den kleinen Tiergarten und den aufgehenden Mond vor uns. Ab und an, wenn das Gequieke zu toll wird, muß die Weiblichkeit zur Ruhe verwiesen werden …

Wir zerbrechen uns jetzt hier mächtig die Köpfe über die Demobilmachungsmaßnahmen. Nicht, als ob der Friede vor der Tür stände – ich fürchte, er ist noch fern – wenn wir nicht sehr nachgeben. Aber man hat gemerkt, daß die Demobilmachung von 10 Millionen Menschen mit den ungeheuren Massen an Material, Heeres und Wirtschaftsgerät aller Art eine nicht ganz einfache Sache sein wird. Die Armeen da draußen haben im Laufe der Jahre im besetzten Gebiet für Milliarden Maschinen eingebaut, Fabriken, Wasserleitungen, Elektrizitätswerke, Mühlen, Landwirtschaftsbetriebe u. s. w. angelegt. Das alles will, abgesehen von den Stellungsbauten, in denen auch Milliardenwerte stecken, abgebaut, zurückgebracht und dem heimischen Wirtschaftsleben wieder zugeführt sein. Vorläufig sträuben sich uns, je mehr wir uns mit der Sache beschäftigen, andauernd die Haare. Soll es nicht ein fürchterliches Chaos geben, so müssen da sehr sorgfältige Vorbereitungen getroffen werden."

Im Oktober vor allem familiäre Nachrichten von Annemarie: daß sie Weizenmehl nach Weimar schickt, und daß die Äpfel aus dem Archivgarten so herrlich schmecken. Daß Klein-Mechthild sich so niedlich rausmacht, aber keine Lust hat zu laufen und nur ganz wenig spricht. "Max behauptet natürlich, Genies entwickelten sich meistens spät; bei ihm sei das auch so gewesen! Und sie sieht ihm ja auch ähnlich: das dunkle Haar, die Stirn und die tiefliegenden blauen Augen." Für die unruhige und unbequeme Ursula ist eine Hauslehrerin engagiert worden, damit sie endlich lesen lernt – die macht das spielend, behauptete M. Oe. (5 und 1/4 Jahre), und komische kleine Briefe schreibt sie auch, fein, da ist sie beschäftigt. Die Schulstunden bei Tante Erna gingen gut, solange es sich um Lesen und Schreiben handelte – beim Rechnen aber gabs immer Ärger. Und verabscheut habe ich auch das Spazierengehen, das tägliche, langweilige im kleinen Tiergarten, das Dickchen im Wagen, und ich immer ordentlich daneben, Schritt für Schritt; und nie hat Tante Erna mir geholfen, beim Mantelanziehen die Ärmel von meinem Kleidchen festzuhalten, damit sie nicht verrutschten, das habe ich so verabscheut, daß ich es heute noch weiß.

Mitte November 1917 sind meine Eltern mit mir zum ersten Mal ins Theater gegangen, "Schneewittchen". Vater Max in "Himbeerhosen", so nannte er die Majorsuniform, die er da grade bekommen hatte. Ich habe in meiner Begeisterung meinen Bremer Großeltern einen Brief geschrieben mit vielen Fehlern und dem Schlußsatz "Der Hofknächt war so komäsch". Den Brief gibts noch. Meine Großeltern müssen ihn bis an ihr Lebensende aufgehoben haben.

20.11.17, Max nach Dienstreise aus Berlin:

"Ich hätte gerne früher geschrieben, doch war ich dienstlich verreist und kam erst Sonntag Abend zurück; Hannover, Minden und Hamburg in Schiffahrts und EisenbahnAngelegenheiten, und ich habe in Hamburg auch an den Tagungen der Deutsch-Oesterreichisch-Ungarischen Wirtschaftsverbände teilgenommen, mich mit vielen klugen Leuten ausgesprochen und mich mit dem Vizepräsidenten des Reichstags, Geh. Reg. Prasche, angefreundet, der Vorsitzender des Deutsch-Oestr. Verbandes ist, und wir wollen nun im Reich eine Stelle schaffen, die einen stärkeren Reichs-Einfluß auf den Bau und Betrieb der Wasserstraßen zu Geltung bringt. Es giebt da gewaltige Widerstände der Bundesstaaten zu überwinden, und ich bin neugierig, wie weit wir damit kommen... Wir schwelgen in Deinem herrlichen Obst. Du hast uns aber auch die schmackhaftesten Sorten ausgesucht! Sollte ich die Möglichkeit haben, Dich

Ende November oder Anfang Dezember zu besuchen, so frage ich vorher an; fürchte also keinen Überfall, wie neulich."

Neulich – was kann da gewesen sein? Da ist er einfach vorbeigekommen, weil es sich bei einer Dienstreise so machte, und das war nicht gut? Möglich scheint mir das zu sein, auch wenn ich daran denke, wie schwierig manche Situationen später gewesen sind, nach dem Krieg, z. B. in den zwanziger Jahren, als sie täglich zusammen arbeiten mußten, die Chefin Elisabeth und der angestellte Archivar M. Oe. Beinahe zwanzig Jahre hatten sie diese vertraute Freundschaft, die sich aus Briefen und zu seltenen Besuchen genährt hat. Dann wurde es anders, und zwar von heute auf morgen. Beide waren verantwortlich oder fühlten sich so – sie seit der Jahrhundertwende und er, weil er es sich schon so lange gewünscht hatte.

Immer wieder frage ich mich, wie es zu dieser Veränderung gekommen ist. Und nicht nur den Friedrich Nietzsche empfinde ich als zwei verschiedene Personen – der weltbekannte Philosoph N. und der geliebte arme Herzensfritz; sondern auch mit Elisabeth geht es mir so – die wunderbare, vitale und tapfere alte Dame, verständnisvoll, fürsorglich und weltgewandt, ohne die das Nietzsche-Archiv gar nicht entstanden wäre, und andererseits die raffinierte Heuchlerin, die es fertig brachte, die Berühmtheit ihres Bruders für sich auszubeuten, die ihre (und seine) Mutter kränkte und verdrängte und heimlich seine Texte zu ihren Gunsten verfälschte.

"Das alte Biest" hat lange nach ihrem Tod einer der Herausgeber zu mir gesagt, "ich habe sie gehaßt. Und sie konnte mich auch nicht leiden. Einmal ist sie mit ihrem Krückstock auf mich los gegangen."

17. Dezember 1917

"Keine Möglichkeit, fortzukommen; die veränderte Lage im Osten vermehrt unsere Arbeit beträchtlich, und es fehlte uns ja auch sonst schon nicht an diesem Artikel. Grade jetzt würde ich so gern mit Dir sprechen, besonders über Richards Ehe. Er habe Dich bereits unterrichtet, schreibt er mir, und ich habe Mutterchen gebeten, Dir gleich seinen eingehenden Bericht zu schicken. Es ist erschütternd, was der arme Kerl all die Jahre hindurch hat aushalten müssen. Er schreibt, das scheinbare Glück sei 'Komödie' gewesen. Ich habe also Recht behalten mit meinen Zweifeln. Wenn R. folgerichtig und aus größerer Lebenserfahrung heraus gehandelt hätte, dann hätte er dem unwürdigen Zustand nach einem halben Jahr ein Ende gemacht, wie ich es prophezeit hatte. Wie konnte eine so grundehrliche Natur wie R. es Jahre hindurch mit dieser unechten und verschrobenen Person aushalten! jetzt 'macht' sie auf einmal in Frömmigkeit, natürlich um Mutterchen auf ihre Seite zu ziehen, was diese mit ihrem gesunden Empfinden aber gleich herausgewittert hat. Eine ganz gefährliche Kanaille, die unseren armen Richard Jahre hindurch mit ihren albernen fixen Ideen bis aufs Blut gepeinigt und fast zum Selbstmord getrieben hat! Wenn er doch jemals etwas darüber geäußert hätte! Aber er hoffte immer noch in seiner unermeßlichen Gutherzigkeit, daß die verrückte Schraube zur Vernunft kommen würde. So was kann doch nur jemand hoffen, der ein vollkommener Laie in Frauenangelegenheiten ist. Die Jugend hat also scheints auch ihre Schattenseiten.

Nun wollen wir uns nur freuen, daß er fest entschlossen ist, ein für alle Mal ein Ende zu machen; das geht aus seinem Brief an Mutterchen klar hervor."

Am 30.12.1917 bedankt M. Oe. sich ausführlich für einen "reichgespickten Brief" von Elisabeth zu seinem Geburtstag, den sie nie vergaß, und immer beschenkte sie ihn mit Büchern. Er kündigte ihr einen Besuch im Januar an, nach einer Sitzung in Magdeburg und hoffte, bei der Gelegenheit Richard bei ihr zu treffen, um mit ihm und ihr über die veränderte Lage zu sprechen, die durch Richards Scheidung entstehen könnte, wenn er nun die Anstellung im Archiv haben möchte und sie sie ihm geben wollte. Er, Max, würde sie ihm gönnen, "ohne Murren", und auch Annemarie würde keine Schwierigkeiten machen, denn:

"Erstens wäre Richard nach meiner Überzeugung entschieden sehr geeignet für die Archivtätigkeit, und dann müssen wir, wie Du sehr richtig hervorhebst, jetzt alles tun, was ihn für die schlimmen Jahre entschädigen und ihm die besten Vorbedingungen für die Entfaltung seiner guten Kräfte schaffen kann. Aber ein schmerzlicher Verzicht würde das für uns sein – das verhehle ich nicht. Daran hat auch die Versetzung ins Kriegsministerium nicht das Geringste geändert, im Gegenteil; die unausgesetzte Anspannung der Kräfte für Dinge, die mir innerlich völlig gleichgültig, wenn nicht zuwider sind, ist jetzt während des Krieges natürlich geboten, wäre sonst aber unerträglich. An den äußeren Ehrungen (ich habe jetzt auch das Eiserne Kreuz 1. Klasse) liegt mir, wie Du weißt, absolut nichts, und mein Entschluß, den Soldatenrock auszuziehen, sobald sich das pekuniär ermöglichen läßt, steht nach wie vor fest. Ich will mich unbedingt noch 20 bis 30 Jahre meines Lebens mit den Dingen beschäftigen können, die mir wirklich am Herzen liegen."

"Man darf wohl hoffen, daß uns das neue Jahr der Erfüllung unserer Wünsche ein beträchtliches Stück näher bringt; einmal muß doch die offenbar wahnsinnig gewordene Welt wieder zur Vernunft kommen."

Dann hat es Besprechungen gegeben, wie geplant, auch mit dem Vetter Adalbert Oe., aber alles hing immer noch in der Luft, und dennoch schrieb Max an Elisabeth, daß er die Berliner Wohnung am 1. April 1918 für den 1. Oktober kündigen wolle, was mich wundert – wußte er da vielleicht mehr als er brieflich mitteilen wollte?

Im Januar 1918 berichtete Annemarie der Tante ausführlich über das Familienweihnachtsfest, das durchaus nicht ärmlich und ohne Vergnügen gefeiert wurde. Ich, Ursula, bekam außer einer Puppenstube und einer Schar neuer Puppen nicht weniger als acht Bücher "richtig zum Lesen", worüber auch meine Eltern froh waren, denn nun hatte ich nicht mehr so viel Zeit, schwierige Fragen zu stellen, z. B. wo Rübezahls Großmutter wohnt, wie es im Himmel aussieht, und wo die Ewigkeit ist. Ein Buch mit dem Titel "Die schlafenden Bäume" hatte, wie der Brief bezeugt, die Tante aus Weimar für mich geschickt, und ich erinnere mich noch heute daran – nach 77 Jahren –, wie ich es geliebt habe und es auswendig konnte, sodaß ich es mir abends vor dem Einschlafen selber erzählen konnte. Meiner kleinen dicken Schwester aber waren die Bücher und sogar die Spielsachen ganz egal; sie brauchte nur die Zuckerkringel vom Tannenbaum und bekam sie.

Für mich war auch mein erster Teddy-Bär ein Erlebnis, ein Stofftier, das ich nicht auf Rollen hinter mir her ziehen mußte, sondern auf den Schoß nehmen konnte, und selbstverständlich schlief es in meinem Bett. Der Teddy war weiß, trug einen Knopf im Ohr und einen blauen Kittel mit roter Stickerei. Tante Erna erlaubte mir nicht, daß er dabei saß, wenn sie mich unterrichtete, überhaupt war sie streng mit mir; vielleicht fand sie mich altklug, und vielleicht war ich es auch. Ich erinnere mich, damals besonders gern in meines Vaters Arbeitszimmer bäuchlings auf dem Teppich gelegen zu haben, um mit seiner Erlaubnis in einem seiner großen Kunstbücher zu blättern (vorsichtig!), z. B. dem "Paradise lost" von Milton mit ganzseitigen Kupferstichen. Tante Erna wird gesagt haben: "Aber Herr Major, das versteht das Kind doch noch nicht." Und er wird geantwortet haben: "Ach lassen Sie sie nur, sie kann ja noch kein englisch." Aber nicht nur, weil ich kein englisch konnte, ist mir das eindrucksvolle Bild des nackten Satans in Erinnerung, wie er zwischen Felsen in die Hölle hinabstürzte – immer wieder habe ich es mir angesehen; er sah so verzweifelt aus und war so schön. Vielleicht habe ich da schon intuitiv empfunden, daß man (frau) einen Mann nicht liebt, weil er gut ist.

Annemarie, die sonst so geduldige, die immer bestrebt war, der Tante Elisabeth nette und optimistische Briefe zu schreiben, hat in diesem vierten Kriegswinter aber auch manchmal geklagt. Trotz aller Bemühungen würde man in dieser Zeit und in der Großstadt Berlin richtig verdorben, schrieb sie.

"Man wird mißtrauisch und rücksichtslos, und jede feinere Gefühlsregung stirbt ab. Es wird höchste Zeit, daß der Krieg zu Ende geht, sonst gibt es bald keine anständigen Menschen mehr."

Dann aber kam Bruder Richard zu Besuch nach Berlin (in die böse Stadt), und das scheint für die ganze Familie ein gutes Ereignis gewesen zu sein. M. Oe. schrieb darüber: "Richards Hiersein war für uns eine große Freude. Meine Weibchen – Annemarie, Siny und Ursula – haben sich in aller Eile ziemlich herzhaft in ihn verliebt. Er war aber auch prachtvoll in seiner knabenhaften Begeisterungsfähigkeit, seinen hochfliegenden Gedanken und seiner Fähigkeit, sich klar und sicher auszudrücken. Er scheint ziemlich gute Aussichten zu haben, bald Bibliotheksdirektor zu werden, und es leuchtet mir ein, was er sagte: daß es dann viel nützlicher für das Archiv wäre, wenn er in solch angesehener amtlicher Gelehrtenstellung als Herausgeber für uns tätig sei. Auch meint er, die Direktoren wären nicht so sehr mit Arbeit überlastet und könnten sich jedenfalls ihre Zeit nach eignem Ermessen einteilen. Das wäre doch für alle Teile eine glückliche Lösung."

Aus Berlin am 20.2.18, Antwort auf einen Brief von EFN, in dem es offensichtlich um die Musarion-Luxus-Ausgabe ging:
"Ich bin sehr dafür, möglichst viele Vorlesungen aus den Bänden XVII, XVIII und XIX in die LuxusAusgabe mitaufzunehmen. Ich war damals, als die Bände herauskamen, freudig überrascht, so viel 'Nietzsche' in diesen wissenschaftlichen Abhandlungen zu finden; ebenso ging es Hauff, dem ich die Bände kürzlich lieh. Ebenso wird es auch anderen gehen. Die Sachen sind wirklich auch für unsereinen höchst reizvoll wegen der persönlichen Note, die überall erkennbar ist. Ich schlage also vor, folgendes aufzunehmen:
Aus Band XVII 'Ödipus Rex' (S. 291) und Stud. der klassischen Philologie (S. 327). Letztere Vorlesung ist besonders wichtig für den, den die Persönlichkeit Deines Bruders interessiert. Es ist viel Autobiographisches drin.
Aus Band XVIII die ersten drei Vorlesungen, also Geschichte der griechischen Litteratur, 2 Teile, und Geschichte der griechischen Beredsamkeit.
Die Rhetorik und die Untersuchungen über Rhythmik scheinen mir etwas zu gelehrt, obgleich besonders auch in der Rhetorik viel Interessantes für den Laien steckt. Aus Band XIX 'Gottesdienst der Griechen' und die vorplatonischen Philosophen. Im Allgemeinen empfehle ich, die vielen griechischen und lateinischen Zitate in Fußnoten zu übersetzen. Die wenigsten, auch gebildete Nietzscheleser können heute noch so viel griechisch und lateinisch, um

Übersetzungen entbehren zu können. Daß einzelne Abschnitte aus den Vorlesungen in spätere Werke übergegangen sind, schadet nichts. Nichts giebt so gut wie diese Vorlesungen ein klares Bild davon, was die Fachstudien für Nietzsches Persönlichkeit und spätere Schriften bedeutet haben, und welche Bedeutung überhaupt das klassische Altertum und die Altertumswissenschaft für die Entwicklung seiner Anschauungen gehabt hat, wie das ja so treffend in den Vorworten zu den Phil-Bänden ausgeführt ist."

(Diesen Brief hat M. Oe. während einer Grippe im Bett geschrieben)

In einem Brief vom April 1918 an Elisabeth äußert sich M. Oe. erleichtert darüber, daß "die Stiftung" jetzt in der Lage ist, sie pekuniär zu entlasten und auch darüber, daß er den Dr. Fischer kennen gelernt habe, der als Mitarbeiter ins Archiv kommen sollte, und daß er ihn sympathisch fände. "Von Nietzsche weiß er allerdings, wie er selbst sagt, wenig."

In Berlin sei schon Sommerwetter, schreibt er, da sei es sogar in dieser scheußlichen Stadt schön, "Magnolien, Mandelbäume und Tulpen stehen in voller Blüte." Sonntags vormittags könne er hoffentlich auch dieses Jahr mit der Familie hinausfahren – in den Wald oder an einen der Seen – auch die Kinder mögen das und erholen sich dabei.

Anmerkung von mir: Die Kinder? Das Dickchen kann nicht dabei gewesen sein; es hätte getragen werden müssen oder im Kinderwagen befördert – keine Erholung für Annemarie. Wir fuhren mit der Straßenbahn hinaus nach Grunewald oder zum Wannsee, von Moabit war das nicht allzu weit, und wer außer mir dabei gewesen ist, mein Halbbruder Max, genannt "Mäcke", der in Steglitz wohnte und inzwischen zehn oder elf Jahre alt und ein lustiger Kamerad für mich war, kam aber in den Briefen an Elisabeth nicht vor. Ich weiß noch oder glaube mich zu erinnern, daß er damals schon gut Klavier spielte und von seinem 'Onkel Max' in Konzerte eingeladen wurde, wo sie zusammen kritisch zuhörten; auch das kam in den Berichten nach Weimar nicht vor. Es war, als habe es diese Tragödie von 1905 und 1906 überhaupt nicht gegeben. Dem Mäcke hat das anscheinend nichts geschadet, was mich noch nachträglich für ihn freut, denn ein leichtes Leben hat er nicht gehabt – sehr lange blieb er bei seiner schwierigen, depressiven Mutter, die enorm an ihm hing, und als er sich durch seine Begabung und Beharrlichkeit endlich von ihr gelöst hatte – vielleicht insgeheim mit schlechtem Gewissen -, da begann die Nazizeit. Und Else Nahrath war Jüdin.

Weil ich mich weiterhin in diesem letzten und (nicht nur) für M. Oe. schwierigsten Kriegsjahr nach seinen Briefen richten will und muß, gibt es jetzt eine Lücke zwischen April und dem 12. Juni, aber auch da zunächst nichts Neues, sondern wie schon oft das Bedauern, daß Elisabeth immer wieder alte Freunde zu betrauern habe, daß sie mit ihrem schweren Leben allein sei und, wie schon oft, der Satz "wären wir nur bald bei Dir!" Selbst ich, "die kleine Weisheit Ursula", habe das damals nachgeplappert und dabei sicher mehr an den schönen Garten und die süßen Küken gedacht als an die bedauernswerte Tante. Warum der getreue Max sie immer wieder zu trösten und auf diese und jene Art zu ermutigen versuchte, das wird mir klar; zwar schien ihre Vitalität ungebrochen zu sein, aber immerhin wurde sie im Juli 72, und es lag ihm daran – für sie und für sich und seine ganze Familie –, daß sie durchhielt, bis er kommen und bei ihr arbeiten konnte. Darum die vielen Trostworte und Beteuerungen, keinen anderen Wunsch zu haben, spätestens bei Kriegsende fluchtartig und unwiderruflich nach Weimar zu streben, um sich mit den Dingen zu beschäftigen, die ihm wirklich am Herzen lagen, denn: (12.6.18)

"Das Leben, das ich jetzt führe, ist das eines Arbeitskulis, dem zugewiesen wird, was sein Herr für gut befindet. Was gehen mich im Grunde Eisenbahnen und Wasserstraßen an? Gar nichts. Ich wäre nie von Ferne auf den Gedanken verfallen, mich damit zu beschäftigen. Ich würde es aber weiter tun müssen, auch nach dem Kriege, wenn ich nicht entfleuchte."

Auch eine "sehr interessante Aufgabe", die ihm neuerdings zugewiesen wurde, konnte ihn von seinem Entschluß nicht abhalten. Es waren:

"Vorarbeiten oder besser Richtlinien für den weiteren Ausbau des kleinasiatischen Eisenbahnnetzes. Dazu habe ich einen Geheimrat und einen Privatdozenten von der hiesigen Universität (Nationalökonom) zugeteilt erhalten, sehr nette, kluge Leute. Auch habe ich mir noch eine Hilfskraft besorgt in Gestalt eines Hptm's meines Regts., der früher schon im stellv. Genstb. bei mir gearbeitet hatte, und den ich als guten Arbeiter kenne. So bin ich wenigstens etwas entlastet. Ich konnte allein auch nicht mehr fertig werden, trotz mehrerer Unterbeamten. Die sind doch immer nur beschränkte Hilfskräfte. Vor 1 oder 2 Uhr kam ich keinen Abend zu Bett.

Freudig überrascht bin ich über die unglaublichen Erfolge der verschiedenen West-Offensiven. Ich hätte das nicht für möglich gehalten, und man kann jetzt die kühnsten Hoffnungen hegen. Die Gegner triumphieren immer, wenn solche Offensive nach 8 bis 10 Tagen zunächst mal wieder zur Ruhe kommt, aber das liegt am System. Würde man noch weiter vorstoßen, an ein und derselben Stelle, so würde der vorgetriebene Keil zu spitz werden und den Stoßtruppen würde der Atem ausgehen. Man muß die Einzelschläge als Ganzes betrachten, dann sieht man, daß es sich um eine große Halbjahresschlacht handelt mit dem Ziel, Frankreich zu erobern. Ich bin jetzt überzeugt, daß das erreicht wird. Daran können auch die Amerikaner nichts ändern. Ihre Hilfe kommt zu tropfenweise und es fehlt ihnen, besonders den Offizieren, die Schulung für die Operationen großen Stils. So etwas läßt sich nicht improvisieren. Auch die Engländer sind heute darin Laien. Die einzigen, die in der Beziehung etwas können, sind die Franzosen, aber sie sind am Ende ihrer Kraft."

Als M. Oe. diesen Brief schrieb, nämlich am 12. Juni, war der große Angriff zwischen Noyon und Reims zwar nach Süden bis zur Marne vorgedrungen und dann vor Compiégne liegen geblieben, was er für eine besondere Taktik hielt, aber die Alliierten waren nicht so schwach und so ungeschult, wie er meinte. Und hoffte er wirklich auf "die große Halbjahresschlacht mit dem Ziel, Frankreich zu erobern"? Vielleicht hat er mit dieser damals sehr deutschen Hoffnung (Frankreich, der Erbfeind) gar nicht an sein eignes Schicksal gedacht, das sich entscheidend ändern könnte, wenn Deutschland im Winter 1918 Frankreich erobern würde ...

Einen knappen Monat später, nämlich am 8.7., gratulierte Max der Elisabeth herzlich zum Geburtstag und bedauert, nicht dabei sein zu können wegen wichtiger Arbeiten und erkrankter Kollegen, aber wie gut, daß Richard bei ihr sei und sie sich frei mit ihm aussprechen könne. Dann wörtlich:

"Ursula ist in fieberhafter Erwartung der Dinge, die sich morgen, an ihrem Geburtstag, ereignen werden, ins Bettchen geschlüpft. Sie wird Dir auch noch einen Brief schreiben. Die kleine Person schreibt und liest nämlich schon ganz hübsch, obgleich sie morgen erst 6 Jahre alt wird. Es wird ihr alles sehr leicht, und wenn sie sich in dem Tempo weiterentwickelt, wird sie mal ein kluges Menschenkind werden. Sie liest auch schon ganz allein ihre kleinen Kindergeschichten, die sie mir danach des öfteren erzählen muß. Das ist eine vorzügliche Übung, die unser Vater viel mit uns trieb. Ich bin immer wieder erstaunt, wie wenig Menschen (Erwachsene!) imstande sind, etwas im Zusammenhang klar, knapp und doch erschöpfend zu erzählen oder auseinanderzusetzen – auch ein Fluch der Massenbildung mit Klassen von 50 Schülern! Wie selten kann da der Einzelne "drankommen", und wie wenig individuell ist die ganze Ausbildung. Wenn ich mich mit einem Kinde 3 Mal am Tag je 10 Minuten unter wirklich liebevollem Eingehen auf seine ganze kleine Persönlichkeit unterhalte, auf seine neugierigen Fragen antworte u. s. w. so profitert es doch zweifellos mehr, als wenn eine mißvergnügte Lehrerin 4 Stunden lang einen summarischen sogenannten Unterricht abhält, der gar kein Unterricht ist, denn es fehlt die Hauptsache: die Konzentration. Es ist nämlich außerordentlich schwer, die kleinen Wesen zu fesseln, sie zum wirklichen Aufpassen zu bringen; das kann man nur erreichen, wenn man sie einzeln vor sich hat, nicht aber bei 30 oder 40. Sowie der Mensch in der Masse auftritt, fühlt er sich unkontrolliert und neigt zur Indisziplin, im äußeren wie im geistigen Sinne. Wir bekomen jetzt fast täglich Berichte von erschreckenden Disziplinlosigkeiten der Mannschaften auf Eisenbahntransporten; 700 oder 1000 Mann unter 2 oder 3 Offizieren, die ihnen noch dazu fremd sind, benehmen sich unterwegs wie wilde Tiere, und kaum sind sie draußen bei der Truppe, so sind sie die bestdisziplinierten Soldaten. Fast täglich habe ich mich darüber zu ärgern, daß Leute, mit denen ich etwas zu besprechen habe, nicht zuzuhören vermögen, – am häufigsten findet man das bezeichnenderweise bei Offizieren, die früher Kadetten waren - Mangel an geistiger Disziplin als Folge des summarischen und schablonenhaften Bildungsbetriebs. Auch die Präzision beim Antworten auf eine bestimmt gestellte Frage gehört in dieses Gebiet, eine nach meinen Erfahrungen sehr seltene Tugend. Bei meinem Damenflor – groß und klein – halte ich in diesen Dingen jedenfalls auf Ordnung, selbst auf die Gefahr hin, mich ab und an dadurch unbeliebt zu machen. Die bei den Weibchen so beliebten, am Kernpunkt grade eben vorbeihauenden Antworten werden nicht geduldet; es wird viel mehr so lange "nachgebohrt", wie Siny das zornig nennt, bis der Nagel auf den Kopf getroffen ist. Amüsant ist es, wie streng Ursula in dieser Beziehung schon mit uns umgeht. Giebt man ihr mal eine ungenaue oder unlogische Antwort, so hakt sie sofort dahinter. Neugierig sind wir, wie sich Mechthild mal entwickeln wird; sie läßt sich so ganz anders an als Ursula. Sie ist auch ein goldiges kleines Wesen und wird von der ganzen Familie immerfort geküßt und gedrückt. Sie eignet sich in ihrer molligen Rundlichkeit hervorragend dafür. Beide sind sie in einem so niedlichen Alter; Ursula schon die kleine Weisheit, und das Dickchen noch so reizend dumm und unbeholfen. Welche Erholung die Beschäftigung mit dem kleinen Volk ist, habe ich Dir neulich schon geschildert."

Auf demselben und einem nächsten Bogen schließt Annemarie ihre Glückwünsche an und den immer wiederholten Satz, wann endlich der Tag kommen wird, "an dem wir Feste fröhlich zusammen feiern können". Bei aller Herzlichkeit konnte sie sich aber nicht verkneifen, ein bißchen über den lieben Max zu schimpfen. Wörtlich: "Ich bin aber meistens logisch, und wenn ich mal unlogisch bin, ist es bewußte Absicht von mir!" Die sechsjährige Ursula konnte den Satz noch nicht korrigieren, die heute aber versteht ihn und verbietet sich eine Korrektur.

Der Brief vom 30.7.18 ist zunächst ein Kondolenzbrief.

"Der Dahingeschiedene", dessen Namen M. Oe. nicht nennt, muß der Graf Kielmannsegg gewesen sein, mit dem und dessen Familie Elisabeth seit langem befreundet war. Max kann auch jetzt nicht nach Weimar fahren, vor allem wegen einer "mehrtägigen Bereisung des Mittellandkanals, die meinetwegen von einem Verein zur Förderung des Weiterbaus des Kanals und von einer Schiffahrtsgesellschaft ins Werk gesetzt wird. Den Leuten liegt daran, die Heeresverwaltung möglichst warm für das Projekt zu interessieren; da kann ich also nicht fehlen."

"Immer wieder drängt sich uns – grade bei solch traurigen Anlässen – der Gedanke auf, wie schön es wäre, wenn wir schon ganz bei Dir sein könnten. Es ist eine große Stütze, in Zeiten der Trübsal wirklich nahe stehende Menschen um sich zu haben, bei denen man des wärmsten Mitgefühls sicher ist. Grade in diesen Tagen sprach ich nun mit Annemarie darüber, daß ich mit dem Gedanken umgehe, nun doch noch während des Krieges den Abschied zu nehmen. Abgesehen von dem brennenden Wunsch, nun endlich zu Dir zu kommen und Dir beizustehen, spricht auch folgende, rein praktische Erwägung dafür: In meinen Papieren steht nun mal – trotzdem ich im Kriegsministerium bin -, daß ich seit vier Jahren nicht mehr felddienstfähig bin. Es steht mit Sicherheit zu erwarten, daß das Militärkabinett mit derartigen Leuten, die den größten Teil des Krieges nicht an der Front waren und daher im engen, handwerksmäßigen Sinn keine Kriegserfahrung besitzen, bei Kriegsende kurzen Prozeß macht und sie verabschiedet. Es geschieht sogar jetzt schon vielfach; manche aber kommen dem zuvor und nehmen selbst den Abschied. Vier meiner Bekannten haben das getan und sind in industrielle Betriebe eingetreten ... "

Ein ähnlicher Brief zu den gleichen Problemen vom 26.8., der sich offenbar auf ihre Antwort bezieht, ist geschmückt mit den freundlichen Sätzen:

"Denke aber auch immer daran, daß es noch allerhand Leute giebt, die Dich liebhaben und wärmsten Anteil an allem nehmen, was Dich angeht. Das beängstigende Gefühl, allein zu stehen, das so vielen Leuten im Alter sehr schmerzlich ist, hast Du ja nicht zubefürchten."

Es folgen dann in seiner ordentlichen Art (unter 1.2. und 3.) die Begründungen, warum dies und das nicht geht oder s o nicht geht und einige, eigentlich auch nicht mehr neue Vorschläge, wie es weiter gehen könnte bis zu der ersehnten Übersiedlung nach Weimar, wo dann endlich das neue und bessere Leben anfangen soll, und ich fange an, mich über die inzwischen längst bekannten Formulierungen und Begründungen zu wundern, die ich teilweise schon aus den Briefen von 1917 kenne und mir gemerkt habe. Warum dies alles andauernd wiederholt werden mußte, lag freilich auch an der Unklarheit der Verhältnisse im letzten Kriegsjahr, vor allem weil kein Mensch wirklich wußte, ob es das letzte sein würde; andrerseits meine ich jetzt, daß damals jeder dieser Briefe notwendig war, als Stärkung für den, der sie schrieb und wohl auch für die Empfängerin – schriftliche Zwiegespräche, wie sie nur noch wenige Menschen führen.

1918 Urlaub in der letzten Septemberwoche – der Brief von Annemarie an Elisabeth ist wie immer sehr familiär und liebevoll gestaltet und als Anfrage, ob sie und Max ihn "als Herbstfrische" in Weimar verbringen könnten, ohne die Kinder und in einer nicht zu teuren Pension, und sie beteuert, daß sie ihr, der immer so lieben Tante, keinesfalls zur Last fallen wollten, aber über gelegentliches Zusammensein würden sie sich beide sehr freuen. Ich denke mir, daß Max sie angeregt hat, diesen Brief zu schreiben und alles recht nett zu formulieren – du kannst doch sowas, wird er gesagt haben – und hatte dabei im Kopf, was sich inzwischen in Frankreich abspielte und noch abspielen würde. Der Krieg – das muß er da gewußt haben – würde zu Ende gehen, keine Hoffnung mehr, wie noch vor zwei Monaten, daß Deutschland Frankreich erobern könnte, ohne daß die Alliierten imstande wären, das zu verhindern. Wie gut wäre da nochmal eine Woche Ferien in Weimar – vor dem, was dann käme, und vielleicht auch ein klärendes Gespräch mit Elisabeth auf der Basis von seinem Briefwechsel mit Adalbert über die jetzigen Verhältnisse der Stiftung Nietzsche-Archiv.

Er, M. Oe., war ganz sicher, daß sie sich über den angekündigten Besuch freuen und ihnen eine gute Pension empfehlen würde, und sie tat das sehr schnell, kündigte sogar an, daß sie sich an den Kosten beteiligen würde, nur vergaß sie in der Eile, dem Ehepaar die Adresse mitzuteilen und mußte belustigt darum gebeten werden. Alles scheint dann rechtzeitig geklappt zu haben, so daß Max und Annemarie Oehler am "Sonnabend, den 21. September, um 5/29 Uhr Nachtmittags" in Weimar angekommen sind. So genau weiß ich das zwar, aber wo sie dann gewohnt haben, und was sie vom 22. bis zum 29. in Weimar getrieben haben, konnte ich aus keinem dieser Briefe erfahren, nur daß es ganz entzückend gewesen war und die schönen Tage noch nachträglich in der Erinnerung leuchteten ... so Annemarie an Elisabeth am 4. Oktober. Da übrigens war sie schwanger, deutete das aber nur vorsichtig an. Wie und wo sie sich die Geburt ihres dritten Kindes vorgestellt hat, habe ich aus ihren Briefen nicht erfahren und bedaure jetzt, mich nicht zu erinnern, ob sie mit mir in Berlin davon gesprochen hat. Vielleicht hielt sie es nicht für richtig? Oder hat es mich damals nicht interessiert? Sieben Monate später, als wir in Berka bei Weimar wohnten und schon anfingen, Berlin zu vergessen, war dann der kleine Bruder mit der hohen Stirn und den gesträubten Haaren auf einmal da.

Zwischen Annemaries Brief an Elisabeth vom 4. Oktober 1918 und dem von Max am 7.12. hatte sich eine Menge ereignet, hier von mir nur in Stichworten angegeben: Generaloffensive der Entente in Flandern und in der Champagne Ende Oktober und Anfang November.

Meutereien bei der deutschen Hochseeflotte, aus der sich eine Revolution entwickelte. Kaiser und Kronprinz flohen nach Holland. Ausrufung der Republik am 9. November. Am 11.11. Waffenstillstand mit den Alliierten im Wald von Compiégne.

M. Oe. an E.F.N. aus Berlin am 7.12.1918:

"Wir denken sehr viel an Dich und müssen wahrscheinlich annehmen, daß Du infolge der in den letzten Monaten eingetretenen Ereignisse in sehr niedergeschlagener Stimmung bist. Hoffentlich ist es Richard, der Dich ja auf dem Weg von Bonn nach hier besuchen wollte, gelungen, Dich etwas aufzuheitern. Man darf nicht vergessen, daß der freihheitliche Sturm, der durch die Welt fegt, auch allerlei Lufreinigung mit sich bringen wird. Vorerst wirbelt er allerdings viel Unrat und Unflätiges empor, besonders hier in Berlin, und als Offizier muß man viel Selbstüberwindung aufbieten, um seine volle Kraft für das Gesamtwohl einzusetzen zu einer Zeit, wo unser Stand auf allen Gassen als der Auswurf der Menschheit beschrieen wird und jeder Lump das Recht hat, Offiziere vor allem Volk ungestraft in gemeinster Weise zu beschimpfen. Wir tun jetzt alle unseren Dienst in Zivil; man sieht allerdings in den Straßen schon wieder öfters Offiziere in Uniform, aber ohne Säbel, und die Betreffenden sind nicht davor sicher, angepöbelt zu werden, und zwar von Soldaten! Es werden jetzt Schritte bei der Regierung getan, um den unhaltbaren Zuständen ein Ende zu machen, und sie hat auch den besten Willen, aber wie ich fürchte, nicht die Macht, um uns vor dem Pöbel wirksam zu schützen.

Ich verhandelte viel mit Soldatenräten (Berlinern und solchen von den Ost-Truppen). Meist sind es ganz verständige Leute, nur leiden sie allgemein an dem bei Anfängern und Dilettanten üblichen Wahn, daß es ihnen vorbehalten gewesen sei, auf die guten und rettenden Gedanken zu kommen, während man vorher nur dummes Zeug gemacht habe. In Wirklichkeit ist es aber so, daß wir sie dirigieren und uns ihres Einflusses auf die Truppen bedienen, um die schwankende Karre des Wirtschaftslebens und der Demobilmachung einigermaßen im richtigen Gleis zu halten. Die Demobilmachung geht bis jetzt glatter von statten, als ich gefürchtet habe; die gefährliche Welle der wild in die Heimat strömenden und in die Bahnen stürmenden Etappentruppen ist im Wesentlichen überstanden, und die Fronttruppen kommen in guter Ordnung und ohne alle Anzeichen von Auflösung herein – sehr zum Ärger der Spartakusleute.

Sobald die Demobilmachung einigermaßen zu Ende geführt ist, gehe ich davon. Ich denke, das wird im Januar möglich sein. Ich würde mich dann zunächst beurlauben lassen, nach Weimar fahren, um eine Wohnung zu mieten, und den Abschied einreichen. Ich habe meine Absicht, den Abschied zu nehmen, bereits dienstlich gemeldet, und Ersatz wird herangebändigt. Nun ist zu hoffen, daß unsere Wünsche bald in Erfüllung gehen!"

Berlin, 10.12.18: M. Oe. an EFN

"Herzlichsten Dank für Deinen ausführlichen Brief; wie freuen wir uns, daß Du ein behagliches Winterquartier gefunden hast. Glaube aber nicht, daß mir nicht auch das Herz schwer ist infolge all dieser niederschmetternden Ereignisse. Aber wenn man so mitten in der Arbeit für die Aufrecherhaltung einigermaßen geordneter Zustände drinsteckt, ist man gezwungen, den Kopf oben zu behalten, und es wird einem dann auch leichter, trübe Gedanken zu verscheuchen. Ich würde gern in Ruhe mit Dir über unsere Pläne sprechen. Würde Dir mein Besuch in der nächsten Woche oder auch Ende dieser Woche passen? Ich meine nun, die mir zufallende Verwaltungstätigkeit im Archiv hat so wenig mit Gelehrtentätigkeit zu tun, daß man den Beginn meiner Arbeit dort nicht mehr durch einen Universitätsbesuch verzögern sollte. Sollte ein solcher Besuch wirklich Zweck haben, müßte er sich doch auf einen längeren Zeitraum erstrecken. Stellt es sich wirklich heraus – was ich nicht glaube –, daß es noch wünschenswert für mich ist, zu studieren und den Dr. zu machen, so kann ich das von Weimar aus immer noch tun. (Jetzt würde die Sache auch pekuniär für mich nicht möglich sein.) Zunächst scheint mir aber im Archiv eine im Verwaltungsdienst geschulte Persönlichkeit zu Deiner Hilfe viel nötiger zu sein als eine philologisch gebildete. Bei der Herstellung neuer Ausgaben kann ich trotzdem gut mithelfen; dabei sind ja eine Menge vorwiegend äußerlicher Arbeiten zu leisten, bei denen es auf Sorgfalt und Gewissenhaftigkeit ankommt. Und in Pedanterie nehme ich es mit jedem Philologen auf!

Du unterschätzest, glaube ich, noch immer die vortreffliche Schule, die wir FederhalterSoldaten durchmachen. Peinliche Gewissenhaftigkeit, Pflichtbewußtsein und Verantwortungsgefühl gegenüber allem was schriftlich "aus dem Hause geht", das sind im Grunde die Forderungen äußerlicher Art, die an einen guten Philologen gestellt werden müssen, und das sind auch die Forderungen, in denen ich viele Jahre hindurch erzogen wurde. Was die inneren Forderungen betrifft, so glaube ich kühn behaupten zu dürfen, daß ich in philosophischen Dingen mehr geforscht und mehr begriffen habe als ein junger Philologe von Beruf. Wenn ich mich auch in den Kriegsjahren weniger damit habe beschäftigen können, so ist doch die Grundlage da, ganz abgesehen von meinem brennenden Interesse für diese Dinge, worauf es doch vor allem ankommt. Ich darf auch daran erinnern, daß für die Ordensgeschichte die philologischen Vorarbeiten keineswegs leichter Art gewesen sind, und daß die drei Bände von Berufshistorikern (auch einem französischen) durchaus günstig beurteilt worden sind.

Ich meine also, wir lassen die Leute reden; es kommt nicht auf den Schein an, sondern auf das, was im Archiv wirklich geleistet werden wird. Und daß da gute Arbeit getan wird. Herzlichst, Dein getreuer M. Oehler"

Am 13.12. ist ihm zu dem Brief vom 10. noch Ergänzendes eingefallen, nämlich ob er nicht vielleicht doch die Wintermonate zu einem Universitätsbesuch nützen sollte oder etwa durch Richards Vermittlung einige Monate Bibliotheksdienst machen, ehe er nach Weimar zöge? Ich finde den Vorschlag ziemlich konfus, zumal er offen zugibt, gar nicht zu wissen, wie er mit seinem Geld auskommen sollte – "bei den teuren Zeiten und den zu erwartenden Ausgaben (Umzug, Geburt des Kindes), und selbst wenn ich mich mit Hilfe des Ischias krank schreiben ließe, gäbe es eine Lücke in den Bezügen." Der geplante Weimar-Besuch vor Weihnachten kam aus Zeitnot nicht zustande, also auch keine Aussprache, und darum mußte leider alles nochmals brieflich erläutert werden, und obwohl mir dieses Thema inzwischen zum Halse heraushängt, schreibe ich nun den unwiderruflich letzten Brief vom letzten Kriegsjahr gewissenhaft ab:

Berlin, 19.12.18., abgesandt am 21.12.

"Es ist mir leider ganz unmöglich, mich jetzt frei zu machen. Die Demobilmachung, der Delegiertenkongreß der Arbeiter- und Soldatenräte und anderes mehr bringen eine Fülle von Arbeit. Folgende Fragen bedürfen m. E. nun der Klärung:

1.) Werden die schon mehrfach aufgetauchten Bedenken gegen meine Anstellung am Archiv, weil ich kein Philosoph bin, von Dir und der Mehrheit des Vorstandes für berechtigt gehalten und scheint es im Interesse des Archivs besser, einen Gelehrten anzustellen?

Wird die Frage bejaht, dann muß natürlich von meiner Anstellung abgesehen werden. Überwiegt dagegen unsere Auffassung, an der wir bisher festhielten und wie ich sie Dir in einem meiner letzten Briefe nochmal eingehend begründete, dann müßte man den Bedenklichen energisch entgegentreten und den Leuten die Gründe unserer Auffassung klarlegen.

2.) Wenn an meiner Anstellung festgehalten wird, müßten wir uns jetzt baldigst über den Zeitpunkt meines Dienstantritts im Archiv einigen. Ist Dir, wie Du schreibst, der 1. April recht, dann müßte ich es sofort wissen, da ich in dem Fall am 1. Januar meine Wohnung hier kündigen muß. Ich könnte dann, wie ich Dir schon schrieb, vom Januar an auf der hiesigen Bibliothek arbeiten und Vorträge an der Universität hören. Hältst Du die Verhältnisse jetzt für zu unsicher und ungeklärt, um bestimmte Entschlüsse zu fassen, so muß man eben noch warten. Ich glaube übrigens nicht, daß man wissenschaftliche Stiftungen in erheblichem Umfang zu Kriegsabgaben heranziehen wird; die Sozialisten haben für so etwas stets viel Sinn gehabt.

Wird meine Anstellung noch länger als zum 1. April verschoben, so muß ich vorläufig hier im KriegsMinisterium bleiben, so unerquicklich die Zustände auch sind. Nützliche Arbeit gibt es hier noch auf lange Zeit in Hülle und Fülle. Man läßt uns im Kr.-Min. verhältnismäßig ungeschoren, da man weiß, wie notwendig unsere Arbeit ist, soll nicht alles aus dem Leim gehen. Was von dem Sozialistenvolk uns hier beigeordnet ist, spielt eine ziemlich klägliche Rolle, da die guten Leute natürlich nichts von dem Kram begreifen und sich daher recht dumm vorkommen. Was einen aber dauernd empört, ist das allgemeine Bestreben, den OffiziersStand zu entrechten, zu erniedrigen und zu verdächtigen. Wir haben bereits mehrfach dagegen aufgemuckt und gedroht, den Betrieb einzustellen, wenn die Regierung uns nicht besser in Schutz nimmt. Sie verspricht immer alles Mögliche, sucht zu beruhigen und hat sicher guten Willen, da sie weiß, daß sie ohne uns nicht fertig wird, aber ihre Macht ist noch zu gering. Schlimme Zeiten! Aber was hilfts. Man muß sehen, noch so viel Ordnung aufrecht zu erhalten, wie eben möglich ist. Ich kämpfe einen wütenden Kampf gegen die dummen und unverschämten Eingriffe der Arbeiter- und Soldatenräte in den Eisenbahn- und Schiffahrtsbetrieb. Herzlichst, Dein getr. Max Oehler"

Am 21. Januar 1919 schrieb Annemarie an Elisabeth einen tröstlichen Brief, um sie über das Schicksal der Familie zu beruhigen. Sie haben unter den "abscheulichen Wochen" wenig zu leiden gehabt, schrieb sie; Max hat gearbeitet und ist nur an den "schlimmsten Schießtagen" nicht ins K. M. gegangen, weil es besetzt war. Sie teilte auch mit, daß Max ihr Genaueres über Adalbert Oehlers Gefangennahme berichten würde, da er von einer Düsseldorfer Dienststelle täglich Nachricht über ihn bekommen könnte. "In den lebensgefährlichen Tagen", so schrieb sie, sei es zwar unangenehm gewesen, aber die Turmstraße läge ja vom Zeitungsviertel und den Moabiter Fabriken weit ab, und auch wenn die Elektrizitätswerke streiken, ginge das bald wieder vorbei. "Max schreibt morgen länger an Dich!"

Der Brief von M. Oe. im Januar 19 kam im Abstand von mehr als vier Wochen nach dem ausführlichen im Dezember 1918. Ob sie in der Zwischenzeit nicht korrespondiert haben? Privat telefonieren konnten sie ja sowieso nicht. Ich versuche vergeblich, mich an derartiges zu erinnern, und obwohl ich noch weiß, daß ich an jenem Winter nicht allein auf die Straße durfte, war mir damals nicht klar, woran das gelegen hat. Die Freiheit, die ich in Bremen bei den Großeltern hatte, gab es in Berlin doch vorher nicht.

Berlin, 23.1.1919, M. Oe. an EFN

"Eben sprach ich telefonisch mit einer uns unterstehenden Dienststelle in Düsseldorf. Adalbert wird also noch immer in Mühlheim an der Ruhr festgehalten. Man will ihn offenbar in jedem Fall von Düsseldorf fernhalten. Die Menschen sind zu blödsinnig! Statt daß sie in diesen schwierigsten aller Zeiten die tüchtigen Leute in ihren Stellungen ruhig weiterarbeiten lassen, bringen sie durch ihre Gewaltmaßnahmen alles noch mehr in Unordnung. Adalberts Familie soll nach Angabe meines Gewährsmannes in Wesel sein. Hoffentlich legt sich nun endlich die Behörde für ihn ins Zeug, damit dem Unfug ein Ende gemacht wird.

Hier ist alles in Aufregung wegen der neuen durch die Reichsregierung und den Kr.Minister erfolgten Regelung des Verhältnisses zwischen Offizieren und Soldatenräten, der Ablegung der Rangabzeichen u. s. w. Beide Parteien sind unzufrieden: wir Offiziere wegen der Herabsetzung unseres Standes, und die Soldatenräte, weil ihnen noch nicht genug Machtbefugnisse zugebilligt sind. Von allen Seiten wird protestiert. Ich fürchte, auch dieser Kriegsminister wird, wie der vorige, über diese Klippe stürzen. Das wäre schade, denn er ist ein sehr klar denkender, ruhiger, alles mit Vernunft und Überlegung und doch mit Festigkeit anpackender Mann, der den besten Willen hatte, mit vorsichtiger Hand langsam wieder Ordnung in das Chaos zu bringen. Aber in diesen aufgeregten Zeiten findet nur der Radikale Beifall, rechts wie links. Biegen oder brechen! – Das ist die Lösung, und ruhiges, kluges, überlegtes Handeln steht nicht hoch im Preis. Es wird noch lange dauern, bis die Leute wieder zur Vernunft kommen und nicht mehr mit den Köpfen durch sämtliche Wände wollen. Ich habe den Oberst Reinhardt (so heißt der jetzige Kriegsminister) genau kennen und schätzen gelernt durch vielfache persönliche Verhandlungen in Sachen Demobilmachung, die er leitete, bevor er Minister wurde.

Die Bücher von Mutius und Bertram sind angekommen; hab vielen herzlichen Dank! Ich habe bis jetzt erst flüchtig darin herumblättern können; bald kommen sie aber ordentlich dran.

Über Weimars Wahl als Sitz der Nationalversammlung bist Du vermutlich ebenso heftig erschrocken wie wir. Das politische Geplärr und Gezänk paßt schlecht an diesen stillen Ort, an dem sich so gut vom TagesGetriebe ausruhen ließ.

Wir wollen doch also nun daran festhalten, daß ich am 1. April zu Dir komme, nicht wahr? Annemarie mit den Kindern würde noch bis in den Sommer hinein hier bleiben. Bis dahin wird sich dann schon eine Wohngelegenheit finden; ich glaube, das wäre eine ganz gute Lösung."

Berlin, den 26.2.1919

"Liebe Tante Elisabeth,
'Die Betrachtungen eines Unpolitischen' fand ich hier vor. Ich teile Dir das gleich mit, damit sie nicht noch einmal geschickt werden. Habe nochmals herzlichen Dank für die drei schönen Werke. Ich hoffe nun am Sonnabend oder Sonntag reisen zu können, und hoffentlich ist der Reiseverkehr dann nicht mehr durch die Unruhen in Mitteldeutschland gestört. Du glaubst nicht, wie mich der Gedanke beseligt, das nun endlich mein - oder ich darf wohl sagen - unser Herzenswunsch in Erfüllung gehen soll.

Dein getreuer M.Oe."

Nietzsche-Archiv Weimar, Freitag den 7.11.1919

"Liebe Tante Elisabeth,
es kommt mir ganz komisch vor, daß ich nun wieder mal schriftlich mit Dir verkehren soll, aber ich denke mir, Du wirst gern mal hören wollen, wie es uns in dem Umzugstrubel geht. Wir sind allesamt glücklich gelandet, Annemarie mit Henning und Ursula heute Mittag in dem von Dir freundlicherweise gespendeten, geschlossenen großen Wagen; sie fuhren um 1/2 11 ab. Ich erledigte dann noch verschiedenes, fuhr um 1 mit dem Zuge, fand Henning in meinem Büro im Babykorb und Karl strahlend daneben. Frl. Schütz, Elise und Mechthild kamen gestern an, als wir grade mit dem Ausladen der Möbel fertig waren. Sie haben gestern Nachmittag wacker gearbeitet, ebenso heute, sodaß das Chaos sich schon langsam zu entwirren beginnt. Annemarie hat

heute elektrische Lampen aufgehängt, die mitgebrachten aus Berka, und nun arbeiten sie fleißig bei Licht weiter. An der Heizung im Haus ist etwas nicht in Ordnung; ich hatte heute jemanden von der Firma Schmidt hier, und morgen soll die Sache in Ordnung gebracht und Probe geheizt werden. Deine freundliche Erlaubnis voraussetzend, haben wir Annemarie mit dem Jungen für heute ins Fremdenzimmer einquartiert; wir anderen schlafen im Haus, es ist ja zum Glück nicht kalt, und wir sind alle an Kaltschlafen gewöhnt. Die letzte Nacht im Häuschen in Berka war noch sehr gemütlich, Du brauchst Dich deshalb nicht zu beunruhigen. Annemarie hatte Ursula zu sich in ihr Zimmer genommen, wo sie auf Matratzen herrlich schlief, und ich kampierte in der Diele auf einem Schlafsofa mit drei dicken Decken.

Als ich heute nach Annemaries Abfahrt so allein im Häuschen herumkramte, und besonders, als ich dann alle Rolläden herunterließ und abschloß, war mir doch recht wehmütig zumute: dieses halbe Jahr in Berka war wirklich eine besonders glückliche Zeit unseres Lebens, und wir sind Dir sehr dankbar, daß Du durch Deine tatkräftige Mithilfe sie uns ermöglicht hast."

Diesen Brief habe ich nur auszugsweise abgeschrieben; zwischen ihm und dem letzten meines Vaters an Elisabeth vom 26.2.19 aus Berlin waren über acht Monate vergangen, die er als eine "besonders glückliche Zeit unseres Lebens" bezeichnete, – beschrieben hat er sie aber nicht, verständlicherweise, da er ja offenbar Ende Februar nach Weimar fuhr und dort zunächst einige Wochen im Archiv wohnte und arbeitete.

"Berka oder ein Puppenheim"

Sein neues Leben hatte also begonnen; unseres aber auch. Nachdem er zunächst vergeblich eine passende Wohnung oder ein Haus für die Familie gesucht hatte, dann aber durch Elisabeths Vermittlung die Zwischenlösung in Berka bekam, brauchten wir nicht bis zum Sommer in Berlin zu bleiben – er konnte uns holen, und das muß sehr bald gewesen sein. Zwar an den Umzug von Berlin, Turmstraße 30a, nach Bad Berka an eine Landstraße namens "Trebe" kann ich mich überhaupt nicht erinnern, wohl aber daran, daß es wie toll geschneit hat, als wir in das wunderhübsche kleine Haus eingezogen sind und es dann ganz schnell Frühling wurde – im März wahrscheinlich. Der Schlafkorb für das erwartete Baby wurde hergerichtet, und meine Lehrerin Tante Erna aus Berlin, die ich doch so gerne losgeworden wäre, kam angereist, aber wie günstig, sie mußte im Haushalt helfen und hatte gar keine Zeit mehr, mich zu plagen, warum auch, lesen und schreiben konnte ich doch schon und sogar das Einmaleins ...

Dann verschwand meine Mutter im Sophienhaus in Weimar, und wir konnten sie dort nicht besuchen, weil das viel zu umständlich gewesen wäre; mit der Bimmelbahn hätten wir fahren müssen, dann mit der Elektrischen und zurück umgekehrt, das machten wir nicht, darüber war ich sogar mit Tante Erna einig. Außerdem würde die Mutti mit dem Brüderchen ja bald zu uns kommen, so sagten wir uns, im Mai, wenn die Kirschbäume im Garten blühen, und so ist es auch geworden. Erst viel später, als wir längst in der Südstraße lebten, und ich inzwischen wußte, daß die Herstellung eines Kindes meistens neun Monate dauert, habe ich mir ausgerechnet, daß meine Eltern diesen Sohn, den sie sich so sehr gewünscht hatten, schon im Sommer 1918 in Berlin gemacht haben mußten, als in den französischen Wäldern noch gekämpft wurde.

Henning, geboren am 24. April 1919, sieben Jahre jünger als ich, gesund, vital, eigensinnig, liebenswürdig, schön, phantasievoll und vielseitig begabt, ist mit vierundzwanzig Jahren als Reserveleutnant der Kavallerie in Rußland im Mittelabschnitt gefallen. In einer solchen Welt leben wir und schämen uns immer noch nicht genug, sie bis heute nicht geändert zu haben.

Die "Trebe" war ein Hügel außerhalb des Ortes, eine Gegend mit Sommerhäusern und Gärten zwischen Obstplantagen und Wiesen, und wer dort wohnte, brauchte entweder ein Auto oder genügend Helfer im Haushalt. Auch

"Berka oder ein Puppenheim" 1919 das Haus auf der Trebe

ich sollte lernen, mit einem Korb am Arm hinunter zu gehen, den Schlängelweg an der Ilm entlang, zum Bäcker oder in den Kramladen. Geld zählen hatte ich doch schon gelernt, und außerdem waren die Leute alle nett, sie gaben mir sicher richtig heraus. Aber an dem verführerischen Schlängelweg habe ich mich immer vertrödelt. Zu schön und interessant war es dort, eine ganz neue Welt nach dem jahrelangen Großstadtleben, und Angst brauchte ich auch nicht zu haben, denn hier gab es ja keine Revolutionäre, vor denen ich hätte fliehen müssen wie vorigen Winter in den Straßen von Berlin. Aber vielleicht hatte ich irgendwo meinen Korb stehen lassen, ach du lieber Gott, wo denn, jetzt muß ich den Weg nochmal zurückgehen! Und dann gab es Vorwürfe von Tante Erna, was ich für eine Traumsuse sei, und da können wir ja noch was erleben. Ein aus dem Gedächtnis hervorgeholtes Gedicht von mir bezieht sich auf mein freiheitliches Kinderleben dieses Sommers:

"Wenn die Uhr so langsam tickt
und sich Brüderchen erquickt
Mechthild schläft in sanfter Ruh
schließ ich nicht die Augen zu.
Emilie liest
Elise niest
Tante Erna findet uns unmöglich
da verkrümele ich mich
dort in der Näh
in meinem Wäldchen beim Sauerklee
da finden sie mich alle nicht!"

Nein, sie fanden mich nicht, aber sie suchten mich auch nicht. Die kommt wieder, wenn sie Hunger hat, sagten sie, und das stimmte, denn Hunger hatten wir alle. Exakt zu den Mahlzeiten knurrten unsere Mägen. Wie gut, daß wir Elise hatten, die ein richtiges Landkind war, kräftig und tüchtig, die für uns hamstern ging und gut kochte, und nur, wenn wir alle satt waren und sie die Küche sauber machte, dann fing sie an zu niesen, daß es schallte – das sei ihr so eine Erleichterung, pflegte sie zu sagen. Emilie dagegen zog sich mit einem Roman hinters Haus zurück oder am liebsten aufs Klo; immer hatte sie solche Romanhefte in der Tasche, auf deren Umschlag Liebespaare abgebildet waren, und Tante Erna sagte: "Für sowas hat die Zeit."

Am wenigsten Zeit hatte damals der Familienvater Max Oehler, Major a. D., Archivar des Nietzsche-Archivs. Er mußte um sechs Uhr aufstehen, und da er in einer Kammer auf dem Dachboden schlief, die schmale, knarrende Treppe hinunterschleichen, um sich im Klosett zu waschen; dann ging er zu Fuß zum Bahnhof – meinen lieben Schlängelweg an der Ilm entlang -, fuhr

Max Oehler in Bad Berka 1919 endlich in Zivil

mit der Bimmelbahn nach Weimar und ging dort wiederum zu Fuß, etwa eine halbe Stunde hinauf ins Archiv. Sehr gesund. Karl brachte ihm das Frühstück in sein Arbeitszimmer, und dann sorgte Elisabeth dafür, daß er den ganzen Tag zu tun hatte: "Also, mein lieber Freund"...

Aber abends wollte er zu Hause sein, möglichst nicht zu spät, um noch etwas im Garten zu tun und mit uns auf der Veranda Abendbrot zu essen, die, wenn ich mich recht erinnere, der größte Raum des Häuschens war; freilich stand auch nur der Eßtisch darin mit sechs Stühlen und die Pendeluhr an der Wand, die so geräuschvoll tickte, daß wir sie immerzu hörten. "Berka oder ein Puppenheim", schrieb M. Oe. unter ein Foto des kleinen schiefergedeckten Sandsteinhauses, vor dem zwei Pappeln standen, zwischen denen die Treppe in den Garten führte. Mechthild und ich sitzen da nebeneinander, winzig und kaum zu erkennen, ein bescheidenes Bildchen, etwas vergilbt und nicht zu vergleichen mit den zahlreichen Fotos oder Dias, die heutzutage fast jede Familie hat. Wenn ich es ansehe, belebt es sich durch meine Erinnerungen. Mein Vater, der auch in diesem schönen Sommer streng sein konnte, einerseits aus pädagogischen Gründen, andererseits, weil er so nach der Uhr leben mußte, um der neuen Lebensweise gerecht zu werden, hat mir dennoch an den Wochenenden auf langen Spaziergängen geholfen, die Landschaft kennen zu lernen, in der wir nun lebten, die Wiesenwege, die Kartoffelfelder, die Fischteiche, den Wald, zu dem die Trebe hinauf führte, ja, besonders den, denn er wird sich gedacht haben, daß ich Lust bekäme, dort allein herumzustromern, und mich verlaufen könnte. Ja, gestromert bin ich, aber verirrt habe ich mich nie. Ich ging nicht so weit "vom Wege ab" wie das Rotkäppchen, um Blumen zu pflücken, sondern behielt den Weg im Auge und pflückte in seiner Nähe einen Strauß für die Mutti, die doch wegen des Brüderchens zu selten spazieren gehen konnte. Sie hatte mir einen Hosenanzug genäht aus derbem Stoff, hatte ihn wegen seiner Häßlichkeit mit roter Borte verziert, und ich trug ihn gern und freute mich im Stillen, wenn ein Waldarbeiter oder eine Landfrau zu mir sagte: Guden Morchen, mein Kleener. Irgendwann einmal bin ich in einen flachen Teich gefallen, ungefährlich, aber matschig, und ich mußte meine Spielhose ausziehen, um sie zu trocknen und die Kaulquappen aus ihr zu entfernen und sie in den Teich zurück zu werfen – diese zukünftigen Frösche, die sich vielleicht noch mehr erschreckt hatten als ich. Da bin ich wahrscheinlich ziemlich verspätet nach Hause gekommen, aber auch das war nicht so schlimm; sie sagten "da bist du ja" und hatten sich nicht geängstigt.

Wenn es regnete, stieg ich gern zum Dachboden hinauf, wo ich eine Hängematte und einen Karton mit Büchern hatte und in Ruhe lesen konnte. 'Die Biene Maja und ihre Abenteuer' von Waldemar Bonsels war da mein Lieblingsbuch, ich habe in ihm gelebt, ich weiß noch heute, wie es eingebunden war, und daß keine Bilder darin waren – ich hätte sie auch nicht gebraucht. An einer der Bodenluken gab es ein Hornissen-Nest, das ich sehr groß in Erinnerung habe, aus einem unbekannten Stoff gerundet hing es zwischen den Balken, und die Hornissen, von denen ich aus meinem Buch ja wußte, wie gefährlich sie sein konnten, flogen unentwegt summend aus und ein. Mein Vater sagte, wir dürften die Luke niemals zumachen, auch nicht wenn es regnete, sonst würden sie böse. Und zu mir sagte er. "Wenn du ihnen nichts tust, tun sie dir auch nichts." Wie einfach das war. Und wie einleuchtend.

In die Dorfschule brauchte ich nicht zu gehen, weil sie dort nicht wußten, in welche Klasse sie mich hineinsetzen sollten. Mein Vater war sowieso dagegen, also hatte ich im Jahr 1919 acht Monate lang Ferien. Aber eine Freundin fand ich im Dorf, sie hieß Irmchen, war wie ich sieben Jahre alt, und ich hätte ihr gern eins von meinen inzwischen ausgelesenen Büchern geschenkt, aber sie hatte keinen Spaß am Lesen. Das sei doch Arbeit, sagte sie. Mit ihr bin ich eines Nachmittags ins Kino gegangen, wo wir uns beide gelangweilt haben. Beim Abendessen sollte ich, wie das bei uns der Brauch war, erzählen, was wir gesehen hatten, und ich sagte: "Da war nichts Besonderes los. Ein feiner Herr ging mit seiner Tochter spazieren, und sie trafen andere Leute, die auch spazieren gingen. Dazu wurde Klavier gespielt. Es regnete die ganze Zeit auf diesen Bildern, aber das komische war, daß niemand auf die Idee kam einen Schirm aufzuspannen. Warum lacht ihr denn so?"

Dort, wo die Trebe am Waldrand endete, stand die Wilhelmsburg, kein Prunkschloß aus der Kaiserzeit sondern ein Gasthaus, in dem wir manchmal von Tante Elisabeth zum Mittagessen eingeladen wurden. Ich habe mich jedes mal ein bißchen gewundert, wenn sie mit einem Auto heraufgefahren kam, mein Vater ihr beim Aussteigen half und sie am Arm führte, damit sie nicht über ihren langen, schwarzen Seidenrock stolperte. Aber ich freute mich, wenn sie kam, und dachte, daß sie schließlich so aussehen könne, wie sie wolle, wenn auch meine Großmütter und andere alte Damen sich anders anzogen. Wir aßen gut und reichlich, und unsere Märchentante bezahlte alles aus ihrem vielleicht unerschöpflichen Beutel, und ohne genötigt zu werden, habe ich mich bei ihr bedankt und ihr "einen lieben Kuß" auf die Marzipanwange gedrückt.

Etwas märchenhaft erschien mir auch der Ponywagen, mit dem ich eines Sonntags abgeholt wurde. Ein großer Junge und zwei Mädchen saßen darin, und während der Fahrt durch Berka und hinaus auf einen gegenüber liegenden Berg fiel es mir nicht schwer, mich mit ihnen anzufreunden. Sie lebten auf dem Gut Bergern, und meine Eltern hatten ihre Eltern kennen gelernt –

Ursula Oehler, sieben Jahre alt im Sommer in Berka

wo und wieso, das habe ich längst vergessen. Anna-Susanna, die ältere der beiden Schwestern, die so aussah, wie ich mir eine Waldelfe vorstellte, sagte, daß heute abend getanzt würde, und sie würde mir ein hübsches Kleid und einen Schleier geben, damit ich mittanzen könnte. Dann kam mir alles ganz unwirklich vor, und ich ließ mir von Anna-Susanna zeigen, wie ich mich mit dem Schleier bewegen sollte, und obwohl sie nicht sehr zufrieden mit mir zu sein schien, war sie geduldig. Ich habe in dieser Nacht von ihr geträumt – habe einfach alles weitergeträumt –, den großen Saal und die Musik, nach der wir drei Mädchen herumsprangen für die Erwachsenen, die auf Stühlen saßen und aufmerksam zusahen. Hinterher klatschten sie, und unsere Elfe verneigte sich und lächelte. Die jüngere Schwester rannte zu ihrer Mutter, steckte ihr Gesicht in deren Schoß, und ich stand ganz dämlich da. Aber schön wars doch.

Die Mutter meiner Tanzfreundinnen war groß und stattlich und sehr ernst, und ich glaube, sie mochte mich nicht. Dieses Urselchen müsse hier noch allerhand lernen, sagte sie, zum Beispiel nicht zu spät mit ungewaschnen Händen zum Essen zu kommen, nicht zu kichern, wenn die Erwachsenen reden, und vor allem ordentlich mit Messer und Gabel essen. Und bei der Mittagsruhe ein Buch unter dem Kopfkissen hervorzuziehen, sagte sie, das sei in diesem Hause strengstens verboten.

Trotzdem habe ich mich jedesmal gefreut, wenn der Ponywagen aus Bergern kam, auch auf die Schleiertänze vor dem Abendessen wollte ich nicht verzichten – lieber mich nach den hausmütterlichen Vorschriften etwas besser benehmen.

Als ich Anna-Susanna nach Jahren wiedergetroffen habe, war sie noch schöner geworden. Sie hatte ihr langes Haar nicht kurz schneiden lassen, wie das zu der Zeit Mode war, sondern trug es locker hochgesteckt, und sie zeigte mir, wie sie im Ballett-Unterricht gelernt hatte, ihre eleganten Beine zu gebrauchen. Meinen Vater habe ich sagen hören: "Eine blonde Jüdin mit dieser Begabung kann sicher auch in Berlin Karriere machen." Damals habe ich nicht verstanden, wie er das meinte.

    Mein erster Leser
war mein Vater.
(Heute wäre er weit über 100)
Damals ich mit sieben Jahren
machte aus dünnen deutschen Buchstaben
und ziemlich schiefen knicksenden Wörtern
meine Vierzeiler:

    bein mit ai und reh mit zwei e
    kleiner Bruder mit klein-be
    meine Gedichte reimten sich sehr
    reimen war nicht schwer
    es machte mich froh.
    Mein Vater war autoritär
    andererseits mein Leser und eigentlich nett
    nur manchmal brüllte er so.
    Aber sonntags im Wald
    mit Spazierstock und Rucksack
    hat er sein sowirdsgemacht
    nicht angebracht
    nicht immer alles besser gewußt
    hat Zeit gehabt:
    Jetzt schön tief Luft holen -
    jetzt das Gedicht vom dreibeinigen ree
    und dann essen wir was
    einfach auf Baumstumpf
    Butterbrot mit Sauerklee.
    Guck mal die Ameisen
    leg ein Bröckchen in ihr Gewimmel
    schon ist es weg.
Ein autoritärer Vater sagen wir heute. Im Wald hat er aber nicht gebrüllt
ich durfte mich in Blätterhaufen wälzen – mach dich ruhig dreckig, sagte er
das ist gesund.

Das Nietzsche-Archiv auf dem Silberblick

Am 6. und 7. November sind wir, die Familie Oehler nach Weimar in die Südstraße 26 gezogen, während Elisabeth zur Erholung verreist war, und von da an hat M. Oe. das Geschäftstagebuch wirklich täglich geführt; alles ist ausführlich und mit der Hand geschrieben, und es ist zu erkennen, daß er auch ab und zu Sonntags gearbeitet hat. Auch EFN schrieb vieles mit der Hand oder sie diktierte Fräulein Ida Bulcke oder Frl. von Alvensleben, und wann die erste Schreibmaschine ins Haus kam, weiß ich nicht. Fräulein Bulcke, die wir Kinder Tante Idchen nannten, war die Schwester von Elisabeths Hausarzt, der auch zu uns kam, wenn bei Oehlers jemand krank war, und er kannte uns alle und vertrug sich sogar mit dem Hausherrn, der eigentlich grundsätzlich gegen ärztliche Behandlung war, vor allem gegen Medikamente. "Der normale menschliche Organismus hilft sich selbst" – das war seine Meinung.

M. Oe. verzeichnete nur wenig Persönliches im Tagebuch des N.-N., zum Beispiel: "In Leipzig bei Kröner mit Richard getroffen". Oder: "Nach Wiesbaden wegen Todesfall am 29. bis 31.3.1920":

Das war Auguste, das "Mutterchen", um die ich übrigens nicht geheult habe, denn ich kannte sie ja kaum. Und auch er hat nicht viel darüber gesprochen sondern hat am 4.4. im Garten eine meisterhafte Schau für uns Kinder gemacht, ein Gespräch mit dem "Herrn Osterhasen", dessen Sprache er offenbar verstand. Und wie er uns beschrieb, daß der Osterhase es jetzt eilig habe, weil er doch noch so viele Kinder besuchen müßte, da haben wir die Augen aufgerissen und glaubten, ihn über den Zaun springen zu sehen.

Ein Konsul Lassen aus Hamburg, der mit Familie in Berka und Weimar zu Besuch gewesen war, stiftete der 'Hamburger Akademischen Lesehalle' Nietzsches Werke und dem Archiv 5000 Mark Preisgeld für interessante Veröffentlichungen. Einer der ersten, der solch einen Preis bekam war Spengler für den 'Untergang des Abendlandes'. Viel Korrespondenz mit Dr. Würzbach aus München, der dort eine Nietzsche-Gesellschaft gegründet hatte und, wie ich glaube, über vieles anderer Ansicht war als M. Oe. Mir war er sympathisch, aber näher kennen gelernt habe ich ihn nicht, nur ab und zu die Ohren gespitzt, wenn ich bei Gesprächen seinen Namen hörte. Im Auftrag von EFN

Südstraße 26 in Weimar das Haus, in das wir im Winter 1919 eingezogen sind

Baby Henning in Weimar, geboren im April 1919

hat er zusammen mit Richard und Max Oe. bei Musarion in München eine Luxusausgabe herausgegeben: 'Friedrich Nietzsche, Gesammelte Werke in 23 Bänden'. Die Werke und der Nachlaß sind in chronologischer Folge auf der Textgrundlage der früheren Ausgaben zusammengestellt; dazu gekommen sind Jugendschriften, autobiographische Schriften und ein erweitertes Sachregister. Die Arbeit an dieser sehr schön gedruckten und kostbar eingebundenen Ausgabe dauerte neun Jahre.

Am 24.1.1920 fuhr Elisabeth zur Erholung nach Bad Berka und bekam wieder Briefe vom Archivar und Besuch von Idchen Bulcke zum vorlesen und diktieren. Die Tante kann, sagte unser Vater, eigentlich nicht ohne Arbeit leben! Er aber konnte und wollte auch nicht ohne Arbeit leben, jedenfalls nicht ohne diese, obwohl sie sicher oft mühsam war. Er machte viele Kleinarbeiten selber, auch das katalogisieren, einordnen und Briefe beantworten. Telefon bekam er erst viel später – und dann war es ein Wandapparat in der Garderobe, sehr unbequem.

Wir wohnten nun im Südstraßenhaus und, obwohl es groß war, wegen der Kohlennot im ersten Winter ziemlich beengt in nur zwei geheizten Zimmern und der Küche im Kellergeschoß. M. Oe. schrieb an Elisabeth, die während unseres Einzugs verreist war: "Wir haben es nun schon ganz behaglich im neuen Heim - allerdings bleibt das untere, eigentliche WohnzimmerStockwerk vollständig unbenutzt, da unheizbar. Oben stehen zwei Öfchen, die sich sparsam und sehr gut beheizen lassen, einer in Annemaries und Hennings Schlafzimmer und einer im KinderSpielzimmer, das groß und nun auch unser Wohnzimmer ist. Hier wird erst nachmittags geheizt, da wir, die Erwachsenen, anderweitig zu tun haben, und die Kinder möglichst viel draußen sein sollen. Wer sich aufwärmen will, geht zum "Brüderchen", wo es stets hübsch warm ist oder in die Küche, die groß, gedielt und ebenfalls warm ist. Die Zentralheizung ist völlig abgestellt und das Wasser abgelassen, so kann sie auch nicht einfrieren. Gegessen wird in der Küche, und zwar zu allen Mahlzeiten, das geht gut; wir haben da um den großen Tisch herum alle bequem Platz. Die Öfchen oben halten die Hitze mit Koks erstaunlich lange; Morgens um 1/2 6, wenn Henning seine erste Mahlzeit zu sich nimmt, käschere ich den Ofen auf und lege nach, so bleibt er dauernd im Gang. Mit der Zentralheizung wäre das nicht zu erreichen...

Ich bin froh über die Lösung, denn die Heizungsfrage hatte mir schon ernste Sorgen gemacht. Auf der Kohlenstelle habe ich aber ordentlich Lärm geschlagen und werde nun wohl irgendwann einmal Koks und Briketts bekommen, aber wann?"

Diese Einzelheiten hätte ich aus der Erinnerung nicht beschreiben können.

Was ich aber heute noch weiß: ich habe als kleines Mädchen in den Weimarer Wintern viel gefroren, habe oft Husten und Schnupfen und Halsschmerzen gehabt, bin im Kinderschlafzimmer, das unheizbar war, im Bett geblieben, immer mit Büchern auf dem Nachttisch (mit einem Töpfchen unten drin, auf das ich das Dickchen setzen mußte) und habe mich, wenn es mir zu unangenehm wurde, nach nebenan zur Mutti geschlichen, wo es nicht nur warm war, sondern sie mir auch erlaubte, in ihr großes, gemütliches und immer wohlriechendes Bett zu kriechen. Sie sagte auch nicht wie unser Vater, daß es so gesund sei und den Organismus abhärtete, wenn man fröre, denn das hat sie selber nicht geglaubt. Und da ich mich von ihr verstanden fühlte, habe ich ihm wahrscheinlich nie gesagt, daß ich lieber in einem zentralgeheizten Haus gewohnt hätte. Ich glaube, wir haben einige Jahre gedacht und gehofft, daß diese Lebensweise nur vorübergehend sein würde, aber schließlich ist es so geblieben, weil der Hausherr es bestimmte, und bis zum nächsten Weltkrieg haben wir in der Südstraße 26 mit diesen Kanonenöfen gelebt, die andauernd betreut oder neu aufgeheizt werden mußten, sieben oder acht Stück in drei Stockwerken. Der erste und einzige Kachelofen, der dann im Wohnzimmer gesetzt wurde, wo Annemaries Flügel stand, war ein Festtag für die Familie, aber da war ich inzwischen verheiratet und war ausgezogen ...

Immerhin, der Umzug aus Berlin über Bad Berka nach Weimar, der bestimmt für meine Eltern eine Strapaze gewesen ist, war vorbei; er hatte, so lese ich im Brief an EFN insgesamt 2600 Mark gekostet, ein großer Koffer war verloren gegangen oder gestohlen worden, von dem ich nicht weiß, was darin war; immerhin bekamen sie dafür von der Versicherung 2000 Mark, und das finde ich vergleichsweise viel. Mein Vater beteuerte, daß er nun in seinem Leben nie wieder umziehen wolle, und das ist ihm ja auch gelungen, da man die Unterbringung im Straflager Buchenwald am Ende seines Lebens nicht einen Umzug nennen kann.

In den Briefen, die er ab 1920 bis zu ihrem Tod an EFN geschrieben hat, weil sie oder er verreist war – es sind ziemlich viele – finde ich hier und dort auch Wesentliches, das ich auszugsweise zwischen anderen Texten einfügen möchte. Sie sind gemischt aus Geschäftlichem und Familiärem.

Zum Beispiel: "Sehr schön, daß Du bald wieder kommst, wir haben alle schon große Sehnsucht nach Dir – menschlich wie geschäftlich. Ursula fragt in einem fort, ob Du nicht bald "für immer" zurückkommst! Sie hat Dich in ihr kleines Herz geschlossen."

Oder: "Heute kurze vorläufige Antwort auf meinen langen Brief von neulich von Würzbach. Er schreibt, er sei zur Zeit sehr in Anspruch genommen mit Besprechungen, da er in die Verlagsleitung aufgenommen werden solle. Das können wir ja freudig begrüßen. Die Prospekte sind noch nicht verschickt, da sie mehrfach geändert werden mußten, zuletzt wegen der neuen BandEinteilung."

"Wir freuen uns nun sehr darauf, Dir bald unser Heim zeigen zu können. Oben ist es schon recht behaglich, und unten kannst Du wenigstens mal in die Räume hineinsehen, damit Du einen Eindruck von unseren Möbeln bekommst. Fürchte aber nicht, daß wir Dir den Tee in der Küche kredenzen, das wird vielmehr oben in dem gut durchwärmten, provisorischen Wohnzimmer geschehen. Dort lese ich Ursula jetzt manchmal einen Gesang aus der Odyssee vor, in der Übertragung von Rudolf Alexander Schröder, und wenn wir dann lesen, wie die Königin der Phäaken ihre Mägde am wärmenden Herdfeuer um sich versammelt oder die brave Penelogeia inmitten ihrer Frauen sich am Webstuhl betätigt, drängen sich uns naheliegende Analogien auf. Auch kommen einem allerlei Gedanken über die soziale Zerklüftung mit ihren widerlichen Begleiterscheinungen von Scheelsucht, Neid, Haß, Mißgunst und gegenseitigem Mißverstehen. Jedenfalls gilt, auch heute, wo der 'Herr' dem Gesichtskreis der für ihn Arbeitenden nicht vollständig entrückt ist, wie in der Industrie, wo er nur als Ausbeutender und Genießender erscheint – also z.B. auf großen Gütern, im Heer, in der Forstwirtschaft, in großen Gärtnereibetrieben u.s.w. – das Verhältnis zwischen Arbeitgeber und Arbeitnehmer noch gut ist. Im Feldheer, bei dem der Offizier alle Gefahren, Anstrengungen und Mühsale mit den Leuten gemeinsam hatte, war das Verhältnis bis zuletzt vorzüglich; in der Etappe, wo die sogenannten Offiziere zumeist ein Faulenzer Genießer und SchieberDasein führten, aber miserabel."

"Paul Sturm, Theologe und Dichter, genauer Nietzschekenner, der einige Male bei mir war, hat ein Gesuch an die Stiftung eingereicht, um ein Stipendium zu bekommen. Er war lange an der Front, ist zwei Mal schwer verwundet gewesen, hat auch das eiserne Kreuz, und bekommt jetzt, obwohl er Weimarer ist, keine Pfarrstelle, weil die Kirchenbehörde ihn anscheinend wegen seiner NietzscheAnhängerschaft auf den Index gesetzt hat.

Auch der nächste Brief geht von Weimar nach Berka, und da beschreibt M. Oe., Frl. Bulcke sei ihm jetzt eine so gute Helferin, daß er sie gern dreimal die Woche bei sich beschäftigen möchte, und das scheint dann auch so geworden zu sein, denn ich erinnere mich deutlich an ihre Freundlichkeit und ihr geduldiges Arbeiten bei beiden, Elisabeth und meinem Vater. Sie lebte im Haus ihres Bruders in einer hübschen, immer wunderbar aufgeräumten Mansarde, in der ich sie manchmal besucht oder ihr etwas gebracht habe. Überhaupt finde ich nachträglich, daß die verschiedenen alten Fräuleins, über die wir uns als Kinder auch manchmal lustig machten, nicht nur nett und freundlich sondern auch tüchtig waren, so daß ohne sie in dem schwierigen Betrieb 'Nietzsche-Archiv', den es nun schon seit zwanzig Jahren gab, manches noch viel schwieriger gewesen wäre.

Der erste Winter in Weimar am Archiv ist für M. Oe. teils erfreulich, teils auch mühsam gewesen. Elisabeth war die meiste Zeit verreist und er beinahe für alles verantwortlich, aber doch nur beinahe. Vielleicht darum hat er die liebe alte Gewohnheit wieder aufgenommen, ihr so oft wie möglich zu schreiben, und ich lese auch diese Briefe aufmerksam, notiere die Daten – Dezember 1919, Januar, Februar und März 1920 – wundere mich über viele Einzelheiten, die mitgeteilt oder gefragt werden und war doch schon dabei, nicht nur wie in der märchenhaften Berkaer Freiheit sondern als Familienmitglied dabei, und ich wurde auf eine etwas skurrile Weise "erzogen" z.B. mit Gesängen aus der Odyssee (und jetzt weiß ich auch, warum ich meine Lehrerin verblüfft habe, im 3. Schuljahr die Irrfahrten des Odysseus aus dem Kopf erzählen zu können). Auch die Verehrung für die Tante habe ich bei meinem Vater damals schon 'gelernt' und mußte sie in all meinen Jugendjahren auf eigne Art abwandeln.

Zur Oehlerschen Sparsamkeit aus einem dieser Winterbriefe:

"Ich bestellte für Dich und uns je 5 Raummeter Kiefernholzstöcke, die für 55 Mark pro r-m aus Ehringsdorf frei ins Haus geliefert werden. Karl sagt, das sei sehr billig; es sind Wurzelstöcke, etwas schwer klein zu kriegen, aber von wunderbarer Heizkraft, da sehr hart und zäh. Im Büro heize ich übrigens sparsam, sitze immer mit einer dicken Decke bei 10 bis 12 grad."

So sparsam war er vielleicht erst während des Krieges geworden, vor allem in Berlin mit der Familie. Annemarie – so meinte er viel später in einem Gespräch mit mir – habe leider niemals sparen gelernt. Darum gab er ihr das Wirtschaftsgeld immer nur für drei Tage, was ich übrigens barbarisch gefunden habe, und nach meinem Abitur, als ich für ein halbes Jahr beauftragt wurde, in der Südstraße 26 den Haushalt zu führen, da habe ich mir einen Ruck gegeben und habe gesagt, mit mir könne er das aber nicht machen. Und er hat ganz freundlich geantwortet, das habe er auch nicht vor.

In einem anderen Brief aus diesem ersten Weimarer Winter bekam Elisabeth von ihrem Archivar versichert, er würde niemals etwas wegwerfen, ohne sie zu fragen, denn er habe "von Mutterchen den Aufhebefimmel geerbt", und auf jeden Fall würde er alle die Sachen, über deren Bedeutung er im Zweifel sei, zurücklegen, um sie ihr vorzuführen.

Aber daß er so gerne zu Fuß ging, hatte mit seiner Sparsamkeit nichts zu tun. Seit er nicht mehr reiten konnte, war ihm das Wandern – oder wie er zu sagen pflegte 'Marschieren' – in der Natur die beste Erholung. Gut für ihn, daß Annemarie das gern mitmachte und sich nach Hennings Geburt in Berka in Ruhe erholt hatte; dort hatte sie ja auch die Thüringer Landschaft kennen und lieben gelernt.

Ende Januar 1920 schrieb Max an Elisabeth:

"Wir (das heißt Annemarie und ich) haben am Sonntag von 9 Uhr früh einen herrlichen Marsch über Vollersroda, Buchfahrt und Saalborn nach Bergern gemacht und waren bei Reichenheims, wo es inmitten der tobenden Kinderschar bei Musik, köstlichem Schinken und einer guten Zigarre äußerst nett und behaglich war. Abends wanderten wie bei herrlichem Mondschein heimwärts. Frau Reichenheim hat Annemarie sehr in ihr Herz geschlossen; sie ist eine kluge, tatkräftige Frau, die sich natürlich giebt, sich weder 'hat' noch 'betut' und durch und durch echt ist. Von seelischer Tiefe strotzen sie beide nicht, und es haftet ihnen noch viel von dem unleidlich flatterhaften berlinisch-jüdischfahrigem Wesen an. Doch denke ich, wird sich das mit der Zeit durch das Leben auf dem Lande etwas geben. Otto R. bat mich, für ihn auf die Musarion-Ausgabe, und zwar die beste Ausfertigung zu subskribieren, was ich auch gleich besorgt habe. Er besitzt bereits die große Oktav-Ausgabe."

Auch mit mir waren unsere Eltern zu Besuch in Bergern, obwohl vielleicht nicht zu Fuß. Aber selbst wenn wir mit der Kleinbahn nach Berka gefahren sind und vom Bahnhof hinauf zum Rittergut gingen, hatten wir eine Menge zu laufen, jedoch ich erinnere mich nicht, daß mir das zu weit gewesen wäre. Und meine Tanzfreundinnen sah ich wieder, die schöne Anna-Susanna und ihre jüngere Schwester mit den schwarzen Korkenzieherlocken, die sich nach dem Tanzen genierte, wie ich. Bei dem Besuch habe ich auch die Großmutter kennen gelernt, Frau Anna Reichenheim, die in Weimar in der Belvederer Allee wohnte und dort in unserem Leben eine Zeitlang eine Rolle spielte. Sie hatte das Haus 'Hohe Pappeln' gekauft, das van de Velde einst für seine Familie gebaut hatte, und sie war nicht nur die Großmutter von Anna-Susanna und ihren Geschwistern sondern von einer weit verzweigten Familie, deren Mitglieder alle gerne in ihr schönes Haus zu Besuch kamen, und jedesmal, wenn ein festliches Wochenende bevorstand, wurden wir dazu eingeladen. Ich durfte dann oft übernachten, vor allem, wenn gleichaltrige Enkel da waren und habe einem Wolfgang aus Berlin, zwölf Jahre jung, der mich zu seiner Braut machen wollte, sagen müssen, daß ich mich noch nicht entscheiden könnte. Eine große, interessante jüdische Familie, und weder M. Oe. noch EFN hatten etwas gegen die Geselligkeit mit diesen klugen, netten Leuten.

Als die so reizend liebenswürdige alte Dame in die Schweiz gezogen war und ihr Weimarer Haus vereinsamte, da haben sie mir gefehlt, allesamt. Meine Mutter hat dann irgendwann betrübt gesagt: in der Schweiz oder in England wird es ihnen hoffentlich besser gehen ...

Auszüge aus zwei Briefen an EFN im Februar 1920, als sie noch (oder wieder) in Bad Berka in der Villa Rosenthal zur Erholung war:

"Ich glaube, Du brauchst Dich nicht zu beunruhigen. Es wird am Schluß des Nachberichts ausdrücklich gesagt, daß die philologischen Schriften so aufgenommen sind, wie die ersten Herausgeber sie gebracht haben; auch betr. der Einschränkungen ist auf die Vorworte der Bde. I und II der Philologika hingewiesen worden. Ich lege eine Abschrift des Schlusses des Nachberichts bei.

Die Zweifel Prof. Böhmes bezogen sich alle auf die Schreibweise. Obgleich ich ihm unzählige Male erklärt habe, die ungleiche Schreibweise der Namen solle beibehalten werden und es werde ein Vermerk darüber im Nachbericht gemacht werden, konnte er doch nicht darüber hinwegkommen, daß N. manchmal Homerisch, manchmal homerisch, einmal Democrit, das andere Mal Demokrit schreibt. Ich habe die sämtlichen Zettel, auf denen er seine Zweifel vermerkt hat, aufgehoben und werde sie Dir mal nach Berka mitbringen. Du wirst Dich überzeugen, daß das alles Belanglosigkeiten sind. Wirkliche Fehler, besonders in den griechischen Texten, hat Prof. Böhme eine ganze Menge gefunden, und die sind natürlich berichtigt worden. Auch hat ja Würzbach die Korrekturen genau mitgelesen, und es war vereinbart, daß nach den Holzer-Crusius'schen Texten gedruckt werden soll. Philologische Anmerkungen, wie sie der II. und der III. Bd. der Philologika enthalten (der I. hat keine, auch keinen Nachbericht) sollten die Bände der Musarion-Ausgabe nicht bekommen. Die Crusius'schen Anmerkungen beziehen sich auf Abweichungen von der Handschrift, den Zustand der Handschriften, die Stellen der Handschriften, wo sich die einzelnen Bruchstücke finden u.s.w. Derartige Notizen würden sich doch gar nicht für die Ausgabe, die ja eine Luxusausgabe sein soll und will, eignen. Es war auch so zwischen Richard, Würzbach und mir, – und ich denke doch ebenfalls mit Dir besprochen. Diese Anmerkungen wären auch ganz ungleichmäßig ausgefallen weil, wie gesagt, der von Holzer bearbeitete 1. Bd. derartige ins Einzelnste gehende Anmerkungen gar nicht enthält. Auch legt der Verlag, wie Würzbach schon mehrfach betonte, keinen Wert darauf, daß die Ausgabe mit noch mehr philologischem Material beschwert ist.

Zu Prof. Böhme werde ich heute Nachmittag hingehen und mich mit ihm über den KorrekturVermerk einigen. Auch werde ich ihm nochmal den ganzen Sachverhalt auseinandersetzen, was ich übrigens schon mehrfach getan habe; hoffentlich beruhigt er sich dann endlich. Er war stets ein überängstlicher Pedant, und seine Geisteskräfte sind nicht mehr auf der Höhe; er vergißt oft wieder, was man ihm schon erklärt hat und was er schon eingesehen hatte. Selbstverständlich werde ich mit ihm in der freundlichsten und konziliantesten Weise sprechen.

Nachtragen möchte ich noch zu dem Kapitel Philologische Anmerkungen, daß selbstverständlich vieles daraus von mir in dem Nachbericht verwertet worden ist, z.B. ist bei den 'Demokritea' gesagt, daß es sich um eine Zusammenfassung von Bruchstücken handelt, die aus der und der Zeit stammen u.s.w. Nur wo die einzelnen Bruchstücke in den Handschriften zu finden sind, ob sie mit schwarzer oder blauer Tinte geschrieben sind, welche Korrekturen N. im Einzelnen daran vorgenommen hat, ist nicht gesagt.

Einen Tag später: "Ich habe mich nun also gestern mit Prof. Böhme dahin auf das Freundschaftlichste geeinigt, daß am Schluß des Nachberichts vermerkt wird: 'Die Korrekturen dieses Bandes hat Herr Prof. Dr. Boehme gelesen.' Ich schlug ihm auch andere Fassungen (mit gewissen Einschränkungen) vor, doch war er nicht dafür. Sichtlich beruhigte es ihn, als ich ihm den Schluß des Nachberichts (von dem ich Dir die Abschrift schickte) vorlas und zeigte, also die beiden für ihn entscheidenden Punkte: 1) daß der Holzer-Crusius'sche Text zu Grunde gelegt ist und 2), daß die ungleichmäßige Orthographie, Interpunktion und Schreibweise der Namen mit Absicht und aus den für die ersten Herausgeber maßgebenden Gründen beibehalten worden ist. Er hat mir nun versprochen, weder sich noch andere Leute damit zu beunruhigen, daß diese Ungleichheiten nicht ausgeglichen worden sind. Wie Du weißt, ich hatte ihm das alles schon mehrfach auseinandergesetzt, aber er hatte es wieder vergessen; jetzt, wo er es in dem Nachbericht gelesen hat, wird es ja wohl haften.

Annemarie geht es wesentlich besser. Sie war schon gestern den ganzen Tag fieberfrei und hat in der Nacht gut geschlafen. Auch der Appetit kommt langsam wieder. Sei herzlichst von uns beiden gegrüßt!

Auch Ursula läßt grüßen. Sie sitzt an Frl. Bulckes Platz und drechselt einen Aufsatz über "Das Leben der Ameisen". Darin stehen Dinge, die ich keineswegs wußte. Die naturgeschichtlichen, so amüsant und spannend geschriebenen modernen Kinderbücher sind wirklich ausgezeichnet"...

Diesen Brief habe ich nicht einfach aus Gewissenhaftigkeit abgeschrieben (mit nur wenig Auslassungen), sondern weil er so gut verdeutlicht, wie damals, vor nunmehr 75 Jahren mit Nietzsches Nachlass gearbeitet werden mußte; ohne ausführliche Gespräche und Briefe ging nichts voran, und zwischen zwei alten, eigensinnigen Leuten mußte eben sorgfältig vermittelt werden. Was übrigens die orthographische Empfindlichkeit des Professors betraf, der sich nicht Böhme schrieb sondern Boehme (das geht aus dem zweiten Brief hervor), so verstehe ich sie aus eigner Erfahrung, sehe aber auch ein, "daß das alles Belanglosigkeiten sind", wie M. Oe. sich ausdrückt. Freilich nicht im Bezug auf den eignen Namen: nicht Öhler sondern Oehler hieß unsere Familie, und wieviele hundert Male mußten wir das buchstabieren.

Den Aufsatz über das Leben der Ameisen, an den ich mich nicht mehr erinnere, habe ich wahrscheinlich für Frl. von Gütschow geschrieben, die eine kleine Privatschule betrieb – in der unteren Südstraße, wie günstig – die nur aus zwei Klassen bestand. Dort sollte ich wegen meiner guten Deutschkenntnisse zuerst zu den 'Großen' gesetzt werden, die zwei oder drei Jahre älter waren als ich, aber wegen meiner mangelhaften Rechenkenntnisse ging das dann doch nicht. Die 'Kleinen' paßten im Alter besser zu mir; sie waren laut und lustig, und anfangs versuchten sie, mich einzuschüchtern, aber mit einigen von ihnen bin ich weit über unsere Schulzeit hinweg befreundet gewesen.

Im Frühling 1920 wurde das Leben in der Südstraße 26 angenehmer. Endlich konnten alle Räume benutzt werden! Auch konnten wir nun Besuch haben, sogar Logierbesuch; das Gästezimmer lag im Parterre mit einem kleinen Klosett daneben – das schien uns fast luxuriös zu sein. Adalbert Oehler kam zu Vorstandssitzungen und um die Steuer-Erklärung zu machen, und auch Richard Oe., der nach seiner Scheidung wieder geheiratet hatte und nach Leipzig gezogen war, kam mit seiner jungen, sehr liebenswerten Frau und nahm stets viel Anteil an der Archiv-Arbeit. 'Fast ein Familienbetrieb' haben manche Leute gefunden und machten sie darüber lustig oder empörten sich, je nach ihrer Mentalität.

Im Archivgarten gab es eine Ziege und einen kleinen Schweinestall mit einem kräftigen Ferkel, die Ziegenmilch habe ich gerne geholt, aber als das Schweinchen geschlachtet wurde, wollte ich nichts davon wissen, daß es für uns sterben sollte – möglich, daß mir da zum ersten Mal klar wurde, daß das Fleisch, das wir aßen, immer von 'geschlachteten' Tieren stammte.

Im Mai 1920 hat M. Oe. Nietzsches Abhandlung über die Ermanerichsage für die Sonderausgabe "Jugendschriften" abgeschrieben und nach und nach auch die anderen Arbeiten aus seiner Schülerzeit in Pforta. Das zog sich lange hin; immer wieder taucht im Tagebuch der Satz auf "Jugendschriften weiter abgeschrieben", und ich frage mich, ob er das handschriftlich gemacht hat oder wie sonst? Schreibmaschine schrieb er nicht, und wenn er, wie später, eine Sekretärin gehabt hätte, dann hätte er bei seiner Genauigkeit sich anders ausgedrückt, z.B. 'Jugendschriften weiter diktiert'.

Der junge Nietzsche hat in Pforta in seinem Aufsatz "Mein Leben" unter anderem den selbstkritischen Satz geschrieben: "In diesem Streben nach zunehmender Vertiefung des Wissens stehe ich noch jetzt; und es ist natürlich, daß ich über meine eigenen Leistungen ebenso geringschätzig denke, wie oft auch über die anderer, weil ich fast in jedem behandelnden Stoff eine Unergründlichkeit oder wenigstens eine schwere Ergründlichkeit finde."

Darum wollte er hier nur seine einzige Arbeit erwähnen, "mit der ich in meiner Schullaufbahn fast zufrieden war: meine Abhandlung über die Ermanerichsage."

Neugierig gemacht durch diese Sätze habe ich aber über den ostgotischen König, dessen Reich am schwarzen Meer von den Hunnen zerstört worden sein soll, nur sehr wenig finden können, auch nicht, ob Nietzsche recht gehabt hat, daß dieser Tyrann kein Ostgote gewesen sei, auch kein Germane sondern ein ungarischer Held, der später von einem seiner Verwandten – Dietrich von Bern – den er vertrieben hatte, schließlich besiegt und getötet wurde. Ich weiß jetzt aber, daß die Beschäftigung mit den Sagen aus der nordischen Frühzeit, die einander offenbar immer wieder durchdrungen und ihre Gestalten vermischt haben, meinem Vater wichtig gewesen sind; er kam in seinen Aufsätzen und Vorträgen oft darauf zurück und versuchte, die Entwicklung der deutschen Geschichte und sogar auch die politische Entwicklung aus dieser Vergangenheit zu erklären.

Nietzsches zwanzigster Todestag am 25.8.1920 ist zwar wie andere Eintragungen im Geschäftstagebuch vermerkt, aber ohne nähere Angaben. Wahrscheinlich sind am folgenden Sonnabend zahlreiche Besucher zum Jour fixe gekommen, viele Freundinnen und Freunde, die sich um Elisabeth scharten und ihr zuhörten, ob sie nun die Erinnerungen kannten oder nicht. Sie erzählte doch so gern und mit Rührung von ihrem großen Bruder, und manchmal fiel ihr auch etwas ein, was sie nur selten oder noch gar nicht erzählt hatte.

Für meine Eltern war es inzwischen höchste Zeit geworden, sich in Weimar nach Musikfreunden umzusehen, und die haben sie auch bald gefunden; es gab eine Klavierlehrerin für mich, die auch zur Hausmusik bereit war, es gab in der unteren Südstraße einen Maler, der ausgezeichnet Bratsche spielte und am Ettersberg den Besitzer einer Nelkenkultur, der ein passionierter Cellist war, nur daß er immer zu wenig Zeit zum üben hatte. Unser größtes Zimmer, in dem vor allem Annemaries Flügel stand, und auch ein umfangreicher Notenschrank, wurde schon des Flügels wegen im Winter regelmäßig geheizt; dort konnte geübt werden, es konnten auch Gäste zum zuhören eingeladen werden, und obwohl sich das zunächst nur langsam entwickelte, waren nach einigen Jahren die Musikabende bei Oehlers in der Südstraße eine bekannte und beliebte Einrichtung. Die meisten, die sich daran beteiligten, waren keine Berufsmusiker, aber alle hatten sie, genau wie M. Oe., den Ehrgeiz, auf diesem Gebiet etwas Besonderes zu leisten. Ich habe oft zugehört, und wenn ich auch selber nie fleißig geübt habe, so 'brauchte' ich schließlich diese Musik in meinem Elternhaus – sie gehörte zu unserem Leben. Auch Mechthild wollte immer dabei sein, so klein und kindlich sie noch war, und sie weigerte sich heftig, wenn sie ins Bett gebracht werden sollte, solange noch musiziert wurde. "Laßt sie doch hier" sagte Vater Max. Wir ließen sie dann in der Sofaecke sitzen, bis sie von selber einschlief, und das ist übrigens so geblieben: Musik war ihr das Wichtigste in ihrem sonst so unentwickelten Leben, und ich habe später immer bedauert, daß sie kein Instrument spielen konnte. Sie konnte so gut singen, ohne eine einzige Note zu kennen, und vielleicht hätte sie bei guter Anleitung gelernt, Flöte zu spielen, und womöglich hätte sich dadurch manches für sie positiv verändert.

17. Februar 1921: Thomas Mann zum Mittagessen im Archiv. (Kein Kommentar)

7. März 21: Vom Musarion Verlag bekommen: 1 Ganzlederband, 1 Pergamentband, 8 Halblederbände.

Ebenfalls am 7. März: Thüringischer Schriftstellerverband, Vorstandssitzung im Nietzsche-Archiv. Elisabeth F.-N., die Schriftsteller Franz Herwig und Heinrich Lilienfein, Dr. Tille, der Theaterkritiker Franz Kaibel, Bibliotheksdirektor Ortlepp. Allgemeine Fragen; Beratung über öffentliche Feier zum 600. Todestag Dantes.

12. März: Elisabeth F.-N. für 14 Tage nach Jena in die Augenklinik.

16.3.1921, M. Oe. an Elisabeth, aus dem Archiv nach Jena, Augenklinik: "Liebe Tante, ich will möglichst wenig schreiben und recht groß, damit Du es leicht lesen kannst. Ich schicke Dir hier die Steuererklärung; man muß bis zum 31. März sein Einkommen für das Jahr 1920 (nicht 21) angeben. Du könntest die Erklärung vielleicht gleich an Adalbert schicken; er kennt ja Dein Einkommen von 1920. Dadurch, daß Du von der Stiftung sozusagen Gehalt bekommst, ist die Sache verhältnismäßig einfach. Ich fragte auf dem Finanzamt, ob man in Krankheitsfällen nicht Aufschub erhalten könnte, was bejaht wurde. Wenn Du also Aufschub haben willst, müßte ich in Deinem Namen ein kurzes Gesuch an das Finanzamt richten; wer unentschuldigt die Erklärung nicht bis zum 31. März abgibt, wird mit 10 % Steuerzuschlag bestraft.

Also bitte laß mich kurz wissen, ob Du Adalbert noch vor dem 31. März die Sache hinschickst, oder ob ich um Aufschub ersuchen soll.

Hoffentlich hast Du nette Gesellschaft in der Klinik und einen Garten dabei, in dem Du herumspazieren kannst, wenn auch mit großer blauer Brille angetan.

Heute kamen 200 M. von der Neuen freien Presse, die ich nach Jena dirigierte. 200 statt 400! freche Judenbande! Man muß gleich reklamieren. Soll ich das tun? Die Leute haben doch selbst 400 angeboten!"

Leider weiß ich nicht, wofür das Honorar angeboten und nur zur Hälfte gezahlt wurde, von der "frechen Judenbande", aber ich weiß aus eigner Erfahrung, daß sowas heute auch vorkommt – es brauchten gar keine Juden zu sein. Geschäftsleute halt, die es so versuchen und dann eine Ausrede finden. Oder der Computer ist schuld ...

April 21: Elisabeth 75. Geburtstag naht, es gibt viele Vorbereitungen und auch eine Festschrift, die M. Oe. zusammenstellt und herausgibt; er nannte sie "Den Manen Friedrich Nietzsches". Professor Kluge wurde beauftragt, eine Plakette zu formen.

Himmelfahrt am 5. Mai: "Sieben Stunden Schneesturm!" (Keine weitere Eintragung.)

Ernest Thiel war in Berlin und wurde zum 75. Geburtstag eingeladen, aber er kam schon vorher; er wollte mit seinen beiden jüngsten Kindern eine große Reise machen und hatte die Idee, mich mitzunehmen (er sagte zu meiner Mutter: Ihre Kleine gefällt mir) aber das ging nicht, weil ich noch keine Ferien hatte, und außerdem wollte ich nicht. Tage, damals 12 Jahre alt, sah hochmütig auf mich herab, und daß ich mich mit der gleichaltrigen Lill mal so gut anfreunden würde, konnte ich mir da noch nicht vorstellen.

Thiel, der auch in der Inflationszeit immer bemüht war, Elisabeth und dem Archiv mit Geld zu helfen, schrieb am 29.6.21 mit der Überschrift "Liebste Freundin", daß er für seine Übersetzung von "Jenseits von Gut und Böse" ein Honorar von 20 000 Mark bekommen habe und es ihr über Berlin überweisen ließe. Schrieb außerdem, wie schön die Tage in Weimar gewesen seien, er dächte immer wieder daran, und wie ihm so wohl dort im Herzen wurde. "Ich lebte in einer anderen Welt -"

Da ich mich an Elisabeth 75. Geburtstag überhaupt nicht erinnere, beschränke ich mich darauf, aus dem Tagebuch abzuschreiben, wie der 10.7. gestaltet wurde. Am frühen Morgen sangen Annemarie Oehler, die Pianistin Maria Nietsche und eine Frau Gruner dreistimmig "Hebe deine Augen auf

..." Danach sang die Kurrende, die sich im Garten unter ihrem Fenster versammelt hatte.

Von 9 bis 10 Uhr: Vorstandssitzung mit Adalbert und Max Oehler, Professor Gocht und Geheimrat Vaihinger.

Ab 10 Uhr 30 zwei Stunden lang Glückwünsche der Behörden und Körperschaften; Ehrengaben und Überreichung der Festschrift und der Ehrenpromotion. Festessen im Erbprinz, 23 Personen. Von vier bis sieben im Archiv Empfang der etwa 80 Gratulanten mit Tee und Gebäck. Vortrag der Gedichte aus der Festschrift, dann Musik: Mozart und Haydn. Am Flügel Maria Nitsche, Geige Max Oehler, Bratsche Professor Graf.

Hier das Inhaltsverzeichnis der Festschrift "Den Manen Friedrich Nietzsches" die Max Oehler zu Elisabeths Geburtstag herausgegeben hat, gedruckt bei Musarion.

Inhalt	Seite
Bruno Bauch/Friedrich Nietzsche und das aristokratische Ideal	1
Ernst Bertram/Vier Gedichte aus einem Buch "Der Rhein". Dem Andenken Friedrich Nietzsches	19
Kurt Breysig/Das Geflecht der Triebe: Selbstbereicherung und Selbsterweiterung	25
Paul Ernst/Das Ende des Lebens. Ein erdachtes Gespräch	45
Rudolf Eucken/Meine persönlichen Erinnerungen an Nietzsche	51
Ludwig Gurlitt/Die Erkenntnis des klassischen Altertums aus dem Geiste Friedrich Nietzsches	57
Walter von Hauff/Die Einheitlichkeit der Gedankenwelt Nietzsches	81
Martin Havenstein/Nietzsche als Erzieher	91
Karl Koetschau/Drei Widmungen Goethes. Ein Brief	109
Friedrich Lienhard/Nietzsches Ausklang	123
Richard Oehler/Unsere Zeit im Spiegel von Nietzsches Kulturphilosophie	127
Otto Freiherr von Taube/Drei Gedichte	143
Hans Vaihinger/Kants antithetische Geistesart erläutert an seiner Als=Ob=Lehre	151
Friedrich Würzbach/Dionysos. Vortrag, gehalten im Juni 1921 zu München bei Eröffnung der Nietzsche-Gesellschaft	183
Thomas Mann/Einkehr	209

Viele Besuche in der Zeit nach dem festlichen Geburtstag. Zweiundzwanzig Zeitungen hatten den Bericht von M. Oe. gebracht. Im September danach hatte er mit dem Bruder Richard Ferien bei dessen Schwiegereltern. Lotte Müller lebte in Wiehl, Reg. Bez. Köln in einem ländlichen, weiträumigen Haus mit großem Garten, und dort wohnten, so schrieb M. Oe. an Elisabeth "unglaublich viele Menschen, alle sehr lebhaft und von rheinischer Lustigkeit"; andererseits fand er es angenehm, "daß sich hier keiner mehr als nötig um die anderen kümmert – jeder tut und läßt, was er will." Die beiden Brüder gingen am liebsten zur Jagd: "Am Sonntag schon früh um 4 (!) aufgestanden und hinaus in den nebligen Morgen; den Karnickeln aufgelauert und dabei gefroren wie die Schneider." Sie schossen dann eine Anzahl Rebhühner, und am nächsten Abend "gingen wir auf den Rehbock." Erlegt haben sie ihn offenbar nicht, aber allein das Herumstreifen in den ausgedehnten Jagdgründen war den beiden Genuß und Erholung, denn nach der Rückfahrt nach Weimar und Leipzig mußte gleich wieder gearbeitet werden; schon die zweite Briefseite an Elisabeth handelt davon. "Die wilde Jagdleidenschaft, von der sie eine Woche lang beseelt gewesen waren", mußte nun leider wieder unterdrückt werden.

Stattdessen: Ärger und Mühe mit dem Musarion Verlag; Sonderausgabe, 1. Band, Vorwort, Inhaltsangabe usw. Adalbert kam oft zu Besuch und Beratung, Richard ebenfalls. Wahrscheinlich ging das alles langsam, weil sie ja nicht, wie später, Mitarbeiter als Herausgeber im Hause hatten. Alles ging von den zwei Schreibtischen aus: E. F.-N. und M. Oe. Das Durcheinander mit Musarion in den Jahren 1920 bis 22 und noch weiter zu erklären, wäre ja vielleicht aufschlußreich, aber eine Spezialarbeit von Wochen. Immerhin, im Juni 1922 kam der erste Korrekturbogen von Band 7 im Archiv an.

1922 – in diesem Jahr hatte es sich schon bewährt, daß Streichquartette von Haydn und Mozart zum Jour fix vorgetragen wurden, die mein Vater mit seinen Hausmusikfreunden bei uns geübt hatte; Graf und König (sie hießen wirklich so) und der begabte Herr Grellmann, der ebensogut Klavier wie Bratsche spielen konnte, seinen Lebensunterhalt aber als Finanzbeamter verdiente. Nach seiner Pensionierung ist er Organist geworden ....

Mein Geburtstag im Jahr 22 ist ein Sonntag gewesen: ich war zehn Jahre alt geworden und hatte alle meine Schulkameraden eingeladen, die mich im vergangnen Winter noch wegen meiner dünnen Beine in roten Gamaschen verspottet hatten; sie schrieen "Storchbein! Storchbein"! Aber jetzt waren sie nett. Wir spielten Topfschlagen, und alle Kuchenteller wurden leer.

Herr v. Massenbach, der zwar nicht meinetwegen, sondern der Tante zuliebe gekommen war, schenkte mir eine Porzellandose in Form eines Katzenkörbchens, gefüllt mit Pralinen. Ich fand sie süß.

Immer wieder Besucher mit besonderen Wünschen im Archiv: Schriftsteller, Professoren, Künstler, Studenten, Journalisten. Beim Abendessen unterhielten meine Eltern sich ab und zu darüber, und ich habe manchmal zugehört und gelegentlich auch gemerkt, daß mein Vater manche Leute lästig fand – oder sogar "ziemlich blödsinnig". Umso wichtiger ist ihm die Musik geworden, er erholte sich dabei; sogar beim abendlichen Üben, allein in seiner Bibliothek, wobei er sich nicht hinsetzte, sondern hin und her ging zwischen den Bücherschränken, um schwierige Passagen zu wiederholen. Ich hörte es oft vor dem Einschlafen, und manchmal hat es mich auf unerklärbare Weise traurig gemacht.

Aber auch sehr interessante Besucher kamen ins Archiv, z.B.: "Der Sufi Marshidinayat Khan, ein mohamedanischer Inder, der bedeutendste Musiker Nordindiens, geboren 1882 in Borida, der auch Philosoph ist, hat seine Musik und philosophische Weisheit vorgetragen; die Botschaft des Sufismus." (Notiz aus dem Tagebuch 1922)

In diesem Jahr brachte auch der japanische Philosoph Ziro Abe Sendai Nietzsche-Übersetzungen ins Archiv, und ich glaube, mich an ihn zu erinnern, allerdings nicht nur, weil er der erste lebende Japaner war, den ich zu sehen bekam, sondern auch, weil er für uns – die Familie Oehler Geschenke mitbrachte – Teetassen mit Deckeln aus zartem Porzellan und kleine, bunt bemalte Götterfiguren und originelle, farbige Holzschnitte, wie ich sie noch nie gesehen hatte – lauter Kostbarkeiten für uns, die wir zu der Zeit in Weimar noch nicht kaufen konnten.

Im November 22 sollte der 7. Band der Musarion Ausgabe fertig werden. Soweit ich das dem Tagebuch entnehme, hat M. Oe. die Korrekturen immer allein gelesen. Auch die Schwierigkeiten mit dem Kröner Verlag hat er auf seine hartnäckig-geduldige Art bewältigt. Dort war inzwischen der Schwiegersohn Kröners. Dr. Wilhelm Klemm der Chef geworden, mit dem mein Vater immerhin ein freundschaftliches Verhältnis entwickeln konnte. Ihn und seine Familie in Leipzig habe auch ich später gut kennen gelernt und dann erst begriffen, daß Klemm nicht nur ein netter Mensch sondern auch ein begabter Dichter war. Er war von Beruf Mediziner gewesen, hatte aber noch vor dem Krieg nach dem Tod seines Vaters dessen Buchhandlung übernommen, war dann, wie er sagte, "so unvorsichtig gewesen, eine Lyrikerin zu heiraten" (Kröners Tochter) und schon während des Krieges, als er Arzt an der Westfront war, wurden seine vorwiegend expressionistischen Gedichte veröffentlicht. Bei Kröner war er zunächst Geschäftsführer, später dann Eigentümer der Dieterichschen Verlagsbuchhandlung. Ich war damals noch zu schüchtern mit einem Dichter über seine Gedichte zu sprechen – daß man das tun darf und es sogar für beide Gesprächspartner etwas bedeuten kann, habe ich erst viel später gelernt.

Die folgenden Notizen sind aus dem Tagebuch Nr. 2:

11.12.22: "Mit Frau F.-N. und Professor Hecker und Richard sämtliche Nietzsche-Handschriften durchgesehen und dem Hecker die verschiedenen Handschriften aus den versch. Perioden gezeigt. Eingehende Besprechung mit ihm über das Entziffern und die Anfertigung der Abschriften."

(das muß aber – stelle ich mir vor – eine Riesenarbeit gewesen sein! Konnten sie das an einem Tag bewältigen?)

Der 24.12. war ein Sonntag, an dem der Archivar vormittags im Archiv gearbeitet hat. Das steht im Tagebuch, aber nicht das eigentliche Weihnachtsfest, an das ich mich erinnere, sondern vor allem, daß unsere Tante einen Wäschekorb mit Geschenken herüberschickte und am Abend zur Bescherung kam, die von Vater Max hinter der Schiebtür geheimnisvoll aufgebaut wurde; er machte es spannend und mit Genuß. Auch ich durfte nicht helfen. Mechthild war jetzt sieben Jahre alt, Henning noch nicht vier, und Annemarie erwartete das vierte Kind; jetzt durfte es wieder eine Tochter sein.

In diesen Weihnachtsferien zog M. Oe. mit Pfadfindern ins Erzgebirge, hat dort eine Grippe bekommen, kam krank nach Hause, auch mit dem verhaßten Ischias und hat damit in seinem unheizbaren Schlafzimmer gelegen – gelobt sei, was hart macht.

15.1.1923: "E. F.-N. und Richard Oe. legen fest, was in die Jugend-Selbstbiographie Nietzsches, die von der Nietzsche-Gesellschaft herausgegeben werden soll, aufgenommen wird."

21.1.1923: "Sanitätsrat Vulpius, der sich Unterlagen über Nietzsches Erkrankung besorgt und sie bearbeitet hatte, wird von E. F.-N. beauftragt, eine abschließende Darstellung anzufertigen". (Ich kenne sie nicht und frage mich heute, was da wohl alles verändert und beschönigt wurde.)

1.2.23: "In der Taschenausgabe von "Also sprach Zarathustra" sind sehr viele Fehler, vor allem in der Kriegsausgabe, von der es hieß, dass 'jeder deutsche Soldat sie im Tornister bei sich trug'. Neudrucke müssen angefertigt werden."

7.2.23: Druckfehlerverzeichnis für Zarathustra-Band der Taschenausgabe angefertigt."

11.2.23: Spengler zum Mittagessen. Gespräch über Verlagsangelegenheiten und die Sicherstellung der Zukunft der Stiftung Nietzsche-Archiv."

18.2. (wieder ein Sonntag) "Den ganzen Tag an der Musarion-Ausgabe Band 8 gearbeitet.

(Im Winter Sonntags fast immer)

24.2. "Die Musarion-Ausgabe kostet für uns pro Band:
    Karton 10 800 (18 000)
    Leder 28 800 (48 000)

bei 40 % Nachlass

Bei weiterer Geldentwertung wird entsprechend erhöht".

Zu dieser Zeit hatte Elisabeth eine Grippe, ziemlich lange – eine Seltenheit bei ihr.

Ein Brief von Haus zu Haus von M. Oe. an die kranke Elisabeth:

"Liebe Tante, bitte nimm doch mal das beigefügte harmlose Mittel. Es wirkt grade bei Bronchitis sehr gut! Wir haben es auch Ursula gegeben, als sie neulich so heftigen Husten und Schnupfen hatte (zeitweise mit Ohrenschmerzen, genau wie Du) mit bestem Erfolg. Am Tage 3 Tabletten – morgens, mittags und gegen Abend je eine, in etwas Wasser aufgelöst. Es wirkt nach cirka 2 Tagen ausgezeichnet.

Wirst Du durch Ohrenschmerzen geplagt, so kannst Du ruhig außerdem ein Aspirin nehmen, nur in einem gewissen Abstand von ein bis zwei Stunden von dem Pyrenol. Auch mir hat Pyrenol bei meinem Bronchialkatarrh sehr gut geholfen. Bitte tu mir den Gefallen und versuche es einmal, sonst kann sich die Sache noch lange hinschleppen. Ich empfehle Dir nichts, was wir nicht selbst an uns und den Kindern ausprobiert haben.

Darf Annemarie nicht am Nachmittag ein bißchen zu Dir kommen? Es tut uns so leid, daß Du gar niemanden bei Dir hast.

Von Herzen wünscht Dir baldige Besserung und Erleichterung Dein getreuer M."

Diesen Brief zu entdecken hat mir Vergnügen bereitet, denn ich erinnerte mich doch vorwiegend, daß M. Oe. grundsätzlich gegen Medikamente war und an seine Ansicht, der normale menschliche Organismus müsse sich selber helfen. Und nun weiß ich auf einmal ganz deutlich, daß er auch mir im Frühjahr 1923 die Tabletten aufgelöst hat, ganz geduldig, und mir zugeredet, das bittere Zeug runterzuschlucken, obwohl es mich schüttelte. Und noch mehr – er hat mich auch gebadet während dieser Krankheit, in einer Sitzbadewanne, hat mich mit Wasser begossen, mich sorgfältig abgetrocknet und ins Bett getragen, weil ich ganz schwach war (und viel zu dünn, wie er dabei feststellte) und er Annemarie schonen wollte – "denn sie hat doch ein Kindchen im Bauch und darf sich nicht überanstrengen" sagte er etwas verlegen und war vielleicht froh, daß ich keine neugierigen Fragen gestellt habe.

Der durch die Inflation im Winter 22/23 entstandene Kampf um die Preise der Bücher muß schlimm gewesen sein, für beide Seiten, Autoren und Verleger. Obwohl Dr. Klemm, der neue Chef vom Kröner Verlag, ein "ruhiger, verständiger und anständiger Verleger" war, wie M. Oe. sich ausdrückte, regte EFN sich immer wieder über ihn auf und meinte, der sei an allem schuld, z.B., wenn er die von ihr geforderten 60 000 000 Mark nicht bezahlen wollte. Sechzig Millionen! Ich wundere mich noch heute über jeden, der bei der galoppierenden Inflation nicht die Nerven verloren hat, und ich erinnere mich auch nicht, ob ich mit elf Jahren begriffen habe, was das bedeuten sollte: Milch holen mit einer Handvoll Hundertmarkscheinen ...

Zu dieser Zeit wollte Adalbert Oehler den Vorsitz der Stiftung Nietzsche-Archiv niederlegen, und M. Oe. schrieb ins Tagebuch: "Weil er glaubt, Frau Förster-Nietzsches Vertrauen nicht mehr zu besitzen." Ich aber kann mir vorstellen, daß er bei aller Hilfsbereitschaft sich oft von seiner selbstbewußten Cousine überfordert fühlte.

Graf Kessler, der eine langjährige und in mancher Hinsicht gute Freundschaft mit EFN. hatte, machte einst in den Vorkriegsjahren gemeinsame Pläne mit ihr: ein Nietzsche-Denkmal auf dem Gelände des Archivs, vielleicht auch ein kleiner Tempel oder sogar etwas Großartiges mit einem Stadion und einer Musikhalle, aber aus alledem wurde nichts.

Das war lange her, und dennoch befand sich in einer Briefmappe von 1923 eine eng beschriebene Postkarte aus München "An Ihre hochwohlgeb. Frau Elsbeth Förster-Nietzsche, Rentière in Weimar: Sehr geehrte Madame!

"In Erwägung, daß 1. alle Monumente und Denkmäler Götzenbilder! albern, unnütz, wertlos, zwecklos sind und bleiben, 2. daß in keinem einzigen! auch nur eine Katze logieren kann, geschweige ein hungriger Sachse sich sattessen, 3. daß vielmehr deswegen!!! alle ohne Ausnahme ohne Unterschied, z.B. auch alle Kaisermonumente von den Sozis mit Recht! wieder eingeschmolzen werden oder kaputt gemacht, 4. daß ja, wie Sie selbst wissen!, alle den zehn Geboten des Schöpfers, des Großen trotzen, 5. daß kein Monument eine Sehenswürdigkeit vorstellt, 6. keine Fremden anzieht sondern vielmehr nur zum Fenster rausgeworfnes Geld sein kann!! bitten wir Sie dafür doch lieber!! für Weimar eine Internationale allgemeine tägliche Brodvertheilung!! Früh 6-7, abends 8-9 in den Wohnungen der Hungernden an der Reihe sind!) Psalm 115, 5, 6, u. 7, und Psalm 11, 7."

Daß mein Vater die Postkarte sorgsam aufgehoben hat, obwohl sie längst unnötig geworden war, kann ich mir vorstellen. Das paßte zu ihm. Er wird geschmunzelt haben und hat dem Münchner eine nette, beruhigende Antwort geschickt.

Im Frühjahr 1923 war Oswald Spengler sehr interessiert an der Stiftung Nietzsche-Archiv und hat an allem Anteil genommen. Vor 75 Zuhörern hielt er einen Vortrag über "Blut und Geld". Auch hat er sich für Max Oehlers Ritterorden-Buch interessiert.

Sonntag, den 11.3.23 saßen Elisabeth, M. Oe. und Spengler beim Mittagessen, als der Diener Karl hereinkam und etwas verlegen meldete, die gnädige Frau Oehler sei im Sophienhaus von einer Tochter entbunden worden. Vater Max entschuldigte sich, er eilte den Berg hinunter – es war nicht weit – dann wieder hinauf in die Südstraße zu der übrigen Familie, um dort mitzuteilen: Ihr habt eine kleine Schwester!

Ob ich mich gefreut habe, weiß ich nicht mehr, vielleicht in gewissen Grenzen, denn dass kleine Geschwister Mühe machen können, das wußte ich da schon. Hennings Antwort war so kurz, daß wir sie bis heute nicht vergessen haben: "Hast se mit?"

12.3.23: ernsthafter Brief an Dr. Würzbach, "er möge doch an den Aufgaben der N-Gesellschaft weiterarbeiten, anstatt bibliophile Drucke herzustellen und sonstige snobistische Mätzchen zu betreiben."

Vielleicht hat er, M. Oe., sich manchmal geärgert, daß er zu viel Kleinarbeit leisten mußte; schließlich hatte er die Vollmacht, die Bücher des Verlags zu revidieren und hat immer wieder in Zusammenarbeit mit den Verlagen lektorieren und korrigieren müssen, und ich bin sicher, daß er das gewissenhaft gemacht hat.

Und dann aber auch z.B. "einen deutlichen Brief an die Wach- und Schließgesellschaft geschrieben wegen besserer Bewachung des Archivs!"

Am 20. Mai 1923 war Pfingsten und am 23. ein großes Schulfest in Pforta. Das hat M. Oe. gefreut: "Die liebe alte Schule". Geschrieben hat er nichts darüber, aber wahrscheinlich hat er seine Brüder dort getroffen und frühere Schulkameraden. Möglich auch, daß er mir danach bei einem unserer Sonntags-Spaziergänge davon erzählt hat. Vielleicht habe ich die Gelegenheit benutzt, ihm zu sagen, daß auch ich in eine "richtige Schule" gehen wollte, und er wird geantwortet haben: "Als ich so jung war wie Du, ging ich noch auf die Dorfschule."

Zu der Zeit gingen wir oft allein, während Annemarie mit den drei Kleinen zu Hause im Garten blieb. Nach einer Weile pflegte er zu sagen: "so, jetzt bist du dran! Erzähl mir auch mal was."

Vielleicht habe ich ihm dann von Vercingetorix erzählt, und wir haben geübt, den Namen französisch auszusprechen; seine Geschichte stand in unserem Lesebuch. Er war ein Gallier und trotzdem ein solcher Held wie Jung-Sigfried von den Nibelungen, und ich hatte mir in meinem Buch immer wieder das Bild angesehen, neben der Geschichte seines Kampfes gegen die Römer, und habe mich mit meiner Freundin darüber empört, daß Cäsar ihn hatte hinrichten lassen. Auf dem Bild sah er wie ein Germane aus, und vielleicht war er auch einer. Diese Geschichte aus der Römerzeit hat damals meine Ansichten über Heldentum und Gerechtigkeit bös durcheinandergebracht; die Nibelungen hatten zwar auch nicht gesiegt, aber sie hatten ja Schuld auf sich geladen und darum...

3. Juni 23, Sonntag: "Mit Richard von 11 Uhr 30 bis 10 Uhr abends Besprechungen über alle schwebenden Fragen."

8. Juni 23: "Klemm schreibt, daß er bereit ist, noch weitere vier Millionen zuzulegen. Entgelt für die Ansprüche aus dem Jahr 1922. Und 26.6. schickt Kröner die unterschriebenen Verträge zurück, womit endlich die c. 3/4 Jahre andauernden Kämpfe betr. der Vergütung f. die 1922 gedruckten Bände abgeschlossen sind und durch klare und einfache Abmachungen für die Zukunft Vorsorge getroffen ist." (Rot angestrichen)

Auf einer Postkarte aus Leipzig am 27.11.23:

"Ich verhandele heute bereits zum dritten Mal mit den Herren vom Kröner Verlag, und ich denke, es kommen nun Vorschläge heraus, die Dich befriedigen werden. Zur Aufwertung der Ratenzahlungen für die Bände 1 und 14, Gr. Oktav sind sie an sich natürlich bereit, sie hatten aber die Sache aus dem Auge verloren, und die Zahlungen sind in der alten Art vom Büro erledigt worden. Es handelt sich nun nur noch um den AufwertungsModus, worüber wir nicht so rasch einig werden konnten. Natürlich mache ich nichts Entgiltiges ab sondern bringe nur Vorschläge des Verlags mit. Freitag komme ich zurück, und ich wäre Dir dankbar, wenn Du meinen Leutchen sagen ließest, Ursula und das Mädchen möchten Freitag Nachmittag mit dem Handwagen am Bahnhof sein."

(Das war so üblich bei uns! Er holte mich auch mit dem Handwagen ab, wenn ich allein verreist war.)

Geschäftlicher Brief von M. Oe. an EFN, wahrscheinlich 1924, geschrieben in Leipzig an einem Sonnabend, auf dem Briefpapier von Dr. Wilhelm Klemm.

"Liebe Tante,

Ich will Dir nur rasch die beruhigende Nachricht schicken, daß Klemm sehr gern auf Deine Forderungen eingehen wird; er ist froh, wenn die langweilige, zeit- und kräfteraubende vierzehntägige Abrechnungsmethode allmählich aufhört. Also wie früher: Bogenhonorar; die ganze Auflage auf einmal zu bezahlen. Er wird Dich nun bitten, ihm die Zahlung in etwa 3 Raten innerhalb von 3 – 4 Monaten zu gestatten; er ist bereit, die später gezahlten Raten zu verzinsen. Selbstverständlich machen wir nichts Endgiltiges ab, sondern bewegen uns lediglich in Vorbesprechungen und Erwägungen, die aber sehr fruchtbar sind, weil im Laufe der Unterhaltungen immer wieder neue Gesichtspunkte auftauchen.

Er wird Dir dann, nachdem alles nach allen Seiten gründlich überlegt und erwogen ist, klar und bestimmt formulierte Vorschläge machen. Ich habe mir auch bereits heute von Herrn Geisler genaue Aufstellungen machen lassen über folgende Punkte.

1) Honorar für die Einzel-Ausgabe des Zarathustras im Frieden (pro Exemplar)
2) dsgl. für die Zarathustra-Taschenausgabe
3) Gesamthonorar-Zahlungen für alle Nietzsche-Ausgaben in den Friedensjahren (bis einschließlich 1910)
4) Gesamt-Honorar-Zahlungen im Jahr 1924

Das habe ich Klemm unter die Nase gehalten und er staunte ! Wir sprachen auch über den Jubiläums-Zarathustra, den er gerne Weihnachten 1925 bringen möchte und zwar ganz in unserem Sinne, als eine ausgesucht schöne kostbare Luxus-Ausgabe auf dem Wege der persönlichen Subscription unter Umgehung des Sortiments, wodurch wir 40 % sparen ! als vom Nietzsche-Archiv veranstaltete Ausgabe, wobei der Verleger nur als der Beauftragte des Archivs fungiert, sodaß das Archiv den Hauptgewinn hat, und der Verlag sozusagen vom Archiv honoriert wird, d.h. einen verhältnismäßig bescheidenen Gewinn-Anteil erhält. Die ganze Herstellung, Risiko usw. liegt trotzdem beim Verlag; er möchte nur die Sortimenter nicht verschnupfen (weil die doch dabei ausgeschaltet werden) und deshalb das Archiv als Herausgeber zeichnen lassen.

Sehr geschickt finde ich. Dabei könnte schon ein hübscher Vermögensstamm für die Stiftung herausspringen.

Morgen, Sonntag Vormittag, noch weitere ausführliche Besprechungen unter Zuziehung von Matthäi (der doch nicht ganz so tückisch und verworfen ist wie Du glaubst); tatsächlich reicht der Rest der Dünndruck-Ausgabe nicht bis über Weihnachten, und sie wollen, wie gesagt, ja auch sehr gern schon hierbei wieder das alte Honorar-Verfahren eintreten lassen.

Ich denke also, es wird sich alles ganz gut Deinen Wünschen entsprechend regeln. Klemm zeigt durchaus Verständnis dafür, daß Du anstrebst, größere Summen auf einmal zu bekommen, um Rücklagen machen zu können und damit einen Stamm für die Sicherstellung der Zukunft des Archivs zu schaffen.

Von Richard und Lotte sah ich noch nichts. Das kommt morgen oder Montag; ich komme spätestens Montag Nachmittag zurück. Montag wollen wir noch mit Geisler, der der Finanzmann des Verlages ist, über den möglichen Zahlungs-Modus sprechen. Mit den Geldsorgen ist es nicht mehr so schlimm, da jetzt viel mehr eingeht täglich von den Sortimentern, und außerdem 2 Banken in letzter Zeit Klemm Geld angeboten haben ! und zwar ganz von sich aus. Etwas Unerhörtes in dieser Zeit ! doch dies ganz vertraulich ! Ich schreibe morgen sofort an Adalbert, er soll sich wegen Jagenbergs an diese Banken wenden; ich schreibe aber ausdrücklich, Du habest mir nur davon erzählt, daß Jagenbergs gern Geld aufnehmen würden, um den Betrieb zu verstärken. So etwas, wie von den angebotenen Bank-Krediten erfährt man doch eben nur, wenn man hier ist und mit den Leuten stundenlang plaudert. Das ist aber eine sehr wichtige Nachricht für uns ! Klemm war selbst ganz erstaunt, da er von allen Seiten hört, daß niemand Geld bekommen kann. Er muß also einen sehr guten geschäftlichen Ruf haben.

Herzlichst

Dein getreuer Geschäftsträger"

Thiels Wunder in Stockholm

Ernest Thiel, der sich EFN und ihrem Archiv so verbunden fühlte und immer wieder mit Geld geholfen hatte, schickte zwar während der Inflationszeit Pakete mit "Liebesgaben", war aber selber geschäftlich und gesundheitlich in schlechtem Zustand, und obwohl er auch an der Stiftung Nietzsche-Archiv und ihrer Gründung interessiert war, konnte er nicht nach Weimar reisen und das läge – wie er schrieb – wirklich am Geldmangel. Seit Jahren arbeitete er daran, seine große Kunstsammlung zu verkaufen; zur Zeit seine einzige Rettung. Nur müsse dazu erst etwas passieren, ein Wunder vielleicht, nämlich daß die Regierung den Beschluß fassen würde, sein Haus mitsamt der Kunstsammlung zu erwerben ...

Und im Dezember 1924 ist dieses Wunder wirklich geschehen: Blockhusudden wurde von der sozialistischen Regierung in Stockholm gekauft, mit allen Bildern, Möbeln und Teppichen und unter dem Namen "Thielska Galeriet" zum öffentlichen Museum ernannt. Thiel erklärte das für eine ideale Lösung und außerdem ein doppeltes Wunder: "Unsere Sozialdemokraten sind Kunstfreunde!"

Nun sei er dabei, ein neuer Mensch zu werden, wenn sie jetzt auch, wie er sich ausdrückte, vom Schloß in die Hütte ziehen müßten. Das habe ich ihn selber sagen hören, als ich dort zu Besuch war, allerdings fröhlich schmunzelnd, denn sein und seiner Kinder liebstes Zuhause waren ja die Schären, draußen im Meer mit den Holzhäusern mitten in der Natur.

Von da an konnte ich fast jedes Jahr meine Sommerferien bei Thiels verbringen, so lange ich wollte. E. Th. schickte meinen Eltern das Reisegeld für mich und schrieb, ich solle mir in Stockholm ein Taxi bestellen und die Adresse von seinem Haus in Mälarsee nennen, das er seine Hütte nannte. Bei meinem dritten Besuch holte Tage mich ab, er sagte:"Jo vist, da ist sie" und gab mir einen Kuß auf die Nase, aber ich habe ihn kaum wiedererkannt. Das amüsierte ihn. "Als Soldat bin ich dir wohl ganz fremd was?" sagte er lachend. "Ja, die kurzen Haare!" habe ich geantwortet. "Ist eigentlich nicht dein Geschmack oder? Und dass du so ordentlich angezogen bist." Nein, stimmt, gab er zu. "Ich kenne mich selbst nicht mehr, seit ich Soldat bin. Aber du bist ein richtiges Mädchen geworden. Neulich, vor ein paar Jahren warst du noch ein

Ernest Thiel mit seinen Kindern Tage und Inga-Maria zu Besuch bei Elisabeth Förster-Nietzsche in Weimar auf dem Silberblick

Kleinkind. Ja ja, das Soldatenspielen, weißt du, das ist Schicksal. Die Schweden machen das nur zum Schein, und da mache ich eben mit –"

Am 26.4.1925, als Hindenburg Reichspräsident wurde, hatte M. Oe. grade seinen Aufsatz "Mussolini und Nietzsche" in Arbeit, hat ihn im Juni beendet und "ihn an viele Zeitungen gesandt".

Graf Kessler in Weimar, 15. Mai 1925, Freitag:

"Nachmittags mit Goertz bei der Frau Förster-Nietzsche. Dort einen Herrn aus Mexiko, Direktor der dortigen deutschen Realschule getroffen, der mir sagte, mein Buch sei noch immer das bei weitem beste über Mexiko; das werde dort allgemein anerkannt.

Während wir beim Tee saßen, machte der General Hasse einen Antrittsbesuch; er ist mit seinem Stabe gestern von Kassel hierher versetzt worden. Frau Förster fiel ihm fast um den Hals. Sie hat noch ihr Backfischherz für das bunte Tuch bewahrt. Ärgerlicher ist, daß sie gestern beim Einzug des Generals, der unter großer Volksbeteiligung stattfand, auf dem Bock ihres Wagens, wie sie erzählte, ihren kleinen Großneffen Oehler mit einem Stahlhelm auf dem Kopf und einer Trommel hat mitfahren lassen, also das blödeste Kleinkindersoldatenspiel mitmacht." (Kessler, Tagebücher, S. 332)

Henning, im April 1919 geboren, war zu Ostern zur Schule gekommen. Das Trommeln auf dem Kutschbock hat ihm natürlich Spaß gemacht. Der Helm war ihm unbequem.

25. August 1925: Gedenkfeier am Grabe Nietzsches mit etwa 25 Teilnehmern, nicht nur aus Weimar. Sogar die treue Alwine aus Naumburg ist dabei gewesen und auch der Diener Karl, der bald darauf gestorben ist und durch den ebenfalls treuen (und tüchtigeren) Tiedemann ersetzt wurde. Schüler aus Pforta haben gesungen, und es gab einen großen Sonderabdruck des "Merseburger Korrespondenten" von einem Berichterstatter namens Dr. Berger. Aus seinem Text: "Aber die Granittafel ist schmal und fast bescheiden. In geschwungener Schrift stehen auf der benachbarten Grabplatte die Lebensdaten von Nietzsches Vater, dem früh verstorbenen Pfarrer zu Röcken. Schlicht und dunkel nimmt sich die darübergelehnte Erinnerunstafel für die Mutter aus." Und: "Schlichte Grabsteine ringsum. Hohe Kreuze ragen auf Bauerngräbern. Ein schmaler Schatten fällt über das Grab des Mannes, der den "Antichrist" geschrieben hat. Und wunderbar, zu seinen Füßen quer vor, liegt ein Kindergrab."

Sehr langer Artikel, würdevoll bis schwülstig. Der letzte Absatz "Im Röckener Gasthaus" mutet mich ein bißchen an wie "Übermenschenkaffeekränzchen" ...

Auch Richard Oe. hat eine Grabrede gehalten und ihr einen wesentlichen Teil der Trauerrede angefügt, die Peter Gast 25 Jahre früher bei Nietzsches Beerdigung gehalten hat. R. Oe. war aus Breslau gekommen, wo er zu der Zeit Bibliotheksdirektor auf der Sandinsel war. Da gab es eine schöne alte Bibliothek, durch einen Gang mit der Sandkirche verbunden, auch einen altehrwürdigen Garten, von der Oder umflossen, und ein Wohnhaus, das ich ganz ländlich in Erinnerung habe. Ich bin in den Osterferien dort zu Besuch gewesen.

13.9.25: Tagung der Dantegesellschaft in Weimar, bei der Graf Bosdari als italienischer Botschafter im Nietzsche-Archiv eingeladen war und mitteilte, Mussolini habe bei der Deutschen Zeitung vom 30.7. den Aufsatz "Mussolini und Nietzsche" telegraphisch angefordert.

14.9.25: "Korrespondenz mit Dr. Wachler, der das Manuskript der Musik von "Walpurgis" von Peter Gast an uns verkaufen will. Unmöglich, kein Geld."

Ernst Wachler war Schriftsteller und ehemaliger Gründer und Direktor des Harzer Bergtheaters, und dort hatte er "Walpurgis" aufgeführt, als Peter Gast noch lebte und hatte eine romantische Novelle darüber geschrieben. Er war eifriges Mitglied der Gesellschaft der Freunde des Nietzsche-Archivs, aber ein schwieriges, manchmal auch rechthaberisch und streitsüchtig und außerdem, wie mein Vater sagte, ein Utopist, wenn auch ein sympathischer. Irgendwann einmal hatte er sich im Archiv mit dem von mir bewunderten Herrn v. Frankenberg so heftig gestritten und ist so ausfallend geworden, daß Elisabeth ihm hinterher brieflich mitteilte, er möge bitte in Zukunft ihren Gesellschaften fernbleiben. Das entsetzte ihn sehr, und er beschwor den Archivar, sich bei der Dame für ihn zu verwenden; dem gelang das, wie weiß ich allerdings nicht, da ich das Ereignis nur aus einer Tagebuch-Notiz kenne.

Kessler in Weimar, 11. Februar 1926, Donnerstag:

"Nachmittags bei Frau Förster-Nietzsche. Sie platzte mir ins Gesicht, ob ich wüßte von ihrer neuen großen Freundschaft: Mussolini? Ich sagte allerdings, ich hätte davon gehört und es bedauert, denn Mussolini kompromittiere ihren Bruder. Er sei eine Gefahr für Europa, das Europa der guten Europäer, das ihr Bruder ersehnt habe. Die arme alte Dame war ziemlich 'agitated', lenkte dann

aber ab, und das weitere Gespräch verlief friedlich. Sie wird bald Achtzig, und man fängt an, es zu merken.
(Kessler, Tagebücher, S. 454/f)

Elisabeths 80. Geburtstag am 10. Juli 26, offiziell,
und ich entnehme dem Tagebuch, daß in diesem Monat der 1. Reichsparteitag der NSDAP in Weimar stattfand; Hitler und alle Parteiführer waren da.

10.7.10 Uhr 30: "Vorstandssitzung im Archiv. Anwesend: Paulßen, Dreger, Spengler, Rutishauser, Vaihinger, ich und Richard. Von 11/45 bis 1 Deputationen – Vaihinger für die Kant und Als ob Gesellschaft. Prof. Deetjen f. die Weimarer Wissenschaftlichen Institute. Regierung und Stadt konnten vormittags nicht kommen, da an diesem Tag die Reichskommission aus Berlin in Weimar war, um das Gelände des Ehrenhains bei Bad Berka zu besichtigen. Adressen überreicht: von Professoren der Universität Breslau (durch R. Oe.) Von vielen Persönlichkeiten aus Kopenhagen (darunter der Gesandte v. Mutius, Prof. Höffding, Georg Brandes), von der Universität Jena (Rektor und Professor Bauch) von der Schopenhauergesellschaft u.s.w.

Mittagessen im Erbprinzen, Frau F.-N. von Prof. Eucken geführt, der dieses Jahr gleichfalls 80 Jahre alt geworden war. (ca. 50 Personen). Die Festrede für alle hielt Geheimrat Eucken, dem Frau F.-N. in kurzer Ansprache dankte.

Nachmittags Empfang von etwa 100 Gratulanten im Archiv.

Frl. Gerda Wolfsohn vom Nationaltheater sang Lieder von Friedrich Nietzsche."

Elisabeths 80. Geburtstag am 10.7.1926

Großer Artikel in vielen Zeitungen, großes Lob nicht nur vom Archivar sondern auch von vielen anderen, die er zitiert, Rudolf Pannwitz z.B., Kulturphilosoph und Schriftsteller, der zwar nicht anwesend war, weil er jahrelang auf einer dalmatinischen Insel lebte, der aber schrieb, daß er Frau Förster-Nietzsches Leistungen für ihren Bruder "erheblich höher" einschätzte als alle übrige Nietzsche-Literatur. Er fühlte sich Nietzsche verwandt und erstrebte "einen neuen Humanismus im Geiste von Dionysos und Apoll." Von diesem Pannwitz war im Archiv viel die Rede, sie lobten einander gegenseitig aus der Entfernung, und seine Bewunderung erinnerte mich an die von Ernest Thiel, der in den Sommerferien auf seiner Insel zu mir gesagt hatte, meine Tante sei "die bedeutendste Frau des Jahrhunderts".

Wirklich? habe ich geantwortet, verwundert und ungläubig und habe ihm nicht zu widersprechen gewagt. Viel später, als beide längst gestorben waren, habe ich in einem unveröffentlichten Brief von Thiel an seine Freundin

Elisabeth eine ähnliche Behauptung gelesen; das also muß seine ernsthafte Meinung gewesen sein.

An diesem 10. Juli war ich grade einen Tag vorher 14 geworden, habe ihr im Auftrag meiner Eltern schon beim Frühstück mit einem Rosenstrauß gratuliert und wahrscheinlich auch einige Nietzsche-Verse deklamiert, wobei ich weiße Kniestrümpfe trug. Die Tante weinte ein bißchen, ließ sich "einen lieben Kuß" von mir geben und wurde ganz schnell wieder fröhlich. An den übrigen Teil des Festes erinnere ich mich nicht im Geringsten und halte mich darum an die Lebensbeschreibung meines Vaters in seinem Zeitungsaufsatz "Das Lebenswerk der Schwester Nietzsches", v. Max Oehler, Archivar, in dessen guter und knapper Form alles, was sie geleistet hatte, gradezu überwältigend wirkte, wahrhaftig, eine heldenhafte alte Dame, ihrem großen Bruder ebenbürtig. Es wurde da, so weit ich das beurteilen kann, von ihrem Archivar nicht gelogen, nur eben beschönigt und günstig zusammengestellt, abgesehen von Bernhard Försters Selbstmord, der zu ihren Lebzeiten von jedermann "der plötzliche Tod des Gatten" genannt wurde. Aber wer wollte sie denn an ihrem Ehrentag unbedingt kränken, im Gegenteil, Mut wollten sie ihr machen, damit sie noch weiter so "tapfer fechten" möge (auch das ein Nietzsche Wahlspruch) denn niemand von den Mitarbeitern und Herausgebern stritt so ausdauernd wie sie. Die Geldnot im Archiv, von der ich als Kind noch nichts wußte – im Gegenteil, ich habe die Tante in dem schönen gepflegten Haus mit Diener und Köchin für reich gehalten – diese Not also, über die M. Oe. zu Hause nur wenig redete, die sollte, wie ich irgendwann begriffen habe, durch eine Petition an Hindenburg, den Reichspräsidenten gemildert werden. Prominente Persönlichkeiten hatten die Bittschrift unterschrieben, und die Zusage, daß die Schwester Nietzsches einen lebenslänglichen Ehrensold von 450 Mark monatlich bekommen sollte, wurde ihr vor dem Festessen überreicht. Das war damals nicht wenig Geld, und ich denke, sie ist darüber wirklich froh gewesen und mein Vater mit ihr, denn bei allem Bienenfleiß – ohne Geld konnten sie nicht weiterarbeiten, auch die Stiftung Nietzsche-Archiv konnte das nicht, da Ernest Thiels großzügige Spende von der Inflation aufgezehrt wurde. Ohne regelmäßiges Einkommen ging es jedenfalls nicht weiter, nicht in diesem Stil, und den jedenfalls hatte EFN bestimmt, während der Archivar wahrscheinlich im Stillen gemeint hat, man könne manches etwas bescheidener einrichten. Zunächst aber herrschte große Freude, auch bei Oehlers zu Hause, rund um den Familientisch. "Jetzt müssen wir nicht mehr so mit den Gehältern und Honoraren knausern", sagte mein Vater, und Annemarie mit blanken Augen: "und vielleicht können wir ein paar Wochen nach Wiesbaden fahren! und Urselchen mitnehmen."

Wiesbaden – das bedeutete nicht nur eine Badekur für die Mutti und eine Trink-Kur am Kochbrunnen für den Vater, sondern auch viele schöne Spaziergänge, vielleicht sogar eine Dampferfahrt auf dem Rhein und auch angenehmes und nicht zu teures Wohnen in der Fremdenpension Villa Humboldt, die den Schwestern meiner verstorbenen Großmutter gehörte. Ida Forst und Marie (sprich "Marri") hatten die jüngste Schwester meines Vaters als Haustochter und spätere Erbin engagiert, das war gut, auch für die Gäste, denn alle mochten die fröhliche Elli, die auch etwas von guter Küche verstand, die freundschaftlich mit den Angestellten umging und sich übrigens von der gelegentlich zu strengen Ida nicht alles gefallen ließ. Tante Ida war krumm und so häßlich, daß ich anfangs ein bißchen Angst vor ihr hatte; sie zeigte, wenn sie mal lachte, höchstens zwei oder drei schiefe Zähne, aber sie bewunderte den Neffen Max, fand seine Ehefrau entzückend und übertrug die Zuneigung zugleich auf mich. So hatte ich also von ihr nichts zu befürchten, und ich gehorchte ihr brav, wenn sie mich zu Tante Marri schickte, bei der ich mich ans Bett setzen mußte, um ihr Gesellschaft zu leisten. Ich ging nicht ungern zu ihr. Wir schwatzten oder spielten Halma, und warum sie immer im Bett lag, habe ich vergessen. Sie war sanft und freundlich und im Gegensatz zu Tante Ida beinahe hübsch, und das einzige war mich störte, war der Geruch in ihrem Zimmer, das doch so peinlich sauber gehalten wurde.

Später – viel später, als die Tanten längst gestorben waren und schließlich auch die Erbin Elli, die unverheiratet die Fremdenpension weitergeführt hatte, habe ich ein großes Paket mit Bettwäsche aus dem Haus Humboldt geschickt bekommen, sehr nützlich für uns, denn da lebten wir zu fünft in einer Flüchtlings-Siedlung im Norden von Hamburg. Aber diese Geschichte gehört nicht hierher.

Postkarte von M. Oe. an EFN am 17.7.26:

"Gestern um 12/15 Mittags sind wir glücklich hier in Wiesbaden gelandet. Es sind nur wenige Gäste da, sodaß wir zwei schöne Zimmer nebeneinander bekommen konnten. Elli wird dieser Tage von Holland zurückerwartet. Annemarie beginnt bereits heute mit dem Baden, und schon gestern Nachmittag zeigten wir Ursula die schönsten Straßen und die Kuranlagen, waren auch am Abend mit ihr zum Konzert im Kurpark. Bei mir sind da Kindheitserinnerungen aufgewacht; von solchen Konzerten stammen meine ersten starken musikalischen Eindrücke. Der Vater erzählte später immer noch lachend, daß ich die 1 1/2 Stunden, die die Konzerte dauern, wie angewurzelt vor dem Orchester gestanden und offenen Mundes zu ihm hinaufgestarrt hätte. Urselchen ist, wie Du Dir denken kannst, von allem begeistert."

Die Kurkonzerte haben aber bei mir anscheinend keinen großen Eindruck hinterlassen, und ich glaube, ich bin nur aus Folgsamkeit mitgegangen; dagegen erinnere ich mich noch heute an die Dampferfahrt nach St. Goarshausen und an die Fahrt zum Niederwald-Denkmal, das mir mein Vater wie ein Geschichtslehrer gewissenhaft erklärte, und ich fand es damals schön. Mit 14 Jahren hatte ich offenbar noch Sinn für Heroisches.

Drei ausführliche Briefe hat M. Oe. an Elisabeth in diesen Ferien geschrieben, und es scheint ihm Spaß gemacht zu haben, ihr unsere Unternehmungen zu schildern und nicht zuletzt die Zusammenkünfte mit den verschiedenen Verwandten, die ins Haus Humboldt kamen, um uns zu begrüßen; es waren ziemlich viele. Der evangelische Bischof, "Urgroßvater Wilhelmi", von dem gelegentlich die Rede war, soll aus zwei Ehen 21 Kinder gehabt haben – "und darum sind wir beinahe mit ganz Wiesbaden verwandt", sagte mein Vater.

22.7.1926, Frankfurter Straße 22, Haus Humboldt, Wiesbaden: Annemarie, Ursula und Max Oehler

Frankfurter Straße 22, 22. 7. 1926
Haus Humboldt, Wiesbaden

"So spazieren wir nun also in Wiesbaden und Umgebung herum. Vormittags allerdings oft zu zweit, weil Annemarie fleißig badet und hinterher ruhen muß. Die kleine Aufnahme hat ein frecher Photograph ganz ohne unser Wissen gemacht."

Das war uns in Weimar noch nie passiert. Ich glaube, daß mein Vater dieses Foto wegen meiner langen Haare aufgehoben hat, auf die er stolz war: ich durfte sie nicht abschneiden und zum Bubikopf umfrisieren lassen, obwohl es doch ganz unmodern gewesen ist, mit solch wehenden Locken herumzulaufen. Das Kleid dagegen durfte so kurz sein, wie die Mode es vorschrieb, und das war mir recht. Im Stillen habe ich meine Schulfreundinnen um ihre kurzen Haare beneidet.

Ja, die Schule. Imer noch war ich privat unterrichtet worden, angeblich meiner zarten Gesundheit wegen, aber schließlich habe ich es doch erreicht, auf eine "richtige Schule" gehen zu dürfen, die "Sophienstift" hieß (es gibt sie noch heute) mit vielen Klassen und vielen Lehrern, und es mußten nicht unbedingt alte Damen sein. Nach den Sommerferien sollte es los gehen, und zunächst ging es schief, weil in der Obertertia sich herausstellte, daß ich zwar in Deutsch und Französisch sehr gut war, in Geschichte auch nicht schlecht, jedoch von Mathematik und Physik keine Ahnung hatte. Also zurück in die Untertertia. Aber auch dort fand ich nette Mitschülerinnen, und daß es so viele waren, habe ich spannend gefunden. Und daß sie so verschieden waren. Manche sagten mir vor, wenn ich es nötig hatte, machten sich nichts daraus, einen Tadel ins Klassenbuch zu kriegen, und manche ließen sich von mir ihre Hausaufsätze korrigieren.

Ob nun mein Vater mit seinem Experiment, mich auf keine öffentliche Schule schicken zu wollen, schließlich unzufrieden war oder wegen meines Widerstands es aufgegeben hatte, das weiß ich nicht. Geschadet hat es mir eigentlich nicht, nur daß ich mir in dieser Schulzeit manchmal als Außenseiterin vorkam, aber das kann auch andere Gründe gehabt haben.

Henning ging zu der Zeit bereits auf die Volksschule, wo er vortrefflich thüringisch sprechen lernte. Tante Elisabeth schenkte ihm zum 7. Geburtstag eine Geige, und Vater Max begann, ihn zu unterrichten. Musikalisch war auch unsere Schwester Mechthild. Aber zur Schule ging sie nicht, und das nicht, weil M. Oe. etwas gegen öffentliche Schulen hatte, sondern weil sie geistig so zurückgeblieben war, daß unsere Eltern sie zu Hause unterrichten ließen. Mühsam und sehr langsam hatte sie gelernt, mit ihren hübschen, ungelenken Händen Buchstaben auf liniertes Papier zu schreiben, um sie zu Worten und schließlich zu Sätzen zusammenzufügen. Auch lesen hatte sie gelernt, aber noch mit zehn Jahren benutzte sie Hennings Fibel aus seinem ersten Schuljahr.

Als wir nach Wiesbaden fuhren und dort im "Haus Humboldt" wohnten, der Fremdenpension unserer Tanten, hätten wir Mechthild eigentlich mitnehmen können, aber – so sagten unsre Eltern – mit ihr geht sowas nicht – und ich glaubte ihnen, denn sie würde uns unterwegs so viele Schwierigkeiten machen, daß wir uns nicht in Ruhe erholen könnten. Außerdem denke ich heute, unser Vater schämte sich dieser kleinen, unnormalen Tochter, die zwar mollig und niedlich war, aber so mangelhaft entwickelt, daß sie in der Öffentlichkeit auffiel. Also blieb sie zu Hause, und ihr geduldiger Lehrer kam auch in den Ferien jeden Vormittag, und dann saßen sie im Wohnzimmer am Tisch, wo er sie aus Kinderbüchern, die er vor ihr ausbreitete, vorlesen oder auch mal etwas abschreiben ließ. "Einen Aufsatz schreiben" nannte er das. Aber ich nehme an, sie ist auch später geistig nie so weit gekommen, daß sie über ein noch so bescheidenes Thema eigene Gedanken hätte entwickeln und niederschreiben können.

Wenn ihre Schulstunden vorbei waren, ging sie vergnügt hinunter in die Küche, um zu helfen; das tat sie gern. Sie sang beim Kartoffelschälen oder erzählte, daß sie dem Lehrer wieder die schöne Geschichte vom "Herzblättchen" vorgelesen und er sie gelobt habe. Wir hatten uns – so glaube ich heute – schon daran gewöhnt, daß es Fortschritte bei ihr nicht geben würde, aber ich meine, wir hätten mit ihrer Musikalität etwas anfangen sollen, die ihre einzige, deutliche Begabung war. Sie konnte keine Noten lesen und wußte sich nicht, wer Mozart, Beethoven oder Schubert gewesen waren, aber die Melodien, die sie bei den Hauskonzerten hörte oder bei unserer Mutter, wenn sie sang und sich am Klavier selbst begleitete, konnte sie ohne einen falschen Ton nachsingen und konnte die Kompositionen sogar unterscheiden. Zum Beispiel sagte sie zu Annemarie: "Sing doch mal wieder das von Brahms, das so traurig zu Ende geht", oder bei einem Hauskonzert in der Pause: "Heute habt ihr gar nicht Schubert gespielt". Und unser Vater antwortete lachend: "Du hast recht, den hatten wir nicht auf dem Programm."

Nachträglich fürchte ich, wir haben uns an diese Mechthild einfach zu leichtfertig gewöhnt oder auch egoistisch sie in unser Familienleben eingeordnet, und sie merkte nicht, daß wir – alle Oehlers – ein ganz anderes Leben führten als sie. Das ihrige spielte sich in der Südstraße ab, in Haus und Garten. Unser Vater fand das gut. "Sie braucht dieses einfache geregelte Leben. Sie muß in der Familie bleiben, auch wenn sie mal Schwierigkeiten macht, und grade dann." Und sie war schwierig, oft wegen unverständlicher Nichtigkeiten, die sie sich und uns nicht erklären konnte, war bockig, wie ein Kleinkind, und dann passierte es, daß unser Vater sie anschrie und sie heulend die Treppe hinauf in ihr Zimmer stampfte. Einer von uns hat sie später getröstet, und schon sehr bald war sie "wieder brav".

Ob es richtig war, sie bei solchen Szenen nicht in jedem Fall zu schonen, das weiß ich nicht und auch nicht, ob sie sich dabei benachteiligt oder schlecht behandelt empfunden hat. Denn streng war M. Oe. ja mit uns allen, nur konnten wir anderen anders darauf reagieren, jeder auf seine Weise.

September 1926, Aufsatz von M. Oe. für die Zeitschrift "Thüringen" mit dem Titel "Das Nietzsche-Archiv und seine Begründerin", der möglicherweise der gleiche ist wie "Das Lebenswerk der Schwester Nietzsches" vom 10. Juli.

23.9.26: "Gründungs und erste Mitgliederversammlung der Gesellschaft der Freunde des Nietzsche-Archivs im Hotel Erbprinz. Besprechungen mit Karl Strecker (Berlin) der in zahlreichen Zeitungen darüber schreiben will, desgleichen mit Ministerialrat Stier über Beitritt der Universität Jena, desgleichen mit R. Oe. betreffs besonderen Aufrufs an Bibliotheken."

Im Januar 1927 hatte "die Gesellschaft der Freunde des N.-A. bereits über 2000 Mark zu den Verwaltungskosten des Archivs beigetragen. Besprechung mit Direktor Christ von der Thür. Staatsbank".

Bei dieser Tagung hatte Graf Keyserling Max und Annemarie Oehler nach Darmstadt eingeladen. Keyserling nannte seine Veranstaltung "Die Schule der Weisheit", und ich erinnere mich, daß meine Eltern sehr begeistert davon waren.

Im Februar 1927 starb der dänische Literaturhistoriker Brandes, und M. Oe. schrieb einen Artikel, den er "Georg Brandes und Nietzsche" nannte und schickte ihn an viele Zeitungen. Elisabeth, die sich vor Jahren von Paraguay aus in einem Brief an ihren Bruder hämisch über den "Juden Brandes" geäußert hatte, sah sich in den zwanziger Jahren längst nicht mehr als Antisemitin, da sie, wie sie gern sagte, in ihrem Leben "viele großartige und edle Juden kennen gelernt hatte", und sie scheute sich nicht, das im Kreis ihrer Gäste mit gradezu rührendem Eifer zu beteuern.

Im März 27 wurde Richard Oehler zum Generaldirektor der Frankfurter Bibliotheken ernannt. Er hatte dann lange Zeit eine schöne große Dienstwohnung gegenüber der Stadtbibliothek, in der sich auch seine Büroräume befanden. Dort wohnte die Familie viele Jahre, das Ehepaar mit drei Söhnen und dem jüngsten Bruder von Lo. Oe., der in Frankfurt zur Schule ging. Wenn ich in den Ferien zu Besuch kam, wohnte ich in einer gemütlichen Dachkammer mit dem Blick über den Main und habe eine Zeitlang davon geträumt, nach dem Abitur in Frankfurt Kunstgeschichte zu studieren und bei den netten Verwandten zu wohnen – sie würden mich auch nehmen. Abends haben wir Spaziergänge am Fluß entlang gemacht – das konnte man damals – oder sind über die Brücke nach Sachsenhausen gegangen (genannt "Dribbedebach") und haben dort Äppelwoi getrunken, der mir heute nicht mehr schmeckt. Vielleicht war er in den zwanziger Jahren besser ...

Tagebuchnotizen vom April, Mai und Juni 1927:

"Exzellenz Paulßen übernimmt in der nun endlich gebildeten Thüringischen Regierung das Innenministerium, bleibt aber Vorsitzender des Stiftungsvorstandes. Immer wieder viel Werbearbeit für die Gesellschaft der Freunde des Nietzsche-Archivs.

Auch Adressenlisten für den Aktionsausschuß für die erwünschte 50-jährige Schutzfrist. In Leipzig mit Dr. Klemm über alle Punkte der Schutzfrist-Verlängeru verhandelt. Und dem Redakteur des Börsenblattes den Marsch geblasen wegen einseitiger Stellungnahme für die dreißig-jährige Schutzfrist. Der hat Besserung versprochen." "Zwei Tage in Leipzig bei Dr. Klemm, der an der Schutzfrist Konferenz in Lugano teilgenommen hat und davon berichten konnte. Die Beteiligten sind einstimmig für fünfzig Jahre eingetreten."

Vom 13.7. bis 10.8. waren Max und Annemarie zur Erholung in Bernau am Chiemsee, und da gibt es Briefe von ihnen an EFN mit dem schon seit Jahren bewährten Gemisch von sachlichen Mitteilungen, Beschreibungen der Landschaft, Wetterberichten und auch Drolligem über das Bernauer Volk und seine Gebräuche. Annemarie schrieb: "Sogar einen Theater-Verein gibt es in diesem Dorf von 1200 Einwohnern, von dem eine Bauerkomödie aufgeführt wurde, just in dem Gasthof, in dem wir wohnen. Alle laufen sie hier in dieser entzückenden Gebirgstracht herum, und zu vorgerückter Stunde wird gejodelt und Schuhplattler getanzt."

Allgemeine Thüringische Landeszeitung, Deutschland, 3. März 1927
"Georg Brandes und Nietzsche"
von Max Oehler, Archivar des Nietzsche-Archivs

Die Nietzsche Verehrer werden dem kürzlich verstorbenen dänischen Literaturhistoriker Georg Brandes ein besonders ehrendes Andenken bewahren. War er es doch, der zu einer Zeit, als Nietzsche schwer unter dem Mangel an Widerhall litt, öffentlich für ihn eintrat. "Zehn Jahre: und niemand in Deutschland hat sich eine Gewissensschuld daraus gemacht, meinen Namen gegen das absurde Stillschweigen zu verteidigen, unter dem er vergraben lag; ein Ausländer, ein Däne war es, der zuerst genug Feinheit des Instinkts und Mut hatte, der sich über meine angeblichen Freunde empörte ... An welcher deutschen Universität wären heute Vorlesungen über meine Philosophie möglich, wie letztes Frühjahr, der damit noch einmal mehr bewiesene Psychologe Dr. Georg Brandes gehalten hat ?" (Ecce Homo.)

Als Nietzsche im Sommer 1886 erfuhr, daß sich Brandes für seine Schriften interessierte, schickte er ihm "Jenseits von Gut und Böse" und später zur "Genealogie der Moral" und andere Werke. Die ersten Zusendungen wurden der Anlaß zu einem ein Jahr hindurch (November 1887 bis November 1888) fortgesetzten Briefwechsel. Diese 21 Briefe (gedruckt im dritten Bande der gesammelten Briefe Nietzsches im Inselverlag) gehören zum fesselndsten das die Brief-Literatur aller Zeiten bietet. Zwei bedeutende Menschen auf der Höhe ihrer Schaffenskraft, grundverschieden in ihrer inneren Struktur und doch nahe verwandt als "gute Europäer und Kulturmissionäre", wie Nietzsche Brandes einmal nennt, als glühend begeisterte, jeden faulen Kompromiß ablehnende Kämpfer gegen die lahmen Halbheiten und die verrotteten Vorurteile ihrer Zeit, tauschen hier ihre Meinung über brennende Probleme der abendländischen Kultur, über Christentum und Mitleidsmoral, Sozialismus und Anarchismus, Schopenhauers Philosophie und Wagners Musik. In rascher Folge ziehen eine große Anzahl der markantesten Persönlichkeiten der europäischen Geistigkeit vorüber: Kierkegaard, Taine, Dostojewski, Strindberg, Björnson, Stendhal, Ibsen, Spencer, Krapotkin u.a. In dem ernsthaften beiderseitigen Bestreben sich nahe zu kommen, werden bedeutsame Aufschlüsse gegeben über die eigene Wesensart der Briefschreiber, über ihre Werke, ihre Ziele, ihre Kämpfe. Unbeschwert von den alltäglichen Belanglosigkeiten, mit denen auch die Briefe bedeutender Menschen sonst natürlicherweise durchsetzt sind, bewegt sich dieser Briefwechsel in einer ganz seltenen geistigen Höhenlage. Schlag auf Schlag folgen sich hier die geistvollsten Aeußerungen mit einer Raschheit und einer Leichtigkeit – ich möchte sagen – Eleganz der Wendung von einem Stoff zum anderen, daß es dem Leser fast den Atem verschlägt. Zwei Meister in der heute so selten gewordenen Kunst des Briefschreibens sind hier am Werk, Meister der Kunst, mit erstaunlich wenigen Worten, verblüffend viel zu sagen; 5 Sätze – und beispielsweise eine so problematische

Erscheinung wie Dostojewski steht in ihrem Kern scharf umrissen vor uns: "Er ist ein großer Poet, aber ein abscheulicher Kerl, ganz christlich in seinem Gefühlsleben und zugleich ganz 'sadique'. All seine Moral ist, was Sie Sklavenmoral getauft haben. Sehen Sie sich das Gesicht von Dostojewski an: halbwegs ein russisches Bauerngesicht, halbwegs eine Verbrecherphysiognomie, flache Nase, kleine durchbohrende Augen unter Lidern, die vor Nervosität zittern, diese Stirn groß und durchgeformt, den ausdrucksvollen Mund, der von Qualen ohne Zahl, von abgrundtiefer Wehmut, von unendlichem Mitleid, von ungesunden Gelüsten spricht, leidenschaftlichem Neid ! Ein epileptisches Genie, dessen Aeußeres schon spricht von dem Strom der Milde, der sein Gemüt erfüllt, von der Welle eines fast schwachsinnigen Scharfsinnes, die ihm zu Kopfe stieg, endlich von dem Ehrgeiz, der Größe der Bestrebung und von der Mißgunst, welche Kleinheit der Seele schafft.

Seine Helden sind nicht nur arme und bedauernswerte, sondern einfältige Feinfühlende, edle Dirnen, häufig Haluzinierte, begabte Epileptiker, begeisterte Sucher des Martyriums, eben die Typen, die wir bei den Aposteln und Disziplen des ersten christlichen Zeitalters vermuten müssen.

Gewiß steht keine andere Seele der Renaissance ferner."

(Brandes an Nietzsche im November 1888)

Ist größere Prägnanz des Ausdrucks möglich ? – und dabei schrieb Brandes in einer fremden Sprache -

Freudigst überrascht wurde Nietzsche, als Brandes ihm am 3. April 1888 schrieb: "Gestern wie ich Ihren Brief erhalten hatte und eines Ihrer Bücher vornahm, empfand ich plötzlich eine Art Aerger, daß kein Mensch hier in Skandinavien Sie kenne und entschloß mich schnell, Sie mit einem Schlag bekannt zu machen. Der kleine Zeitungsausschnitt wird Ihnen sagen, daß ich (der ich eben eine Reihe Vorlesungen über Rußland geendigt habe) neue Vorlesungen über Ihre Schriften ankündige. Seit mehreren Jahren habe ich all meine Vorlesungen wiederholen müssen, weil die Universität die Zuhörer nicht fassen kann; dieses Mal wird es wohl nicht der Fall sein, weil Ihr Name so absolut neu ist, aber die, welche kommen und einen Eindruck Ihrer Werke erhalten werden, das sind die dümmsten nicht." Am 29. April erzählt Brandes dann: "Das erste Mal, als ich über Ihre Werke redete, war der Saal nicht ganz voll, vielleicht ein anderthalbhundert Zuhörer, weil man garnicht wußte, wer und was Sie seien. Als eine große Zeitung aber meinen ersten Vortrag referiert und als ich selbst einen Artikel über Sie geschrieben habe, war das Interesse rege, und die folgenden Male ist der Saal zum Bersten voll gewesen. Wohl ungefähr 300 Zuhörer achten mit der größten Aufmerksamkeit auf meine Auslegung Ihrer Arbeiten. Die Vorträge zu wiederholen, wie ich es seit vielen Jahre pflege, habe ich jedoch nicht gewagt, weil das Thema so wenig populär ist. Ich hoffe Ihnen auf diese Weise einige gute Leser im Norden zu schaffen ... Ich glaube, den Eindruck meiner Zuhörer darin zusammenfassen zu können, daß sie empfunden haben, wie ein junger Maler es mir es ausdrückte: 'Dies ist so interessant, weil es nicht von Büchern handelt, sondern von Leben'. Wo etwas an Ihren Ideen mißfällt, da ist es als 'allzusehr auf die Spitze gestellt'."

Schließlich berichtet Brandes abschließend und zusammenfassend am 23. Mai 1888. "Meine Vorträge über Friedrich Nietzsche habe ich vor Pfingsten geschlossen. Es endigte, wie die Zeitungen sagen, mit einem Beifall, der die Form einer Ovation annahm. Die Ovation kommt Ihnen fast gänzlich zu. Ich erlaube mir, Ihnen dieselbe hierdurch schriftlich mitzuteilen. Denn mein Verdienst war nur das, klar und im Zusammenhang, für nordische Zuhörer verständlich, das wiederzugeben, was bei Ihnen in ursprünglicher Form vorlag. Ich versuchte auch, Ihr Verhältnis zu verschiedenen Zeitgenossen zu bezeichnen in die Werkstatt Ihrer Gedanken einzuführen, meine eigenen Lieblingsgedanken, wo sie mit den Ihrigen zusammentrafen, hervorzuheben, meine Abweichungen von Ihnen zu bestimmen, und ein psychologisches Bild von dem Autor Nietzsche zu geben. Soviel kann ich ohne Uebertreibung sagen: Ihr Name ist nun in allen intelligenten Kreisen Kopenhagens sehr populär, und in ganz Skandinavien wenigstens überall bekannt. Sie haben mir nicht zu danken; es ist mir ein Vergnügen gewesen, mich in Ihre Gedankenwelt zu vertiefen. Gedruckt zu werden verdienen meine Vorlesungen nicht, weil ich das rein Philosophische nicht als mein Fach ansehe und nicht gerne etwas drucke, das einen Gegenstand behandelt, in welchem ich mich nicht hinreichend kompetent fühle."

Brandes hat aber die Vorträge doch sehr bald veröffentlicht; sie erschienen schon 1889 in einem Band "Essays; Fremede Personligheder", Kopenhagen, Gyldendal, und sodann etwas überarbeitet in dem deutschen Essay-Band "Menschen und Werke", Frankfurt am Main, Rütten und Loening, 1894. Hinzugefügt ist eine 1893 verfaßte Nachschrift, die kurz die beginnende breitere Wirkung Nietzsches um den um ihn entbrannten Streit der Meinungen schildert und die Veröffentlichungen der Lou Salomé und Ludwig Steins über Nietzsche einer kritischen Würdigung unterzieht. Schließlich erzählt Brandes hier von seinen persönlichen Beziehungen zu Nietzsche und bringt die wichtigsten Stellen aus Nietzsches Briefen an ihn, am Schluß auch die bereits in geistiger Umnachtung geschriebenen Zeilen, Poststempel Turin, 4. Januar 1889:

"Dem Freund Georg

Nachdem Du micht entdeckt hast, war es kein Kunststück mich zu finden: die Schwierigkeit ist jetzt die, mich zu verlieren ...

Der Gekreuzigte."

Wie alle die erschütternden Anrufe der Freunde aus diesen ersten Januartagen, hat auch der an Brandes gerichtete einen Kern tiefen Sinnes. Er erschließt sich ohne weiteres dem Verständnis, wenn wir uns des Aphorismus aus dem "Wanderer und sein Schatten" erinnern: "Sich selber verlieren. – Wenn man erst sich selber gefunden hat, muß man verstehen, sich von Zeit zu Zeit zu verlieren – und dann wiederzufinden; vorausgesetzt, daß man ein Denker ist. Diesem ist es nämlich nachteilig, immerdar an eine Person gebunden zu sein."

Nietzsche-Tagung, 15.-17. Oktober 27

An Spenglers Vortrag "Nietzsche und das zwanzigste Jahrhundert", den ich mir aus einer Mischung von Artigkeit und Bildungsneugier angehört habe, erinnere ich mich nur insofern, weil ich ihn nicht verstanden und mich gelangweilt habe und mir selber die Schuld gab. Später habe ich erfahren, daß sich sehr viele Leute bei diesem Vortrag im Saal der "Erholung" gelangweilt haben – ich konnte sie tuscheln hören, wenn ich die Ohren spitzte. Und viel viel später konnte ich bei Graf Kessler lesen, dass der den Spengler sowieso nicht leiden konnte: "Ein dicker Pfaffe mit einem fetten Kinn und brutalem Mund (ich sah Spengler zum ersten Mal) trug eine Stunde lang das abgedroschenste, trivialste Zeug vor. Ein junger Arbeiter in einem Arbeiterbildungsverein, der sich bemüht hätte, seine Kollegen mit Nietzsches Weltanschauung bekannt zu machen, hätte es besser gemacht. Nicht ein eigner Gedanke. Nicht einmal falsche Diamanten. Alles einförmig seicht, glanzlos, platt, langweilig." (Kessler, Tagebücher, 1918 – 1937, Seite 545) Ebenda, auf der Seite vorher steht unter dem 12. Oktober 1927:

"Frau Förster, die mich zum Sonnabend zum Frühstück mit Oswald Spengler zusammen eingeladen hatte ich unter einem Vorwande abgesagt. Da sie aber schrieb und wissen wollte, welcher ihrer Gäste mir unangenehm sei, antwortete ich ihr wahrheitsgemäß, daß ich vorzöge, nicht in kleinem Kreise mit Spengler zusammenzutreffen, weil seine politische Kampfmethoden und seine geistige Überheblichkeit mir seine Bekanntschaft unerwünscht machten. Ich sagte mich gleichzeitig bei ihr morgen zu Tee an und lud ihren Vetter, den Major Oehler zum Frühstück ein."

Ergänzung zu diesem schwierigen Thema aus einem Zeitungsartikel: "Die klarste und anfechtbarste Linie gab Oswald Spengler", der seine eignen, inzwischen berühmt gewordnen Termini bei Nietzsche wiederfindet "Blut, Rasse, Herkunft, Lebensstil, Staat" – die Moral der Demokratie sei die der Schlechtweggekommenen, die Moral der Vornehmen überhaupt keine, sondern das selbstverständliche Haben oder Nichthaben eines Lebensstils. Höhepunkt: Nietzsche hat den "Übermenschen" Mussolini prophezeit ... So ging alles prächtig auf ... "

Dr. Friedrich Würzbach, der in München lebte und mit meinem Vater und Richard Oehler die Musarion Luxusausgabe herausgab, soll damals unter anderem gesagt haben: "Nietzsche stand zwischen Mensch und Übermensch, vorwärts weisend, nicht zurück". Und: "Dieser steile, große Nietzsche konnte leicht den Menschen erschlagen, auch den Künstler, als welchen wir ihn verehren ... "

Ich mochte den Dr. Würzbach, und habe mich im Stillen geärgert, wenn Max und R. Oe. gelegentlich abfällig über ihn redeten – widerlegen hätte ich sie nicht können. Er soll übrigens bei dieser Tagung fast drei Stunden geredet haben, und trotz meiner Sympathie war ich froh, nicht dabei gewesen zu sein; bestimmt hätte ich auch ihn nicht verstanden.

Januar 28: Korrekturen am Band 21 der Musarion-Ausgabe

Februar 28: 2 Rundfunkvorträge "Nietzsche und die Jugend" und "Nietzsches Wirkungen" (Beide gibt es auch als Zeitungsaufsätze)

Mai 28. Das Aprilheft des "Türmer" veröffentlichte M. Oe.'s Aufsatz "Versündigungen der Schule an der Jugend", worauf die Redaktion viele zustimmende Zuschriften bekam und sie zum Teil auch veröffentlichte.

5. Juni 28: Der mit meinen Eltern befreundete chilenische Konsul Mann hielt, nachdem er ein halbes Jahr in Italien gewesen war, einen Vortrag mit dem Titel "Der Faschismus als geistige Bewegung". Er fand im Archiv vor 75 Personen statt, unter ihnen der italienische Botschafter Graf Aldovrandi; vorher (oder anschließend) ein feierliches Essen für 14 von Elisabeth bevorzugten Personen. Es soll wegen des Titels vorher mehrere kritische Besprechungen mit Exzellenz Paulßen gegeben haben. Der Konsul Mann war ein sehr gebildeter, sympathischer Mensch, der mit seiner Familie eine Zeitlang in Weimar lebte und viel mit meinem Vater zusammen war. Ich glaube, er hat sich politisch von ihm beeinflussen lassen und hat Elisabeth bewundert. Ob er etwas von Nietzsches Philosophie verstand, kann ich nicht beurteilen.

17. Juni 28: Besuch des Dr. Pilder, Direktor der Dresdner Bank in Ham-

Henning mit seiner ersten Geige 1926 in Weimar

burg, der bereit ist, etwas für die finanzielle Sicherheit des Nietzsche-Archivs zu tun.

Der Anonymus aus Hamburg, der über den Dr. Pilder für das Nietzsche-Archiv spenden wollte und das auch lange getan hat, wurde nicht genannt, es kann aber nur der Chef der Zigarettenfabrik Reemtsma gewesen sein, der ab und zu nach Weimar kam, von meinem Vater am Bahnhof empfangen wurde, mit ihm im Hotel Erbprinz zu Abend aß, dort auch übernachtete und im Archiv nie zu sehen war. Eine gute Fee in Gestalt eines sehr netten, reichen alten Mannes …

In diesem Jahr fuhren meine Eltern vier Wochen mit Henning und mir nach Bernau am Chiemsee, eine sehr gelungene Ferienreise, bei der wir uns alle richtig erholt haben, was ja bekanntlich bei Familienferien nicht immer der Fall ist. Mein kleiner, frecher Bruder, inzwischen neun Jahre alt, machte in diesen Wochen eine Wandlung durch – noch nie hatten wir uns so gut vertragen, trotzdem (oder weil) es dort keine Spielkameraden für ihn gab und trotzdem (oder weil) wir beide in einem ziemlich bescheidnen Zimmer übernachten mußten, und mir schien, als sei er in den paar Wochen um ein paar Jahre älter und entsprechend vernünftiger geworden. Auch zu Hause ging es von da an immer besser mit uns beiden; er war nun nicht mehr "der Kleine" und wollte es nicht sein, und wir entwickelten schließlich eine Geschwisterfreundschaft, die wichtig für uns war. Auch darum – freilich nicht nur darum – war sein Soldatentod in Rußland für mich ein entsetzlicher Verlust.

Im Herbst 28: Viel Korrespondenz und viele Besprechungen über die Schutzfrist. Viele Besucher im Archiv, auch aus dem Ausland.

Im September 28 war Ernest Thiel mit seiner jüngsten Tochter im Archiv zu Besuch. Inga-Maria, genannt Lill, sagte beim Abschied zu mir: Du sollst mal wieder zu uns kommen!" Wir planten das für die nächsten Sommerferien, und als es so weit war, reiste ich mit dem Geheimnis im Kopf, über das ich nicht sprechen durfte und gleichzeitig mich in Acht nehmen sollte vor dem charmanten Millionärs-Sohn, der mein Halbbruder war. Ich habe das gemacht und mich dabei glänzend erholt.

Tagebuchnotizen aus dem Jahr 1929:

Januar. "Mit Dr. Jesinghaus (Thüringisches Volksbildungsministerium) über die Überbürdung der Jugend auf den höheren Schulen gesprochen." (Lieblingsthema von M. Oe. Ich frage mich aber heute, ob die von ihm so geschätzte harte, preußische Erziehung denn keine Überbürdung wäre?)

Mai: "Pfarrer Wichner aus Röcken unterbreitet das Projekt, den alten Röckener Friedhof in eine städtische Anlage zu verwandeln. Dem scharf widersprochen: der Friedhof soll seinen dörflichen Charakter behalten. Die Stiftung N.-A. wird beantragen, daß er unter Denkmalschutz gestellt, und die Gemeinde dazu angehalten wird, ihn in Ordnung zu halten".

M. Oe. war vier Tage in Berlin, wo er bei der "Deutschen Welle" den Vortrag hielt: "Einheitlichkeit der Gedankenwelt Nietzsches". Ich denke mir, daß er bei der Gelegenheit seinen Sohn Max besuchte und mit ihm ein Konzert in Weimar plante, das dann im Winter auch stattgefunden hat. Die beiden konnten dabei gut zusammenhalten, denn Vater Max war in Weimar im Vorstand der "Gesellschaft der Musikfreunde" und konnte seinen 'jungen Berliner Freund' dort empfehlen. Mäcke bekam eine wohlwollende Zeitungskritik, die ihm nicht besonders gefiel.

Zu Tagebuchnotizen vom Herbst 1929

R. Oe. verfaßte die Antwort auf eine Veröffentlichung von Willy Haas in der 'Literarischen Welt', in der er beanstandet hatte, das Nietzsche-Archiv verheimlichte Äußerungen Nietzsches. M. Oe. nannte das eine "alberne Behauptung", aber wahrscheinich hatte der Haas gar nicht so unrecht, nur, wer da manches verheimlichte, das war EFN, und nicht das Archiv. Ich habe damals nichts davon erfahren, aber viele Jahre später, als wir in Hamburg lebten, und ich den Kontakt mit dem N.-A. verloren hatte, habe ich Willy Haas als Mitarbeiter der "Welt" kennen gelernt, als er in einem seiner Artikel verlangte, "Allen Müttern, Ehefrauen und Schwestern von berühmten Männern – müsse verboten werden, deren Nachlass zu verwalten." Ich fand das übertrieben, jedenfalls wollte ich es nicht so diktatorisch haben und außerdem ärgerte es mich, daß er EFN eine "deutschnationale Kaffeeschwester und übelnehmerische Kleinbürgerin" genannt hatte. Darum habe ich ihn in seinem Büro besucht und hatte ein langes, interessantes Streitgespräch mit ihm, aus dem ich allerdings, wenn ich mich recht erinnere, nicht als Siegerin hervorging.

Zu dieser Zeit sollte der Arbeitsraum des Archivars nach unten in das bisherige Eßzimmer verlegt werden, damit alle, mit dem N.-A. unmittelbar zusammenhängenden Bücher, Akten Zeitschriften pp in den unteren Räumen zusammen wären und EFN's persönliches Arbeitsmaterial, Briefe u.s.w. bei ihr in den oberen Räumen.

Vorbereitungen zur Umräumung wurden notwendig, ganze Jahrgänge alter Zeitungen mußten ausgemerzt werden, Regale neben den beiden großen Fenstern wurden angebracht. Das zog sich über Wochen hin, und ich merke erst jetzt, beim Lesen im Archiv-Tagebuch, daß ich mich geirrt hatte zu glauben, mein Vater habe von Anfang an 'unten' gearbeitet und sei erst nach Elisabeths Tod hinauf gezogen in den Raum über dem Hauseingang, wo er tatsächlich schon die ersten 10 Jahre gesessen hatte. Gewiß, die Veränderung im Herbst 29 geschah nach ihrem Wunsch, aber wohl nicht unberechtigt, denn sie arbeitete ja Tag für Tag im Interesse des Archivs, und darum glaube ich, daß M. Oe. sich aus Vernunftgründen gegen die für ihn unbequeme neue Einrichtung nicht gewehrt hat, obwohl er nun jeden Samstag für den jour fix seinen Schreibtisch abräumen mußte, damit ein Tischtuch darauf ausgebreitet werden konnte für die Teetassen und das Gebäck.

Wörtlich aus dem Tagebuch im August 29:

"Veröffentlichung des 8 Uhr Abendblattes (Berlin) 'Friedrich Nietzsches letzter Kampf'; 8 Fortsetzungen, genaue Schilderung der Krankheit mit Benutzung der Jenaer Krankenblätter, verfaßt von Dr. Podach. Korrespondenz und Besprechung über Maßnahmen gegen die unberechtigte Benutzung der Krankenblätter mit Exz. Paulßen, Ministerialrat Stier, Sanitätsrat Vulpius, der im Auftrag von Frau F.-N. in Jena mit Prof. Berger, dem jetzigen Leiter der Klinik sprechen wird."

In diesem Herbst 1929 notiert und wiederholt M. Oe. "viele Differenzen": nicht nur "die blödsinnigen Vorwürfe von Willy Haas" und die unerlaubte Benutzung der Krankblätter des Dr. Podach, sondern auch die Streitigkeiten zwischen R. Oe. und Dr. Würzbach, sodann die schwierige Einigung mit dem Kröner Verlag wegen der Restauflagen und außerdem auch Unstimmigkeiten mit dem Weinhändler Krehan wegen des Nachbargrundstücks. Die Sorge wegen der drohenden Schutzfrist schwebte über allem. Korrespondenz mit Graf Kessler, der meinte, nach Frau Förster-Nietzsches Tod könne der gesamte Nachlass doch vom Goethe-Schiller-Archiv übernommen werden. Aber darauf einzugehen war es offensichtlich noch zu früh. Wer sollte es wagen, ihr so etwas vorzuschlagen?

Am 12.11. "Mitgliederversammlung der Gesellschaft der Freunde des N.-A. und ein festliches Essen bei Ef.F.-N.

Adalbert ist nun wieder Mitglied der Stiftung, auch als Jurist, was von den anderen Mitgliedern begrüßt wird."

Zum 27.12. hat Elisabeth meine Eltern und Exzellenz Paulßen mit Gattin zum Essen eingeladen. Was wurde da gefeiert? Wahrscheinlich meines Vaters Geburtstag, aber vielleicht auch die Tatsache, daß wir schon seit zehn Jahren in Weimar wohnten.

Auch im Frühjahr 1930
wurden alle ungelösten Probleme immer wieder besprochen und korrespondiert, nicht zuletzt die Frage des Miturheberrechtes von Elisabeth am "Willen zur Macht". Sie wird es ihren Mitarbeitern nicht leicht gemacht haben bei all den notwendigen Besprechungen, aber derartiges kommt in den Tagesnotizen meines Vaters nicht vor.

Aber z.B. im März 1930:

"Zum 'Tag des Buches' an zahlreiche Zeitungen Aufsätze gesandt, und zwar: 'Nietzsche über den Wert und Unwert von Büchern' und 'Nietzsches stilistische Selbsterziehung.'"

Im April gab es fünf Seiten einer sorgfältig gedruckten Erklärung "an die Mitglieder der Nietzsche-Gesellschaft", ausführlich über den Streit zwischen R. Oe. und Dr. Würzbach, und zum Schluß "lebhaftes Bedauern über die Zerwürfnisse mit Herrn Dr. Würzbach, mit dem jahrelang das beste Einvernehmen herrschte ... " (aber der Streit ging weiter) Ich erinnere mich, schon damals einen Unterschied zwischen den Brüdern Oehler bemerkt zu haben, obwohl sie sich doch im Wesentlichen gut vertrugen; Max mochte solche Streitigkeiten nicht – mehr noch – er fand sie überflüssig. Richard ging hoch und war nicht leicht zu beruhigen. Er empörte sich und nahm auch übel. Seine kluge, temperamentvolle Frau konnte ihn nach derartigen Ereignissen zu Hause beruhigen. Bei uns war es anders; Annemarie grämte sich, wenn Max deprimiert aus dem Archiv kam und womöglich 'Krach machte' – mit uns – wegen Kleinigkeiten. Bei Elisabeth ging das nicht; da mußte er ruhig bleiben, mußte vermitteln, schließlich war er jeden Tag dort. Und dort verbrauchte er seine Nervenkräfte.

1930: "In der Nacht vom 30.6. zum 1.7. auf dem Marktplatz an einer großen Kundgebung zur Rheinbefreiungsfeier teilgenommen. Vorher Sitzung der Weimar-Gesellschaft, die aufgelöst werden soll."

Zu der Zeit wurde Werner Deubel (?) beauftragt, "an Hand der Briefe Nietzsches an seine Schwester das Verhältnis der Geschwister Nietzsches zu schildern" und M. Oe. hat ausführlich dazu berichtet, besonders auch "über die gemeinen Lügen Podachs." Er hat dem Deubel Nietzsches Briefbände an Mutter und Schwester dazu übersandt. Freilich, so denke ich jetzt, war zu der Zeit ja schon alles von Elisabeth sorgfältig "überarbeitet".

Zum 25.8., Nietzsches 30. Todestag, druckte der "Bücherwurm" (Verleger Karl Rauch) eine Sondernummer, in der auch "Nietzsche und Mussolini" erschien und "Nietzsches Wirkungen auf die Jugend".

Am 24.8.1930: "Gedenkfeier mit Prof. Leisegang als Redner, Pembaur (Beethoven u. Chopin), Gocht, Kessler, R. Oe. und Spengler, etwa 70 Personen.

Am nächsten Tag in Röcken Kranzniederlegung, Richard als Redner."

Kurze Notiz von Graf Kessler in 'Tagebücher'. Seite 640: "Mit Schröder nach Röcken, wo Feier an Nietzsches Grab. Frau Förster hing sich an meinen Arm und verlangte, daß ich als ihr 'ältester Freund' sie führe."

Am 29. und 30.8. "Im Goethe-Schiller-Archiv die SophienAusgabe von Goethes Werken intensiv durchgearbeitet auf ihre Anlage, die Art der Bearbeitung, Mitarbeiter, Ausschuß (?) etc. Eingehende Aufzeichnungen darüber angefertigt."

"An alle Teilnehmer vom 25.8. Gedenkblätter verteilt, auch versandt."

September 30: "Unstimmigkeiten wg. d. krit. Ausgabe mit Prof. Leisegang u. d. Verlag Meiner, die schließlich zum Abbruch der Verhandlungen mit Leisegang und Meiner führen."

Eine so kurze Notiz über einen wahrscheinlich schwierigen und langwierigen Vorgang. Kein Wort über Elisabeth, ob sie dafür oder dagegen war oder sich herausgehalten hat oder ob die Unstimmigkeiten von ihr ausgingen ...

Zu der Zeit haben oft Studenten und Studentinnen, Schriftsteller- und innen im Archiv gearbeitet; sie saßen wahrscheinlich im Bibliothekszimmer (mit der Treppe zum Garten, die es jetzt nicht mehr gibt) und ließen sich von M. Oe. beraten – das hat er, glaube ich, gern gemacht und gut. Brachte auch mal den einen oder anderen in die Südstraße zum Essen mit.

Von all den Briefen, die vom Schreibtisch des Archivars oder seines Mitarbeiters ausgingen, wird es damals noch immer keine Durchschläge oder Kopien gegeben haben, höchstens einen handschriftlichen Entwurf. Wenn ein Brief abgeschickt wurde, gab es eben die Notiz im Tagebuch: wann, an wen und weswegen, z. B. "Mit Adalbert wg. der Angelegenheit Leisegang – Jena."

Tagebuch-Notizen vom Herbst und Winter 1930:

Mitglieder-Versammlung der Gesellschaft der Freunde des N.-A. Es wurde beraten – im Beisein des Verlegers Dr. Meiner – vielleicht könne es doch zu einer Einigung kommen.

Ein Kommerzienrat Stein aus Berlin bat um Literatur zum Thema "Nietzsche und das Judentum" und bekam sie. Der Archivar versprach ihm, "alle

Nietzsche-Stellen über das Judentum zusammenzustellen". (In welchem Sinne geht aus dieser Notiz nicht hervor.)

29. und 30.10. "In Meiningen vor ca. 60 Personen im Offz.-Kasino geredet über "Nietzsche und die Jugend" und "Nietzsches Stellung zum Leib-Seele Problem." Auch im November im Archiv für den erkrankten Werner Deubel, der über Hölderlin sprechen wollte, über die Stellung der heutigen Jugend zu Nietzsche geredet."

Am 11.11.1930: "Gesetzentwurf der Regierung: Verlängerung der Schutzfrist um 1 Jahr. Dr. Frick, Vorsitzender der NS-Fraktion, kam ins Archiv und versprach, die Sache energisch zu betreiben."

M. Oe. veröffentlichte zwei Zeitungsartikel über die Probleme des Nietzsche-Archivs in Bezug auf die "historisch-kritische Ausgabe" und eine mögliche Angliederung des Archivs an die Universität Jena. Die Artikel sind in vielen thüringischen Zeitungen und auch in Berlin erschienen. Darin verlangte M. Oe. unter anderem: "Kein Verlagsvertrag ohne die vorherige gründliche Durcharbeitung des gesamten Handschriftenmaterials der Herausgeber!" Und er beteuert, "die lose Angliederung des Archivs an die Universität habe mit der Bearbeitung der kritisch-wissenschaftlichen Ausgabe von Nietzsches Werken im Grunde nichts zu tun".

Am 14.12.1930
erscheint zum ersten Mal der Name des Professors Carl-August Emge im Tagebuch des Archivs. Er kam aus Jena, sollte ab Februar Manuskripte durcharbeiten, dann auch in Weimar wohnen und nur zu seinen Vorlesungen nach Jena fahren. Gemeinsam mit Spengler, Jesinghaus und R. Oe. wurde ein ausführlicher Plan gemacht, wie gearbeitet werden sollte; ein Jahr der Vorbereitung, in dem auch fehlende Briefe herbeigeschafft werden sollten, Verleger und Mitarbeiter gefunden und Geld beschafft werden mußte. So begann mit Emge zunächst "eine ganz andere Arbeitsweise". Er hielt auch einen ersten Vortrag im Archiv mit dem Titel "Das Problem der Tradition" und begann dann mit den Vorbereitungen "für die Durcharbeitung der gesamten Handschriften des Archivs." Mit seiner Frau Lona und seinem Sohn Tinus zog er nach Weimar, wo sich bald zwischen Annemarie und Lona eine große Freundschaft entwickelte; die beiden Männer respektierten einander, aber ich glaube, Freunde waren sie nicht.

Das Weihnachtsfest 1930 war bei uns mit viel Musik gefeiert worden, zumal Henning schon gut Klavier und Geige spielte. Er lernte erstaunlich leicht, war manchmal ungeduldig beim Üben, und auch sein Lehrmeister Max war nicht immer ein Engel an Geduld, und wir Frauen haben uns manchmal gewundert über die geräuschvollen Unterrichtsstunden, und wie schön sie hinterher zusammen geigten – "unisono".

Zu dieser Zeit habe ich das Klavierspielen aufgegeben; mein Bruder, Quintaner auf dem Wilhelm-Ernst-Gymnasium hatte mich überholt. "Schade", sagten unsere Eltern. Aber gesungen haben wir alle miteinander, auch mehrstimmig, und einen Kanon, den Henning für uns komponiert hatte, und da machte auch unsere jüngste Schwester mit. Friderun, gelegentlich etwas widerborstig, sieben Jahre alt, Schnucki genannt. Sie ging auf die Grundschule, weil inzwischen unser Vater wohl eingesehen hatte; anders geht es heute nicht mehr. Schnucki lernte zunächst nicht lesen, ganz ohne daß es von uns bemerkt wurde, aber nicht aus Unfähigkeit, sondern weil sie alle Texte unter den Bildern der Fibel auswendig konnte. "Ich dachte, so liest man", soll sie erschrocken gesagt haben, als ihre Lehrerin das entdeckte. Und danach lernte sie es sehr schnell und wurde, wie ich, eine "Leseratte".

Im Februar 31
kam Ernest Thiel ins Archiv zu Besuch mit Tage, der nun verheiratet war und Inga-Marie, die zwar, wie ich, noch zu Schule ging, aber ernsthaft entschlossen, Malerin zu werden. "Ich kann gar nichts anderes tun", sagte sie zu EFN, die sie auf ihren Wunsch "Großmütterchen" nannte. Elisabeth ließ sich mit ihrem Freund und Wohltäter und seinen Kindern fotografieren, ein sehr feierliches Bild im Vortragsraum vor der Stele, Lorbeerbäume rechts und links. Tage sieht darauf einem Jugendbild unseres Vaters so ähnlich, daß ich mir etwas hätte denken können, wenn ich es nicht schon gewußt hätte.

Auch bei dieser Begegnung habe ich, wie versprochen, den Mund gehalten, und es ist mir nicht schwer gefallen. M. Oe. beobachtend, habe ich mich ein bißchen amüsiert, wie vorsichtig (heute würde man sagen 'verklemmt') er sich mit dem selbstbewußten gut aussehenden jungen Schweden unterhielt.

Ich wurde wieder zu den Sommerferien eingeladen, diesmal in Tages eignes Haus auf Fjällung, das er mit Vera bewohnte. "Wir haben ein Schloß am Meer", sagte er zu mir, "du wirst es herrlich finden. Und ein Bootshaus haben wir und ein Segelschiff, das Zarathustra heißt".

Seit wissenschaftliche Mitarbeiter im Archiv waren gab es verständlicherweise mehr zu tun und zu besprechen, und die Tagebuchseiten wurden enorm vollgeschrieben – immer noch handschriftlich von M. Oe., aber ausführlicher und mit spitzerer Feder und sorgfältiger Schrift. Ich versuche, mich zu erinnern, wo sie gesessen haben – der Professor Emge, Dr. Schlechta, Dr. Mette – denn Arbeitsräume hatten sie doch eigentlich überhaupt nicht. Neben dem Eßzimmer, wo an den beiden Fenstern die Schreibtische meines Vaters und seines Sekretärs standen, dieses schmale Bibliotheks-Zimmer, das ich bis dahin idyllisch gefunden hatte, war für drei ernsthaft arbeitende Wissenschaftler bestimmt zu eng, und vergeblich versuche ich, mir vorzustellen, wie sie dort drei Schreibtische untergebracht haben und die zu ihrer Arbeit notwendigen Bücher, Mappen und Kataloge ... Wenigstens gab es anschließend an das Bibliothekszimmer eine kleine Veranda mit einer Treppe zum Garten, so daß jeder der fleißigen Herren, der mal Luft schnappen oder eine Stulle essen oder eine Zigarre rauchen wollte, hinunter gehen konnte und sich auf die weiße Bank bei den Rhododendronbüschen setzen.

Am 25. Mai 31 starb der Diener Gustav Gnichtel, genannt Karl, der dem Archiv - so stand es in der Anzeige – "fast 25 Jahre treu und zuverlässig gedient" hatte. Treu ja, zuverlässig aber nicht so sehr, denn der nette Karl war ein Quartals-Säufer, aber alle im Haus, besonders die ebenfalls treue Köchin Rosa waren darauf gefaßt, und immer, wenn es "mal wieder vorbei war" diente er wieder, wie gewohnt. Wenn ich ihm dann begegnete sagte ich "Na, Karl, gehts wieder besser?" und er grinste freundlich.

Seine Asche wurde im Garten in einer steinernen Urne aufbewahrt.

Erst ein viertel Jahr später bekam Tiedemann mit Ehefrau die Hausmeisterstelle im Archiv, und dieses Paar war nicht nur treu und zuverlässig sondern ein Glücksfall besonderer Art, darum habe ich ihm in meinem Roman "Zarathustras Sippschaft" viele Seiten gewidmet, und das war das geringste, was ich tun konnte. Die Bezeichnung Faktotum kommt aus dem Lateinischen und bedeutet "mache alles", und das war nicht geprahlt, denn sogar über das Kriegsende und die Besatzung hinaus, nach meines Vaters Verhaftung und der Schließung des Archivs haben die beiden Tiedemanns alles gemacht, was irgend möglich gewesen ist. Zu Elisabeths Lebzeiten war sie freilich noch "die Chefin", aber Tiedemann hatte wahrscheinlich einen angeborenen psychologischen Durchblick, und das war mitsamt seiner praktischen Tüchtigkeit für diese Stellung genau das richtige.

Zu Elisabeths 85. Geburtstag gab es "mehrere 100 Briefe und Telegramme", und am Nachmittag waren die Archivräume von Gratulanten überschwemmt. Zahlreiche Zeitungsaufsätze und Rundfunkbeiträge haben darüber berichtet. Warum sie damals so gefeiert wurde? Schwer zu erklären. Mit Adolf Hitler konnte das noch nichts zu tun haben, sondern eher mit ihrer geselligen Geschicklichkeit und dem zielbewußten Streben, ihre Einzigartigkeit als Schwester des großen Philosophen immer wieder zu beweisen. Auch hatte, wie Graf

Kessler das nannte, "die charmante alte Dame sich immer noch ihr Bachfischherz erhalten", und das rührte oder amüsierte ihre Besucher. Das Nietzsche-Archiv war eben noch kein Museum wie die meisten anderen Weimarer Sehenswürdigkeiten, sondern ein literarischer Kleinstadt-Salon, den Nietzsche verachtet hätte, wenn er ihn miterlebt hätte, in dem jeder seine Schwester befragen und sie erzählen lassen konnte, und wie gern tat sie das! Wie gerne beschönigte sie, schmückte aus und rückte zurecht für ihre Zuhörer und für sich, die Zeitgenossin, die alles miterlebt hatte und alles am besten wußte – was für ein Reichtum. Selbst Gäste, die sich heimlich über sie lustig machten – und da gab es nicht wenige – auch die hörten ihr zu. Und die Aufgabe des Archivars war nicht, das zu verhindern, denn damit hätte er sich ja selber geschadet. Und uns, der ganzen Familie.

Gewiß kamen manche Leute weniger aus Begeisterung für Philosophie sondern mehr aus Neugier in dieses Haus; und es war ja nicht schwierig – eine höfliche Nachfrage ein Gespräch mit dem Archivar, vielleicht auch eine Teestunde am Sonnabend, und schon war die gewünschte Verbindung hergestellt, zumal es endlich auch ein Telefon gab, einen von M. Oe. und Tiedemann gehaßten Wandapparat in der Garderobe, zu dem sie hinlaufen mußten, wenn er schrillte. So kam auch eines Tages der Direktor der Berliner Charité, Geheimrat Leschke ins Archiv; er bekundete sein Interesse und sagte, er könne vielleicht in Berlin etwas für die Stiftung bewirken, besuchte auch die Oehlers in der Südstraße und brachte seinen Stiefsohn mit, für den er eine nette Familie suchte, um ihn in Pension zu geben. Der Junge hieß Rainer Falk. Prof. Leschke hatte dessen verwitwete Mutter geheiratet und gedachte zunächst, ihn zu adoptieren, sie aber war bald nach der Geburt des zweiten Kindes gestorben, und da waren nun auf einmal zwei mutterlose Söhne. Natürlich konnte der Professor eine Kinderfrau bezahlen, und überhaupt war das für ihn kein Geldproblem, aber nun wollte er wieder heiraten, diesmal eine Frau, die zwei Töchter mitbrachte. Die neue Frau war schön und elegant – wir haben sie kennen gelernt – und vielleicht hatte sie keine Lust zu einer so schwierigen Familie. So kam nach ausführlicher Beratung mit meinen Eltern der Rainer als Pflegekind zu uns. Meine Mutter, das weiß ich, fürchtete sich etwas vor der pädagogischen Aufgabe, die ihr bevorstand, und ich war auch nicht erfreut, denn ich mußte mein Zimmer hergeben und wieder mit den kleinen Schwestern zusammenziehen, aber Gottseidank dauerte das nicht lange. Rainers "krankhafte Wutanfälle", von denen der Stiefvater gesprochen hatte, wurden bei uns nicht nur geringer sondern verloren sich bald ganz, und er zog mit Henning in die Mansarde, ein großes Zimmer im Giebel nach Süden, eine richtige Jungensbude, und da blieb er und fühlte sich bei uns zu Hause.

Der Professor Leschke kümmerte sich nicht mehr um ihn, zahlte aber gut und wollte uns eines Tages auch seinen eignen Sohn bringen, einen naiven, gutmütigen aber völlig verzogenen kleinen Bengel, der schon anfing zu heulen, wenn er sich waschen oder gar Schularbeiten machen sollte. Niemand von uns hatte Lust, sich andauernd um ihn zu kümmern, und so kam es, daß der Vater ihn eines Tages wieder abholen mußte, und wir das geschehen ließen, wenn auch mit schlechtem Gewissen. Später hat der Dieter Leschke uns mal besucht und hat erklärt, es sei doch schön gewesen bei uns in der Südstraße. "Immer war was los!" Ich vermutete damals, daß M. Oe. den Stiefsohn des wohlhabenden Herrn Leschke hauptsächlich aus pekuniären Gründen aufgenommen hat, denn inzwischen wußte ich, daß nicht nur im Archiv sondern auch in unserem Elternhaus das Geld knapp war. Aber es wird nicht nur das gewesen sein. Die erzieherische Aufgabe an dem Pflegesohn wird ihm auch nicht unwichtig gewesen sein, obwohl er nicht viel davon sprach. Vielleicht hatte er sich vorgenommen, dem nicht besonders begabten Jungen durch unser Familienleben etwas zu vermitteln, was der bis dahin noch nicht gekannt hatte. Wir haben unser Zusammenleben mit dem Pflegebruder, wenn ich mich recht erinnere, nicht kompliziert gefunden, und wenn wir gelegentlich Streit mit ihm hatten, war das nicht viel anders als der Streit zwischen Geschwistern, der unvermeidliche und manchmal notwendige ...

Tagebuch-Notiz am 28.8.31: "Spengler von 11 bis 6 Uhr abends im N.A. Besprechungen der ganzen Lage, auch der unsicheren Zukunft und Unmöglichkeit jetzt einen endgültigen Vertrag wegen der krit. Ausgabe mit dem Verlag Beck abzuschließen. Am Abend mit Emge und Spengler im Künstlerverein. Interessante Unterhaltungen."

Am 26. August war M. Oe., wie er nur kurz berichtet, mit dem Berliner Journalisten Karl Strecker zusammen, der im Erbprinzen übernachten wollte. In derselben Nacht ist dessen Haus in Berlin-Zehlendorf abgebrannt, und zwar wie sich später herausstellte, infolge einer Brandlegung von Strecker selbst in der Nacht vorher. Eine tragische Geschichte, über die in vielen Zeitungen widersprüchlich berichtet wurde, mit dem Ergebnis, daß Strecker seine Tat gestand und ins Untersuchungsgefängnis mußte, weil er sich durch Versicherungsbetrug aus einer schlimmen finanziellen Lage hatte befreien wollen. In der "B.Z. am Montag" stand neben einem großen Artikel unter Balkenüberschrift "Die Beichte Karl Streckers vor dem Staatsanwalt" ein ausführlicher, freundschaftlicher und bewegender Text von Rudolf Presber, der es schändlich fand, daß "ein so kluger, fleißiger und verdienstvoller Mann von 70 Jahren keine Möglichkeit eines gesicherten Lebens mehr sah und sich darum zu einer solchen Tat gezwungen fühlte".

M. Oe. und Strecker waren seit Jahren gute Freunde; das geht aus manchen seiner Briefe hervor. Warum haben sie nicht über diese Not gesprochen? Ich stelle mir vor, daß mein Vater beim Zusammensein dem Strecker mit den pekuniären Schwierigkeiten des Archivs zuvorgekommen ist, sodaß der dann nicht mehr den Mut hatte, von den seinen zu reden oder gar um Hilfe zu bitten. Auch Presber war damals nicht mehr jung, wurde aber gern gelesen, wohl weil seine Schreibweise humorvoll war und unpolitisch; seine Romane, Novellen und Lustspiele "gingen gut", und er galt als unterhaltsam – das war in den zwanziger Jahren beliebt – nicht anders als heute. Und hier komme ich wieder auf das Thema EFN, die es so gut verstand, sich beliebt zu machen, wenn auch immer im Namen ihres großen Bruders, der dieses Talent nicht hatte, oder besser – nicht haben wollte. Freilich, geliebt wollte er werden, aber "beliebt sein" bei jedermann auf keinen Fall. "Die interessanten Gespräche", die M. Oe. im Tagebuch oft, aber immer nur andeutungsweise erwähnt, haben wohl meistens abends stattgefunden, und worüber da gesprochen wurde – mit den Herausgebern, den Mitgliedern der Stiftung, den Wissenschaftlern und Schriftstellern – das kann ich im Nachhinein nur ahnen. Wahrscheinlich wurde auch gestritten, auch politisch, denn die Zeit, zu der das verboten war, bzw. mit Vorsicht gestaltet werden mußte, war noch nicht gekommen. Immerhin gibt es ein Zeitungsfoto von Hilter, Professor Emge und M. Oe. im Nietzsche-Archiv vom 31.1.1932, und das war ein Sonntag, ein Tag nach der Uraufführung des Stückes "Die 100 Tage" von Mussolini im Deutschen Nationaltheater zu Weimar. Thema: Napoleon zwischen Elba und St. Helena. Ich habe es nicht gesehen. Zu der Zeit war ich bereits so weit, daß ich derartiges ablehnte und übrigens von meinen Eltern nicht dazu gedrängt wurde. Hitler war anwesend , mit seinen Getreuen und zahlreichen Italienern, und Elisabeth saß mit dem Ehepaar Emge und meinem Vater in ihrer Loge. Das Theater war überfüllt.

Im Archiv war Hitler am 31.1.32 einundeineviertel Stunde mit dem Architekten Schultze-Naumburg, Dr. Ziegler, dem Presse-Attaché der italienischen Botschaft Antinoni und dem Grafen Wedel. M. Oe. hat das Archiv gezeigt und erklärt, hat den italienischen Journalisten Material übergeben und über Nietzsches Beziehungen zu Italien, besonders Turin berichtet. Hitler soll bei der Gelegenheit zusammenhängend über Deutschlands politische Lage gesprochen haben.

Februar 32: Vorstandssitzung der Stiftung (die letzte war vor zwei Jahren) mit Leutheußer, Paulßen, Spengler, R. Oe., M. Oe., Jesinghaus, Stier, Gocht,

Emge. Dr. Mette als Schriftführer. Ich habe alle diese Herren gekannt, die meisten allerdings nur oberflächlich, von den Samstagen her oder den Festlichkeiten, an denen ich ab und zu teilnahm, aber interessiert habe ich mich nur für wenige, so z.B. für den schönen und gepflegten alten Herrn v. Frankenberg, der mich manchmal so amüsant unterhielt, oder für den gelegentlich aufsässigen Dr. Würzbach, der meine Fantasie anregte und nicht zuletzt für den Professor Jesinghaus wegen seiner offenherzigen Natürlichkeit. Der fragte mich zwar auch, wie die meisten Erwachsenen, wie es mir denn in der Schule ginge, aber nicht pro forma, sondern weil er es wirklich wissen und mir ernsthaft zuhören wollte. Inzwischen ging ich nun schon das dritte Jahr auf eine private Frauenoberschule, ein Internat mit Ganztagsunterricht, in dem ich als Stadtschülerin aufgenommen wurde, und diese Entdeckung meines Vaters war ganz nach seinem Geschmack gewesen. "Dein Kochabitur", sagten meine Freunde, wenn sie mich ärgern wollten, ich aber bin gern dort gewesen, mehr noch, diese letzten drei Schuljahre waren wie für mich geschaffen, denn ich war nicht das, was man damals einen Blaustrumpf nannte, wenn mir nur genügend Zeit vergönnt blieb, zu lesen und zu schreiben, nachzudenken und auch zu zeichnen und zu malen. Es gab solche Schulen damals noch nicht viele, auch wenige Lehrer dieser Art, die es verstanden, uns wie jüngere Freunde zu behandeln; außerdem hatte die Nazizeit, in der schließlich alle Schulen umfunktioniert und überwacht wurden, noch nicht begonnen. Nur war ich jetzt eine teure Tochter geworden, fast wie eine Studentin, obwohl ich zu Hause wohnte und viermal am Tag mit dem Fahrrad durch die Stadt sauste. Und diese Schule, die so ganz in seinem Sinne war, dieses letzte und teuerste Jahr, fürchtete M. Oe., nicht bezahlen zu können, weshalb er einen entsprechenden (sicher sehr höflichen) Brief an den Schulleiter und Begründer schrieb, ein liebenswürdiger alter Herr, der seine ganze Familie dort beschäftigte. Der bestellte mich in sein Büro, ein sehr privates und gemütliches, um sich, wie er sagte, mit mir über meine Aufsätze zu unterhalten, ein langes, gutes Gespräch – kein Wort von Geld ist da gefallen. Dann behielten sie mich für das letzte Jahr ohne Bezahlung, und ich habe nie erfahren, wem ich das zu verdanken hatte – dem Friedrich Nietzsche? Der Tante Elisabeth? Meinem Vater oder mir selber?

Im Geschäfts-Tagebuch des Archivs steht darüber kein einziger Satz – dort gehörte es ja auch nicht hinein.

Die Goethe-Gedächtniswoche Ende März 1932 war ein Ereignis für Weimar, und es gab auch im Nietzsche-Archiv das übliche Gewimmel von berühmten und weniger berühmten Leuten. Wir, die Primanerinnen der Frauenoberschule sind von unseren unkonventionellen und vorwiegend jungen Lehrern mit dem großen Klassiker nicht allzusehr geplagt worden, aber die Festvorträge in der Weimarhalle mußten wir uns gemeinsam anhören, um in der Schule darüber zu berichten; ich habe die Einzelheiten längst vergessen. Dennoch weiß ich, wie enttäuscht ich von Thomas Mann gewesen bin, auf den ich so besonders gespannt war. Wie konnte dieser von mir bewunderte Schriftsteller so langweilig sein? Korrekt gekleidet und steif stand er hinter dem Pult und dozierte und machte den Eindruck, als seien wir, die ehrfürchtig lauschenden Zuhörer ihm völlig gleichgültig. Hinterher waren für mich der Dichter Thomas Mann und der Festredner gleichen Namens zwei verschiedene Personen, ähnlich wie der arme Onkel Fritz und der große Philosoph, wenn auch aus anderen Gründen. Aber Nietzsche, so sagte mein Vater, soll ein faszinierender Redner gewesen sein, und natürlich sagte Elisabeth das ebenfalls, nur damit konnten sie mich nicht überzeugen, denn M. Oe. hatte seine Vorträge ja nie gehört, und die ihn in jeder Hinsicht bewundernde Schwester brauchte nicht recht zu haben. Die Erkenntnis, daß ein großer Schriftsteller nicht gleichzeitig ein bedeutender Redner sein muß, hat mich dann eine ganze Weile beunruhigt. Mein Deutschlehrer lächelte, als ich mich bei ihm beschwerte, als wüßte er, warum das so sei, und er sagte, ich könne ja einen Aufsatz darüber schreiben, was übrigens nicht übertrieben war – wir hatten in den letzten beiden Schuljahren die Freiheit, über selbstgewählte Themen zu schreiben.

Meine Eltern hatten zu der Zeit viele gesellschaftliche Verpflichtungen, die sie aber durchaus nicht unangenehm fanden. M. Oe., obwohl er manchmal behauptete, zum Einsiedler geboren zu sein, taute sehr schnell auf, wenn er außerhalb seiner beruflichen Pflichten Gesprächspartner haben konnte. Und Annemarie hatte sich von den vorangegangenen schwierigen Jahren gut erholt; sie verstand es, sich geschickt zurecht zu machen, auch mit verhältnismäßig wenig Geld, und sie sah dann nicht nur reizend aus, sondern war auch imstande – wie mein Vater sich ausdrückte – "ernsthaft und anmutig zugleich ihre eignen Gedanken zu äußern".

Sonntag, den 10. April 32, Notiz aus dem Archiv-Tagebuch:

"Endgültige Wiederwahl Hindenburgs zum Reichspräsidenten. 83 % Wahlbeteiligung. Hitler 13.417460 Stimmen; Hindenburg 19.367000 Stimmen.

"Am 24.4.32 Wahlen zum Landtag in Preußen: Nationalsozialisten über 8 Millionen Stimmen, 162 Sitze (bisher 9) !!!
Deutschnationale 31 Sitze, bisher 71; Zentrum 67, bisher 71; Dt. Volkspartei 7, bisher 40; Staatspartei 2, bisher 22; Kommunisten 57, bisher 48."

Die drei Ausrufezeichen, die ich gewissenhaft wiedergegeben habe, zeigen deutlich, wie der Parteigenosse M. Oe. sich gefreut hat.

In der Pfingstwoche im Mai 32 war der Psychologe Dr. Prinzhorn sechs Tage zu Gast im Archiv, und Dr. Mette hatte den Auftrag, seinen Text über die Sammlung aller Handschriften Nietzsches vorzulesen, von denen Elisabeth ihm ausführlich berichtet hatte. Gemessen an dem, was ich später über sie erfahren habe, kann ich mir jetzt denken, wie sie das gemacht hat – Peinliches und Störendes hat sie weggelassen oder mit zarter Hand verändert und sich dabei eingeredet, daß sie es doch "am besten wüßte".

Ebenfalls im Mai war Richard Oe. im Archiv zu Besuch wegen einer Bibliothekstagung in Jena. Da hat er mich für die Sommerferien nach Frankfurt eingeladen, wo ich ein, von meiner Schule erwünschtes Praktikum auf dem Arbeitsamt machte; drei anstrengende aufreibende Wochen, aber dann drei schöne Wochen bei Oehlers in der großen Wohnung am Mainufer gegenüber der Stadtbibliothek, von der dreizehn Jahre später nur eine Ruine stehen geblieben ist.

Mein Vater verbrachte seine Ferien lieber bei seinem Bruder Eduard in Glienicke bei Berlin, dessen Grundstück er "ein Garten-Idyll zwischen Wald und Wiesen" nannte. Dort buddelte er in Kartoffelbeeten, pflückte Pfirsiche, Tomaten und Bohnen, alles angelegt von dem fleißigen Ehepaar Hanni und Eduard, den er "Dickicht" nannte, wie in der gemeinsamen Kinderzeit in Heckholzhausen im Hochtaunus, und ich glaube, sie sprachen auch gerne von damals und erinnerten einander an Einzelheiten. Ab und zu fuhr Max allein mit dem Autobus nach Tegel und verbrachte dann den ganzen Tag auf und an den Seen, denn er liebte ja diese Landschaft, die Fontane für seine Generation entdeckt hatte. Auch von dort schrieb er ausführliche Briefe an Elisabeth, ganz wie er es immer getan hatte, und er lobte das überaus friedliche Leben seines Bruders und der Schwägerin Hanni, die keine Kinder hatten und zusammen in der Buchhandlung arbeiteten oder auch abwechselnd, je nach der Jahreszeit, und auch im Garten machten sie es so, und er schrieb an Elisabeth: "Das Schöne ist hier, daß man so viele verschiedene Möglichkeiten hat: absolute Ruhe im Garten-Idyll, in dem man auch vor Autos sicher ist, Waldwanderungen, Seen mit Dampferfahrten und schönen Freibädern – auch Berlin – wenn man Lust hat. Einen ganzen Tag war ich in der Stadt und sah mir verschiedenes an, unter anderem die moderne Abteilung der Nationalgalerie, die im früheren Kronprinzenpalais 'Unter den Linden' untergebracht ist."

Ja, ich verstehe, warum er sich dort so wohl gefühlt hat; vielleicht vor allem wegen der Ruhe, die er zu Hause in Weimar nicht hatte, nicht im Archiv und nicht in der Südstraße mit der zwar liebevollen aber nicht hausfraulich tüchtigen Annemarie, fünf Kindern und zwei Hausangestellten und unserem hübschen aber der Kinder wegen etwas verwilderten Garten, für den er zu wenig Zeit hatte.

Im Tagebuch 2 steht unter dem 9. August 1932: "Druck-Beginn der kritischen Ausgabe! Verlag Beck. Beginn mit den von Dr. Mette bearbeiteten Jugendschriften".

"Mitten in der Politik"

Die Samstags-Empfänge bei EFN waren nach wie vor gut besucht. Es gab eine treue Gruppe, die schon seit Jahren kam, Besucher von auswärts aber nur ab und zu oder bei besonderen Gelegenheiten. In den Tagebuch-Berichten von Graf Kessler finde ich unter dem 7. August 1932, einem Sonntag:

"Nachmittags bei Frau Förster-Nietzsche. Das Nietzsche-Archiv ist jetzt, wie sie selbst sagt, 'mitten in der Politik'. Zu seinem Vorsteher haben sie einen Nazi-Professor Emge aus Jena berufen, einen Professor der Rechtsphilosophie, der sogar als Nazi-Minister in der thüringischen Regierung in Aussicht genommen ist. Im Archiv ist alles, vom Diener bis hinauf zum Major Nazi. Nur sie selbst ist noch, wie sie sagt, deutschnational."

An diesem 7. August beim Tee hat sie ihm auch von der Premiere von Mussolinis Stück im Nationaltheater erzählt, und daß Hitler mit einem riesigen Blumenstrauß zu ihr gekommen sei, begleitet von seinem Stab. Sie fände ihn faszinierend, sagte sie, vor allem seine Augen, "die einen durch und durch blickten". Den Eindruck, daß er ein großer Politiker sei, habe sie aber nicht gehabt – so antwortete sie auf Kesslers Frage, "ob er nach ihrem Gefühl Format habe?"

Ebenfalls unter dem 7. August steht bei Kessler auf Seite 682: "Wie war das in meiner Jugend in Potsdam, als ich mit Bernhard Stolberg und meinem Kreise Nietzsche las? Stolberg wurde deshalb von seinem Vater aus Potsdam fortgeholt und sechs Monate mit einem Pfarrer eingesperrt. Damals war Nietzsche Revolutionär und fast ebensosehr vaterlandsloser Geselle wie die Sozis. Das Gespräch, das in der kleinen guten Stube im ersten Stock vor sich ging, mit dem Blick durch die offene Verbindungstür nach dem Ecksofa, auf dem ich zum letzten Mal Nietzsche wie einen kranken Adler sitzen sah, machte mir einen tiefen Eindruck. Geheimnisvolles, undurchsichtiges Deutschland."

Nun schreibe ich hier aber die Lebensgeschichte meines Vaters und nicht meine, und doch muß ich mich immer wieder an manches Selbsterlebte erinnern, und auch ich hatte, wie der Graf Kessler, "in der kleinen guten Stube im ersten Stock" Gespräche mit Elisabeth oder habe ihr vorgelesen, weil ihre Augen so überanstrengt waren und ich, wie sie sagte, eine angenehme Stimme hatte. Das alles ist schwer voneinander zu trennen, und ich sehe jetzt aus zeitlich weiter Entfernung viel mehr innere Zusammenhänge, auch komplizierte für uns alle, die wir damals zusammenlebten, während ich doch heimlich wegstrebe aus der Familie und sogar meinte, nicht mehr dazu zu gehören und nach dem Abitur ein ganz anderes Leben beginnen wollte. Daß sie mich im Archiv gut brauchen könnten, hatte mein Vater schon einige Male durchblicken lassen und mir versichert, diese Arbeit sei gar nicht so uninteressant ...

Ich aber wollte Kunstgeschichte studieren oder vielleicht Archäologie, um darüber zu schreiben und später Ausgrabungen zu machen, am liebsten in Ägypten. Und ich war gekränkt, als M. Oe. mir zu erklären versuchte, das sei ein brotloser Beruf, sowas könnten wir uns nicht leisten – und schlimmer noch: bis du mit dem Studium fertig wärst, behauptete er, haben sie dort längst alles ausgegraben!

Wollte er sich über mich lustig machen? Dabei hatte er selber mir die Anregungen gegeben, hatte mir ein Buch über die Plastik der Ägypter geschenkt mit dem Text von Hedwig Fechheimer (einer Frau!) und all den Abbildungen, die mich faszinierten. Und vor Jahren zu meiner Konfirmation hatte er mir – wie ungewöhnlich – eine Kopie vom Kopf der Königin Nefertete machen lassen; es war der kleine aus braunem Sandstein, den ich lieber mochte als den prächtigen mit der Königshaube. So gut hatte er mich doch schon verstanden. Nofretete – Neferteti – Gemahlin von Amenophis IV., gefunden bei Ausgrabungen in Amarna im Jahr 1912, meinem Geburtsjahr.

In diesem Winter hatte ich einen neuen Freund, mit dem ich darüber reden konnte und nicht nur darüber. Ihm war die Politik wichtiger als alles andere, und ich habe es zugleich lästig und faszinierend gefunden, daß er fortwährend davon redete: intelligent, kritisch, wütend, informiert, detailliert, pausenlos, selten begeistert, meistens besserwisserisch, aber glücklicherweise konnte er auch zuhören, und darum brauchte ich ihn. Bin zwischen Weihnachten und Silvester zu Hause fleißig und hilfreich gewesen, um mit dem "Neuen" in den Thüringer Wald zu fahren und durfte das, denn kleinlich oder spießig wollten meine Eltern nicht sein und auch nicht überängstlich. Außerdem war der Vater meines Freundes Dr. Ernst Wachler, Schriftsteller, Nietzsche-Kenner und Mitglied der "Gesellschaft der Freunde des N.A.", und auch der hatte nichts dagegen, seinen Sohn mit mir zusammen zu sehen. Silvester im Wald, sagten unsere Eltern, das ist viel gesünder als die Nacht durch zu tanzen, aber zieht euch warm an!

Wie wir bei stundenlangem Schneespaziergang bis in die Nacht hinein uns gegenseitig alles erzählten, was uns bewegte, daß wir uns dabei verlaufen haben und erst im Morgengrauen in einem Gasthaus, das eigentlich noch nicht geöffnet hatte, frühstücken konnten, gehört nicht hierher. Es kam die Sonne, wir liefen weiter spazieren, fuhren schließlich mit einer Bimmelbahn nach Weimar zurück und saßen am Abend wieder in der Südstraße am Familientisch; es war wunderbar, sagten wir, und meine Eltern waren so nett, uns nicht auszufragen.

Tante Elisabeth – wie schon oft – hatte irgendwie davon gehört und wollte informiert werden. "Nein, so was, der Dr. Wachler hat einen Sohn? Dieser Dichter, nun ja, ein etwas schwieriger aber origineller Mensch. Hochgebildet. Wie heißt er denn, der Sohn? Ingolf – ein germanischer Name. Und was ist er? Student im dritten Semester – etwas zu jung für Ursula – schade."

M. Oe. fand das auch: schade. Alle beide, meine Tante und mein Vater wollten für mich einen Mann mit einem akademischen Beruf, der schon etwas darstellte. Und grade so einen wollte ich nicht.

"Ich brauche einen Kameraden", sagte ich zu meiner Mutter. "Einen Vater habe ich doch, und Ingolf hat auch einen". Annemarie verstand mich, aber zu ihm sagte sie bei irgendeiner Gelegenheit: "Sei vorsichtig mit ihr. Sie wird dir alles glauben." "Das wünsche ich mir ja" antwortete er.

"Germanistik und Volkskunde", sagte M. Oe. – "dein Studium hat Zukunft, daraus kannst du etwas machen. Nur mußt du, wenn du in Jena akzeptiert wirst, dort in den NS-Studentenbund eintreten, erkundige dich mal" …

Ingolf erkundigte sich und erfuhr, daß er einen wichtigen Mann um Erlaubnis fragen müsse. Er hieß Karl Astel, war anerkannter Fachmann im Thüringischen Landesamt für Rassewesen in Weimar unter der "Reichsstatthalterschaft Sauckels."

So einen zu überzeugen, erklärte Ingolf, das würde er nicht schaffen. Er habe eine jüdische Großmutter, die er allenfalls verheimlichen könne, aber seine Gesinnung verstecken könne er nicht. Was sollten wir tun? Einige Zeit verging; mein Vater, in seiner Partei inzwischen kein Unbekannter mehr, war seit dem 30. Januar 33 optimistisch gesinnt und fürchtete keineswegs, wie mein Freund mit dem germanischen Namen den Untergang des Abendlandes sondern meinte, nun müsse es in jeder Beziehung aufwärts gehen – auch mit uns. Aber einiges müßten wir selber dazu tun.

Ich erinnere mich, daß viele Briefe zwischen Weimar und Greifswald hin und her gingen immer unter dem Motto, wie herrlich es wäre, wenn Ingolf den Studienplatz in Jena bekäme – dann könnten wir einander mit dem Fahrrad besuchen. Und der Dr. Wachler teilte mir eines Tages mit, sein Sohm käme schon Ostern wieder nach Weimar, und er sei gerührt und habe noch gar nicht gewußt, daß der Junge so an ihm hinge. "Wie schön für sie", habe ich gesagt.

In den Osterferien haben wir uns in Jena mit einem ehemaligen Schulkameraden von Ingolf getroffen, der dort studierte und sagte: "Um den Astel kommst du nicht herum! Nimm deine Freundin mit, sag ihm, sie sei deine Braut, und daß ihr Vater der Archivar vom Nietzsche-Archiv ist, das mußt du auch sagen – dann klappt es." Da mochte ich den jungen Mann nicht, weil er so über mich weg redete; er war groß und rotblond und sommersprossig und hieß Peter von Zahn. Aha, dachte ich, der ist von Adel, und ich werde nie mit ihm ins Gespräch kommen. Das hat aber nicht gestimmt; dieser Peter wurde unser Freund und blieb es, nicht nur in diesem Sommer sondern jahrelang, auch im Krieg und darüber hinaus, als er berühmt geworden war, nur hatte er dann leider zu wenig Zeit, wie die meisten Berühmten.

In Weimar gingen wir – Ingolf und ich zu Dr. Jesinghaus – den kannten wir beide und vertrauten ihm. Schön, daß ihr zusammen seid, sagte der, und daß er schon davon gehört habe. Ingolf solle sich aber nicht vor dem Dr. Astel graulen, der könne auch ganz nett sein. "Gehen Sie beide so vergnügt zu ihm, wie Sie heute zu mir gekommen sind" sagte er, "und sein Sie ehrlich – sie haben persönliche Gründe – das wird ihm einleuchten."

Da haben wir es dann gewagt, und Ingolf sagte, ich solle mich hübsch machen und mit frisch gewaschnen Haaren und einem lieben Gesicht dabeistehen. Mehr brauchte ich nicht zu tun. Also schwieg ich und bemühte mich, wie eine blonde Unschuld auszusehen und erinnere mich übrigens nicht mehr an den Verlauf des Gesprächs; nur eine Formulierung des Herrn Astel ist mir im Gedächtnis geblieben, nämlich daß er "eine Schwäche für intellektuelle Studenten habe". Und dann wünschte er uns alles Gute für unseren gemeinsamen Lebensweg.

Na also, sagte M. Oe. beim Abendbrot und schien zufrieden mit uns zu sein. Leider ist das nicht so geblieben. Warum? Zunächst, weil wir uns beide nicht organisieren lassen wollten. Das sei unvernünftig, sagte mein Vater. Studieren lassen könne er mich nicht, ich wisse doch schon warum, aber gleichgültig, ob ich nun einen praktischen Beruf ergreifen oder heiraten würde – und wahrscheinlich würde ich ja heiraten – wäre es auf jeden Fall günstig, wenn ich mich der NS-Frauenschaft anschließen würde. Und dein Freund, so betonte er: "sag ihm das bitte – der sollte in Jena in den NS-Studentenbund gehen. Das ist unerläßlich und würde uns alles erleichtern." "Was denn alles" habe ich ganz naiv gefragt.

Daß er es im Studium zu etwas bringt, war die Antwort. Und leider wußte ich schon, wie Ingolf darüber dachte.

Unvernünftig waren wir also, weil wir uns nicht organisieren lassen wollten, und auch in anderer Hinsicht waren wir es – wir haben 'nicht aufgepaßt'. Ich wegen meiner Unerfahrenheit und er, weil er keine Lust dazu hatte, uns die Lust zu versalzen und weil er diese 'Gummidinger' verabscheute – er führte mir eins vor und warf es dann weg. Da habe ich gedacht, ob mein Vater als jugendlicher Verführer 'diese Gummidinger' auch verabscheut hat; gesagt habe ich es nicht. Im Sommer wurde ich schwanger und mußte das meinen Eltern mitteilen, verspürte aber nicht den geringsten Triumph bei dem Gedanken, daß sie mich nie aufgeklärt hatten – genauer – ich dachte längst nicht mehr daran, daß sie das versäumt hatten. Mein schwedischer Bruder hätte es tun können, wenn er damals gewußt hätte, wer er sei. O über diese Heimlichtuerei. Nach dem ersten Schreck gab es aber keine Familientragödie, kein väterliches Donnerwetter, keine mütterliche Verzweiflung. Annemarie mochte den Ingolf und hatte Verständnis für junge Liebe, und das Enkelkind würde sie selbstverständlich ebenfalls lieben. Nur – eine Geldfrage würde es sein. Meinen zukünftigen Schwiegervater aber regte die Geldfrage überhaupt nicht auf; er war einfach glücklich. Wie herrlich, eine junge Familie zu haben! Er plante schon, den Kostümfundus zu verkaufen, den er aus dem von ihm gegründeten Harzer Bergtheater besaß, ein unermeßlicher Wert, und dann könnte er ein Haus mit Garten auf dem Silberblick für uns kaufen, und das verkündete er mit allen Einzelheiten in der Südstraße beim gemeinsamen Abendessen. M. Oe. lächelte gütig und sagte: "Nun hören Sie mal auf mit den Zukunftsplänen und essen Sie was – sonst verhungern Sie noch, ehe das Kind geboren wird.

Irgendwann gab es auch einige klärende Gespräche zwischen mir und meinem Vater. Er habe mich auf der Frauenoberschule Abitur machen lassen, sagte er etwas vorwurfsvoll und habe sich dabei etwas gedacht. "Immerhin hättest du dort einiges erfahren können."

Was denn bitte, habe ich gefragt – "wie man es vermeidet, ein Kind zu kriegen? Und wer sollte uns das mitteilen? Der Klassenlehrer? Der Biologielehrer? Die Handarbeitslehrerin? Der praktische Arzt, der uns darüber unterrichtete, wie man Kinderkrankheiten bekämpft?" Da mußte M. Oe. ein bißchen grinsen und sich eine Zigarre anzünden und 'schon-gut-schongut' sagen, und es sei ja nun nicht mehr zu ändern. Und natürlich würde er mich nicht im Stich lassen, sagte er.

Im Oktober 1933 haben wir geheiratet, beide zu jung für die Ehe, wie meine Eltern meinten, und wir würden noch einiges nachzuholen haben, sagten sie. Aber das Kind, das Ende März 1934 geboren würde, wäre ein eheliches, und das fanden die zukünftigen Großeltern gut. Wir übrigens auch. Von nun an war mir nichts wichtiger als meine neugegründete Familie und mein bescheidener Haushalt (zwei Zimmer mit Küchenbenutzung in der Südstraße 26), und fast glaube ich heute, meines Schwiegervaters Behauptung "Politik verdirbt den Charakter", damals als Bestätigung empfunden zu haben, mich von der neuen Zeit abwenden zu dürfen. Ich vermied kritische Gespräche mit Begeisterten und versuchte, mich nicht darüber zu äußern, was nun in diesem dritten Reich geschah; nicht mitzumachen, aber auch nicht aufzufallen, das schien mir wichtig und richtig zu sein. Auch mein Vater erwartete jetzt nichts derartiges von mir – ich hatte einen Sohn, ein gesundes, rundes, blondes Baby, das bald schon bereit war, zu kichern, wenn er sich über das Körbchen beugte, um es am Bäuchlein zu kitzeln. Damals dachte ich, daß er sich besonders darüber freute, weil es ein Junge war, aber heute denke ich anders; es war das winzige ahnungslose Geschöpf, das rosige, vergnügte Menschlein, das ihm solchen Spaß bereitete – so war es schon mit mir gewesen, als ich in Marienburg das 'Minigoldchen' war, und so empfand er nun für meinen Sohn Dietrich.

Wir ließen ihn taufen, obwohl wir, wie wir das nannten, keine richtigen Christen waren, und auch M. Oe. war keiner; das paßte nicht zu seinem jetzigen Beruf. Das weißseidene Taufkleid, das EFN 1912 für mich gespendet hatte, gab es nicht mehr, und Annemarie zauberte etwas Schneeweißes mit Rüschen für die Feierlichkeit, in der Herderkirche zu Weimar. Wir hatten unseren Freund Peter von Zahn als Paten eingeladen, der dann in der Südstraße am traditionellen Abendbrot-Tisch durch seine fröhliche Schnoddrigkeit auffiel. Er habe leider kein Geld für ein Patengeschenk gehabt, sagte er, und er hätte erwogen, ob er nicht hier ein paar silberne Löffel stehlen könne, aber er sei ja aus gutem Hause und wisse, was sich gehört.

Wir lachten, und nur Max Oehlers Gesicht blieb unbewegt, schon wieder so ein arroganter Schnösel wie mein Schwiegersohn, wird er gedacht haben. Henning, der uns gegenüber saß, amüsierte sich über unseren sommersprossigen Freund, aber Mechthild sagte später in der Küche beim aufräumen: "Der Vati – also das glaube ich – der hat sich – das scheint mir so – vorhin über den lustigen Peter geärgert. Aber ich weiß nicht warum." Arme Mechthild, sie war gar nicht unsensibel, aber ausdrücken konnte sie ihre Beobachtungen nicht.

Wo schläft denn dieser Herr von Zahn, hat M. Oe. an diesem Abend gefragt, und Ingolf antwortete schnell "bei meinem Vater auf einer Couch. Das wird sehr gut gehen. Der alte Herr wird ihm vom Harzer Bergtheater erzählen, von der goldnen, längst vergangenen Zeit, als er dort Direktor war und meine Mutter die Titania spielte, und Peter wird dabei einschlafen, und morgen beim Frühstück werden sie das Thema wieder aufgreifen."

Als Dietrich geboren wurde, war ich 21 und Mechthild 18 Jahre alt – mein Leben hatte sich sehr verändert, obwohl ich noch immer in der Südstraße zu Hause war, aber ihr Zustand war der gleiche geblieben. Zwar hatte sie schon vor Jahren auf normale Weise ihre Monatsblutungen bekommen, aber ihre Mentalität hatte sich nicht geändert. Weil sie nun kein Kind mehr war und das wohl auch empfand, sprach sie manchmal mit mir oder unserer Mutter, daß sie auch gern heiraten möchte und sich, wie ich, ein eignes kleines Baby wünschte, das aber drückte sie ganz kindlich aus, und wir konnten sie auf später vertrösten. Sie war nun nicht mehr so hübsch wie als kleines Mädchen, war dick geworden, bewegte sich ungeschickt und hatte schlechte Zähne und war auf keine Weise zu bewegen, zum Zahnarzt zu gehen; Annemarie, die immer wieder geduldig versuchte, sie dazu zu überreden, hatte es schließlich aufgegeben. Daß sie bei uns zu Hause bleiben müßte, betonte unser Vater ab und zu mit den uns bekannten Argumenten – hier habe sie alles, was sie brauchte und könne sich außerdem für die Familie nützlich machen. Irgendwann in diesem oder dem nächsten Jahr brachten die Eltern sie ins Krankenhaus, um ihr den Blinddarm herausnehmen zu lassen, und Mechthild erfuhr nie, daß sie dort sterilisiert worden war und hätte sicher nicht begriffen, was das bedeutete. Sie erzählte danach gern von der Operation, die "gar nicht weg getan hatte, und überhaupt sei es im Krankenhaus schön gewesen: "alle waren so nett zu mir."

Im Umgang mit EFN spielte jetzt mein kleiner Sohn auch die Hauptrolle; sie betrachtete ihn, seufzend vor Begeisterung, und fühlte sich als "Urgroßmütterchen, steckte mir auch Geld zu, weil sie zu Recht annahm, daß ich es brauchte und äußerte sich nur vorsichtig über meinen Ehemann, den sie ja eigentlich liebenswürdig aber zu jung fand. Aber er würde bestimmt eine Zukunft haben, beteuerte sie, wenn er nun bald seinen Doktor machte, so ein intelligenter Mensch und aus hochgebildeter Familie ... Inzwischen wunderte ich mich über mich selber, daß ich meine Neugier auf ihre Vergangenheit fast vergessen hatte. Es war doch noch nicht lange her, daß ich "in der kleinen guten Stube" bei ihr gesessen und manchmal sogar versucht hatte, sie auszufragen. Was meinte Ingolf dazu? Nichts. Kein Thema für ihn. Bißchen lächerlich diese love-story aus dem vorigen Jahrhundert. Und doch konnte ich die geheimnisvolle Geschichte von Lou Salomé und Paul Rée nicht ganz vergessen und habe später – viel später – mal nachgeforscht und es wieder aufgegeben. Jetzt aber, bei meinen Recherchen im GSA fand ich einen unfertigen Artikel von M. Oe. ohne Datum mit dem Titel "Nietzsche und Rée", neun Seiten auf sehr altem Papier, und oben rechts steht mit meines Vaters Handschrift

'Fragment'. Auch da kommt Lou nicht vor, aber immerhin für mich zwischen den Zeilen ...

In diesem Text geht es vorwiegend um die beiden Männer, die damals, 1876, bei Malwida von Meysenbug Freunde geworden waren, und wäre, meine ich, ein Vortrag gewesen, den der Archivar bei einem Jour fix hätte halten können, besser noch bei einer Veranstaltung vor interessiertem Publikum oder Studenten. Warum ist das nicht zustande gekommen?

Ich vermute, daß EFN immer darauf geachtet hat, berühmte Leute einzuladen, die von auswärts kamen und klingende Titel hatten. Außerdem war ihr wahrscheinlich Paul Rée suspekt (nicht weil er Jude war, auch Thiel war einer, auch Georg Brandes) sondern wegen der von ihr gehaßten Lou, die mit Rée jahrelang zusammenlebte und, wie Elisabeth meinte, ihn gegen ihren Herzensfritz aufgehetzt hatte. Dabei hat M. Oe. sie geschickt weggelassen, man merkt es kaum, und schließlich handelt es sich hier vorwiegend um die Neuerscheinung von "Menschliches, Allzumenschliches" und den von Nietzsche abgelehnten Vorwurf, er habe sich allzusehr beeinflussen lassen, habe "seine Seele ausgezogen" und sei seinem Freund Rée zuliebe Positivist geworden. Nietzsche, wie M. Oe. sich ausdrückt, "in seiner liebenswürdigen und großzügigen Art", konnte die Vorwürfe seiner Mitmenschen entkräften – er selbst wußte besser, was sich da in ihm abgespielt und wie lange das gegärt hatte.

Und darum meine ich, dieser seelische und geistige Vorgang zwischen zwei hochbegabten Männern wäre ein wesentliches Thema für einen Vortrag gewesen, und das nicht, weil sie sich als Rivalen fühlten sondern für ihre Entwicklung interessant. Ich kann mir vorstellen, daß eine Ablehnung, ihn darüber sprechen zu lassen, M. Oe. insgeheim als Kränkung empfunden hat, die er höchstens seinem Bruder Richard bei einem privaten Gespräch anvertrauen konnte. R. Oe., der Bibliotheksdirektor in Frankfurt, war gern in Weimar, nicht nur zu Versammlungen und Sitzungen sondern auch zu Festlichkeiten, und ich erinnere mich, daß er mit der Bahn kam und mein Vater ihn abholte, und dann aßen sie zusammen im Erbprinzen und sprachen "über viele schwebende Fragen", und ab und zu gab es sicher auch eine notwendige Verschwörung gegen die eigensinnige Elisabeth.

Nietzsches "Krisis und Häutung" im Jahr 1875 (dem Geburtsjahr meines Vaters) wäre also, um diesen schwierigen Philosophen und seinen leidenschaftlichen und vielschichtigen Charakter zu verstehen, gewiß ein wichtiges Thema gewesen. Da aber EFN wahrscheinlich aus den von mir vermuteten Gründen nicht daran interessiert war, blieben die neun Seiten fragmentarisch, vielleicht auch, weil das ein allzumenschliches Thema gewesen ist aus einer noch nicht völlig vergangenen durchaus bemerkenswerten Zeit, über die zu diskutieren sich wohl gelohnt hätte. Jedoch zehn Jahre später schien sich das geändert zu haben; da hatten wir die 'nationale Erhebung', bei der offenbar niemand mehr in sich zu gehen brauchte oder sich auf sich selbst besinnen, sich zu kritisieren oder gar 'sich zu häuten'. Mit dem von Nietzsche neu durchdachten Positivismus, den er seinem Freund Rée zuliebe den "Rée – alismus" nannte, hatte das nichts zu tun, denn, wie M. Oe. erklärte: "Positivist im strengen Sinne des Wortes, das heißt aus innerster Überzeugung und mit der dieser Art von Denkern eignen Nüchternheit und Begrenztheit, ist Nietzsche nie gewesen."

Mein Vater – wenn ich mit ihm einverstanden bin, nenne ich ihn gern so – hatte dafür eine gute Erklärung gefunden: "Der kritisch skeptische Intellekt, der 'Positivist' in Nietzsche war immer vorhanden, lag immer auf der Lauer, prüfend, kontrollierend, was der 'andere' Nietzsche aus den unerschöpflichen, unergründlichen Tiefen seiner reichen Natur zu Tage förderte."

Ingolf blieb nicht in Jena sondern benutzte die Gelegenheit, sein Studium im Ausland fortzusetzen, als sein Greifswalder Professor an das Herder-Institut nach Riga berufen wurde und ihm anbot, ihn dorthin zu begleiten. An dieser baltischen Universität hoffte er, sich wohler zu fühlen als an einer reichsdeutschen, und vielleicht würde er dort auch ein passendes Thema für seine Doktorarbeit finden. Ausführlich haben wir beraten, ob ich nun mit Dietrich im Babykorb mitziehen sollte in diese Gegend, eine für mich völlig fremde, denn als meine Eltern mit mir in Marienburg lebten, bin ich selber noch ein Baby gewesen. Ein Abenteuer schien mir das zu sein, das aber mein Vater positiv verstand – schließlich lag Riga der von ihm geliebten Landschaft nah, und das Baltikum war dem damaligen Ostpreußen ähnlich. Vielleicht hat er sich sogar mit seinem nicht besonders geliebten Schwiegersohn darüber unterhalten, und der hat vorsichtig reagiert, und die väterliche Bereitschaft, uns das Leben in Riga zu ermöglichen, ist auf solche Weise zustande gekommen.

In diesem Sommer wohnten wir zunächst noch in der Südstraße unter dem Dach mit zwei bescheidenen Fenstern zu einer großartigen Aussicht über Weimar; und wenn wir nicht grade über unsere absonderliche Zukunft berieten, haben wir abends nach Dietrichs letzter Mahlzeit im Bett gelesen – abwechselnd einander vorgelesen – den "Steppenwolf" von Hermann Hesse, den "Zauberberg" von Thomas Mann und auch "Aufstand der Massen" von Ortega y Gasset. Und da kam es vor, daß mein Bettgenosse mich ein bißchen schütteln mußte: "Hallo, du schläfst ja! also morgen ab Seite hundertvierundzwanzig, und du bist dran".

Dazu fällt mir heute ein, daß es in meinem Elternhaus keine verbotenen Bücher gab, genauer: die von den Nazis schon im Mai 33 verbotenen und barbarisch verbrannten standen in der Südstraße in den Regalen überall herum. Wir haben von dem Verbot keine Notiz genommen und haben nicht befürchtet, ihretwegen Schwierigkeiten oder Anzeigen zu bekommen. Wer von unseren Freunden oder Bekannten würde so etwas tun? Hitlers "Mein Kampf" stand mitten dazwischen, und Ingolf las das nun schon berühmte Buch und sagte zu mir: "Lies es nicht. Der fiese Kerl, dieser Zollbeamte, der ist ja größenwahnsinnig." Also las ich es nicht. Hatte sowieso keine Lust dazu.

Aber manchmal konnten wir uns vor manchem doch nicht drücken, z.B. im Juli 34, als Hitler unsere Tante Elisabeth im Nietzsche-Archiv besuchte. Da sind wir mit meiner kleinen Schwester, die dem Führer einen Blumenstrauß überreichen sollte – und wollte – zur Luisenstraße 36 hinübergegangen, und wie hätten wir ihr denn erklären können, warum wir dagegen waren. Sie war erst elf Jahre alt (wie ich 1923 beim Hitlerputsch in Berlin), und sie drängelte sich freudig durch die wartenden Leute am großen Tor, während wir versuchten, uns möglichst unauffällig hinter den Rhododendronbüschen zu verkrümeln. Das ging, denn die Besuche des Führers bei EFN hatten ein ziemlich privates Gepräge und waren mit Massenveranstaltungen nicht zu vergleichen. Zu der Zeit hatte mein Vater Ferien, wie meistens im Juli und verbrachte sie bei seinem Bruder Eduard. Aus dem folgenden Briefauszug erkenne ich, daß Elisabeth ihm das Erlebnis sofort ausführlich geschildert hat.

Glienicke-Nord bei Berlin 22.7.34
Liebe Tante Elisabeth,

Welch eine freudige Ueberraschung war diese Nachricht von dem Besuch des Führers ! Und wie schön, daß der Besuch so besonders nett und offenbar für beide Teile zufriedenstellend verlief ! Ich freue mich sehr, und bedaure es natürlich außerordentlich, diese schöne Stunde nicht mit Dir erlebt zu haben. Vielen herzlichen Dank für Deinen ausführlichen Bericht über den Besuch. Ich finde es rührend, daß Du Dir trotz Deiner starken Inanspruchnahme noch die Zeit nahmst, mir alles so ausführlich zu schildern. Das waren ja wieder bewegte Tage für Dich und das Archiv. ...

Anfang August bin ich bestimmt zurück. das sind noch c. 8 Tage, die vergehen schnell. Bis dahin herzliche Grüße

Dein getreuer Max Oehler"

Über dieses Ereignis fand ich im Geschäftstagebuch des Archivs nur eine kurze Notiz; ich fand aber zwischen Aufzeichnungen und Briefen meines Vaters eine Niederschrift von Dr. Karl Schlechta vom 21. Juli 1934, von der ich bis heute nicht weiß, wie sie gemeint war – als Verherrlichung der beiden Gestalten oder als Persiflage ...

Wahrscheinlich hat auch mein Vater das nicht durchschaut und die anderthalb Seiten stillschweigend zu seinen Akten gelegt, wo sie dann über sechzig Jahre geruht haben.

Hier einige Auszüge aus der Niederschrift:
"Der Staatsmann im Hause des ersten Staatsdenkers: und doch nicht als Politiker bei dem Philosophen, sondern als gütig freundlicher und persönlichster Besucher bei der in fast unwirkliches Greisenalter erhobenen 'Schwester', deren unvergleichlicher Treue wir das Wissen um die neuen Ziele verdanken.

So mag in alten Zeiten eine große Mutter ihren großen Sohn, eine Prophetin einen Helden empfangen, ein großer Mensch die die heilige Flamme hütende Priesterin begrüßt haben.

Die Würde der Begegnung wurde noch durch die von Hitler einleitend überbrachten Grüße Mussolinis erhöht: sie hatten zusammen, der Deutsche und der Italiener, während der vertraulichen Gespräche auf dem Lido der alten Frau jenseits der Alpen gedacht und ihr heißer Wunsch, daß die Manen Zarathustras ihre Unterhaltung umschweben mögen, waren mehr als Wirklichkeit geworden. ..."
Der Schlußsatz dieser Niederschrift heißt:
"Unvergeßlich wird jedem, der es sah, bleiben, wie der Mann, auf den ganz Deutschland in Hoffnung, auf den die Welt mit lebendigstem Interesse schaut, von der im hellsten Sonnenlicht stehenden unirdisch zierlichen Greisin Abschied nahm."

21. Juli 1934 K. S.

Im September 34 sind wir mit unserem Kind nach Riga gezogen; mit der Bahn nach Stralsund und von dort aus weiter mit langer Schiffsreise bei so gutem Wetter, daß Ingolf gar nicht begreifen konnte, warum ich seekrank wurde. Meine fürsorglichen Eltern hatten für Dietrich einen Korb flechten lassen, in dem wir ihn befördern konnten, und darin lag er putzmunter an Deck, während ich in der Kabine mit meinem revoltierenden Magen kämpfte. Ein junger Stewart brachte mir das Kind, damit ich es stillen konnte, ging dann hinauf, um den Vater zu holen, der seinen Sohn zu windeln versuchte und kopfschüttelnd zusah, wie er sich immer wieder frei strampelte. Aber irgendwann haben wir dann friedlich an Deck gesessen und uns auf das neue Leben gefreut.

Wahrscheinlich habe ich aus Riga ausführliche Briefe an meine Eltern geschrieben, habe sicher vorwiegend Positives berichtet, und ganz sicher hat meine Mutter die Briefe aufgehoben – lange. Aber ich nehme an, daß sie, wie vieles andere, verschwunden sind, als nach der Verhaftung meines Vaters das Haus ausgeräumt wurde – rund zwölf Jahre später.

Ingolf und ich haben das Baltikum nicht als Ausland empfunden und sind auch nicht als Ausländer behandelt worden, denn die Deutschbalten, die wir kennen lernten, merkten sehr schnell, warum wir gekommen waren: keine ernsthafte Furcht vor dem Hitler-Deutschland war es, aber immerhin eine starke Ablehnung, und dennoch waren wir zu der Zeit so optimistisch zu glauben daß – wie mein Schwiegervater sich ausdrückte – "diese Leute ja bald abgewirtschaftet haben würden". Meine Eltern werden sich Sorgen um uns gemacht haben, aber auch berechtigte Hoffnungen für unser Zusammenleben, das wir doch lernen sollten und dort vielleicht gründlicher lernen würden als zu Hause in der Südstraße. Daß ich unser Kind gut pflegen würde, wußten sie und auch, daß ich mit dem wenigen Geld vernünftig wirtschaften würde: nun aber erwarteten sie, Ingolfs Intelligenz und die Zusammenarbeit mit seinem Professor solle sich so entfalten, wie sie sichs für uns wünschten: ein paar fleißige, sparsame Jahre, dann die Promotion, und dann wären wir über den Berg. Wenn ich mich recht erinnere – so habe ich damals auch gedacht.

Woran ich aber nicht gedacht habe, nämlich daß ich wieder schwanger werden könnte und war es doch schon im Oktober desselben Jahres. Tagelang habe ich einen Brief an meinen Vater gedrechselt, habe mich entschuldigt (mit welchen Worten, weiß ich nicht mehr), habe ihm sogar beschrieben, wie ich teure und leider unwirksame Verhütungstabletten benutzte und habe mich bei dieser Beschreibung geschämt. Was nun? Seine Antwort war überraschend liebevoll und ermutigend, und unter dem Motto: Wir werden auch dieses Kind schon schaukeln!" schlug er mir vor, wenn es mir nächstes Jahr zuviel würde mit den beiden Kleinen, könne ich doch wieder nach Weimar kommen, aber nur freiwillig! Wenn ich aber den Mut hätte, das Kind in Riga zu kriegen und lieber bei Ingolf bleiben wolle, sollte ich das tun. "Es ist Dein Leben, schrieb er, und ich traue Dir zu, daß Du Dich selbst entscheidest."

1934/35

Aus der Zeit, als ich mit Ingolf und Dietrich in Riga lebte, weiß ich von meinem Vater so gut wie nichts; er hatte meinen Brief über meine zweite Schwangerschaft zwar nett und fürsorglich beantwortet, aber in der übrigen Zeit korrespondierte ich mit Mutter Annemarie, die ihm meine Briefe wahrscheinlich zu lesen gab und sie auf ihre Art beantwortete, sehr familiär, auch mit Einzelheiten über meine Geschwister, besonders Henning und seine musikalischen Fortschritte. Geige spielte er nun so gut, daß M. Oe. meinte, ihm nichts mehr beibringen zu können, weshalb er ihn auf die Musikschule gehen ließ, und seine Klavierlehrerin soll damals gesagt haben: "Ich höre ihm eigentlich immer nur zu." Zu dieser Zeit war Henning sechzehn, Primaner auf dem Wilhelm-Ernst-Gymnasium und spielte dort die erste Geige im Schulorchester. Er zeichnete, malte und modellierte außerdem, lernte auf Wunsch unseres Vaters reiten und konnte bald so gut mit Pferden umgehen, daß er ein eigenes bekam, das er selber pflegte, sodaß es ihm immer zur Verfügung stand. Ich hätte ihn beneiden müssen, denn zu reiten hatte ich mir lange gewünscht, aber das war eben ein teurer Sport, und davon abgesehen, habe ich diesem Bruder, den ich so lieb hatte, nie etwas mißgönnt.

Ich habe auch unseres Vaters Stolz auf den Sohn verstanden und damals, als Henning noch zur Schule ging, überhaupt nicht daran gedacht, daß er Offizier werden würde. Niemand von uns hat das vermutet, vielleicht nicht einmal der Vater selbst, und ich könnte heute nur unvollkommen rekonstruieren, wie sich das entwickelt hat. Schließlich dachten wir ja auch noch nicht an einen Weltkrieg, und mein Schwiegervater durfte, wie schon oft, unwidersprochen behaupten, daß diese Naziherrschaft wohl bald vorüber sein würde.

Im Frühjahr 1935 bin ich in Riga krank geworden, und meine Mutter die sich Sorgen machte, besuchte uns und beschloß dort zu bleiben, bis das neue Kind geboren wäre, und auch darüber hinaus.

Sie wußte es schon, daß es wieder ein Junge werden würde und hat Recht behalten; dieser Sohn, den wir Peter Ambrosius nannten, der drei Wochen zu früh geboren wurde, hatte einen dunklen Schopf und am Rücken einen Flaum von rötlichen Haaren, und Dietrich war so eifersüchtig auf ihn, daß er trompetenartige Schreie ausstieß, wenn ich den Kleinen auf den Arm nahm. Als es warm wurde, zogen wir alle zusammen in ein Fischerhaus am Rigaer Strand, und Annemarie hatte gar keine Lust wegzufahren und Ingolf keine Lust zu arbeiten – es war eine herrliche Zeit.

Aber dann habe ich mich bereden lassen, Ende Juli nach Weimar zurückzufahren und wieder in der Südstraße zu wohnen; die Gründe waren einleuchtend. Wir hätten eine größere Wohnung und mehr Geld gebraucht und mein Mann, der doch schließlich seine Promotion vorbereiten sollte, müßte mehr arbeiten. Dieses baltische Leben mit der Familie sei eine Verführung, so sagte sein Professor und ich habe ihm nicht wiedersprochen. Ich hatte es schon gemerkt und dachte im Stillen, daß ich im Spätherbst wieder schwanger werden würde, wenn ich jetzt hierbliebe. ...

In meinem Roman "Zarathustras Sippschaft" steht auf Seite 182 über unseren Sohn Peter: "Ich habe mich nicht eine Sekunde gewundert, daß die ganze Südstraßenfamilie ihn zu lieben beteuerte, allen voran der Major. Sein oft so abweisender Gesichtsausdruck verwandelte sich in freudige Gespanntheit, wenn er diesen kleinen Jungen sah, und ich hoffte, der sei mit der Absicht auf die Welt gekommen, seinen Großvater mütterlicherseits gelegentlich am Poltern und Schnauzen zu verhindern."

Am 21.7.1935 hat EFN dem Architekten Schultze-Naumburg, in ihrem mir bekannten sentimentalen Stil, einen ausführlichen Brief geschrieben. Zitat: "erst jetzt, wo unser angebeteter Führer seine Anteilnahme so großartig ausgedrückt hat, fange ich an, an die Verwirklichung zu glauben."

Oder: "was uns fehlt – das ist einfach und allein der große Vortragsraum, mit dem was dazu gehört, und dazu sollen Sie ja wunderschöne Pläne gemacht haben, die ich ja nun erst sehen soll."

Sie beschreibt dann ziemlich einfach, wie sie sich die Einteilung ihres inzwischen sehr großen Grundstückes denkt, und sie betont: "dann kommt die Hauptsache; der herrliche Vortragsraum, ganz so wie Sie ihn so herrlich geschildert haben ... " und "links und rechts als Abschluß und gewissermaßen Anhängsel zwei kleine Pavillons im leichten Stil, aber zu der Vortragshalle passend, wo die ermüdeten Zuhörer eine Erfrischung zu sich nehmen können."

Beim Lesen dieses Briefes, nach mehr als 60 Jahren, gefällt mir nachträglich ihre Schlußbemerkung: "aber die Wandelhalle und alle dazugehörenden Baulichkeiten sollte als völlig zwecklos wegfallen, sie würde den Stil der Gegend ruinieren, und dieser einfache Stil – leider etwas spießbürgerlich – aber durch Bäume sehr verschönt muß aufrecht erhalten bleiben, weil er der Zeit entspricht, in welcher mein Bruder hier gelebt hat."

Einen Brief von Richard Oe. im September 35, in dem er, wie ich finde. im feierlichen Stil übertriebene und wahrscheinlich unausführbare Vorschläge machte, die er mit Nietzsche-Zitaten begründete, hat Elisabeth vernünftig beantwortet; sie schreibt ihm da, was sie nach der "wundervollen großen Kulturrede unseres innig verehrten Führers" notwendig findet, nämlich, daß keine "Kultstätte" gebraucht würde, sondern ein Versammlungsraum, eine Bibliothek mit mehreren Arbeitszimmern, und dann teilt sie ihm mit, daß ihr Geldgeber Philipp Reemtsma, als er die Pläne von Schultze-Naumburg sah, sich sehr einfach ausgedrückt habe, nämlich, dies wäre ein "Zwitter" und eigne sich nicht für das, was notwendig sei. Professor Otto, so schreibt sie in diesem Brief, "sehe es am liebsten, wenn man sogleich mit dem Bau anfinge, dem Versammlungsraum und dem Bibliothekszimmer", sodaß das Notwendigste schon nächstes Jahr vor ihrem 90. Geburtstag benutzt werden könne …"

An dieser Stelle finde ich es betrüblich, daß sie 2 Monate später schon gestorben ist, denn vielleicht hätte sie sich sonst mit ihren Ideen durchgesetzt und manches überflüssige verhindert.

M. Oe. – wie könnte es anders sein – war auch für die Nützlichkeit. Den Brief seines Bruders über eine zukünftige "Kultstätte" hatte er Elisabeth vorgelesen und ihn dann "zu den betreffenden Akten" gegeben, wie viele andere Briefe und Schriftstücke über Zusammenkünfte und Besprechungen wegen der Nietzsche-Halle, zu der Hitler als Grundstock 500 000 Mark gestiftet hatte. Ob sie damals wußten, wie weit sie mit dieser Summe kommen würden?

Im Oktober hatte mein Vater eine lange Besprechung mit Schultze-Naumburg, die er handschriftlich notiert hat; dabei ging es um viele Einzelheiten des neuen Projektes: Die Arbeitszimmer, ihre Verbindungen zu einander und zu der Terrasse, die Ausstattung der Bibliothek, die Heizungen und Garderoben, die Höhe der Fenster, die Treppen, die Wohnung des Hausmannes im Erdgeschoß und nicht zuletzt eine Bibliothek des Archivars, wie er sie in all den Jahren noch nie gehabt hatte (!), dazu seine Lieblingsidee, einen Innenhof für ihn und alle Mitarbeiter, in dem sie sich in den Arbeitspausen erholen oder auch mal ein privates Gespräch haben könnten.

Auf Packpapier (wohl wegen der Größe) hatte M. Oe. seine Ideen aufgezeichnet und darunter geschrieben: "Diese Skizze wurde Ende Juli 1935 nach den Angaben von EFN und ihrem Brief an Professor Schultze-Naumburg vom 27.7.35 von mir gezeichnet. Sie enthält also die Ideen von Frau Förster-Nietzsche."

Aber Schultze-Naumburg hielt diesen Plan nicht für ausführbar. Auf einem anderen Blatt gibt es eine kleinere Zeichnung von meinem Vater, rechteckig, nicht maßstabsgetreu, und mit wenig schriftlichen Angaben, aber auch sie ist vernünftig und auf Sparsamkeit bedacht. Ich kann mir denken, daß er sie abends, wenn die Familie schon schlief, am häuslichen Schreibtisch angefertigt hat, oder eher am abgeräumten Eßtisch, wo er eine hellere Lampe und eine freiere Fläche hatte. Lineal und Stifte wird er sich von Henning geborgt haben. Aber auch dieser Entwurf war nicht endgültig. Es sollte noch viele Aenderungen geben …

Im Mai dieses Jahres – als ich in Riga meinen zweiten Sohn bekam und meine Mutter bei uns zu Besuch war, ist es Elisabeth nicht gut gegangen, und sie ließ sich, wie schon so oft, nach Bad Berka bringen, um sich zu erholen. Max mußte also nicht nur zu Hause, sondern auch im Archiv im Wesentlichen alleine fertig werden und – wie schon so oft – schrieb oder vielmehr diktierte er einen ausführlichen Brief an sie über viele Einzelheiten. Daß es der letzte sein würde in der langen Reihe von rund fünfunddreißig Jahren, hat er dabei sicher nicht gedacht.

"Weimar, den 7.6.35

Liebe Tante Elisabeth,

Herzlichen Dank für Deinen Brief vom 5. Juni. Ich finde es rührend von Dir, daß Du uns so ausführliche Briefe schreibst trotz Deines leider nicht guten Befindens, was wir so sehr bedauern. Mit Deiner Erkältung hast Du übrigens viele Leidensgenossen; alle Welt ist erkältet bei diesen fortwährend wechselnden Temperaturen. Ich hätte Dir schon längst ausführlicher geschrieben, wenn mein dummer Finger mich nicht so behinderte. Ich muß alle längeren Briefe noch diktieren. Es war ein Furunkel am Mittelfinger der rechten Hand, der vor 3 Wochen geschnitten werden mußte und in dessen Gefolgschaft sich eine der unteren Häute (deren man ja mehrere hat, wenn auch nicht ganz so viele wie ein Hase, der sieben haben soll) entzündet hat. Ich bin bei Dr. Krüger in Behandlung und soll den Arm dauernd in der Binde tragen.

Die Gehälter sind richtig ausgezahlt wie Du es bestimmt hast. Tiedemann hat die restlichen 10 Mark von mir noch bekommen. Im übrigen gab ich ihm bis jetzt ca 30 Mark für Auslagen. Er schreibt alles genau auf und legt mir das Buch immer vor. Außerdem bezahlte ich für das Sägen der Baumstämme mit der Motorsäge 15 Mark und mein Porto vom 18.4. bis 20.5. 28,75 Mark. Ich hebe alle Belege, Quittungen usw. auf und lege sie Dir dann hier vor; ebenso alles, was sonst für Dich von Interesse ist.

Die Arbeiten im Archiv gehen ihren gewohnten Gang. Dr. Schlechta mit den beiden jungen Mädchen ist eifrig mit den weiteren Vorarbeiten für den vierten Band beschäftigt; auch beginnt er jetzt mit den Arbeiten am Apparat. Mit seiner Habilitationsschrift kommt er, wie er mir sagt, gut vorwärts. Er ist aber auch vormittags, wenn es die Arbeiten hier erfordern, öfters hier im Archiv. Der dritte Band ist gestern eingetroffen. Rosa bringt Dir am Sonntag ein Exemplar mit.

Heute (Freitag) nachmittag findet hier noch einmal das Seminar des Prof. Emge statt. Auf die Versendung unseres Jahresberichtes, auch an sehr viele Personen, die bisher nicht unsere Mitglieder waren, sind nun mehrere der Gesellschaft beigetreten, darunter auch Dr. Hoppenstedt persönlich und außerdem sein Institut: die Bibliotheka Hertziana in Rom. Er läßt sich Dir wärmsten empfehlen.

Du schreibst, ich solle die Rechnungen bezahlen, es sind hier drei geschlossene Briefe von Haar, Schaller und Kürschnermeister Fleischer für Dich abgegeben worden, die ich nicht so ohne weiteres aufmachen möchte, wenn es auch offenbar Rechnungen sind. Ich gebe sie Rosa mit; bestimme dann bitte, ob ich sie bezahlen soll. Von den 150 Mark Auslagegeld, die ich mir von der Bank holte, habe ich jetzt noch rund 65 Mark. Wie hoch die Rechnungen sind, weiß ich nicht. Du müßtest dann so freundlich sein, mir noch einen weiteren Scheck mitzusenden, wenn ich die Rechnungen bezahlen soll. Wie gesagt, ich hebe alle Quittungen usw. hier gut in einer besonderen Mappe auf.

An die Gräfin Bülow habe ich damals gleich wegen Schulpforta geschrieben: daß Du zu Rust keine persönlichen Beziehungen habest, dagegen bei Frick Dich wohl verwenden könntest. Unterdessen ist ja Reichsminister Rust, wie in den Zeitungen stand, auch selbst in Pforta gewesen. Daß die Anstalt grundlegend umgestaltet werden sollte, ist ja doch nur ein Gerücht. Ich für meinen Teil glaube nicht daran. Folgerichtig müßten dann alle humanistischen Gymnasien beseitigt werden, und das liegt doch, wie es scheint, keineswegs in den Absichten des neuen Reichsministeriums für Erziehung und Volksbildung. Daß gewisse Aenderungen vorgenommen werden, auch in Pforta, die die Aenderungen der allgemeinen Anschauungen mit sich bringen, ist ja doch nur natürlich: Das Pforta zur Zeit Deines Bruders war auch nicht mehr das Pforta zu Zeit seiner Gründung im Jahre 1543, und das Pforta zu meiner Zeit war auch wieder nicht mehr das Pforta Deines Bruders; auch in der Nachkriegszeit sind ja doch weitere wichtige Umgestaltungen vorgenommen worden. Der alte Satz: "tempora mutantur et nos mutarmur in illis" (Die Zeiten ändern sich und wir mit ihnen) bezieht sich auch auf unsere Schulen; das ist doch nur natürlich.

Eben rief Dr. Lübbert aus Berlin an und erkundigte sich nach Deinem Befinden mit den allerherzlichsten Wünschen für weitere gute Fortschritte. Da er fragte, ob irgend besondere Ereignisse im Nietzsche Archiv vorliegen, erzählte ich ihm von dem beabsichtigten Wiener Manuskript-Ankauf, worauf er sofort von selbst anbot, uns daß was wir zu dem Ankauf brauchten, zur Verfügung zu stellen. Ein braver Mann!

Aus Riga kommen weitere gute Nachrichten. Seit 3. Juni ist Ursula wieder zu Hause. Annemarie schläft jetzt bei Bekannten in der Nähe, ist aber den ganzen Tag bei Wachlers in der Wohnung, wo es ja für sie viel zu tun gibt. Der kleine neue Weltbürger scheint ein ziemlich zartes aber friedliches Kerlchen zu sein. Auch nimmt er ganz brav an Gewicht zu.

Unsere Haustochter Ruth ist noch immer nicht da, aber es geht auch so ganz gut, da Anna, das Mädchen, sehr umsichtig und fix in der Arbeit ist. Unser Haushalt ist ja doch sehr zusammengeschmolzen: wir sind nur sechs

Personen gegen sonst neun oder zehn. Für die Pfingstferien sind wir auch noch Henning los, der in ein Pfingstlager am Riechheimer Berg geht. Man darf auch Mechthilds Hilfe nicht unterschätzen. Sie arbeitet von früh an tüchtig mit: sie bohnert, macht die Schlafzimmer mit, schält Kartoffeln, deckt den Tisch, wäscht mit ab, usw, kurzum, sie nimmt Anna eine ganze Menge zeitraubender Arbeiten ab. Ich sorge sehr dafür, daß Anna auch mal eine Erholung hat: einen Nachmittags war sie zu Hause in Possendorf, Sonntag nachmittag mit Mechthild in der Fasanerie im Webicht, gestern nachmittag mit einer Freundin und Mechthild im Kaffee-Kaiser (mit Musik !), wozu ich Kaffee und Kuchen gestiftet hatte. Am 2. Feiertag fährt Anna schon früh zu Bekannten in die Nähe von Jena (ich wittere eine Verlobung oder die Vorübung dazu), wir helfen uns dann selbst. Es gibt Kartoffelsalat mit warmen Würstchen und hinterher grünen Salat und Rhabarberkompott. Der Haustochter Edith, die immer noch im Sophienhaus ist, geht es besser. Sie darf jetzt schon etwas aufstehen. Nierenbeckenentzündungen sind ja immer eine langwierige Sache. Die Arme hat eine tüchtige Portion Schmerzen aushalten müssen. Zum Glück hat sich bei einer Durchleuchtung herausgestellt, daß sie keine Nierensteine hat, was der Arzt erst befürchtete.

Morgen Sonntag, muß ich bereits um 4.30 Uhr morgens nach Blankenburg in Thüringen fahren, wo der Gauleiter Sauckel eine Führerbesprechung für den ganzen Gau Thüringen anberaumt hat. Ich bin abends wieder zurück. Die Oefen sind gestern abgeholt worden. Mein Finger ist zwar im Heilen begriffen, hat aber immer noch eine wunde Stelle, gerade zwischen Zeigefinger und Mittelfinger, die mich am Schreiben hindert.

Doch nun genug für heute. Ich schließe mit den allerherzlichsten Grüßen und den besten Wünschen für das Fortschreiten der Besserung Deines Befindens in jeder Hinsicht.

Dein getreuer Max Oehler

P.S. Ich lege einen Zeitungs-Aufsatz "Junge Ehe" bei, der Dich amüsieren wird. Es paßt so manches auf unsere Rigaer Leutchen!"

Rückfahrt nach Deutschland im Juli 35, ohne Ingolf, aber mit den beiden Kindern, und dieses Mal lag mein neuer noch sehr babyhafter Sohn in Dietrichs 'Moseskörbchen', während der auf dem Schiffsdeck herumlief, und ich andauernd aufpassen mußte, daß er nicht aus Neugier irgendwo hinein oder hinunterfiel.

Für M. Oe. war der zweite Enkel ein Erlebnis. Er sagte "Mein Gott ist der süß!" Er nannte ihn Ambrös-chen und wollte ihn mit dem fahrbaren Stubenkorb, aus dem Dietrich herausgewachsen war, morgens beim Frühstück neben sich stehen haben, um hineinsehen zu können und mit ihm zu schäkern. So unerwünscht, wie ich befürchtet hatte, war dieses Kind also keineswegs. Auch Elisabeth wünschte sich, von uns besucht zu werden. "Bring mir doch ab und zu deine Kleinen," sagte sie, "die machen mich immer so froh."

Obwohl ich weit davon entfernt war, mich als deutsche Mutter zu fühlen, die dem Vaterland zuliebe im Laufe von zwei Jahren zwei Söhne geboren hatte – meinen Eltern hatte ich damit eine Freude gemacht. Geld ? Ach was, diese Kinder kosteten doch noch nicht viel. Wir wohnten im Parterre mit dem kleinen Klosett nebenan, wo der Windeleimer stehen durfte und brauchten nur eine Treppe hinunter zugehen, um im Garten zu sein. Großvater Max hatte Tiedemann beauftragt, zwischen den Obstbäumen eine Schaukel zu bauen, auf der Dietrich sich zunächst allein und vorsichtig bewegte, manchmal auch träumerisch. Ich stellte mir vor, daß im nächsten Sommer Ambrös-chen dort hinauf krabbeln könnte und M. Oe. garnicht böse sein würde, wenn wir immer noch da wären. Mein Mißtrauen – vielmehr unser gemeinsames gegen die Nazis – das Ingolf und ich in Riga gepflegt hatten, und von unseren baltischen Freunden bestätigt bekamen, ist in dieser Zeit in der heimischen Südstraße geringer geworden, fast sogar verschwunden. Und brieflich – das war abgesprochen – haben wir uns darüber nicht geäußert. Wir schrieben einander wie es uns ging, wie die Kinder sich entwickelten und nicht zuletzt über unsere Sehnsucht, wieder zusammenzusein, und damit haben wir viele Seiten gefüllt.

"Du weißt, daß ich pädagogisch sein kann" sagte mein Vater bei einer unserer Frühstücksidylle mit Dietrich und Ambrös-chen. "Ich muß mich allerdings dazu gut vorbereiten, aber gestern abend in der Weimarhalle war mir das, glaube ich, gelungen, 120 Hitlerjungens für das Thema 'Nietzsche und die neue deutsche Jugend' zu interessieren."

"120 Jungens. Kein Mädchen ? Und hast Du sie gezählt ?" so habe ich gefragt und sah ihm an, daß er sich über den Einwand ärgerte. "Es können auch 115 gewesen sein" erklärte er, "oder 130. Meine Aufgabe war, ihnen Nietzsche als Gesamterscheinung näher zu bringen. Ein schwieriges Thema."

"Hingeh mal Omi rauf", sagte Dietrich und rutschte von seinem Stuhl. Das war die Aufforderung für mich, ihn die lange zweiteilige Treppe hinauf ins Schlafzimmer meiner Mutter zu bringen, die noch im Bett lag und sich über den Besuch freute. Als ich hinunterkam, saß M. Oe. mit der Morgenzigarre am Tisch, und ich fand nicht nett von mir, ihm so geantwortet zu haben, nur weil ich mich über den Ausdruck 'neue deutsche Jugend' geärgert hatte. Jetzt wollte ich ihn berichten lassen.

Er habe damit angefangen, sagte er, daß dieser bedeutende Philosoph schon als sehr junger Mensch für die Jugend geschrieben habe – und diese Schriften habe er den Zuhörern ausdrücklich empfohlen. In der Schule lernten sie ja so etwas nicht – oder noch nicht. Er habe sie auch zum Lachen gebracht, erklärte er, nämlich, daß es nicht so sein sollte: die Jungen sagen 'fort mit den verkalkten Greisen, (wobei sie alle meinen, die über 35 sind) und die Alten rufen empört 'was, diese grünen Jungen sollen uns belehren, uns die wir ... ' so geht es also nicht ! Da haben sie sich amüsiert.

Er habe auch erzählt, daß er sich erinnerte, seinen Vater, den er liebte, einmal einen Idioten genannt und sich später dafür geschämt zu haben. Und als sein eigener Sohn zum ersten Mal 'Scheißkerl oder etwas ähnlich Unverschämtes' zu ihm gesagt habe, sei ihm das wieder eingefallen. Väter und Söhne – was für ein schönes Thema. Wir haben die Erfahrungen – die Jugend hat die Erlebnisse oder – wir die Bewahrer – sie aber die Beweger der Weltordnung.

Ambrös-chen schlief. Dietrich war vermutlich unter Omis Bettdecke gekrochen, denn er war seit den Sommerwochen am Rigaer Strand sehr vertraut mit ihr; auch hatte er an ihrer Hand zum ersten Mal das Meer gesehen und zu unserer Verwunderung sich davor gefürchtet. Ob er später ein 'Beweger der Weltordnung' werden würde ?

Hier hätte ich darauf eingehen sollen, wie mein Vater solche Abende gestaltete, ob die Jungens im Saal gefragt haben und wie sie fragten; eigentlich hätte mich das doch interessieren müssen. Aber 1935 war ich 23, hatte zwei kleine Kinder, vier jüngere Geschwister, und lebte wieder in meinem Elternhaus, wo ich entweder aus Zeitnot oder Interesselosigkeit garnicht auf die Idee gekommen bin, solche Vorträge zu besuchen.

Außerdem – ich war ja dagegen ! Ich wollte die erzieherischen Ausführungen meines Vaters wahrscheinlich nicht hören oder glaubte, sie zu kennen. Wenn Henning, damals selber Hitlerjugend-Führer, mir etwas derartiges berichtete, kamen wir beide sehr schnell auf die Themen, die uns gleichermaßen und mehr interessierten, und da gab es genug. Daß, wie unser Vater sagte, "alles Lesen nur Sinn habe, um das Eigene in uns zu Entfaltung zu bringen", und zwar unter dem Motto "Werde, der Du bist!" mußten wir uns nicht erklären lassen; aber daß dies nur in unablässiger harter Arbeit möglich sei, das glaubten wir nicht.

Dennoch meine ich jetzt, ich hätte mich dafür interessieren müssen, wie ein ganzer Saal voller Hitlerjugend auf einen abendfüllenden Vortrag meines Vaters reagierte. Dann hätte ich hören können, wie er damals den Hitler-Kindern klarzumachen versuchte, daß Nietzsches Gedanken und Probleme heute aktueller seien als in seiner Jugendzeit, und wir heute könnten sie erkennen und in ihrer ganzen Wichtigkeit erfassen !

Während er seine Zigarre ausdrückte, fügte er noch hinzu, daß er sich angewöhnt habe, eine Reihe von Autoren und Buchtiteln zu seinen Themen zu nennen und beobachtet habe, daß manche der jungen Zuhörer sich Notizen machten. Ob sie die empfohlenen Bücher dann gekauft haben, das wisse er allerdings nicht.

Auch mir hat er eines der Bücher empfohlen, nämlich "Nietzsche und der Nationalsozialismus" von Heinrich Härtle, eine Schrift, von der er sagte, daß sie drei Vorzüge habe: "Sie verrät genaue Kenntnis der Gedankenwelt Nietzsches und nicht nur einiger Bruchteile; sie verrät weiter ein aus eigenstem Erleben geschöpftes und in gründlicher Schulung vertieftes Wissen um das innerste Wesen des Nationalsozialismus. Aus diesem doppeltem gründlichen Wissen ergibt sich der dritte Vorzug: Es wird der sonst so häufige Fehler vermieden, anhand einiger, aus dem Zusammenhang gerissener Einzeläußerungen Nietzsche entweder zum vollwertigen Nationalsozialisten oder – gegenteilig – zum Antipoden des Nationalsozialismus zu stempeln."

Ich habe das Buch damals nicht gelesen und kenne es auch heute nicht. Aber manche Erläuterungen meines Vaters kamen mir ganz vernünftig vor, z.B. der Satz: "Keiner Schwierigkeit der Interpretation wird ausgewichen, nichts wird verbogen, beschönigt oder gefärbt."

Darum denke ich, müßte das doch auch einen starken Einfluß gehabt haben, oder vielleicht gerade darum nicht ? Uebrigens – obwohl er eigentlich dagegen war – Einzelzitate Nietzsches aus dem Zusammenhang herauszunehmen, hat auch er das andauernd gemacht. Allerdings besser als die anderen, geschickter und glaubhafter. Und gerade das war gefährlich.

Elisabeth Förster-Nietzsche am Portal des Archivs 1935 mit Hermine (der "Kaiserin") und Max Oehler in Nazi-Uniform

"Eine große Änderung"

Elisabeths Tod mit genauen Zitaten und Angaben aus den Aufzeichnungen meines Vaters aus dem Jahr 1935:

"27.10.: Goebbels in Weimar, spricht in der Weimar-Halle zur Eröffnung der Buchwoche. Frau F-N. schickt ihm eine Aufforderung ins Hotel, sie zu besuchen. Er ließ sagen, daß es ihm wegen vielfacher dienstlicher Verpflichtungen diesmal unmöglich sei."

"AM 29.10., 9.00 früh Besichtigung des Baugeländes und des ganzen Archiv-Grundstückes mit Sauckel, Speer und Ministerialdirektor Voigt.

"Zustand Frau F-N's wechselnd; an manchen Tagen fühlt sie sich besser, meist aber sehr matt, Rückenschmerzen, nachts öfters Atemnot. Sie ist nicht bettlägerig, legt sich nur ab und an stundenweise hin, empfängt aber Besuche, diktiert auch und bespricht mit mir die täglichen, laufenden Angelegenheiten."

(November 35)

"3.11., Sonntag, Dr. Fleischhauer aus Dresden bei EFN zu Tisch. Brief der Kaiserin Hermine, die anfragt, ob etwa am 28.11. ihr Besuch der Frau F-N passen würde."

"4.11. An Sauckel Bericht, aufgrund der Geländebesichtigung am 29.10. über Ankaufsmöglichkeit des größten Teils des benachbarten Grundstückes. Die Schwestern Meisezahl sind evtl. bereit zu verkaufen. Skizze beigefügt."

"6.11. Schöffe von 9 morgens bis 4.15 nachmittags. Die Atemnot, besonders nachts, macht EFN weiter Beschwerden. Dr. Reutter und Frau Dr. Lübbers-Stöhr befürchten keine unmittelbare Gefahr."

"8.11.1935 Vormittags mit EFN Verschiedenes besprochen. Fräulein Bulcke arbeitete wie immer bei ihr. Mittags hatte ich eine längere Besprechung mit Frau Dr. Lübbers-Stöhr, die mich sehr beruhigte; eigentliche Krankheitssymptome liegen nicht vor. Am Nachmittag hatte EFN sich hingelegt, da sie sich matt fühlte. Weil Frau Lübbers-Stöhr mir gesagt hatte, sie solle erst Montag wiederkommen – Sorge mache ihr aber, ob das Herz der alten Dame durchhält – habe ich angefragt, ob ich sie nicht doch zu Sonnabendfrüh bestellen solle, aber sie ließ mir sagen, das sei nicht nötig, sie fühle sich jetzt wohler. Gegen Abend bestellte sie ihr Abendbrot für 7 Uhr. Als Hilde Blankenhahn kurz vor 7 Uhr damit heraufkam, fand sie Frau Förster-Nietzsche auf dem Bett liegend vor. Sie hatte offenbar von ihrem Bett, auf dem sie angekleidet gelegen hatte, aufstehen wollen, auf dem Rand gesessen, war dann hintenüber gesunken und offenbar sanft und ohne jeden Todeskampf verschieden. – Im Archiv waren außer mir noch anwesend Dr. Schlechta, Hilde und Ehepaar Tiedemann"

"Bis 11 Uhr zusammen mit Dr. Schlechta und meiner Frau, die sofort gerufen wurde, alles Notwendige veranlaßt: telefonisch Dr. Bulcke und Dr. Lübbers-Stöhr herbeigerufen, desgleichen Staatsminister Dr. Leutheußer. Die 3 Zeitungen telefonisch benachrichtigt, ebenso einige nähere Bekannte. Telegramme an Adalbert, Richard, Prof. Otto, Prof. Emge, Dr. Lübbert, die Kaiserin Hermine, Reemtsma, Pilder, den Führer, Sauckel, Frick, Rust, Rektor Prof. Meyer-Erlach, Prof. Gocht.

Meine Frau mit 2 Schwestern aus dem Sophienhaus betteten EFN in ihrem Schlafzimmer. Mit Leutheußer alles Weitere besprochen: Montag, 11.11. um 3 Uhr Trauerfeier im N.A. Dienstag 12.11. Beisetzung in Röcken."

"Sonnabend, den 9.11.: Anmeldung des Todesfalles beim Standesamt. Sarg bestellt. Anzeigen in den 3 Zeitungen aufgegeben, Todesanzeige zum Versenden in der Druckerei Lüttig bestellt und sofort einige hundert versandt. Photograph Held hat Aufnahmen der Verstorbenen gemacht. Den ganzen Tag kommen viele Bekannte, da die Nachricht schon Freitag abend im Rundfunk verbreitet worden war."

"Sonntag, 10.11.35 Am Sonnabendmittag war die Verstorbene im offenen Sarg im großen Archiv-Raum aufgebahrt worden. Mit Versenden der Anzeigen fortgefahren (etwa 600 Stück), unzählige Telefongespräche wegen der Feier, zahllose Telegramme gehen ein, viele Besucher und Blumen und Kränze aus Weimar und von auswärts. Adalbert Oehler und Richard Oehler mit seiner Frau und Prof. Otto treffen ein. Abends zu Sauckel bestellt zur Besprechung der Trauerfeier im Archiv, und daß der Führer kommen will. Er wird kurz vor 3 mit Sonderzug von München eintreffen und sofort ins Archiv fahren (Spalierbildung der NS-Formationen durch die ganze Stadt; in der Luisenstraße Ehrenformationen der SA, SS, HJ und BDM, die er abschreiten wird) (U.S.: Die Zeit, die dabei draufging, mußte offenbar von der Trauerfeier abgezogen werden!)

Die Feier darf nur genau 1 Stunde dauern, da der Führer bald nach 4 Uhr weiterfahren will. Die Reden müssen entsprechend eingeschränkt werden. Die Reden von Prof. Emge, Breysig und Oberbürgermeister Müller müssen also fortfallen.

Trotz der Geheimhaltung der Teilnahme des Führers ist sein Kommen in der ganzen Stadt bekannt. Reichsminister Goebbels, der auch kommen wollte, war durch Grippe-Erkrankung verhindert."

"Am 11.11. vormittags wird der Sarg geschlossen. Von 1 Uhr an Aufmarsch aller Formationen in der Luisenstraße. Die unteren Archivräume sind für die Trauergäste vorgesehen – alle anderen Räume, auch der Flur, sind gedrängt voll von Menschen."

Punkt 3 erscheint der Wagen des Führers; er hält am Felsenkeller, der Führer schreitet die Front der Formationen ab; ich erwarte ihn am Hoftor des Archivs und stellte ihm die wartenden Herren vor: Leutheußer, Adalbert Oe., Richard Oe., Prof. Emge und nach Begrüßung gehen wir mit ihm zusammen ins Archiv.

Wie auch aus zahlreichen Aufnahmen zu ersehen, drückten die Züge des Führers während der ganzen Zeit tiefste Ergriffenheit aus; er sprach während seiner Anwesenheit kaum ein Wort. Nach kurzem Aufenthalt vor dem Archiv fuhr er sofort zum Bahnhof. Versuchen des zahlreichen Publikums, ihm bei der Abfahrt durch Zurufe zu huldigen machte er durch heftiges Abwinken sofort ein Ende."

(U.S.: Wie nach der geschilderten Ankunft und den Kranzniederlegungen, der Platzverteilung, den vier Ansprachen und der Quartettmusik es noch möglich war, daß Hitler pünktlich um vier wieder abfahren konnte, wird mir für immer schleierhaft bleiben.)

Am Dienstag, dem 12.11. sind sie dann in mehreren Autos nach Röcken gefahren; die Masse der Blumen und Kränze wurde mit einem Lastauto transportiert. M. Oe. und Tiedemann fuhren im Sargwagen mit. Bei der Einfahrt ins Dorf haben die Glocken geläutet, und die Dorfjugend stand Spalier. Der Sarg wurde von sechs jungen Leuten aus dem Dorf getragen. Meiner Mutter hat die Beerdigung in Röcken viel besser gefallen, als die Feier im Archiv, und ich denke, mir wäre es auch so gegangen.

Am Tage zuvor in Weimar habe ich mich schnell beiseite gedrückt, als ich von oben her sehen konnte, was sich schon zwei Stunden vor Hitlers Ankunft auf der Luisenstraße ansammelte, und meine Geschwister habe ich nicht beneidet: Henning in der HJ Uniform und Friederun mit der BDM-Bluse und dem schwarzen Halstuch, beide in strammer Haltung.

Bis zum Ende des Jahres 1935 hat es, den Umständen angemessen, viel Arbeit mit dem Nachlaß von EFN gegeben. M. Oe. und Dr. Schlechta haben, wie er sich wörtlich ausdrückt "in den nächsten Wochen die unzähligen mit Briefen, Bildern und Dokumenten aller gefüllten Schubladen, Kommoden, Truhen und Kästen in den oberen Stockwerken und auf dem Boden nach genauer Durchsicht Stück für Stück durchgesehen und Protokolle über das Gefundene aufgenommen."

(U.S.: Kein erläuternder Satz darüber, ob sie bei dieser mühsamen Tätigkeit schon Entdeckungen machten, über die Dr. Schlechta später berichtet hat.)

Mein Vater hatte wahrscheinlich schon am 9. sehr eilig seine Hausmusiker benachrichtigt, um mit ihnen zu erarbeiten, welche ihrer bereits erprobten Streichquartette sich eignen würden, am Anfang und am Ende der Ansprachen zu erklingen, und sie haben die ausgewählten am Abend vor der Trauerfeier geübt - bei uns, in der Südstraße 26. Schließlich war niemand auf diesen überraschenden Tod vorbereitet gewesen, auch EFN selber nicht, denn sie hatte doch schon ihren 90. Geburtstag im nächsten Juli geplant, zu dem sie ihren 'herrlichen Führer' einladen wollte.

Ueber die Trauerfeierlichkeiten im Nietzsche-Archiv und in Röcken zu Elisabeths Beerdigung gibt es eine schön gedruckte aber schlichte Broschüre, in der die Ansprachen zu ihrem Gedächtnis zu lesen sind. Obwohl sehr unterschiedlich, begannen sie in Weimar mit "Mein Führer"; danach sprach der Vorsitzende der Stiftung Nietzsche-Archiv die Anwesenden mit "Hohe Trauerversammlung" an, der Professor Adalbert Oehler aber mit den Worten "Verehrte und liebe Leidtragende".

Der Gauleiter Sauckel wandte sich vorwiegend an seinen Führer und nannte Frau Förster-Nietzsche eine "wahrhaft ideale deutsche Frau". Der Rektor der Friedrich-Schiller-Universität Jena sah sie als eine "Priesterin, die in Treue und Hingabe das Feuer gehütet" hatte, und der Superintendent Förster drückte sich bescheidener aus, indem er sagte "sie hat getan, was sie konnte"

Das freilich hätte man so oder so verstehen können...

Adalbert Oehlers Ansprache war viel länger als die übrigen, weil er als nahestehender Verwandter und Mitarbeiter im Archiv ausführlich über die Entwicklung berichten konnte und als einziger in diesem Kreise auch über die Mutter von Friedrich und Elisabeth sprach. Wörtlich sagte er: "Ich werde es immer als einen großen Vorzug meines Lebens ansehen, daß es mir vergönnt war mit ihr, der Schwester meines Vaters, in nahe persönliche Beziehung zu treten und einen tiefen Einblick in ihr Geistes- und Seelenleben zu gewinnen. Die Mutter war in allen Kreisen, die sie kannten, geliebt und verehrt.

Sie war eine begabte, weltkluge Frau mit Herzensgüte, feinem Takt, natürlicher Hoheit, Pflichttreue. Sie war Tochter eines Pfarrers, mit 10 Geschwistern im evangelischen Pfarrhaus erzogen, nach damaliger Sitte von Hauslehrern unterrichtet. Mit siebzehn Jahren heiratete sie den Pfarrer Nietzsche im benachbarten Röcken, drei Brüder waren Pfarrer, drei Schwestern Pfarrfrauen. In dieser Umwelt aufgewachsen und lebend, vermochte sie als gläubige Christin dem Adlerflug ihres Sohnes in eine so ganz anders geartete und gerichtete Geisteswelt nicht zu folgen. Und doch, wie stolz war sie auf diesen Sohn, wie liebte und verehrte sie ihn, wie glaubte sie an seine Größe!"

Von Elisabeths Leben gab er eine ausführliche Beschreibung mit hohem Lob über ihre Tüchtigkeit, und er charakterisierte sie so: "In der Verstorbenen vereinigten sich viele gute Eigenschaften; große Liebenswürdigkeit, Herzensgüte, stete Hilfsbereitschaft, Anmut des Geistes und Körpers mit großer Pflichttreue, Verantwortungsfreudigkeit, Geistesschärfe, einen starken Willen, das für richtig erkannte durchzusetzen, und Kampfesmut. Bei aller Zartheit ihres Wesens war sie eine kämpferische, tapfere, heroische Natur."

Am Ende seiner langen Rede kam er geschickt auf ihre Freigiebigkeit zu sprechen und als besondere Tugend auch "ihre große Dankbarkeit, und wie fein sie ihren Dank in entsprechende Form zu kleiden verstand."

Und dann bedankte er sich "im Sinne der Heimgegangenen für die hohe Auszeichnung, die Sie, mein Führer, durch ihre Teilnahme an der Trauerfeier erwiesen haben" Und er bat ihn, das verwaiste Archiv in seinen "hohen, machtvollen Schutz zu nehmen."

Ich glaube, daß mein Vater mit der Rede seines Vetters sehr zufrieden war. Abgesehen von ihrer Genauigkeit und seiner Geschicklichkeit, Hitler um weitere Hilfe zu bitten, hob sie sich von den bis zur Peinlichkeit phrasenhaften Lobeshymnen anderer Herren vorteilhaft ab.

Daß er nicht reden mußte sondern musizieren konnte – was Elisabeth durchaus gefallen hätte – das war ihm recht. Ich glaube, er hätte nicht in Worte fassen mögen, was er dachte und empfand, und vermutlich hat er aufgeatmet, unauffällig und ohne Bosheit, aber nicht ohne Grund. Nein, er hatte sie nicht zu Tode geärgert. Er hatte ihr beigestanden, war fleißig gewesen, hatte viele Jahre getan, was er konnte, und nun hat er sie überlebt. Er würde im Dezember 60 werden und war noch gesund; jetzt könne es, wird er gedacht haben, im Archiv eine andere Luft geben, freieres Arbeiten und etwas mehr Selbständigkeit für ihn. Und was für ein Glück für sie und uns alle, daß sie nicht lange krank sein mußte.

Ich habe ähnlich gedacht und ebenfalls unauffällig aufgeatmet, weil ich an beiden Trauerfeiern nicht teilzunehmen brauchte, sondern zu Hause bleiben konnte, bei meinen Kindern. Bin aber mit meiner Mutter ins Archiv gegangen, als die Verstorbene aufgebahrt worden war, im Vortragsraum, unter der Stele von Klinger, umgeben von Lorbeerbäumen. Sie sah sehr friedlich aus, war offenbar wirklich sanft entschlafen, und sie war genau so gekleidet und zurecht gemacht wie wir sie immer gekannt haben. Ihre hübschen, zierlichen Hände, jetzt etwas magerer als früher, waren nicht gefaltet sondern lagen dekorativ zwischen den weißen Spitzenmanschetten auf schwarzer Seide.

Tiedemann, der die Stühle herbeischaffen und aufstellen mußte, sah überanstrengt aus und hatte sicher schlecht geschlafen. Wie immer fühlte er sich verantwortlich für 'alles', und erschüttert war er auch. Zwar hatte er die Chefin stets etwas gefürchtet und das würde nun vorbei sein, aber traurig fand er es doch. Er zählte die Sitzplätze und schnaubte sich zwischendurch in sein großes, schneeweißes Taschentuch.

Im Januar 1936 hat M. Oe. einen Familienstammbaum Nietzsches erstellt, der 10 m lang war, da beide Eltern aus kinderreichen Familien stammten. Um ihn zu betrachten, mußten wir die Schiebetüre zwischen unseren Wohnzimmern öffnen, wie zu Weihnachten, damit unser Vater die Pergamentrolle ganz ausbreiten konnte.

Auch für Henning hatte er eine Sippschaftstafel aufgezeichnet und zwar in doppelter Ausfertigung mit dem Vermerk: "zweites Exemplar an das thüring. Rasseamt gesandt; Präsident Dr. Astel."

Daß im Winter 1935 in der Südstraße ungewöhnlich viel Musik gemacht wurde, fiel mir vielleicht besonders auf, weil wir im Jahr vorher das Weihnachtsfest in Riga verbracht haben und die baltischen Sitten anders gewesen sind. Auch sonst war nun alles wie früher: Tiedemann brachte eine Tanne aus dem Thüringer Wald, die bis zur Decke reichte und stellte sie hinter der Schiebetür auf, wo sich die Geheimnisse entwickeln sollten, und die Tür zum Korridor wurde abgeschlossen. Den Schlüssel hatten unsere Eltern. Ich glaube, M. Oe. hat damals den beiden Kleinen zuliebe seine Phantasie enorm angestrengt, hat ältestes Spielzeug aus Schränken und Schubladen mobilisiert, um es unter dem Weihnachtsbaum auf dem Fußboden aufzubauen. Ich aber mußte mit unserer fleißigen Anna so viele Schüttchen backen, wie noch nie – immerhin waren wir zehn Personen, die Gäste nicht gerechnet. Echte Thüringer Schüttchen dürfen nicht aus fettem Teig gemacht sein; sie müssen aber, wenn sie ganz frisch und noch warm sind, mit Butter bestrichen und mit Puderzucker bestreut werden. Irgendwann schien es mir, als ob ich eins vergessen hätte – wie kam denn das? Das kam so, sagte Dietrich treuherzig: "Ich hab ihm geableckt."

Max Nahrath, vorehelicher Sohn von Max Oehler, geb. 1906 Sohn von Else Nahrath in Berlin, Konzertpianist. 1940 Soldat geworden, gefallen in Rußland

Den alljährlichen Wäschekorb mit Geschenken von Tante Elisabeth gab es nun nicht mehr, deswegen aber keineswegs ein armseliges Weihnachtsfest, denn ein jeder im Hause tat etwas zu seiner Verschönerung, und ich glaube, mich zu erinnern, daß wir alle mehr denn je erfunden, gewerkelt und gebastelt haben, obwohl ich heute keine Einzelheiten mehr zu nennen weiß. Das beste Stück für uns drei war ein alter Stuhlschlitten, aus dem Keller hervorgeholt, frisch lackiert, die verrosteten Kufen geputzt; dahinein konnte ich beide Söhne setzen, um sie quer durch den Park über die Ilmbrücke zu schieben, zum anderen Opa und ihn abholen, damit er in der Südstraße mit uns Gänsebraten und grüne Klöße äße.

Zum Musizieren kam auch Max Nahrath aus Berlin, der wie Tage Thiel ein Halbbruder von uns war. Meine Freundschaft mit ihm war anders als die mit Tage, obwohl auch in diesem Fall ich nicht wußte, ob er es wußte und wir darüber nicht gesprochen haben. Aber vielleicht hatte seine Mutter, die längst verwitwete Else es ihm gesagt. Jedenfalls kam er gern zu uns, unterhielt sich mit Vater Max über Musik, vertrug sich sehr gut mit unserer Mutter, brachte ihr Blumen mit, nannte sie Annemie und begleitete sie auf dem Klavier beim Singen. Unseren Vater nannte er 'Onkel Max'. Er sah ihm ähnlich, hatte die gleiche Stirn und seine blauen Augen, trug die schwarzen Haare aber länger als der Vater und war im Auftreten anders als er und vorsichtiger in seinen Äußerungen. Er kam mir bescheiden vor und doch großstädtischer als wir, war unauffällig elegant, trug schwarze Lederhandschuhe und einen flachen, weichen Hut, der gut zu seinem geschmeidigen Wesen paßte. "Mein junger Freund aus Berlin" – so stellte M. Oe. ihn unseren Bekannten vor und lud ihn mit der "Gesellschaft der Musikfreunde", zu deren Vorstand er gehörte, zum konzertieren in der 'Erholung' ein. Dieses, für das alte Weimar wichtige Gebäude, war zu der Zeit noch nicht Reichsstatthalterei geworden und hatte einen schönen Konzertsaal.

Max Nahrath trat damals auch mit dem 'Berliner Trio' auf, das er gegründet hatte, bekam aber schließlich wegen seiner jüdischen Abstammung Berufsverbot, durfte 1940 Soldat werden und ist in Rußland für Deutschland gestorben.

Ich erinnere mich, wie gern ich ihn bei seiner Mutter in Berlin-Steglitz besucht habe – das muß etwa 1930 gewesen sein. Da wollte er mit mir in 'Elektra' gehen und wunderte sich ein bißchen, daß ich diese Oper nicht kannte, auch keine andere von Strauß. "Dabei ist die von 1909, also ein paar Jahre älter als Du", sagte er lächelnd, und dann ging er vorher mit mir in ein Café und erklärte mir ganz behutsam, was für eine Musik das sei, vor der ich aber nicht erschrecken solle. Ich wisse doch aus dem Deutschunterricht, sagte er, wie schlimm die antiken Tragödien seien – darum könne ein moderner Komponist nicht so unehrlich sein, sie im Belkanto zu vertonen.

Ich habe – nicht damals – aber später mehrmals darüber nachgedacht, ob M. Oe. diesen Sohn vielleicht auf die so gelobte Art im preußischen Sinn hätte erziehen wollen, als er die Else in Berlin stürmisch liebte und mit ihr zusammenbleiben wollte, aber in Wirklichkeit konnte er ihn überhaupt nicht erziehen sondern hat ihn einfach gern gehabt und sich gefreut, daß dieser nette, sanfte Junge sich so hochmusikalisch entwickelte und schon mit zehn Jahren erklärte, Pianist werden zu wollen.

Wie ich bereits zu beschreiben versuchte, hat mein Vater auch seinen zweiten Sohn unehelich gezeugt, ebenfalls vor der Heirat mit Annemarie: Tage Thiel, geboren 1909 in Stockholm als Sohn einer reichen Familie, in der er aufgewachsen ist, unwissend über seine Herkunft. Vater Thiel, Bankdirektor, Jude, einer der wichtigsten Stifter des Nietzsche-Archivs, hat den Jungen liebevoll großgezogen (wissend, wie ich inzwischen glaube) und ihn später mit reichem Erbe bedacht. Diesen Halbbruder habe ich in meinem Roman "Zarathustras Sippschaft" zu einer Hauptperson gemacht und dabei begonnen, über die Rechte der Frauen in dieser Männerwelt nachzudenken und habe leider auch gelernt zu schweigen, denn in der bürgerlichen Welt, in der wir lebten, geprägt von Elisabeth Förster-Nietzsche, durfte über solche Themen nur vorsichtig gesprochen werden. Immerhin habe ich in meinem Roman, der vorwiegend meine Jugendgeschichte ist, das zu ironisieren versucht.

Was mich jetzt wieder beschäftigt, ist auch hier die von Nietzsche empfohlene Erziehungsmethode, die beide Väter von Tage Thiel nicht bei ihm anwenden konnten oder nicht wollten: Max Oehler, der sich dem schwedischen Sohn nie zu erkennen gegeben hatte, konnte höchstens gelegentlich in einem unverbindlichen Gespräch einige Ansichten äußern, die Tage, wie ich ihn kannte, nicht teilte oder ihnen nur aus Höflichkeit nicht widersprach. Und Ernest Thiel, Weltmann, weitgereist und hochgebildet, der wie mein Vater ebenfalls ein Nietzsche-Verehrer war, hat sich aber, wie ich inzwischen weiß, auf eigne Art mit diesem Phänomen auseinandergesetzt und kam wahrscheinlich gar nicht auf die Idee, seine Söhne, von denen Tage der jüngste war, nach preußischen Prinzipien zu erziehen.

In meinem uralten Kindertagebuch aus den dreißiger Jahren habe ich eine Menge drollige und nicht uninteressante Entwicklungsgeschichten gefunden, oft zu ausführlich und, wie ich heute finde, zu umständlich formuliert, von denen ich einige herausschreiben möchte, weil ich mich erinnere, damals manches meinem Vater erzählt zu haben – beim Frühstück oder nach dem Abendbrot, wenn meine kleinen Söhne nicht dabei waren. Ich konnte ihn damit gelegentlich aufheitern oder auch, wie ich insgeheim hoffte, ihm meine Dankbarkeit andeuten. Denn dankbar war ich ihm, besonders für seine pekuniäre Großzügigkeit, wußte ich doch, wie sparsam er war, hatte aber eine Scheu davor, mit ihm darüber zu sprechen. Warum? Wahrscheinlich habe ich empfunden, früher leichter mit ihm umgegangen zu sein – ja, so war es – jetzt stand der Ingolf, den ich liebte, und den er nicht mochte, immer zwischen uns, auch wenn er nicht hier war. Und jetzt befürchtete ich, daß mein Vater jeden noch so gut gemeinten Versuch, mit ihm über unsere Geldangelegenheiten zu sprechen, ganz schnell unterbrechen würde: "Schon gut, schon gut! das ist doch selbstverständlich." Vielleicht aber fürchtete ich auch einen für uns beide peinlichen Nachsatz; nämlich daß ich meinem Mann schließlich auch mal klar machen könne, sich mit seinem Studium endlich mehr zu beeilen. Und um dieses Thema zu vermeiden, habe ich ihn lieber mit den neusten Ereignissen aus dem Kinderzimmer erheitert.

Zum Beispiel, daß Dietrich, der fast jedes Wort ohne Schwierigkeiten nachsprechen konnte, dennoch eine eigne Sprache entwickelte. Kaum hatte ich seinen Teller vor ihm auf den Tisch gestellt, da rief er schon "bitte Löffen! haleine essen, alles haleine!" und hinterher. "isch habe geaufeßt, habe gekleksmacht, siemalkuck!" Ambrös-chen saß noch im Babystuhl, wurde von mir gefüttert und war enorm verfressen. Jedesmal, wenn ich seinen Teller leerkratzte, bekam er einen roten Kopf, begann zu brüllen und war so wütend, daß ich ihn nicht beruhigen konnte, auch nicht mit einer Nachspeise – erst mußte er zu Ende brüllen.

"Der Knabe ist konsequent", sagte mein Vater. "So soll er mal bleiben. Ihr dürft ihn aber nicht hungern lassen." Und natürlich ließen wir ihn nicht hungern. Er war gesund und kugelrund und fing bald an zu krabbeln, zur Freude des liebenden Großvaters, der ihn zu Kriechübungen anregte. Mit einer Blume aus dem Garten? Die aß der Liebling auf. Na, dann nehmen wir mal eine Pflaume – aber nicht doch, die hat einen Kern. Vielleicht mit dem klappernden Schlüsselbund – den steckte er auch ins Schnäuzchen. Und dann schmiß er damit.

Ein zweiter Nachttopf mußte angeschafft werden, und die Brüder haben erfunden, einträchtig damit herumzurutschen. "Rutschenwollen beide – ja?" sagte Dietrich, und dann gings los. Der Kleine, jetzt ein Jahr und vier Monate alt, konnte es am besten; er ruderte mit den Armen, legte sich wie ein Rennfahrer in die Kurven, überwand sogar die Teppichränder, und beide quietschten sie vor Vergnügen.

Aber eines Tages – genau am 10. November 1936 – stand Ambrös-chen plötzlich auf und stapfte los, quer durchs Zimmer, Daumen im Mund, und Dietrich sagte: "Kuckmal, unser Dicker! ist geaufstanden."

Von da an konnten sie nicht nur besser zusammen spielen, sondern auch besser Dummheiten machen. Obwohl Dietrich gern beteuerte "wir binnen beide artig", fiel ihnen gemeinsam immer mal Erstaunliches ein, zum Beispiel ihre Kopfkissen mit Vasenolpuder zu bestreuen oder mit der Popo-Salbentube einen Weihnachtsbaum an die Wand zu malen, der dann leider nicht grün war. Aber nun sollte bald wieder Weihnachten werden; das Liedersingen begann, eine Rolle zu spielen, und Dietrich fühlte sich verpflichtet den Kleinen darauf vorzubereiten: "Mensch, das wird prima! Wenn du odufröhliche singst, dann kristu ein Keks."

Im November gab es nun aber auch eine Trauerpflicht: den ersten Jahrestag nach Elisabeths Tod. Im Archiv wurde eine große Gedächtnisfeier veranstaltet mit einer Rede von Professor Deetjen über ihr literarisches Schaffen und ihre vielen persönlichen Beziehungen zu bildenden Künstlern, Musikern und Gelehrten. Hundert aufmerksame Weimarer hörten zu.

Im Deutschen Nationaltheater wurde in dieser Woche Wagners Parzival gegeben, zu dessen Aufführung meine Eltern mit Professor Emge und Frau Lona in der Loge saßen, die früher für Frau Förster-Nietzsche reserviert war, und ich mit Henning und Dr. Schlechta im ersten Rang. Dort habe ich viele Bosheiten in mir aufnehmen müssen, die mir von beiden Seiten zugetuschelt wurden: Hennings Kritik an Wagners Opernstil, den er nicht mochte, und die ironischen Bemerkungen von Dr. Schlechta über Wagners Aufbereitung des Parzival-Epos. Ich ließ mich aber nicht allzusehr stören. Der Heldentenor mit sehr schöner Stimme kam mir zwar ein bißchen lächerlich vor, weil er dick war und sich ungeschickt bewegte, aber ich machte bei seinen Arien eben die Augen zu und stellte mir die Gestalt des Unschuldjünglings so vor, wie ich sie haben wollte.

Henning, trotz seiner Ablehnung dieser Art Opernmusik, ging bald darauf in den 'Lohengrin', der ja nicht nur bei Wagner Parzivals Sohn gewesen sein soll, und er führte uns – der ganzen Familie Oehler – am nächsten Tag mit Hilfe eines aus Papier gefalteten Helms und dem Spazierstock unseres Vaters die Abschiedsarie des Lohengrin vor; er sang unsere Mutter als Elsa an, bis sie Tränen lachte, und auch M. Oe. amüsierte sich ungeniert. Nur unsere Friderun, immer noch Schnucki genannt, obwohl sie inzwischen dreizehn war, sagte, nachdem wir uns beruhigt hatten: "Du bist aber nicht dick genug für einen Opernsänger." Sie hatte in der Zauberflöte den Tamino erlebt und schlug Henning vor, sich bei der nächsten Arie vorher mit Sofakissen ausstopfen zu lassen.

Beim Weihnachtsliedersingen hatten wir an Henning einen guten, geduldigen Begleiter. Noten brauchte er dazu nicht, sondern konnte unsere Stimmen mit seinem Spiel umranken, ohne daß wir merkten, von ihm geführt zu werden. "Das ist die beste Art der Begleitung", sagte Vater Max, stolz auf den begabten Sohn, wie überhaupt – so denke ich heute – er im Stillen glücklich gewesen ist, zwei ungewöhnlich musikalische Söhne erzeugt zu haben. Und ich möchte hinzufügen: ganz ohne die preußische Erziehung.

Am 24.12.36, morgens im Bett (es war noch dunkel) habe ich dieses Gespräch belauscht:
"Pieterle, heute is Weihnachten!"
Antwort: "neng".
"Pieterle, ich freu mich. Freust du dich auch?"
"nengeng".
"Dicker, sag doch mal Weihnachtsmann!"
Der Dicke, hörbar den Daumen aus dem Mund nehmend: "haki".
"Nein, nicht haki. Dicker, sag doch mal Lichterbaum!"
"nengeng." (Der Daumen war schon wieder drin.)
Sicher habe ich dem verärgerten Dietrich zu erklären versucht, daß der Dicke wohl längst vergessen habe, wie es voriges Jahr zu Weihnachten gewesen ist. Darum könne er sich jetzt noch nicht freuen, habe ich wahrscheinlich gesagt. Das hat Dietrich vermutlich nicht eingeleuchtet. "Aber ich! ich weiß es noch. Und wenns los geht und die Tür aufgeht – bestimmt – dann freut er sich."

Und so kam es; der Großvater zog die Schiebetür auf, ganz langsam, die Spannung seiner Familie beobachtend, und zunächst war alles wie erwartet. Dietrich stieß den obligatorischen Jubelschrei aus, und Pieterle stand offnen Mundes staunend da, aber höchstens eine halbe Minute. Dann sah er eine Trompete in seines Bruders Händen und sah, wie der sie zum Munde führte, und schon beim ersten schrillen Ton hatte er sie ihm entrissen. Erschrocken haben wir versucht, den Kleinkrieg unter dem Lichterbaum zu schlichten, und M. Oe. rief entsetzt: "Ich Trottel – ich hätte natürlich zwei Trompeten besorgen müssen!"

Gottlob gab es in diesem Weihnachtszimmer genügend Möglichkeiten, meine wütenden kleinen Bengels abzulenken. Bei Dietrich gelang mir das mit einem Päckchen Schmantbonbons von Ingolf aus Riga, und ich habe ihm, während er sie auspackte erklärt, wie wunderbar sie schmecken, und daß man sich in Acht nehmen müsse, nicht alle auf einmal aufzuessen. "Was ist das, Schmant", wollte er wissen.

"Schmant ist Sahne" habe ich gesagt. "Die Bonbons werden aus Sahne und Zucker gekocht. Dietrich fiel sofort ein, daß er sie dem Dicken nicht geben dürfe, denn der würde sie alle auf einmal in sich reinstopfen – und dann krank werden. "Sag das mal dem Vati, dem lieben" schlug er mir vor, "der weiß das vielleicht noch nicht".

"Der liebe Vati" – das war von da an für ihn die Benennung seines Vaters. Der liebe Vati, der so weit weg in Riga wohnte, der vielleicht nächstens bald mal käme, der so wunderbare Bonbons schicken könne, der auf dem Bild über seinem Bett an der Wand hinge mit solchen Locken auf dem Kopf und einer Brille aber ohne Hände – "oder sieht man die bloß nicht?"

So ähnlich berichtete Dietrich in seiner Unschuld unser Gespräch am nächsten Morgen beim Frühstück und sagte gleich, daß Pieterle solche Bonbons nicht alle auf einmal essen dürfte, sondern höchstens zwei ...

Aha, sagte mein Vater, und warf mir einen Blick zu, wenn auch nicht vorwurfsvoll, aber so, daß ich ihn verstanden habe.

Einen Rundfunkvortrag, gehalten von M. Oe. in Berlin, bei der 'Deutschen Welle' könnte ich damals gehört haben, da es in der Südstraße den obligatorischen Volksempfänger gab. Er stand in dem Zimmer hinter der Schiebetüre, das in jedem Dezember zum Weihnachtszimmer umgewandelt wurde, die übrige Zeit aber 'Damenzimmer' hieß und eine gemütliche Sitzecke hatte. Dort konnten wir gemeinsam Musik und Vorträge hören. Und Hitlerreden. So jedenfalls hatte das Propaganda-Genie Goebbels sich gedacht, als er jeder Familie diesen deutschen Apparat verordnete.

Das Thema Nietzsche und die Jugend", mehrfach abgewandelt, kam offenbar immer gut an und, je nach der erwarteten Hörerschaft, hat M. Oe. sich bemüht, sein Thema zurechtzurücken, seine eigene Meinung zwar einzubringen und mit Nietzsche-Worten zu verstärken, das Ganze aber "für die große Zeit, in der wir leben" passend zu machen, damit die Menschheit nicht vergäße, Selbstzucht zu üben, die Innerlichkeit dabei nicht zu vernachlässigen und dennoch das große Zusammengehörigkeitsgefühl zu steigern.

Auf diesen Vortrag hin bekam M. Oe. einen langen handschriftlichen Brief aus Berlin, der mich interessierte, weil diese Frau Anna Scharberg eine aparte Schrift hatte, ihn auf der ersten Seite geschickt lobte, dann aber offenbar ihm auch widersprechen wollte. Das machte mich neugierig, und ich versuchte mir vorzustellen, wie er reagiert hat; anscheinend aber hat er den Brief zu seinen Akten gelegt, ohne irgendeine Bemerkung, wie er ihn beantworten wolle.

Die offenbar gebildete, aber sehr überhebliche Dame kam nach dem ersten Lob sehr schnell zu ihrem eigenen Thema: sie teilte ihm auf fünf eng beschriebenen Seiten mit, daß sie sich berufen fühle, die Menschheit in Nietzsches Sinne zu erziehen, weil "der Mensch das Maß aller Dinge sei", und sie das lehren müsse, "so mich Gott beruft". Dann könne sie auch erklären, warum Friedrich Nietzsche wahnsinnig wurde und Kleist sich umbrachte. Sie sei entschlossen, ihr Ziel zu erreichen, und sie habe ein Programm von mindestens zwölf Punkten, die sie ihm genau mitteilte, weil sie ihr "durch Offenbarung befohlen" waren.

In dem Entwurf zu einem Vortrag von M. Oe. habe ich einiges gefunden, was der Briefschreiberin aus Berlin vielleicht eine Antwort gewesen wäre. "Und hier also, im Bereich des unseren menschlichen Sinnes- und Erkenntniswerkzeugen im Grunde Verschlossenen, beginnt das Gebiet des Uebersinnlichen, des Religiösen. Ich sagte schon, daß Nietzsche uns auch auf diesem Gebiet ein Helfer sein kann, um selbst zur Klarheit zu kommen, gerade weil auch er das religiöse Problem überhaupt, wie das Problem des Christentums insbesondere gründlich und mit rücksichtslosester intellektueller Redlichkeit durchdacht hat, wie er es immer von sich und anderen verlangte. Es ist schon vielen Leuten und gerade ausgesprochen religiösen Menschen – Theologen beider christlicher Konfessionen – aufgefallen, daß Nietzsche im Grunde seiner ganzen Veranlagung ein religiöser Fanatiker, ein tiefernster Wahrheitssucher, ein Gottsucher war, der den Dingen auf den Grund zu gehen, ja mehr noch, ihre Hintergründe, ihren letzten Ursprung aufzuspüren, bestrebt war."

Im Jahr 1937 fielen Dietrichs Geburtstag und Ostern auf einen Tag, was ihn ungeheuer aufregte: "Mensch Opa, der Geburtstag! Omi, die Ostern! Der Kuchen, wie niedlich! Mutti, ein ganz geburtstagtes Häschen – wie reizend!

Zu der Zeit hatte ich unser Zimmer im Parterre als Spielzimmer eingerichtet, und wir schliefen oben im Taubenschlag mit der ganz großen Aussicht über Weimar. Dort hatten wir ein Plumpsklo, das meine Söhne hochinteressant fanden, und ich mußte aufpassen, daß der Dicke, wenn er "gehosenvollmacht" hatte, seine Windelhose mit Inhalt nicht einfach da hineinwarf. Er war und blieb der Liebling des Großvaters – bei ihm durfte er eigentlich alles, auch auf seinem Schoß sitzend, sich zum Essen heranholen, was in seiner Reichweite war und dann schmatzend erklären: "alles meins" M. Oe. lachte herzlich darüber, und schließlich fanden auch wir alle den Dicken süß und pfiffig und konnten ihm nicht widerstehen. Henning aber hatte, wie ich mich jetzt erinnere, eine besondere Neigung zu Dietrich und dessen Eigenheiten; zum Beispiel schnitt er Tiere aus Zeitschriften aus und klebte ihm daraus ein Bilderbuch mit eigenhändigen Unterschriften, eine ziemlich zeitraubende Tätigkeit.

"Wann machst du so etwas?" habe ich ihn gefragt, und er antwortete: "Ach, irgendwann, wenn ich mal nicht schlafen kann." Warum er manchmal nicht schlafen konnte, habe ich ihn wahrscheinlich auch gefragt. Zwar wußte ich, daß er Musik studieren wollte und habe das bei seiner Begabung sogar selbstverständlich gefunden, aber ich kannte auch die Ansicht unseres Vaters, daß man die Musik unbedingt zum Leben brauchte, nicht aber unbedingt zum Geldverdienen. Henning war so vielseitig – er malte, modellierte, er schrieb Gedichte (allerdings mehr zum Spaß, wie er sagte) aber sportlich war er auch, ein sehr guter Reiter und als Hitlerjugendführer in den verschiedensten Sportarten geübt. In diesem Jahr würde er Abitur machen auf dem humanistischen Gymnasium, und daß ihm nun in der Nacht ziemlich oft im Kopf herum ging, was er mit seiner Zukunft anfangen sollte und wollte, das konnte ich nachempfinden.

Er hatte sich auch mit einem Bildhauer angefreundet, der in Tiefurt bei Weimar sein Atelier hatte, und sich von dem "eigentlich bloß aus Neugier" zeigen lassen, einen modellierten Kopf zu gießen; das machte er nun in der Südstraße in der Waschküche, und es war enorm aufregend. So hatte er für unseren Vater eine Kopie des Kopfes von Friedrich dem Großen hergestellt, der im Goethehaus stand, wo er ihn sich zum Vorbild nahm, und sie wurde verblüffend gut. Auf unsere verwunderten Fragen antwortete er, das sei doch nicht schwer, man müsse "nur genau hinsehen und so einen Kopf von mehreren Seiten zeichnen. Aber deswegen brauche ich doch nicht Bildhauer zu werden!"

Sein Geigenlehrer in der Musikschule regte ihn zum komponieren an, und er ließ sich das nicht zweimal sagen, obwohl er dazu neben allem anderen wirklich zu wenig Zeit hatte und außerdem bedauerte, bisher nur zwei Instrumente zu beherrschen – das sei zum komponieren zu wenig. Wie gern würde er auch Orgel spielen! Schließlich aber wolle er herausbekommen, was von alledem für ihn das wichtigste sei, und dann, so sagte er, sollte es ihm egal sein, ob er damit Geld verdienen würde oder nicht ...

Im August kam endlich "der liebe Vati" für längere Zeit, und der Dicke, der sich an ihn ja nicht erinnern konnte, nannte ihn zunächst "Onkel Vati". Wir lebten nun zu viert oben unter dem Dach, frühstückten auch dort, und es war lustig, wenn auch für mich ziemlich mühsam. Meine Eltern befürchteten oft, daß ich mir zu viel zumutete (oder zumuten ließe), und M. Oe. versuchte sogar anzuordnen, daß ich jeden Tag nach dem Essen schlafen solle. Daß seine Enkel ihren Vater, der gewissermaßen einen Seltenheitswert hatte, nun liebten und so gern mit ihm zusammen waren, könnte ihn gewundert und vielleicht sogar etwas geärgert haben. "Paß mal auf, daß deine Familie dich nicht zu sehr von der Arbeit abhält", sagte er gelegentlich in einem gewollt spaßhaften Ton. Ich wußte, wie das gemeint war.

Im Dezember dieses Jahres hat mein Vater für die beiden Kleinen den Nikolaus dargestellt; er war wunderbar verkleidet und machte es meisterhaft.

Dietrich aber hat ihn erkannt und spielte mit, indem er ihn anlachte, herzlich und unwiderstehlich, so daß der Nikolaus mitlachen mußte. Der Dicke merkte nichts. Er futterte sein Marzipanschwein und stellte sich dann in Positur, um sein nächstes Liedchen zu singen, und danach sagte er: "Noch sonen kleinen Hund."

Beide konnten sie sehr gut singen, und Henning spielte zur Begleitung besonders leise Klavier, damit wir auch ihre leicht veränderten Texte verstehen konnten, z.B. "O du frögile o du segile, knabenbringende Weihnachtszeit", und wir verbesserten sie nicht, um sie nicht zu stören. Sie hatten zusammen ein Repertoir von etwa einem halben Dutzend Weihnachtsliedern, und meine Eltern waren darüber richtig glücklich. Am zweiten Feiertag haben die beiden Sänger sich dann allerdings überfressen, und sie mußten im Bett bleiben, Kamillentee trinken und Haferschleim essen.

1938 im Januar sind wir auf einem Spaziergang auch in den Nietzsche-Archiv-Garten gegangen, wo uns nun alles ganz fremd geworden war. Mich hat der Anblick der Baugruben wehmütig gestimmt, aber Dietrich unterhielt sich mit den Arbeitern und fragte ernsthaft, ob sie da eine Burg bauen wollten. Der Dicke schien mir erschrocken zu sein, er war still und hielt sich an meiner Hand fest. Hinterher sagte er: "Die Männer da machen die Erde kaputt."

Vielleicht gab es wirklich zu viel familiäre Ablenkungen für den Ingolf – die Weihnachtszeit, unsere drolligen Kinder und nun auch noch das Schneewetter, das lange anhielt. Wir rodelten mit zwei Schlitten, einem großen, auf dem wir zu dritt sitzen konnten, und Dietrich auf dem kleineren, bäuchlings, mit den Schuhspitzen lenkend; das konnte der Dicke noch nicht. Wir mußten uns seinen Spitznamen übrigens abgewöhnen. Er war gewachsen, war dünner geworden und gar nicht mehr pummelig, das stand ihm gut. Zu Weihnachten hatte er ein Holzpferd bekommen, auf dem er reiten konnte, das zog er überall mit sich herum; es war bunt bemalt, und die Kinder nannten es Loreley. Mechthild sagte, die Loreley sei aber eine Jungfrau, die auf einem Felsen säße, und Dietrich antwortete: "unser Pferd ist vielleicht auch eine Jungfrau", aber wie dieses interessante Gespräch weitergegangen ist, weiß ich nicht mehr. Den ehemaligen Dicken nannten wir von nun an Pietje, ein Kosename, der lange an ihm hängen blieb.

Januar 1938: Ueber den "Nordischen Gedanken" bei Nietzsche hat M. Oe. in verschiedenen thüringischen Orten gesprochen und einen ausgearbeiteten Aufsatz mit dem Titel "Nietzsche und der Norden" in der Zeitschrift "Der Norden" (Heft 1, 1938) veröffentlicht.

Ebenfalls Januar 1938 "Kostenvoranschlag für die gesamte Innenausstattung der Nietzsche-Halle durchgesprochen mit Bauleiter von Gersdorff"

Ende Februar: "Einladung nach Regensburg zu Peter Gasts Oper "Der Löwe von Venedig". Dr. Ernst Wachler hielt vor der Aufführung eine Ansprache über Peter Gast, mit dem er befreundet gewesen war.

20.3.1938: Brasilianische Ingenieure und Architekten im Archiv zu Besuch, die von M. Oe. über Nietzsches Bedeutung für unsere Zeit aufgeklärt wurden."

April 38: An der Nordfront der Halle wurden Bäume gepflanzt – Kastanien und Linden. M. Oe. hat zahlreiche Stiche besorgt von Städten, die in Nietzsches Leben eine Rolle gespielt haben, um sie später in den Vitrinen des Wandelganges auszulegen.

Fast jeden Sonntag besuchten wir den grünen Opa in seinem Gartenhaus, wo wir mit ihm aßen, vor allem, wenn es etwas zu feiern gab, und wir fanden oft etwas: Opas Geburtstag im Februar, Dietrichs im März, Pfingsten, Pietjes Geburtstag im Mai mit Besuch von Tante Inge aus Bremen und zwischendurch den 13.3.38, aber nicht etwa, weil wir von Hitlers Idee von Großdeutschland begeistert waren und den Einmarsch in Wien als "Wiedervereinigung Deutsch-Oesterreichs mit dem Reich" verstanden, sondern einfach, weil wir froh waren, daß es nicht den von uns gefürchteten Krieg gegeben hatte. Wir alle kannten damals den Witz, den man nur tuschelnd erzählte: "Goebbels hat eine neue Zeitschrift gegründet, sie heißt 'Die Klappe'. Siebzig Millionen Deutsche halten sie schon".

In diesem Sommer wußte unser fleißiges Annchen bereits, daß ihr Verlobter sie verlassen und womöglich vergessen hatte. Auf dem Bauernhof ihrer Eltern war im Frühjahr mit ihrer ganzen Familie die Verlobung gefeiert worden, und jetzt war sie schwanger. Zuerst hat sie sich schrecklich aufgeregt, sie wollte weglaufen oder sich umbringen, aber unsere Eltern und ich, meine Geschwister und auch mein Mann, kurz wir alle waren uns einig, daß sie bei uns bleiben solle. Da hat sie sich wieder beruhigt. M. Oe. sagte: "Der Babykorb ist doch grade leer! Und in die Kinderbadewanne passen die großen Jungens auch nicht mehr."

Als im Juni Ingolf wieder abreiste, hatte er über neun Monate mit uns in der Südstraße gewohnt, und unsere Jungens haben sich aufgeregt und wollten mir nicht erlauben, mit ihm auf den Bahnhof zu gehen. Dietrich behauptete: "Wenns du dann dort bist, dann steigst du auf einmal mit ein, und dann haben wir keinen Vati und keine einzige Mutti mehr!"

Wir gingen nun also ohne den Vati zum grünen Opa, und auch unser Leben im Taubenschlag gestaltete sich etwas anders. Wahrscheinlich damals habe ich ihnen erzählt, warum wir dieses Mansardenzimmer hoch über der Stadt immer so nannten, nämlich weil, als ich noch zur Schule ging, an einem der beiden Fenster ich tatsächlich einen Taubenschlag hatte, selbst gebastelt aus Margarinekisten – denn viel kosten durfte er nicht – nur das Brett mit dem Abflugsteg und dem Ausgang, der gleichzeitig der Eingang für die Vögel war, das mußte ich mir beim Tischler anfertigen lassen. (Das verschlang mein Taschengeld von zwei Monaten) Die sechs Tauben hatte ich geschenkt bekommen. Sie waren rotbraun und sehr hübsch, sie haben es sich in den Margarinekisten gemütlich gemacht, haben Nester gebaut, Eier gelegt und sich unheimlich vermehrt. Ein Jahr später konnte ich sie schon nicht mehr zählen und nur mit Mühe ernähren ...

Von nun an mußte ich den Kindern andauernd von den Tauben erzählen, und fast vergaßen sie ihren lieben Vati darüber. Dietrich wollte am liebsten alles das wiederhaben, wollte das Brett mit dem Flugsteg in einer Bodenkammer suchen, wollte mir helfen, den Taubenschlag neu einzurichten und dann erleben, wie die Jungen ausgebrütet würden. Pietje war dagegen. "Die machen überall Kleckse", erklärte er. "Und das riecht! Und vielleicht wollen sie unser Frühstück essen."

Das Thema war fast unerschöpflich, und ich hatte Mühe, sie davon abzubringen, vor allem Dietrich, der nicht aufhörte, darüber zu reden, auch beim familiären Mittagessen. Darum war ich froh, daß mein Vater mir zu Hilfe kam, indem er erklärte, wir bekämen doch im Herbst ein Baby, und das sei viel wichtiger als diese Vögel. "Nein, nicht eure Mutti," sagte er, "die ist es nicht, die eins bekommt", und er amüsierte sich, weil meine Söhne mich fragend anschauten, Pietje sogar vom Stuhl rutschte und auf meinen Schoß krabbelte. Dann schien mir, daß sie erleichtert waren, daß es nicht mein Kind sein würde. Auf einmal waren sie schon bereit, sich zu freuen, sie wollten es lieben und auf den Arm nehmen, wollten gleich den Babykorb holen und ihn in ihr Zimmer stellen. Dietrich sagte: "Ich gebe ihm dann morgens die Flasche, und am Abend baden wir es in unserer alten Wanne."

So wurde es allerdings nicht. Aber als Annchen in der Nacht zum 30. Oktober 38 zu uns ins Zimmer schlich, sich entschuldigte und ängstlich mich fragte, ob es denn nun wohl so weit sei, da waren meine Söhne wie die Engel; sie flüsterten und benahmen sich erstaunlich vernünftig, sogar als ich mich anzog, um mit ihr zusammen fortzugehen. Dietrich fragte besorgt, ob die Arme etwa Bazillen hätte, weil sie doch so stöhnte, und Pietje rief: "Machs hibsch, Annchen!"

Noch heute wundere ich mich, wie wir das geschafft haben, morgens zwischen 3 und 4 Uhr zu Fuß auf der leeren Straße zum Sophienkrankenhaus zu gehen. Aber es blieb uns gar nichts anderes übrig – in der Südstraße 26 gab es kein Telefon, unterwegs keine Telefonzelle, und ich war nicht einmal sicher, ob wir ein Taxi bekommen hätten. Annchen hängte sich bei mir ein und stöhnte bescheiden.

Als die Familie Oehler am sonntäglichen Frühstückstisch saß, da war ihr kleiner Junge schon geboren.

"Der Major und die Mutti," sagte Annchen gerührt, "wie gut die zu mir sind." Und mich fragte sie, ob sie ihren Sohn Dietrich nennen dürfte.

Weimarer Klatschbasen sollen damals gesagt haben: "Nun möchte man ja bloß wissen, vom wem der ist – vom Alten, vom Sohn oder vom Schwiegersohn."

Ingolf hatte trotz unseres Familienlebens einiges gearbeitet, aber fertig mit seiner Dissertation war er durchaus noch nicht. Ich habe das gewußt, hatte es mir so gedacht, vielleicht auch befürchtet, wußte aber nichts davon, daß mein Vater nach einigen Gesprächen, an denen ich nicht beteiligt war, meinem Mann einen ernsten, vorwurfsvollen Brief geschrieben hatte, den dieser mir nie gezeigt hat.

Datum: 10.5.38. Vier nicht große, aber eng beschriebene Blätter in der mir vertrauten Handschrift von M. Oe. Keine Unterschrift. Vielleicht hat er diese "Niederschrift", wie er selber sie in seinem Text nannte, dem Ingolf gegeben, während ich nicht dabei war, und der hat sie gut weggesteckt, so gut, daß ich den Brief erst nach über fünfzig Jahren unter vielen anderen Papieren gefunden und ihn staunend gelesen habe.

Vater und Schwiegervater lebten da schon längst nicht mehr, auch Ingolf war gestorben, und genau genommen nützt dieses Schreiben heute niemandem und ändert nichts, und doch finde ich darin Formulierungen über unsere damalige Situation, die mich erschüttern. Die strengen Ermahnungen enthalten zwar keine gehässigen oder bösartigen Ausdrücke, aber das ganze bedeutet eine Abrechnung zwischen zwei Generationen, die mir aussichtslos und nachträglich gradezu tragisch vorkommt, und das ein Jahr vor Beginn des zweiten Weltkrieges. Was M. Oe. seinem Schwiegersohn da vorrechnet, ist ungeheuer logisch, und ich hätte, wenn ich die vier Seiten damals zu lesen bekommen hätte, wahrscheinlich zugeben müssen, daß er recht habe. Er fürchtete, obwohl er unser aller Zukunft ebenso wenig kannte wie wir, daß Ingolfs Lebenshaltung sich nicht ändern würde und hielt ihm charakterliche Schwächen vor wie: mangelndes Verantwortungsgefühl, Mangel an Willenskraft und Konzentrationsvermögen, übermäßige Selbstgerechtigkeit und lässiges Sichtreibenlassen – alles Formulierungen, die mir bekannt waren – und ich glaube, von den politischen Anschauungen abgesehen, hätte ich auch das Argument anerkennen müssen, daß es, wie mein Vater auf der vierten Seite geschrieben hat, "nach achtjährigem Studium unter keinen Umständen so weiter gehen könne. "Daran anschließend steht der mir begreifliche Satz. "Auch im Geistigen kann man nicht dauernd spazieren gehen".

Einige Vorschläge, wie Ingolf es anders oder besser hätte machen können, stehen ebenfalls in dem Brief, leuchten mir aber auch nachträglich nicht ein. Das Studium im Baltikum fand ich gut, und ich wollte ihn nie davon abhalten. Wie er habe ich empfunden, wie wichtig das Forschen und Arbeiten in dieser freien Atmosphäre für ihn war, und vielleicht hat er auch gehofft, auf diese Weise etwas Brauchbares zustande zu bringen, ohne von Nazi-Augen beobachtet und von Nazi-Ideen abhängig zu sein. Die freundschaftliche Formulierung, mit der mein Vater auf der dritten Seite seines Schreibens betonte, er wolle sehr gern "rein menschlich und großväterlich" unsere junge Familie im Hause behalten, die glaubte ich ihm und glaube sie heute noch. Zwar kannte ich seine für uns alle oft lästige Sparsamkeit, wußte aber auch, daß er in dieser Situation nicht geizig mit uns sein wollte. Das gelegentliche anstrengende Familienleben war ihm eine "liebe Last", und er fand es wichtig genug, dafür auch Unbequemlichkeiten auf sich zu nehmen. Was ihn aber ernsthaft aufregte, war die Unsicherheit unserer Zukunft; er fürchtete den Tag, an dem wir schließlich einmal uns selbst überlassen wären und glaubte, wie er sich ausdrückte, daß dann "eine Katastrophe über uns hereinbrechen würde" …

Gewiß, so kam es. Aber er meinte ja nicht die damals noch sehr ferne Katastrophe, meinte nicht den insgeheim gefürchteten Krieg, an den er, mein Vater, wahrscheinlich nicht glaubte, sondern wollte seinen Schwiegersohn durch seine Mahnungen zu einem fleißigen, tüchtigen Menschen machen, der fähig war, sich und mich und unsere Kinder zu ernähren. Ich glaube nicht, daß er, M. Oe. im Sommer 38, als er den Mahnbrief schrieb, schon wußte, was für eine katastrophale Entwicklung die Judenverfolgung schon im folgenden Herbst nehmen würde, und selbst wenn er als Parteimitglied etwas derartiges wußte, so hat er den Kopf in den Sand gesteckt.

Aber haben wir nicht alle die Köpfe in den Sand gesteckt? Jeder aus einem anderen Grunde – es gab deren viele – Unwissenheit oder Leichtgläubigkeit oder naiven Optimismus – seelische Befangenheit oder Gedankenlosigkeit – feige Wasweißdennich-Haltung oder verzweifelnde Einsicht, nichts Wirksames gegen alle die Scheußlichkeiten tun zu können, die so schwer zu durchschauen waren. Bei mir im Hinterkopf, damals wohl noch uneingestanden, befand sich eine gewisse Erleichterung darüber, einen Partner zu haben, der sich an all dem nicht beteiligte. Und – wie schon ausprobiert – die Themen über Deportation, brennende Synagogen und Boykottmaßnahmen gegen jüdische Geschäfte kamen in unserem Briefwechsel nicht vor; in den Gesprächen mit M. Oe. übrigens auch nicht. Was ich aber ihm gelegentlich zu erklären versucht habe, warum ich ganz bestimmt nicht in die NS-Frauenschaft eintreten wollte, das hat er akzeptiert. Ich fürchtete, mich in solcher Gemeinschaft falsch zu benehmen, habe ich gesagt, wirklich, ich habe nicht die Nerven für solche Gespräche und schlimmer noch, zu wenig Verständnis für die Begeisterung dieser Frauen für Adolf Hitler.

Bei dieser etwas verschwommenen Erinnerung taucht mir ein anderer, wahrscheinlich viel späterer Gedanke auf, der sich auf den Brief von 1938 bezieht, den ich damals nicht gekannt habe. Und weil ich ihn nicht kannte, früher nicht darüber nachdenken konnte, nämlich, wie denn mein Leben weiter gegangen wäre, wenn meine Eltern im Jahr 1933 uns nicht erlaubt hätten, zu heiraten. Wenn sie vorgeschlagen hätten daß ich einfach zu Hause bleiben solle und erst einmal das Kind bekommen. "Und dann können wir weiter sehen" könnten sie gesagt haben, aber nicht etwa, daß ich "dem Führer ein Kind schenken" solle, nein, so geschmacklos waren sie nicht, ich kanns beschwören. Ich bin sicher, ich wäre folgsam gewesen, aus Vernunft und auch ein bißchen aus schlechtem Gewissen, weil ich damals noch glaubte, mich schuldig fühlen zu müssen. Zum Studium nach Riga ging der Ingolf ja sowieso, umd meine Lebensweise in Weimar wäre zwar etwas peinlich, aber nicht unerträglich gewesen.

Dr. Ernst Wachler, Dichter und Bohémien, hätte sich über diese Regelung nicht besonders geärgert, auch Ingolfs Mutter nicht. Sie war Schauspielerin in Köln und kannte solche etwas schrägen Verhältnisse – kurzum, heute verstehe ich überhaupt nicht mehr, warum wir unbedingt heiraten mußten – so schnell wie möglich. Bloß, weil es sich so gehörte? Oder weil Tante Elisabeth noch lebte? Die aber hätten wir ins Vertrauen ziehen können, zumal sie eine so begabte Heuchlerin war und vielleicht etwas Passendes erfunden hätte, wie wir die ganze Sache günstig hätten vertuschen können.

Warum also mußten wir heiraten? Lebten wir in einer Spießer-Kleinstadt? Ja, wahrscheinlich. Und die Leute? Nun ja, die Leute. Aber das goldige Kind, ein Junge, hellblond und gesund; als der geboren war, da haben sie ihn sowieso alle entzückend gefunden – ob mit oder ohne Trauschein seiner Eltern.

Und genau genommen hätte ich Annchen später beneiden müssen, weil sie in der Südstraße 26 ein uneheliches Kind bekommen durfte – nur vier Jahre später.

Meines Vaters Meinung über mich, daß ich es nicht nötig habe, einen Beruf zu erlernen, weil ich, wie er sich schon früher gelegentlich geäußert hatte, 'ja doch heiraten würde' und außerdem bei meiner 'vielseitigen Begabung' – von Mathematik abgesehen – mit Hilfe der guten Schulbildung aus meinem Leben etwas machen würde, war vermutlich wohlwollend gedacht, der Zeit entsprechend oder auch von Nietzsche beeinflußt, und doch wüßte ich heute nicht mehr zu sagen, ob er aus kluger Voraussicht mich ermutigen wollte oder einfach aus Bequemlichkeit. In seinen vielen Briefen an Elisabeth, die ich freilich damals noch nicht kannte, hat er sie immer wieder gelobt und bewundert, wie sie ihr Leben 'gemeistert' habe, obwohl auch sie 'eigentlich nichts gelernt' habe. Ein Vorbild für mich? Nein. Weder damals noch heute. Für mich war und bleibt sie die alte Dame aus dem vorigen Jahrhundert, energisch und selbstbewußt, vital und fleißig, nachahmenswert aber nicht. Da ist mir mein Leben mit einem jungen, intellektuellen Mann und unseren kleinen Söhnen lieber gewesen. Lebenswert. Unsicher – gewiß. Ein bißchen ärmlich – auch das.

Als am Karfreitag 1939 Ingolf unerwartet kam, haben wir uns enorm gefreut. Die Kinder umhalsten ihn und erzählten ihm überstürzt alles mögliche und unmögliche. Wie ging es weiter? Nicht besonders gut, glaube ich. Ingolf hatte zwar seine Doktorarbeit "im Wesentlichen abgeschlossen", wie er sich vorsichtig ausdrückte, für die Promotion müßte er aber nochmal ein Semester nach Jena. Das war wohl auch der Grund, warum wir dann alle vier in den Franz-Buncke-Weg zum grünen Opa gezogen sind – keine näheren Angaben in meinen gekritzelten Notizbüchern dieser Zeit. Was mich heute noch wundert: daß in diesem Gartenhaus im Goethepark wir alle Platz hatten und uns vertragen haben und die Kinder dort genauso vergnügt und zufrieden waren wie in der Südstraße. Auch meinem Schwiegervater hat es gefallen: Familienleben! Er hatte es sich doch gewünscht. Die Umkehrung – wohnen im Franz-Buncke-Weg und zu Besuch sein in der Südstraße – das hat unseren Söhnen nicht geschadet. Elektrische fahren, wenn das Wetter schlecht war – auch nicht übel. Dietrich kannte die Haltestellen genau und rief sie aus – ich mach' das für dich – sagte er zu dem Straßenbahnfahrer. Leider war der Hund unserer Hausbesitzerin so groß, daß sogar Pietje sich vor ihm fürchtete, aber sonst fanden sie es "sehr gemütlich bei uns". Eine Gemütlichkeit der Armen, dachte ich; Wohnküche mit einem einzigen Tisch für alles. Ein einziger Schrank für alles. Alle Schuhe mußten unter die Betten geschoben werden. Wir frühstückten mit 'dem lieben Vati', ehe er nach Jena fuhr, während der grüne Opa noch schlief. Wenn er dann aufstand, um den Brötchenbeutel hereinzuholen, den der Bäcker um sieben an sein Fenster gehängt hatte, schüttelte er klagend den Kopf, daß diese Brötchen leider nimals frisch seien, "man müßte es dem Bäcker doch mal sagen!"

In diesem Sommer habe ich unsere Jungens probeweise in den Kindergarten gebracht und weil das gut ging, mir eine Bürostellung gesucht, bei der ich nur vormittags zu arbeiten brauchte. M. Oe. fand das tapfer und meinte, sowas könne mir nicht schaden, nur überarbeiten dürfe ich mich nicht und müsse vor allem genügend schlafen.

Denn:
"Gesunder Schlaf ist wichtig ! Jede Nacht mindestens acht Stunden." Ich habe ihm nicht vorgerechnet, daß sein wohlmeinender Vorschlag mit meinem derzeitigen Leben unvereinbar sei – er hätte es wahrscheinlich gar nicht begriffen, weil er nicht wußte, (und vielleicht auch nicht wissen wollte,) was alles ich in meinen vierundzwanzig Alltagsstunden unterbringen mußte; von fünf Uhr morgens bis in die Nacht hinein war das nicht nur ein Rechenexempel sondern vorwiegend Glücksache. Auch mein liebenswerter schrulliger Schwiegervater, der doch nun mit uns unter einem Dach lebte, schien das nicht wahrzunehmen, und mein geliebter, aber leider immer noch nicht besonders fleißiger Ehemann war betrübt, daß wir nun wieder andauernd aufpassen mußten, kein drittes Kind zu bekommen. In diesem Staat, in dem unzählbare jüdische Kinder umgebracht wurden, war den arischen Frauen verboten, Verhütungsmittel zu benutzen, mehr noch, es gab sie überhaupt nicht: kein Arzt durfte sie verschreiben und kein Apotheker sie verkaufen. Ich habe damals meine kluge, weltgewandte Schwiegermutter gefragt, was ich tun könnte, und sie hat mir aus irgendeiner geheimen Quelle ein französisches Mittel besorgt. Es war zartgrün und roch sehr gut, war aber insofern schwierig zu nutzen, weil man (on) es nach genauer Vorschrift ganz kurze Zeit vor dem "accouplement" einführen mußte. Eine Zeitlang ist mir das gelungen, aber auch das ist wahrscheinlich eher Glücksache gewesen. Mit Henning, der mir schon seit Jahren der liebste und vertrauteste meiner Geschwister war, habe ich über solche Probleme nicht gesprochen. Wahrscheinlich hätte er sich auch nur gewundert oder lachend gesagt: "Du kannst doch so viele Kinder bekomen, wie du willst!" Meine kleine Schwester, nun immerhin sechzehn Jahre alt, ging in die Schule, in der ich Abitur gemacht hatte, war im übrigen mit BDM und Tanzstunde voll beschäftigt, und sie fand, das Einzige, was ich falsch gemacht habe, sei gewesen, einen Mann ohne Geld zu heiraten. Das würde sie nie machen, versicherte sie mir. Henning saß inzwischen als Rekrut zur Ausbildung in Böhmen, wo er sich langweilte; er schrieb uns originelle Briefe und zeichnete und hoffte, zu Weihnachten Urlaub zu bekommen. Ein Zitat aus einem dieser Briefe ließ mich über seine Gutgläubigkeit erschrecken: "Es würde si-

cher keinem Regime einfallen, den totalen Anspruch des Staates auf seine Bürger auch auf die Gewissensfreiheit auszudehnen. Die Geschichte beweist, daß derartige Versuche nicht gut ausgehen."

Das Büro, in dem ich halbtags arbeitete, nannte sich 'Reichsnährstand', und was ich dort zu tun hatte, habe ich vergessen, nicht aber, daß wir am 1.9. 1939 vormittags zu unserem Chef befohlen wurden, um eine wichtige Führerrede anzuhören, die mit den Worten endete:

"Und heute, seit 4 Uhr 45 wird an der polnischen Grenze zurückgeschossen."

Da lachten und strahlten alle männlichen Büroangestellten, sie riefen, "Na endlich", schlugen sich auf die Schenkel und einander auf die Schultern, und ich war entsetzt über ihre Begeisterung. Einer, der mich nach diesem Schock, am Schreibtisch sitzend mit dem Taschentuch hantieren sah, fragte, was denn mit mir los sei: "Sind Sie erkältet oder haben Sie etwas dagegen? - Das war doch längst fällig – oder?"

Ich erinnerte mich immer wieder an die Nichtangriffserklärung zwischen England und dem Deutschen Reich im Herbst des vergangenen Jahres, und daß ich dem Chamberlain geglaubt habe, als ich im Kino in der Wochenschau ihn habe sagen hören, er und Adolf Hitler hätten einander versprochen, sich nie wieder zu bekriegen. Er hatte dabei so zuversichtlich ausgesehen, beinahe glücklich, und von der Wahrheit seiner eigenen Mitteilung überzeugt. Auch Mussolini und Daladier hatten an der Konferenz in München teilgenommen. Waren sie denn alle Lügner? Würde sich das ganze Elend wiederholen? Obwohl im ersten Weltkrieg so viele Männer umgekommen waren – es gab doch auch welche, die damals schon gelebt und nachgedacht haben und jetzt wissen müßten, wie so was zu verhindern sei. Mein eigener Vater gehörte dazu, auch Ingolfs Vater – beide müßten sie dagegen sein – ja, so habe ich im September 1939 gedacht.

Ingolf aber sagte: "Natürlich lügen sie alle. Hitler hat mittlerweile die Deutschen genügend aufgehetzt, mit Hilfe von diesem Teufel, dem Goebbels, und wahrscheinlich sind sie jetzt ausreichend gerüstet, darum passen ihnen die Probleme mit den Polen gerade ins Konzept. Die Engländer und Franzosen wollten vielleicht noch keinen Krieg. Darum die vorläufige Friedfertigkeit. Aber auch das kann sich ändern."

Ich sagte, er solle bitte jede Gelegenheit vermeiden, mit meinem Vater darüber zu sprechen, und er antwortete, das sei ihm klar. Selbst wenn er eingezogen würde und diesen Irrsinn mitmachen müßte, würde er den Mund halten und müsse Theater spielen.

Henning Oehler, als er Musik studierte

Weimar 1938/39 mit Mutter Annemarie

Unser sonst so optimistischer grüner Opa, der Dr. Ernst Wachler, nahm die Situation diesmal ungewöhnlich ernst und reagierte so: "Wir müssen dem Führer auch mal Recht geben ! Der polnische Korridor muß weg ! Wir müssen Danzig wieder bekommen ! Ich als ehemaliger königlich-preußischer Offizier sehe das jetzt endlich ein!" Er sprach jeden einzelnen dieser Sätze mit Betonung und schien dabei etwas zu wachsen und von oben auf uns herabzusehen, aber nachdem er mit der Zeitung unter dem Arm in seinem Arbeitszimmer verschwunden war, sagte Ingolf: "Keine Angst. Ein kurzer nationalistischer Anfall. Den bekommt er höchstens einmal im Jahr und stolpert dabei seelisch über seine königlich-preußische Vergangenheit. Er wird sich auch diesmal wieder beruhigen."

Mit Henning – noch heute denke ich gerne daran – konnte sich mein 'arroganter Schnösel' ganz brüderlich verstehen. Sie klauten im Bibliothekszimmer von M. Oe. aus einem Vorrat hinter dem Schreibtisch eine Flasche Wein und kamen damit in den Franz-Buncke-Weg, wo wir an unserem gemeinsamen 'Tisch für alles' saßen, während die Kinder nebenan schon schliefen, auf dem Herd eine Suppe brodelte, und wir frei reden konnten. Obwohl Henning sich zögernd hatte überzeugen lassen, daß er Offizier werden müsse, weil unser Vater glaubte, daß dieser Sohn alle Fähigkeiten dazu habe, war das für ihn selber noch keineswegs klar. Er hatte auch andere Fähigkeiten und wußte das, und eigentlich waren ihm alle die anderen wichtiger als das Soldatenspielen. Dennoch hatte er sich überreden lassen eine Prüfung für den Offiziersberuf abzulegen, von der ich heute nichts genaues mehr weiß und auch damals wenig erfahren habe, weil alles derartige immer so schrecklich geheim war und es gefährlich sein sollte, darüber zu sprechen. Henning, von uns befragt, was er denn da hatte machen müssen, wollte eigentlich nichts berichten. Eigentlich. "Also gut", sagte er, "mal ein Beispiel – aber nicht weitersagen – ich mußte durch einen langen dunklen Gang schleichen, mich durchtasten, bis der an einer Stelle zu Ende war, und da sollte ich springen. Ins Dunkle. Ich habe das gemacht. Dann wurde es hell."

Ingolf fand das heldenhaft. Wirklich ! Ich auch. Ob er denn keine Angst gehabt habe, fragten wir, und er sagte: "Aber ja natürlich. Bloß, dann habe ich gedacht, wenn das ernsthaft gefährlich wäre, hätten sie es doch nicht von mir verlangt. Schließlich wollten sie mich wohl nicht verletzen oder ruinieren; schön dämlich wäre das von denen gewesen."

Nietzsches Gedichte kannte ich – wenn auch längst nicht alle – schon seit meiner Kinderzeit, weil ich sie, von M. Oe. angeregt, gelernt hatte, um sie Elisabeth zuliebe zu deklamieren. Habe manche Zeilen im Kopf behalten:

"Dies ist der Herbst: der – bricht dir noch das Herz. Fliege fort !
Fliege fort ! Auf müdgespannten Fäden spielt
der Wind sein Lied. Die Hoffnung floh ... "

Aber wir konnten nicht fortfliegen, nicht so, wie Nietzsche es gemeint hatte und auch oft gemacht hat, wenn er es in Deutschland nicht mehr aushielt. Und jetzt, als es um das von Hitler erträumte Großdeutschland ging, beriefen sie sich auf ihn, und es stimmte schon längst nichts mehr, auch mit Polen nicht. Vielleicht wußten sie überhaupt nicht, daß ihr Philosoph gerne polnischer Abstammung gewesen wäre, denn er fühlte sich nicht als Germane oder Arier und hat auch die Juden nicht gehaßt oder verachtet.

Drei Tage nachdem an der polnischen Grenze zurückgeschossen wurde, haben England und Frankreich dem Deutschen Reich den Krieg erklärt. Ich habe Ingolf gefragt, wie sich der Chamberlain jetzt wohl fühlt? Er wußte es nicht.

"Nietzsche als Soldat", unter diesem Titel gibt es von M. Oe. eine Zusammenstellung von verschiedenen Schriften und Zeitungsartikeln und einen Rundfunkvortrag aus seiner Arbeitszeit als Archivar, ohne Datum, aber gut zubereitet, sodaß er viele passende Zitate anbringen konnte. Ich frage mich jetzt, ob die Datumslosigkeit bei manchen Texten vielleicht Absicht gewesen sei, möchte es aber doch nicht glauben.

Nietzsche wollte, soviel ich weiß, in den siebziger Jahren eine Schrift mit dem Titel 'Soldatenkultur' veröffentlichen, und vielleicht fühlte sich M. Oe. bei Beginn des zweiten Weltkrieges zu dieser Arbeit angeregt, die zweimal sieben Maschinenseiten umfaßt, die zweite mit handschriftlichen Zusätzen. Auch da finde ich wieder die Wahlsprüche, die mir so gefährlich klingen – nicht nur für die Hitlerjugend – sondern einleuchtend für alle, die sich damals als Schüler Nietzsches fühlen wollten, und immer wieder denke ich, daß gerade die viel tiefer auf seine strengen Forderungen hätten eingehen müssen, anstatt sich damit zu begnügen, zu gehorchen, zu marschieren und ihre Vorgesetzten als Herrenmenschen zu verehren.

Daß Nietzsche von sich selber viel verlangte, z.B. die Erniedrigungen im Soldatenleben zu ertragen und auch die Qual ein solches Mannsbild spielen zu müssen, war wohl ein Teil seiner Größe und ist in seinen Freundesbriefen nachzulesen. Nietzsche verabscheute Gedankenlosigkeit und blinden Gehorsam; wußte das denn mein Vater nicht oder nicht mehr ? Was für eine Kluft hat sich da in ihm aufgetan, obwohl er doch immerhin ein denkender Mensch war, und wie konnte er damit leben ? Vielleicht mit schlechtem Gewissen, das er dann immer wieder von Neuem zu beruhigen versuchte mit der Feststellung, dies sei eben eine gewaltige von seinem Philosophen vorausgesagte Entwicklung, die aufzuhalten seine Aufgabe nicht sei.

Aber aufzeigen wollte er Nietzsches Grundsätze, wollte dessen Glauben und Unglauben an die Menschheit mit dem Nationalsozialismus in Einklang bringen, außerdem "die harte Schule zur rechten Zeit", die Bereitschaft "gefährlich zu leben", die Einsicht, daß "die Tat mehr taugt als die Doktrin und eine kraftvolle, verantwortungsfreudige Persönlichkeit mit geschulten Führungseigenschaften mehr sei als eine redefreudige Versammlung von Durchschnittsköpfen". Ein Beispiel wäre Mussolini, der das italienische Volk in eine straffe Erziehungsschule gezwungen hat; sodann die Herrenmoral, das Ideal des Uebermenschentums, das dem christlichen Ideal einer schwächlichen Resignation entgegenwirkte. Und mehr als einmal kommt er in diesen Texten auf die zwei Genies zu sprechen, die aus ganz verschiedenen Lebenskreisen kamen: Nietzsche und Hitler! "Nietzsche ist von der griechischen Kultur ausgegangen, der Führer aber, wie er das oft betont hat, "vom Fronterlebnis im Weltkrieg" und doch, so meint M. Oe., sind sie zu den gleichen Ergebnissen gekommen. Ich, seine Tochter, mehr als fünfzig Jahre später, empfinde diese Behauptung als Beleidigung meines berühmten Verwandten, obwohl ich doch mit dessen Ansichten und Forderungen durchaus nicht immer einverstanden bin.

Aber:

"Nietzsche und die Krisis des Abendlandes"

In diesem offenbar unfertigen Text ohne Datum gibt es ein kluges Zitat meines Vaters: "Der Ueberreichtum der Gedankenwelt Nietzsches bringt es mit sich, daß jede Zeit ihn neu erlebt, das heißt ein vorherrschendes, den Zeitströmungen entsprechendes Interesse an einer bestimmten Seite seines vielgestaltigen Wesens und Schaffens bekundet. Nietzsche, der Individualist, der Antimoralist, der Naturalist, der Erziehungs- und Bildungskritiker, der Aesthet, der Künstler und Dichter, der Kulturphilosoph, der Psychologe – alle diese Nietzsches haben schon einmal im Vordergrund des Interesses gestanden... "

So weit, so gut. Aber jetzt, käme ein neuer Nietzsche – der Politiker, der Seher, der Zeitalter ablaufen und ein neues auftauchen sähe – meinte M. Oe.. Und dann kommt das, worauf er hinaus will, nämlich die notwendige Heranzüchtung der 'Führungsschicht', und mit Hilfe des unvollendeten Hauptwerkes "Der Wille zur Macht", meinte er, triebe alles auf den Nationalsozialismus zu, jedoch gegen Rußland und die Kleinstaaterei; darum sei es, als ob F.N. darauf hinweisen wolle, "daß es demnächst das gewaltige Großdeutschland geben müsse."

Die Umwertung aller Werte? Auch ein vieldeutiges Schlagwort. Aber Nietzsche wünschte sich doch kein Großdeutschland; dieses Wort kam bei ihm überhaupt nicht vor. Was er für die Zukunft anstrebte, das war ein einiges Europa, freilich unter einem alles überragenden Staatsmann in einem "tragischen Zeitalter" ...

Die Ehrenhalle zum Gedächtnis Nietzsches, vielmehr das langsam wachsende Gebäude nach sehr unterschiedlichen Plänen, gab es nun schon seit 1937; Hitler half mit beträchtlichen Zuschüssen, aber die Vollendung wurde durch den Krieg verzögert. Dennoch würde dieses Gebäude nach allen Schwierigkeiten in der für Deutschland glücklichen Beendigung des Krieges, so schrieb und sagte der Archivar, zum Weiterarbeiten im Archiv und für die Feiern aller Nietzsche-Verehrer benutzt werden; denn wir wissen es längst; "Für die Grundtendenzen in unserem deutschen Vaterland gibt es keinen größeren Führer als ihn." So ähnlich hat M. Oe. auch 1940 im 2. Kriegsjahr in Frankreich gesprochen, auf Schloß Cirley sur Blaise, bei Troyes vor 60 deutschen Offizieren. Er hat dort, wie schon oft, bewundernd von Elisabeth Förster-Nietzsches Tüchtigkeit und Tapferkeit erzählt, von ihrer großen Freundschaft mit Adolf Hitler, von der Erziehung der deutschen Jugend zu Einsatzbereitschaft und Opferbereitschaft und von der Hoffnung aller Deutschen, daß "wieder ein männlicheres, kriegerisches Zeitalter anhebt, daß vor allem die Tapferkeit wieder zu Ehren bringen wird."

Vielleicht hatte er schon nicht mehr gemerkt, wie oft er sich wiederholte, oder er meinte, wie bei der Kindererziehung, daß ständige Wiederholung ein notwendiges Mittel sei, um zu überzeugen. Und immer wieder betonte er, daß die heranwachsende Jugend Deutschlands besonders aufnahmebereit für die Gedankenwelt Nietzsches sei, wovon ich, die Tochter, die doch mit dieser Jugend lebte, zum Beispiel in der Generation meiner jungen Geschwister kaum etwas bemerkt habe – sie sangen und marschierten und gehorchten. Mein nachdenklicher Bruder war da eine Ausnahme.

Als ich jung war, hatte ich manchmal Mitleid mit dem 'armen Onkel Fritz' wegen seines schweren Lebens, und ich begriff nicht, warum er so viel von seinen Jüngern verlangte – straffe Selbstzucht zum Beispiel und einen Heroismus schärfster Prägung – auch nicht, warum er ihnen die schlimmsten Erfahrungen wünschte: Krankheit, Verlassenheit, die Marter des Mißtrauens gegen sich selber und das Elend des Überwundenen um zu erkennen, ob sie diese Proben bestehen und dadurch reife Menschen würden. Ich wollte auch nicht wahrhaben, daß er die Christen verachtete und von allgemeinmenschlicher Güte gar nichts hielt. Er hat sie doch gebraucht! Nicht nur, als er geisteskrank wurde. Für meinen Vater war diese Gespaltenheit im Wesen des F.N.

auch problematisch; das weiß ich inzwischen aus seinen Briefen und den vielen anderen Texten, die ich gelesen habe und kann mir erklären, warum er es vorzog, in Notfällen hilfreich und sogar gütig zu sein – ich sage absichtlich 'sogar' – denn er machte das auf seine unterkühlte oder humorvolle Art und Weise. Was er aber zu Nietzsches strenger "Forderung der Unfruchtbarmachung der geistig und moralisch Minderwertigen" dachte – etwas derartiges habe ich ihn nie gefragt, obwohl es doch eines unserer Familienprobleme gewesen ist.

Unsere Schwester Mechthild war unterentwickelt, konnte nicht zur Schule gehen, auch nicht den einfachsten Beruf erlernen und blieb immer zu Hause im Schutz der Familie. Irgendwann, wahrscheinlich Ende der zwanziger Jahre, haben unsere Eltern mit ihr einen Arzt in Jena aufgesucht, der meinte, ihr Zustand könne sich vielleicht durch eine Schilddrüsenoperation ändern, die aber sei gefährlich, und man solle darum erst die Pubertät abwarten. Meine Eltern wollten freilich diese Tochter nie als 'minderwertig' bezeichnen; sie nannten sie "etwas zurückgeblieben" und warteten ab. Es änderte sich nichts. Als Hitler an die Macht kam, war Mechthild achtzehn und unverändert; sie hatte zwar seit einigen Jahren normale Monatsblutungen, blieb aber, wie sie war. Von einer Schildrüsen-Operation war nicht mehr die Rede, und wir alle hatten uns an ihr kindliches Wesen so gewöhnt, daß wir keine Änderung mehr erwarteten. Es gab nur einen kurzen Krankenhaus-Aufenthalt unter dem Motto 'Blinddarmoperation', und danach war Mechthild übrigens ganz vergnügt, denn dies war ein Erlebnis für sie, und vielleicht, so sagte sie damals, könne sie nun doch mal einen Mann bekommen und ihn heiraten und ein Baby haben.

Das alles wäre ohne menschliche Fürsorge und Güte nicht möglich gewesen. Ich kann mir auch nachträglich nicht vorstellen, daß unsere Eltern in dieser familiären Angelegenheit an Nietzsches strenge Forderungen gedacht haben oder gar an Naziparolen. Mechthild unauffällig sterilisieren zu lassen, das war eine Schutzmaßnahme für sie, von der sie allerdings nichts erfahren hat. Sie weiter zu Hause zu behalten fanden wir richtig und wichtig, und die Unbequemlichkeiten, die wir gelegentlich ihretwegen auf uns nehmen mußten, gehörten zu unserem Leben.

Die fromme Franziska Nietzsche – so denke ich heute – hätte so eine Tochter auch im Haus behalten und für sie gesorgt. Und hätte für sie gebetet.

Politische Aufzeichnungen von M. Oe. im Geschäftstagebuch 3, 1939

September 1939

"Immer schärfere Zuspitzung des Danzig-Korridor-Problems. Vorschlag des Führers: Abstimmung im Korridor usw., wird von Polen abgelehnt, bzw. 2 Tage lang unbeantwortet gelassen."

"1. September Reichstagsrede des Führers: Einmarsch in Polen (Freitag) befohlen. Danzig tritt zum Deutschen Reich."

"Sonntag, 3.9.; England verlangt die Zurückziehung der deutschen Truppen aus Polen. Abgelehnt. Kriegszustand mit England."

Quer am Rand: "Günstiger Fortgang des Feldzuges in Polen."

Auf derselben Seite: "Tausende von Saarländern aus dem geräumten Saargebiet in Weimar untergebracht"; auch im Archiv eine Frau mit 3jährigen Jungen."

"11.9.: Weiter günstiger Fortgang des Feldzuges in Polen. Starkes Uebergewicht der Deutschen Luftwaffe über die polnische. Völlige Einkesselung der Hauptkräfte der Polen im großen Weichselbogen an 2 Stellen: In Radom und im Raum Kutno-Warschau; Warschau östl. und westl. abgeriegelt. Im Süden macht das neue slowakische "Heer" mit. Durch die Einkesselung ist nun schon nach ca. 8 Tagen das Schicksal der gesamten polnischen Armee im Grunde entschieden.

Nach weiteren ca. 10 Tagen heftigste Abwehrkämpfe und verzweifelten Durchbruchsversuchen der Polen nach Süden und Südosten ist der Feldzug in der Hauptsache beendet. Ca. 470 000 Gefangene, 1200 Geschütze usw. Warschau wird noch von den Polen gehalten; die deutsche Heeresleitung will diese Stadt nicht in Trümmer legen und nimmt sie daher nicht unter Artilleriefeuer. Einmarsch der Russen in das ganze östl. Polen. Flucht der polnischen Regierung und des Oberbefehlshabers nach Rumänien. 19.9. Große Rede des Führers in Danzig."

"27.-29.9.: Warschau kapituliert, nachdem die ersten alten wiederbefestigten von den deutschen Truppen genommen waren. Zahl der hier Gefangengenommenen 100 000. Im Ganzen jetzt etwa 600 000 Gefangene. Die deutsche Heeresleitung hatte von einer Beschießung abgesehen und immer wieder zum Aufgeben des sinnlosen Widerstandes aufgefordert." (U.S.: Daß M. Oe. den Korridor und Danzig gerne wieder haben wollte – wie viele Deutsche – kann ich sogar verstehen. Aber es scheint ihm überhaupt nicht aufgefallen zu sein, daß seine Nazis Polen überfallen haben)

Weiter im September 1939: "Außenminister von Ribbentrop zu Besprechungen mit Molotow in Moskau. Veröffentlichungen der Grenzen der Interessengebiete Deutschland und Rußlands in Polen."

In einem Artikel der 'Thüringer Gauzeitung' vom 24.9.39 fiel mir die Ueberschrift auf: "Polenkrieg einzigartig in der Geschichte !" Darunter ein Abdruck der ellenlangen Führer-Rede aus der 'Frankfuter Zeitung' am Vorabend des 9. November. (U.S. Diese Rede gelesen habend, dachte ich, vielleicht wäre ich auch darauf reingefallen.)

"Freitag, 6.10.39: Große Rede des Führers im Reichstag. Programm für die Neuordnung des östlichen Europas. Friedenswille der Deutschen nochmals stark betont."

Quer am Rand: "Eröffnung des Kriegs-Winterhilfswerkes für 1939/40 durch den Führer."

(Diese und ähnliche Sätze standen meistens quer am Rand. Das Wort 'Führer' war dabei immer rot unterstrichen. M.Oe. glaubte anscheinend da noch an diesen Heuchler und seinen Friedenswillen.)

Anfang Januar 1940

Am 9., 10. und 12.1. haben sie – die Architekten und Sauckel mit Speer und M. Oe. – immer wieder die zukünftige Halle besichtigt und darüber beraten und waren anscheinend sicher, daß es zwar noch einige Zeit dauern würde bis sie fertig und benutzbar wäre, aber nach dem 'Endsieg' ...

Am 6. Januar 1940:

Einladung an Max Oehler zur Großkundgebung in der Weimarhalle zur "Ernennung des damaligen Landtagsabgeordneten PG Willy Marschler zum Thüringischen Staatsrat"; zu Dienstag, den 23.1.1940.
Vorgeschrieben: Uniform oder dunkler Anzug

23.1.: Am Staatsakt usw. teilgenommen. Um 5 Uhr nachmittags Besichtigung des Hallen-Neubaues mit Sauckel, Frick, Marschler usw." "Den ganzen Januar über scharfe Kälte. Auf Bitte des Oberbürgermeisters stelle ich die reichen Koksbestände der Nietzsche-Halle, die wir nicht brauchen, für Krankenhäuser und Lazarette zur Verfügung."

Ende Januar: "Weitere Abgaben von Koks an Stadt-Stellen und Private. Obwohl die Kälte nachläßt, ist der Kohlenmangel noch immer schlimm" (U.S.: Das war die Zeit, als ich im Buncke-Weg nachts aufstehen und Wasser heiß machen mußte, um es in den Spülkasten des Klosetts zu gießen. Aber meinen Söhnen gefiel dieses Wetter zum Rodeln!)

M. Oe. Anfang Februar: 18 Grad Kälte ! und Sonnenschein ! Februar 1940: Fast alle Archivmitarbeiter wurden gemustert und /oder eingezogen. Es wurde immer schwieriger, mit der Archivarbeit fertig zu werden. Auch unser treuer, langjähriger Sekretär ist gestorben. Nach einem Unfall mit Oberschenkelhalsbruch ins Krankenhaus gekommen, konnte er sich nicht wieder erholen. Der bescheidene alte Herr hat niemals Ferien haben wollen.

"Am 9. April 1940, Einmarsch der deutschen Truppen in Dänemark und Norwegen."

"9. und 10. Mai: Einmarsch der deutschen Truppen in Holland und Belgien." (U.S.: Da war Henning dabei, aber im Tagebuch steht nichts davon.)

"1940 10.6.: Italiens Kriegserklärung an England und Frankreich.

14.6.: Unterzeichnung des deutsch-franz. Waffenstillstandes in Compiégne. Einstellung der Feinseligkeiten in der Nacht vom 24. zum 25.6. !"

Quer am Rand: "Führerrede im Juli 1940 mit der Mahnung an England, Vernunft anzunehmen und den Krieg zu beenden."

"23.10.-30.10.1940 nach Frankreich z. Cirly sur Blaise, Vortrag 'Nietzsche und unsere Zeit'; danach mit Auto Besichtigungen in Langres, Charlons, Reims, Paris, sehr beeindruckend."
(U.S.: In Frankreich war er noch nie gewesen !)

"16.11.1940: Mein Sohn Henning Oehler, am 7. Juni südlich Amiens verwundet, erhält das eiserne Kreuz."

1941

"Am 21.1.1941: Rundfunkvortrag des kurzen Vortrages 'Nietzsche als Soldat'"

"Sonntag, 6. April 1941: Einmarsch der deutschen Truppen in Griechenland und Jugoslawien; rasches, erfolgreiches Vordringen. Sofort nach Beginn der Operationen in Jugoslawien und Griechenland begann das feige Lumpenpack der Engländer sich einzuschiffen."

"13.4. Belgrad genommen.

17.4. Waffenstillstand mit Serbien, die Reste der serbischen Armee ergeben sich bedingungslos.

28.4. Athen besetzt. Desgleichen Korinth und Patras."

"Sonntag, den 22.6. in aller Frühe Beginn der Operationen gegen die Sowjetarmee." (U.S.: Im Geschäftstagebuch zwischen den Seiten 122 und 123 liegt eine Sonderausgabe der 'Thüringer Gauzeitung' von Sonntag, den 22. Juni (ohne Jahreszahl) mit der Balkenüberschrift:
"STRAFGERICHT UEBER DIE SOWJETS – GEWALTIGE ERFOLGE ERZIEHLT" darunter zwei große Seiten mit überschäumendem Text. "Heldenhafte Angriffe - blutige Verluste des Gegners – in wenigen Tagen werden sie entweder kapitulieren oder vernichtet sein – turmhohe Ueberlegenheit der deutschen Luftwaffe... "

"11.12.1941: Reichstag einberufen, große Rede des Führers. Bekanntgabe der Kriegserklärung Deutschlands an die Vereinigten Staaten von Nordamerika.

Aber das Privatleben:

Im Herbst 1939, als der 2. Weltkrieg begonnen hatte, haben Dietrich und Pietje sich im Kindergarten einen langwierigen Husten besorgt, der in Keuchhusten ausartete, und unser Leben begann ungemütlich zu werden, und noch etwas armseliger als bisher. Ich durfte den Küchenherd nicht ausgehen lassen und mußte bei starker Kälte nachts aufstehen, um heißes Wasser in den Spülkasten unseres Klosetts zu gießen, damit er nicht einfror. Wir haben einen kleinen Tannenbaum im Wohnzimmer des grünen Opas aufgestellt, wo sein Klavier stand und er gerne die Weihnachtslieder begleitete, wobei er mit schallender Stimme nicht sehr melodisch sang, und Dietrich war so umsichtig, ihm zu sagen: "Weißt du was – du spielst so gut Klavier – darum brauchst du nicht unbedingt mitzusingen – wir machen das schon!"

Unglücklich waren wir nicht. Auch Ingolf fand unser 'Armeleuteleben' garnicht so übel, und er putzte, wenn es notwendig war, sogar unsere sämtlichen Schuhe.

In diesem ersten Kriegswinter gab es, wie ich mich erinnere, sehr viel Schnee. Das war gut für meine Hustenkinder, die ja nicht im Bett liegen sollten, und darum mit ihren Schlitten im Park herumtoben konnten. Ich habe aufgehört für den Reichsnährstand zu arbeiten, hatte zwar weniger Geld aber mehr Zeit, was mir angenehm war. Wir haben die Kinderschlitten auch mitgenommen, wenn wir zu meinen Eltern gingen, vor allem, weil es an der Friedhofsmauer eine großartige Rodelbahn gab, die in der Südstraße anfing und hinunter bis an den Poseckschen Garten reichte, im Sommer ein angenehmer Weg zur Abkürzung, im Winter aber gehörte er den Kindern dieser Gegend zum Rodeln und wurde von Erwachsenen ihnen nicht streitig gemacht. Wir gingen gerne am Vormittag zu Omi Annemarie, die sich freute und unsere kalten Hände und Füße an ihrem neuen Kachelofen wärmte, während Bratäpfel darin brutzelten und dufteten. Das erste Mal, seit unsere Familie hier wohnte, also seit zwanzig Jahren, hatten sie solch einen Ofen, den wir schon viel eher hätten brauchen können. Wenn es besonders kalt war, konnte Anna das Gitterbett mit ihrem Söhnchen daneben stellen. Dietrich, der Kleine, war im Herbst ein Jahr alt geworden und wurde von uns allen geliebt wie ein kleiner Bruder, und so ist es geblieben, obwohl er weder 'vom Alten noch vom Sohn' war und auch nicht vom Schwiegersohn. Zwei Jahre später hat er die Rodelbahn an der Friedhofsmauer ebenfalls kennengelernt und ist mit meinen Jungens dort hinunter gesaust.

Meinen Vater habe ich damals selten gesehen. Er hatte mehrere Parteiämter, war oft unterwegs, auch oft in dieser Uniform, die ich nicht mochte und die, wie ich fand, zu ihm nicht paßte. Gesagt habe ich das nie, nicht einmal zu meiner Mutter und es hätte ja auch nichts genützt. In den Nietzsche-Archiv-Garten, den wir doch früher so gern hatten, vor allem den großen Teil hinter dem Haus, dorthin gingen wir nicht mehr und, es gab ihn ja auch nicht mehr, denn da, wo einst die Bäume standen, Apfelbäume und Sauerkirschen und Birnbäume und ein riesiger Zwetschgenbaum, der sich so gut zum Klettern eignete, daneben die Johannisbeer- und Himbeerbüsche und weiter hinten das Bienenhaus und ein kleiner hölzerner Aussichtsturm – auf diesem Gelände stand nun die unfertige Nietzsche-Ehrenhalle. Dort hatte es schon im August 38 einen festlichen Richtschmaus gegeben, zu dem der Professor Schultze-Naumburg in Uniform eine Ansprache gehalten und der Führer ein Glückwunschtelegramm geschickt hatte. Eine Einladungsliste für über hundert Gäste war von M.Oe. sorgfältig aufgestellt worden mit der Bitte an den Gauleiter Sauckel, daß die 'dem Archiv nahestehenden Damen' (Mitarbeiterinnen und Sekretärinnen) daran teilnehmen dürften. So streng waren da also die Sitten. Und Tiedemann – ab und zu habe ich das Bedürfnis, das zu betonen – war schon immer dabei, als rettender Engel, falls etwas schief ginge.

Zu der Zeit hatte das Archiv den Bildhauer Müller-Kamphausen beauftragt, vier Bronzebüsten für die Halle anzufertigen und sie vorläufig als Gipsabgüsse einzusenden. Zunächst: Sokrates, Caesar, Mozart und Schopenhauer; Preis pro Kopf 1200 Mark. Für den Wandelgang, dessen Maße ja schon feststanden, sollten sechzehn Köpfe gebraucht werden, die rechts und links auf Sockeln stehen würden.

Die Anordnung links: Sophokles, Horaz, Caesar, Napoleon, Stendhal, Goethe, Mozart, Wagner.

Rechte Seite: Thukydides, Plato, Sokrates, Epikur, Machiavelli, Pascal und Schopenhauer.

Im Januar kam ein langer Brief von Müller-Kamphausen an M. Oe. mit allen Einzelheiten und der Bitte um Vorschuß. Er bekam 3600 Mark, und vielleicht hatten sie da noch nicht ernsthaft an Krieg gedacht, sondern fleißig korrespondiert, wie es weitergehen könnte. M. Oe. schrieb die Briefe an den Bildhauer mit der Hand, und ich kann mir denken, daß ihm dieses Projekt gefallen hat und er auch im Herbst, als der Krieg mit Polen begann, dem Müller-Kamphausen nur vorsichtig angedeutet hat, daß vielleicht wegen des Kriegszustandes demnächst alles stillgelegt würde. Und am Ende dieser Mitteilung: "Aber kommen Sie doch mal her..."

Müller-Kamphausen kam nicht, sondern wurde eingezogen; seine Richard Wagner-Büste aber wurde vergoldet und in München im Haus der Deutschen Kunst ausgestellt. Auch anderes Unerwartete ereignete sich durch den Beginn des Krieges, nämlich, daß der Präsident der Shakespeare-Gesellschaft, Professor Wolfgang Keller, aus Köln, anfragte, ob er mit seiner Gesellschaft in der neuen Nietzsche-Halle einziehen dürfte. Das war, wie ich mir denken kan, meinem Vater sympathisch, hat aber einen gewaltigen Briefwechsel nach sich gezogen mit Bewilligungsanfragen, Ablehnungen, Gegenvorschlägen, Weiterreichungsbriefen usw. Immerhin hatte die Shakespeare-Gesellschaft dort am 22.4.40 ihre Jahreshauptversammlung. Und M.Oe. war dabei.

Solche und ähnliche Schwierigkeiten waren meinem Vater längst nicht mehr fremd. Schon im Frühjahr 39 hatten sich die Verantwortlichen wegen einer Statue für den zukünftigen großen Vortragsraum nicht einig werden können. Georg Kolbe hatte einen schönen, aber vielleicht zu schönen männlichen Akt aus Bronze vorgeschlagen, den er "Herabschreitender" nannte. Hitler fand die Statue für diesen Zweck "völlig ungeeignet." (Ganz meine Meinung übrigens, dies war die einzige Uebereinstimmung zwischen mir und dem Führer in den ganzen zwölf Jahren.)

R. Oe. gefiel sie. Müller-Kamphausen, meinte er, könne so was nicht. M.Oe. stellte sich Zarathustras Herabsteigen aber anders vor, obwohl Kolbe sagte, er wollte "den Gedanken Nietzsches dienen, einem tiefen inneren Ruf folgend." Schultze-Naumburg fand Kolbe zu teuer. Im März sind sie darum zu viert in der Ehrenhalle herummarschiert, Schultze-Naumburg und Kolbe, Richard und Max Oehler. Sie haben geredet und beraten und ausgemessen, und Tiedemann mit dem Schlüsselbund war dabei. Aber erst im September 1940 hat Hitler die Statue endgültig abgelehnt, und ich habe es nur auf Um-

Ursula Wachler, geb. Oehler, in Weimar 1941. Pastell-Gemälde der Malerin Luzie Ortlepp

wegen erfahren und mich nicht besonders dafür interessiert, weil ich zu der Zeit gerade umgezogen bin vom Franz-Buncke-Weg in den Ratstannenweg, das war eine notwendige und aufregende Verbesserung und für uns wichtiger als die Zarathustra-Statue. Den handschriftlichen Brief von R.Oe. an M.Oe. habe ich damals nicht kennengelernt; er war sehr kurz: "Zwei Sauereien ! Erstens, Schlechta ist zur Wehrmacht eingezogen und möchte weiter bezahlt werden.

Zweitens, der Führer will Kolbes Zarathustra-Statue nicht ! Gehe sofort an Sauckel ran. Schlag den Speer vor, den Du ja kennst."

Im Ratstannenweg zogen wir in ein Haus, das damals das letzte in dieser Straße war, am Stadtrand also, mit dem Blick auf Wiesen und Felder. Meine Söhne durften dort draußen herumtoben, und ich konnte sie von einem großen Balkon aus sehen, konnte sie rufen, und wenn es regnete, konnten sie auf dem Balkon spielen, weil der überdacht war. Das fanden wir geradezu paradiesisch besonders ich, bei dem Gedanken, daß ich wieder ein Kind erwartete.

"Natürlich ein Schwesterchen", wie Dietrich und Pietje sagten. "Natürlich? Also gut, wenn ihr es schon wißt... "

Das Haus, in dessen Mansarde wir nun wohnten, gehörte einem älteren, kinderlosem Ehepaar namens Ortlepp. Die Frau mit dem Vornamen Luzie war Malerin und Jüdin. Als 1935 verlangt wurde, in einer sogenannten Mischehe müßten Arier sich von ihren jüdischen Partnern trennen, hat Dr. Ortlepp das nicht befolgt und hatte darum seine Stellung als Bibliotheksdirektor verloren. Wovon sie jetzt in diesem, schönen, großen Haus mit Garten leben konnten, habe ich sie nicht gefragt – von der geringen Miete, die ich zahlte, jedenfalls nicht. Luzie Ortlepp war eine fröhliche selbstbewußte Frau, die gerne von ihrer Herkunft erzählte und dabei betonte, daß sie aus einer großen guten Familie stamme und 15 Geschwister habe, und sie behauptete, ihre Mutter sei bei der Geburt ihres 16. Kindes "überglücklich" gewesen und kerngesund. Luzies Ehemann hieß mit Vornamen Paul, und sie nannte ihn Polling, was meine Kinder gerne nachahmten. "Polling hat gesagt, wir sollen auf der Treppe nicht so trampeln", erklärten sie, oder "Polling kann es nicht leiden, wenn man die Tür zuschmeißt."

Die beiden Ortlepps waren meistens guter Laune, und Polling glaubte nicht, daß Hitlers Herrschaft von Dauer sein könne, vor allem weil, wie er meinte, das Dritte Reich etwas undeutsches sei. Die Sorge für seine Frau und ihre Sicherheit sei ihm jetzt das Wichtigste, sagte er. Und während ich dort wohnte, fand ich das Zusammenleben dieses Paares positiv und nachahmenswert. Mein Vater hat uns zwar in dieser Wohnung nie besucht, hat aber auch nichts Nachteiliges darüber geäußert, daß ich bei einer Jüdin wohnte und mit ihr befreundet war, und den Dr. Ortlepp kannte er, und er schätzte und bewunderte ihn. Luzie O. hätte nach den Nazivorschriften Berufsverbot haben müssen, und sie befolgte das insofern, als sie keine Bilder ausstellte oder verkaufte, aber wir, sie und ich, haben davon nicht gesprochen, nicht einmal als sie mich fragte, ob sie mich malen dürfte, und zwar jetzt, in der Zeit meiner Schwangerschaft. Sie bat mich, mir die Haare nicht schneiden zu lassen, und das fiel mir nicht schwer, denn zum Frisör ging ich damals sowieso nicht. Dann legte sie mir ein großes blauseidenes Tuch um die Schultern und machte mit schönen Pastellfarben eine Madonna aus mir. Ihr Atelier hatte sie in der Mansarde in einem Raum neben unserer Wohnung, und für mich waren diese Sitzungen erholsam und unsere Gespräche, während sie arbeitete, fand ich angenehm. Sie war sehr belesen und verstand, daß ich gerne Kunstgeschichte studiert hätte, und sie sagte in ihrer vergnügten Art: "Das machen Sie dann eben später, wenn Sie genug Kinder gekriegt haben!" Als ich ihr von Henning erzählte, der lieber Musik studieren wollte als Offizier zu werden, äußerte sie sich ebenso optimistisch. Er sei doch noch so jung, meinte sie, und wenn der Krieg zu Ende wäre, könne er sein Leben neu beginnen.

Wie konnte sie so zuversichtlich sein? Auch ihr eigenes Ende hat sie nicht vorausgesehen und an nichts Schlimmes geglaubt.

Warum ich ein Pflichtjahrmädchen zugeschickt bekam, habe ich vergessen, wahrscheinlich als schwangere Soldatenfrau mit zwei Kindern. Marie kam aus Mähren, und ich weiß nicht, ob ihr bewußt war, daß sie den Vornamen der Marie von Ebner-Eschenbach trug, die vor langer Zeit dort geboren wurde. Marie war scheu, und anfangs weinte sie immerzu, weil sie schreckliche Sehnsucht nach ihrer Heimat hatte, und sie entschuldigte sich bei uns dafür. Wir haben uns bemüht, sie zu trösten, und schließlich war sie nicht ungern bei uns und lernte bei mir ein bißchen zu kochen, was ihr und mir Spaß machte. Ich habe mir mit ihr und den vielen Pflichtjahrmädchen nach ihr (es waren fünf oder sechs) immer Mühe gegeben und ihre Probleme zu verstehen versucht. Eine von ihnen hat später gesagt, sie käme sich wie mein 'Malheurchen' vor. Warum? Antwort: Ganz einfach, weil sie sich ausgerechnet habe, daß ich 14 Jahre älter sei als sie und wie sie meinte, nicht alt genug, um ihre Mutter zu sein, aber immerhin, wir verstehen uns doch so gut und darum, sagte sie, es könne mir mit dreizehn ja ein Malheur passiert sein und darum ...

Dieses 'Malheurchen' hat in unserem Leben noch weit über den Krieg hinaus eine Rolle gespielt, aber das gehört nicht in die Geschichte von M. Oe.

Durch Belgien marschieren

Hennings Kriegsbriefe aus Holland, Belgien und Frankreich im Jahr 1940 die nach und nach in Weimar ankamen, gehören durchaus in die Geschichte unseres Vaters, wenn auch nur indirekt. Die meisten Ereignisse und Beobachtungen hat Henning ausführlich und sehr farbig erzählt, und wir haben sie mit Vergnügen gelesen. Seine Erlebnisse drängten sich auf relativ kurze Zeit zusammen, weil er mit seiner Division zu Pferde nur bis zum 7. Juni unterwegs gewesen war, dann in einem Gefecht in der Nähe von Amiens verwundet wurde, und wir seine Beschreibungen, die er uns aus dem Lazarett schickte, ohne Angst lesen konnten, ohne die spätere schreckliche Angst um sein Leben.

Die Verwundung in Frankreich war nur ein Steckschuß gewesen, der aus seinem Fuß leicht entfernt werden konnte, und die Wunde heilte gut. Die Briefe, die er nun in Ruhe schrieb, wirken eher wie ein Tagebuch; ich konnte sie ordnen und darin blättern. Hier einige Beispiele:

"Zum ersten Mal begegnet uns ein großer Lastwagen mit jungen holländischen Gefangenen; blutjunge, frische Gesichter lachen uns aus dem Wagen an. Es ist ja auch widersinnig, wir sind doch nicht Feinde, wir kämpfen nicht gegen das friedliebende unkriegerische Holland. Warum sie überhaupt Widerstand geleistet haben, ist uns unklar."

"Im nahen Wirtshaus sehen wir ebenfalls viele Gefangene, die trinkend und rauchend herumsitzen. Das macht einen beinahe gemütlichen Eindruck. In diese, in ihrer Art paradiesische Landschaft paßt auch keine Kriegsverwüstung und Verwirrung. Die Weiden sind satter und frischer als bei uns, die Straßen schmaler und weniger befahren, und alles scheint mit unendlicher Liebe und Sorgfalt gepflegt zu sein."

Was mir als Leserin der beiden kurzen Absätze auffällt:

Die deutschen Divisionen, die im Mai 1940 durch die Niederlande und Belgien nach Nordfrankreich geschickt wurden, verletzten die Neutralität dieser Länder. Wußten das die deutschen Soldaten nicht? Warum wunderten sie sich, daß Widerstand geleistet wurde? Hätte ihnen nicht verboten werden müssen, in den neutralen Ländern ihre Waffen zu gebrauchen?

Hennings Beschreibungen sind auch weiterhin friedlich: "Es gibt von unzähligen Kanälen durchzognes Weideland und entsprechend viel Milchwirtschaft, und man sieht hier Riesengehöfte mit prächtigen Wohn-Vorbauten, alles in reicher Ausstattung. Die Kühe schleppen ihre Euter fast bis zum Boden, fette Pferde mit übermütigen Fohlen halbwild mit meterlangen Mähnen und Schwänzen tummeln sich auf den Weiden, bis wir kommen und sie einspannen, um Futter zu holen – all das erleben wir auf dem schönen Abendritt durch die merkwürdige Tellerlandschaft, und der Himmel wölbt sich darüber wie eine große Glocke."

In einem der nächsten Briefe nennt er diesen Ritt seine "holländische Pfingstpartie", und er fügt hinzu "inzwischen hatten wir allerdings erfahren, daß der holländische Feldzug bereits beendet sei. Umsomehr blieb uns der tiefere Sinn dieses Manövers verborgen – gleichviel, wir sind an diesem Tage des erneuten Aufbruchs voll freudiger Spannung, weil wir im fremden Lande doch auf neue Erlebnisse hoffen."

"Auch hier beherrscht das Tier in hervorragendem Ausmaß das Landschaftsbild; zerstreute und vereinzelte Ansiedlungen sind nur unscheinbare Inseln im grünen Tierparadies... Nun aber nähern wir uns langsam der 'Festung Holland', wo ohne Zweifel sich relativ heftige Kämpfe abgespielt haben. Als erstes zeugt davon eine auseinandergesprengte massive Steinbrücke, notdürftig zusammengeflickt, die aber kein Hindernis bildet für unseren Vor- oder ich möchte sagen – Nachmarsch."

"Als die Dämmerung hereinbricht, reiten wir weiter in südlicher Richtung. In endloser Reihe überholen uns Lastwagen mit zurückkehrenden Flüchtlingen, die uns zuwinken. Der Mond gewinnt nun die Herrschaft über den Himmel und verwandelt mit seinem geheimnisvollen Licht die Erde in eine Märchenlandschaft. Mattsilbern glänzen die Kanäle und Wasserstraßen. Ein Schweigen legt sich über unsere Kolonne. Der Abendhimmel ist von unendlicher und unfasslicher Weite, und die Luft wunderbar kühl und mild. Dies ist die 'liebliche Maiennacht', wie Lenau sie besingt. Wie um die Schönheit dieser Eindrücke zu vervollständigen, taucht nun links von uns eine jener charakteristischen van-Gogh-Brücken auf, wie ich sie schon überall vergeblich erwartet hatte."

Den Marsch durch Belgien schildert Henning dann viel weniger idyllisch als den holländischen; er ist oft ermüdend, führt auf schwierigen und undurchschaubaren Wegen gen Westen und überall durch die Spuren einer "unbarmherzigen Verfolgungsschlacht und die Reste einer zertrümmerten belgischen Armee."

Warum er die Kämpfe 'Verfolgungsschlacht' nennt, wird da nicht klar, und ich meine, es müßte 'Verteidigungsschlacht' heißen, weil ich mir vorstelle, daß die Belgier die deutschen Truppen daran hindern wollten, durch ihr Land zu marschieren. Der Ausdruck 'Marsch' bedeutet in diesem Fall übrigens stets das Marschieren zu Pferde und damit selbstverständlich auch, daß die Pferde gepflegt werden und bei Laune gehalten werden mußten, was nicht immer leicht gewesen sein wird. Je näher die Gruppe einem Ziel kam, immer noch ohne es zu kennen, desto länger und unübersichtlicher wurde die "dichte, staubüberschleierte Heeresschlinge nach beiden Marschrichtungen." Daß das Ziel Paris sein sollte, wünschten sie sich alle.

Der am neunten Mai begonnene Abmarsch in Richtung Holland, der nach einer Pause in Friesland der Küste entgegen und auf Umwegen durch Belgien führte, endete für Henning mit einem ernsthaften Gefecht gegen die Franzosen, bei dem er, seiner Beschreibung nach, zum ersten Mal feindliche Gefühle gehabt hat und sie sich zu erklären versuchte. Nachdem seine Kolonne immer wieder durch zerstörte Ortschaften und zwischen Bombentrichtern hindurchreiten mußte, oft auch absteigend, um die unwilligen Pferde zu führen, erreichten sie die Lorettohöhe (12 km nördlich von Arras) und erkannten die zahllosen Kriegsgräber aus dem ersten Weltkrieg und die riesigen, weiß leuchtenden Ehrenmale. Da empfand er, daß diese Landschaft "noch immer den Stempel des fürchterlichsten aller Kriege trägt, der durch nichts zu verwischen" sei.

Das Weltkriegsgeschehen – so ergänzte er seine rückblickenden Gedanken – "bildet den unheimlich deutlichen Hintergrund unserer Tage und läßt die stürmischen Siege der deutschen Wehrmacht im hohen Licht eines nachdenklichen Ernstes erscheinen. Kein falsches Pathos, kein Überschwang oder Hurrapatriotismus entstellt unsere ruhige, feste Entschlossenheit und unseren Glauben an den Endsieg."

Diese Zeilen auf der vierten Seite eines Berichtes vom 21.7.1940 aus dem Lazarett klingen mir gar nicht nach Henning, wie ich ihn kannte, sondern eher in Gedanken beeinflusst von unserem Vater oder sogar ihm zuliebe so formuliert. Waren das wirklich vergleichbare Situationen, als 1918 und 1940 Deutsche in Nordfrankreich gegen Alliierte kämpften? Wie konnte mein junger, zum ersten Mal in den Krieg reitender Bruder, den ich als selbständig denkenden Menschen kannte, zu diesem Ergebnis kommen?

In einem späteren Bericht schrieb er: "Während wir wieder einmal auf das Zeichen zum Anreiten warten, bringen zwei Sanitäter den ersten toten deutschen Soldaten, den wir in diesem Krieg sehen. Vielleicht ein einsamer Posten, der im Morgengrauen überrascht wurde und dann lange Zeit draußen gelegen hat. Der ungewohnte Anblick läßt uns erstarren. Vielen kommt der Ernst der Stunde jetzt zum Bewußtsein."

Und dann – offenbar am selben Tag: "Ein verschlammter stacheldrahtbewehrter Graben will uns aufhalten. Drüben haben sie (die Gegner) sich an einer schmalen Brücke festgesetzt. Wir müssen durch. Ich nehme die Brücke so lange unter Feuer, bis alle sich durch den Graben durchgearbeitet haben. Dann hinterher!"

Danach nur noch anderthalb Seiten lang der Bericht eines kurzen, dramatischem Kampfes, zu dem alle alles beigetragen haben, um ihn zu gewinnen, und dann:" ein Schlag wie mit einer dicken Eisenstange auf den rechten Fuß, der mich auf die Seite wirft. Ich bin verblüfft, daß da ein Loch im Stiefel ist, aus dem Blut kommt und möchte es nicht glauben, weil gar nichts weh tut. Aber der Schütze II hat es schon gemerkt und brüllt nach dem Sanitäter. Sie kommen herangekrochen, ziehen mir den Stiefel aus. Schnell einen Hilfsverband darum und wieder in Deckung. Ich liege auf dem Rücken und betrachte den Verband, der sich voll Blut saugt ... und da packt mich eine rasende, ohnmächtige Wut ... daß ich jetzt hier als hilfloser Klumpen liege, während die anderen die Höhe stürmen!"

Wir zu Hause, beim Lesen der Berichte, waren alle froh, daß seine Kameraden ihn nicht haben liegen lassen, nachdem sie die Höhe erstürmt hatten. Es muß ziemlich schnell gegangen sein, und auch das Weitere muß schnell gegangen sein, ohne daß Henning dabei war, denn schon am 14. Juni, als das niederländische Heer kapituliert hatte, rückten deutschen Truppen in Paris ein.

Nur ungern gestehe ich ein, daß diese Ereignisse M. Oe. wahrscheinlich begeistert haben. Sein Sohn, geboren im April 1919, kurz nach dem verlorenen Krieg, reitet mit 21 Jahren nach Frankreich, siegt dort mit seiner Division in einem Gefecht, wird zwar verwundet und kann darum leider nicht nach Paris weiterreiten, aber dennoch, was für ein Triumph! Ich heute mag mich über diese Erinnerung nicht freuen und erst recht nicht triumphieren über das vergleichsweise bescheidene kriegerische Ereignis. Warum – das brauche ich wohl nicht zu erklären. "Der fürchterlichste aller Kriege", um die Worte meines ahnungslosen Bruders zu gebrauchen, hatte ja 1940 erst begonnen.

Im Herbst 1940 mußte auch Ingolf Soldat werden. Geschmeckt hat ihm das nicht, und er nahm sich vor, sich auf keinen Fall befördern zu lassen; einfacher Soldat wollte er sein, genau so blöd wie die anderen, da könne er sich dumm stellen, denn schon bei dem Gedanken Obergefreiter zu werden, käme ihm das Gruseln. In der Südstraße hat er so etwas nicht gesagt, auch zu meiner Mutter nicht, die ihm eine Freude machen wollte, indem sie sein gutes Aussehen in der Uniform lobte, obwohl er selber sich da wie verkleidet vorkam. Die Hoffnung, Deutschland möge diesen Krieg verlieren, haben wir uns - er und ich – einander nur zugetuschelt, wenn wir allein waren, und auch unsere Kinder durften von diesem Wunsch nichts wissen, denn in ihrer Ahnungslosigkeit hätten sie das wahrscheinlich entsetzlich gefunden. Kleine

Jungens – das habe ich damals begriffen – haben in diesem Alter noch eine märchenhafte Vorstellung von Krieg und Heldentum und davon, den Feind zu besiegen, der natürlich der Böse ist. Wie hätten sie verstehen sollen, daß wir im Gegensatz zu ihnen, es entsetzlich finden würden, wenn Hitler der Sieger und womöglich der Führer von ganz Europa würde. Aber gewisse Unterschiede im täglichen Leben haben sie doch bemerkt; zum Beispiel sagten sie: "Der Opa in der Südstraße trägt ja eine Uniform wie ein Soldat, aber unser grüner Opa ist immer so angezogen, wie ein richtiger Mann. Zu dem würde das auch nicht passen."

Unser Vater wird damals lange Abende mit den Berichten und einem dicken Atlas unter der Lampe gesessen haben, ab und zu den Kopf schüttelnd wegen der vielen Umwege durch Holland, Flandern und Belgien, und ich werde nie erfahren, ob er darüber nachgedacht hat, später mit Henning davon zu reden, daß mit diesem Feldzug die Neutralität der Beneluxländer verletzt wurde. Auch ich habe mir jetzt nach Jahrzehnten einen Schulatlas vorgenommen, habe die erwähnten Ortschaften aufgesucht und mich über mich selber gewundert, weil ich von der damaligen Zeit so vieles vergessen oder wahrscheinlich verdrängt hatte. M. Oe., der die Offensive von 1918 im Westen allerdings nicht aus eigener Erfahrung gekannt hat, wußte aber 22 Jahre später bestimmt noch, was er und unzählige Deutsche sich da für Hoffnungen gemacht haben. In seinen Briefen an Elisabeth kann ich heute nachlesen, wie überrascht er über die "unglaublichen Erfolge der verschiedenen Westoffensiven" war, und daß er meinte, man könne die kühnsten Hoffnungen hegen und dürfe glauben, daß es sich um eine große Halbjahresschlacht handele, mit dem Ziel, Frankreich zu erobern. Die amerikanische Hilfe käme "zu tropfenweise", meinte er damals.

Die Nazis in Paris – wie wenig mich das interessiert hat. Sicher werden sie sich schlecht benehmen, und die Pariser werden sie verachten, habe ich gedacht.

Aber daß Henning nach seiner Entlassung aus dem Lazarett einen langen Heimaturlaub bekommen hat, ist mir und uns allen wichtig gewesen, und ich habe nicht vergessen, daß er sich für ein Semester in der Musikschule anmelden konnte und wieder täglich in der Südstraße am Klavier saß. Es war eine schöne, für uns beinahe sorglose Zeit.

Hitler hatte den Pakt mit Stalin noch nicht gebrochen. Würde er das jemals tun? In meinem Freundeskreis, der inzwischen sehr klein geworden war, gab es einige, die das für selbstverständlich hielten, es aber nicht laut sagten, und ich, die ich den Führer nicht leiden konnte, habe gedacht, so wahnsinnig könne er doch nicht sein. Viel später habe ich erfahren, daß selbst Stalin zu lange erwartet habe, dieses Bündnis würde sich halten. Meinen Vater habe ich nach seiner Meinung nicht gefragt. Was Ingolf darüber sagte, wenn wir allein waren, mochte ich nicht glauben: "Wenn es im Osten losgeht, werden wir über die ganze Welt verstreut." Alle ? "Ja alle, die Uniform tragen, egal welche." Da fand ich ihn zu pessimistisch und habe versucht, ihm das auszureden.

Wurde in der Südstraße Musik gemacht ? Ja, immer noch und immer wieder. Bei den Streichquartetten spielte Henning nun die erste Geige, etwas ärgerlich auf sich selber, weil er so viel verlernt habe. In der Adventszeit komponierte er für uns einen Kanon, den er mit uns einübte, und meine sangesfreudigen Söhne, behaupteten: "Unser Schwesterchen im Bauch von der Mutti singt schon mit"

Bei einem familiären Sonntagsessen bei unseren Eltern wurden wir gefragt, was wir uns zu Weihnachten wünschten – reihum.

Dietrich: "Einen Bahnhof für meine Eisenbahn, damit sie nicht immer nur im Kreis rumfahren muß !"

Pietje: "Ein Milchauto, aber so ein großes wie der Herr Kegel! Dann bringe ich der Omi immer alles, auch den Tee und Kakao und Kuchen."

Meine Schwester Schnucki wollte wie immer einen Hund. "Das wißt ihr doch, aber den kriege ich ja nie"

Mechthild wünschte sich Musik. Ist ja gut – aber was denn ? "Na vielleicht – die kleine Nachtmusik von Mozart für meine Spieluhr."

Ich, Ursula, hatte in der Stadt einen Rauschgoldengel gesehen, und unser Vater wußte nicht, was das sei. Ich habe ihn beschrieben. "Er steht bei Lüttich im Schaufenster", sagte ich, "man kann ihn kaufen"

M. Oe. wunderte sich. Das sei ja ganz nett, meinte er, aber so was Unnützes. Ich solle mir doch überlegen, was ich nötiger hätte. Was ich nötiger hätte, wollte ich zögernd beantworten, aber da sah ich bereits, daß Henning, der mir gegenüber saß, mir lächelnd zublinzelte. Der hatte mich verstanden. Nach dem Essen ging er eilig weg, um etwas zu kaufen bei Lüttich auf der Schillerstraße.

"Und was wünschst Du Dir zu Weihnachten ?" fragte Dietrich seinen Großvater. Der seufzte ein bischen und antwortete, darüber müsse er nachdenken. Bei einer Zigarre nach dem Mittagessen würde ihm vielleicht etwas einfallen, sagte er, und Pietje rief: "Sicher was ganz anderes als wir !" Ja, wahrscheinlich wünschte er sich etwas anderes, für die Enkel nicht Begreifliches und jedenfalls nichts für den Weihnachtstisch.

Da war vor allem die Nietzsche-Halle mit all ihren Schwierigkeiten, bei der zu dieser Zeit schon nichts mehr vorwärts ging. Er hatte einen ausführlichen Brief an Arno Breker geschrieben (dessen handschriftlichen Entwurf ich kenne) mit der Bitte, sich die Halle anzusehen und mit ihm zu besprechen, ob er für die Apsis im Saal eine Zarathustra-Gestalt oder eine Gruppe zur Verfügung stellen könne, die dem würdigen Raum entspräche. In die Empfangshalle käme die Nietzsche-Büste von Klinger, und im Wandelgang gäbe es bereits die Marmorsäulen, auf denen sechzehn Bronzeköpfe aufgestellt werden sollten. (Von wem, das teilte er dem Breker nicht mit ; vielleicht hätte er den Müller-Kamphausen auch nicht genial genug gefunden ?) Zunächst blieb aber alles ungeklärt, und es kam nur eine kurze höfliche Antwort von Breker.

Die Nietzsche-Büste von Klinger, die der verwitweten Frau Kröner gehörte, war dem Archiv schon vor zwei Jahren angeboten worden; sie wiegt 45 Zentner, ihr zwei Meter hoher Sockel ist mit antiken Gestalten verziert, und sie wurde auf 150 000 Mark geschätzt. M. Oe. hatte deswegen an den Staatsrat Eberhard geschrieben, der sich einverstanden erklärte, und ein Nietzsche-Verehrer namens Gerhard Quandt hatte sich die Stele in Leipzig angesehen und 10 000 Mark gestiftet. Aber ich glaube, sie ist nie auf dem Silberblick angekommen, jedenfalls steht sie heute im Weimarer Schloß.

Ein ganz anderes Weihnachtsgeschenk kam von Adalbert Oehler, nämlich die Lebensgeschichte der Franziska Nietzsche, der Mutter von Friedrich und Elisabeth, für die der Autor viele lobende Besprechungen bekommen hatte, und ich glaube mich zu erinnern, daß meine Eltern von diesem Buch sehr angetan waren. Ich habe mich damals für "Tante Fränzchen" nicht besonders interessiert – warum, das kann ich heute nicht mehr erklären – vielleicht einfach, weil sie eine Tante aus dem vorigen Jahrhundert war, die ich nicht kannte.

Auch der Januar 1941 war so kalt und so verschneit, wie der vor einem Jahr, nur daß wir es im Ratstannenweg wärmer und gemütlicher hatten als beim grünen Opa, der nun wieder allein war im Gartenhaus, uns aber gerne besuchte oder sich von uns besuchen ließ. Pekuniär ging es ihm nicht besonders gut; so viel Geld, wie er sich erträumt hatte, um uns eine Villa mit Garten zu kaufen, konnte er mit Vorträgen und Zeitungsartikeln nicht verdienen, und auch der Kostümfundus aus dem Harzer Bergtheater, den er für einen unschätzbaren Wert gehalten hatte, brachte ihm nicht viel ein, was er bedauerte. Vielleicht hätte er ihn doch behalten sollen, um damit ein neues Naturtheater zu gründen, wie damals vor Jahrzehnten, als seine junge Ehefrau dort ihre ersten Hauptrollen spielte. Diese Zeit war für ihn immer noch ein unerschöpfliches Thema, bei dem ihn zu stören wir uns nicht leisten konnten, ohne ihn zu kränken.

Die zukünftige Nietzsche-Halle, die so unfertig war und den Verantwortlichen Mühe machte und Nerven kostete, vom Geld ganz zu schweigen, erregte immerhin das Interesse der Besucher, und obwohl ich nie dabei war, wenn mein Vater Studentengruppen oder Schulklassen dort geführt hat, um ihnen zu erklären, wie es schließlich werden sollte – hoffentlich bald – hoffentlich nach dem Endsieg – kann ich mir doch vorstellen, daß er sich in seine Erklärungen hineingesteigert hat, selbst, wenn er sich vorsichtiger ausdrückte, z.B. mit den Worten "Nach dem Ende dieses Krieges."

Daß er so viele Pflichten hatte, ist ihm wahrscheinlich recht gewesen, Mitarbeiter und Sekretärinnen kamen und gingen, der Archivar mußte die Arbeit verteilen oder sie selber tun, darüber klagte er nicht, auch nicht in seinem Geschäftstagebuch sondern fand immer einen Ausweg. Das war zu der Zeit seine Stärke.

Zwischen vielen sachlichen Mitteilungen steht im Mai im Tagebuch eine Zeile
"2.-6.5. nach Berlin beurlaubt."
Mehr nicht, keine Erklärung oder Ergänzung. Das aber war ein sehr familiäres Ereignis, denn dort feierten die Geschwister Oehler den sechzigsten Geburtstag des Bruders Eduard, den sie immer noch "Dickicht" nannten. Ich habe währenddessen in Weimar im Sophien-Krankenhaus Zwillinge zur Welt gebracht: zwei Mädchen.

Gewundert habe ich mich damals, daß sie sich alle so freuen – es hat mich geradezu gerührt. Warum freuten sie sich so, daß ich auf einmal vier Kinder hatte? Zwei Jungen und zwei Mädchen und kein eigenes Geld, sie zu ernähren. Oder dachten sie sofort, daß ich nun als kinderreiche Soldatenfrau vom Staat ausreichend versorgt würde?

Nein, das glaube ich nicht und auch das schreckliche Wort 'Hitler braucht Soldaten' kam nicht über ihre Lippen, zumal ich ja zwei Mädchen geboren hatte (ohne es vorher auch nur zu ahnen), kurz gesagt: Diese große und von allen geäußerte Familienfreude hat mir wohlgetan. Gerechnet habe ich erst, als ich wieder zu Hause war, zunächst bei den Eltern und dann, als ich feststellte, mit vier Kindern unter sieben Jahren nicht mehr lange bei der Malerin Lucie und ihrem Polling wohnen zu können. Das war aber keine Katastrophe, sondern spielte sich ganz gemächlich ab; wie gut, daß es Sommer wurde, die Zwillinge noch nebeneinander im Schlafkorb auf dem Balkon ruhen konnten, und ich soviel Muttermilch produzierte, daß ich ihre Lebensmittelkarten für meine immer hungrigen Söhne gebrauchen durfte. In diesem Sommer, in dem der Krieg mit Rußland begann, haben wir noch ein friedliches Leben geführt.

Hennings langer Heimaturlaub aber war vorbei. Nun wurde er nach Rußland eingezogen, und unsere Mutter konnte beim Abschied ihre Angst um ihn nicht verbergen. Er verstand das, und da er ohnehin ein fleißiger Briefschreiber war, schickte er ihr viele, liebevoll auf sie eingestellte Berichte, oft auch interessant und auch ohne Klagen. Was ich erst viel später erfahren habe: er korrespondierte während des Krieges mit Walter von Hauff, der mit unseres Vaters Schwester Ida verheiratet war und in Berlin lebte und wahrscheinlich bei einem Familienbesuch nach längerem Gespräch meinen Bruder zu diesem Briefwechsel angeregt hatte. Nach Hennings Tod im Herbst 1943 hat W.v.H. dessen Briefe mit einem traurigen, freundschaftlichem Schreiben meinem Vater zugeschickt, als Trost gedacht, den es ja für diesen Tod eigentlich nicht gab. Ich habe sie, jahrzehnte später, zusammen mit meines Bruders Kriegsberichten auf dem Dachboden meiner Schwiegermutter in einer Kiste gefunden. Sie sind anders als seine Briefe an unsere Eltern, komplizierter, weitschweifiger, vielleicht auch ehrlicher.

Russland und wie es zuende ging

"AM 17.10.1941: Lieber Onkel Walter,

Während wir Tag um Tag dieses unangenehmen russischen Herbstes bald kämpfend, bald marschierend oder ruhend hinter uns bringen, fast immer in engster Berührung mit der Bevölkerung, überlege ich mir von Zeit zu Zeit: was soll mit diesem ungeheuren Volk dahinvegetierender Menschen werden, wenn wir einmal unsere Interessengrenze erreicht und nach Osten gesichert haben. Kann man dieses Riesenvolk einfältiger Bauern überhaupt beherrschen, kann man ihm eine Idee nahebringen, kann man sie zu einer gewissen Kulturstufe emporführen, oder muß man alles im alten Geleise weiter laufen lassen. Kann man es riskieren, nur das Materielle im Auge zu behalten, also herauszuwirtschaften, was möglich ist, nur mit Rücksicht auf das eigene Wohlergehen, oder muß dieser russische Riesenleib ohne Kopf und Hände trotz dieses Mangels als lebendiger Organismus behandelt, ja, ihm womöglich ein Kopf oktroyiert werden, um selber Nutzen davon zu haben. Die ersten Möglichkeiten wäre ein Ausschöpfen und Aussaugen, lediglich zum eigenen Vorteil, warscheinlich sogar ohne Gefahr zu laufen, daß die russische Knechtsseele sich jemals dagegen erhöbe. Der zweite Weg würde aber vielleicht dazu führen, die vielfältigen schlummernden Möglichkeiten der russischen Mentalität erst einmal ans Licht zu befördern, in gewisser Weise Schätze zu heben, die im anderen Falle wahrscheinlich nur mehr verschüttet würden. Sehr schön. Aber es gibt etwas, was solche Menscheitsbeglückungsideen heutzutage als Illusion erscheinen macht; das ist die allmächtige Politik, von der ich leider nicht viel verstehe. Aber ich glaube zu wissen, daß die Wahl zwischen Erfüllung einer Mission oder Abschluß eines Geschäftes in der russischen Sache allein von politischen Erwägungen abhängig ist. Dabei kommt mir die wunderliche Ahnung, daß wir das Aufblühen der russischen Seele nicht mehr erleben werden – mag auch sein, weil der Russe für alles wohl unendlich viel Zeit braucht und unendlich viel Zeit hat. Wie nun sollen wir schnellebigen Deutschen mit dieser vielen Zeit fertig werden !

Was uns in diesem Krieg den Russen am meisten unheimlich macht, ist, daß ihm offenbar jeder begrenzte Zeit- und Raumbegriff fehlt und, daß er zu seinem Leben in keinem bewußten Verhältnis steht. Es ist etwas Chaotisches und Wildes an diesem russischen Leben, mit dem wir schwer fertig werden und das auch die Kriegsführung erschwert, soweit sie die Volkspsyche berührt. Der einfache deutsche Mensch liebt Ordnung, Sauberkeit und geregelten Lebenswandel und seine Arbeit. Der einfache russische Mensch liebt offensichtlich von allem das Gegenteil. Vielleicht hat er eine zu empfindliche Seele, um den Dingen ihren reellen Wert beimessen und ihren Nutzen gewinnbringend abringen zu können? Dem widerspricht aber, daß sie wie die Tiere leben und allen Fleiß, den sie erübrigen auf das Wohlergeheben des Leibes verwenden; mögen sie in einer noch so verwanzten, verlausten und verkommenen stinkigen Holzkate hausen; Essen findet man in allen Löchern, Ecken und Winkeln. Wenn man all dieses Elend und die Primitivität monatelang Tag für Tag aus nächster Nähe erlebt und selbst darin zu leben gezwungen ist, dann kommt einem der Gedanke, ob das russische Volk seinem Charakter nach nicht doch zu einem ewigen Knechtsdasein verdammt ist. Wie denn sollte man diese schwermütige Seele aus ihrem ständigen melancholischen Dahinbrüten erwecken?

Wie ihr in tiefster Tiefe wildes Temperament in eine förderliche Richtung zwingen? – Da ist schon das Wort: Zwingen. Sicher müssen sie gezwungen werden oder wollen gar gezwungen sein. Sie haben nicht die Anlage und das Talent, Freiheit zu gebrauchen, soweit es das Volksganze anbetrifft, wenn man überhaupt davon sprechen kann. Freiheit und Wildheit jedes Einzelnen ist das, was sie im Grunde haben und was das Chaos herbeiführt. Freiheit im Großen würde ihnen vielleicht nur schaden. Ein Hund, der seit seiner Geburt an der Kette liegt, wird nicht zum Wolf, wenn man ihn in den Wald jagte, sondern kehrt schweifwedelnd wieder zu seiner Kette zurück.

Die Frage ist nun, ob diese Anlage des russischen Volkscharakters in der langen geschichtlichen Gewöhnung begründet liegt, oder ob sie zu den ursprünglichen Wesenszügen gehört; eine Frage, die sicherlich schwer zu entscheiden ist. Aber meiner Meinung nach wäre es wichtig zu wissen, weil man sich Gewohnheiten abgewöhnen kann, Charaktereigenschaften dagegen nicht. - Ich muß schließen, weil die Petroleumfunzel kein Petroleum mehr hat. Das ist hier schon ein Hundedasein!

Wir wollen übrigens Weihnachten in Moskau feiern. Wenn wir jede Woche noch 10 km machen, kommen wir gerade richtig."

(U.S.: Was W.v.H. meinem Bruder auf diesen Brief geantwortet hat, weiß ich nicht. Auch nicht, was M. Oe. dabei gedacht oder empfunden hat, als er ihn damals las.)

Ganz bestimmt ist Henning im Winter 1941 nicht zu Weihnachten in Moskau angekommen, und vielleicht war seine Formulierung im Brief an Walter

v. H. auch ironisch gemeint. Ich kann aber an seinen Briefen, bzw. deren Fotokopien, die ich besitze, nicht erkennen, wo er dann hinkommandiert wurde; sie sind unvollständig und meist ohne Datum und Ortsangabe. Es gibt ab und zu die Feldpostnummer 22242 und Texte, die mir unzusammenhängend vorkommen, aber einige Blätter interessieren mich besonders, weil sie inhaltlich mit meines Vaters Brief an Ingolf im Jahr 1938 zu tun haben, von dem ich damals nichts wußte. Ich habe Teile davon wortgetreu abgeschrieben.

"Mein Schwager sagte einmal im Scherz zu mir, ich sei ein weltanschauliches und wissenschaftliches Embryo. Ich erwiderte ihm, es sei immer noch hoffnungsvoller, ein ungeborenes Kind zu sein, als ein enfant terrible. Aber er hat recht. Ich weiß es selbst am besten und bemühe mich, möglichst bald das Licht der Welt zu erblicken, momentan allerdings unter erschwerten Umständen. Das heißt, ich habe wohl nie den Ehrgeiz gehabt, diverse Probleme nach meinem Kopf zu lösen. So etwas betrachte ich als Vermessenheit. Aber ich hatte bisher noch wenig Gelegenheit, den anderen Weg zu beschreiten (und habe es jetzt eigentlich in noch geringerem Maße, abgesehen von unserem Briefwechsel). Ich bin gegenwärtig so ziemlich auf mich selbst angewiesen. Freunde und Artverwandte sind fern, und in meiner neuen Umgebung lassen sich irgenwelche Beziehungen tieferer Art beim besten Willen nicht anknüpfen. Es fehlt die Möglichkeit eines unmittelbaren, fruchtbaren Gedankenaustausches, der über viele der alltäglichen Unannehmlichkeiten und Schwierigkeiten hinweghelfen könnte."

Danach kommt ein ausführlicher und sehr nachdenklicher Absatz darüber, was er später mit seinen Fähigkeiten für Kunst und Wissenschaft anfangen könne, und er meint, überzeugt zu sein, jedes Wissen müsse immer im richtigen Verhältnis zur Aufnahme- und Verarbeitungsfähigkeit stehen, sonst bliebe es unfruchtbar und könne den geistigen Horizont eines Menschen nur trüben. Wörtlich geht es weiter:

"Und jetzt möchte ich noch zu Deinem harten Urteil über meinen Schwager und Freund Ingolf Wachler Stellung nehmen, weil ich ja eigentlich den Anlaß zu Deinen Äußerungen gegeben habe. Die Antwort, die ich ihm damals gab, war gewiß nicht so ernst gemeint, wie Du denkst. Sie hatte nur insofern eine Berechtigung, als Ingolf in sehr vieler Beziehung einen eignen Kopf und Willen hat, der natürlich nicht immer mit der sogenannten öffentlichen Meinung übereinstimmt. Das ist aber doch durchaus kein Grund, ihn als einen asozialen Schwächling hinzustellen, der auf einer Schlamminsel seinem schrankenlosen Individualismus fröhnt. Ich bin der Meinung, daß irgendwelche zugetragenen Gerüchte von zweifellos übelwollender Seite in keiner Weise dazu berechtigen, über einen Menschen abschließend zu urteilen. Deine Annahme beruht wahrscheinlich vor allem auf der unleugbaren Tatsache, daß mein Schwager nicht vorwärts kommt, wie man so sagt. Aber ich bitte Dich doch, auch die Ursachen zu berücksichtigen. Ingolfs Studium, Germanistik, Anglistik und Volkskunde ist ein rein wissenschaftliches und hat das Pech, nicht zeitgemäß zu sein, obwohl es doch grade heute, wie ich glaube, ungeahnte Möglichkeiten praktischer Auswertung in sich birgt. Dieses Studium ist nun schon an sich ungemein diffizil und kompliziert und zwingt zu mühsamer Kleinarbeit und energischer Konzentration. Außerdem ist es kein Bücherstudium wie bei den anderen exakten Wissenschaften. Das Material muß in langwieriger Mosaikarbeit zusammengetragen werden. Diese Voraussetzungen bedingen ein sehr ausgedehntes Studium, das gleichwohl dadurch nichts an Intensität einzubüßen braucht. Ingolf ist der Ansicht, daß ein Germanist mit weniger als elf Semestern nicht fertig sein kann, und er muß hierin wohl als kompetent angesehen werden. Soviel ich weiß, sind Abschlußprüfungen hier nicht so ohne weiteres möglich. Und grade damit hat er in der letzten Zeit viele Scherereien gehabt und viele Enttäuschungen erlebt. Dadurch, daß er vor allem in Riga studiert hat und seine Professoren zum Teil nicht Reichsdeutsche waren, wurde die Sache ungemein kompliziert. Denn er mußte wohl im Reich promovieren, brauchte aber seine Professoren dazu, kurz und gut, der reibungslose Ablauf seiner Abschlußprüfungen, der Doktordissertation, Prüfung und Promotion wurde durch widrige Umstände empfindlich gestört und schließlich gestoppt. Ein Lichtblick für meinen Schwager war im vorigen Jahr die Berufung nach Reval, die, glaube ich, von einem Rigaer Archiv ausging. Er bekam den Auftrag zur Herausgabe eines Buches, das sich mit den kulturellen und sprachlichen Einflüssen des Deutschtums im Baltikum beschäftigte. Alle Mittel wurden ihm zur Verfügung gestellt. In mehrmonatiger Arbeit wurde das Werk fertig gestellt und mit gutem Bildmaterial ausgestattet. Alles schien in schönster Ordnung zu sein. Da kam der Krieg und mit ihm die Umsiedlung der Baltendeutschen.

Mit einem Male erlosch das Interesse an diesen östlichen Bastionen deutschen kolonisatorischen Fleißes und kulturschöpferischer Tüchtigkeit. Alle deutschen Ansprüche und Einflüsse im Baltikum sind aufgegeben, einer politischen Notwendigkeit zufolge. Die Träger dieser Einflüsse gehen ihre wissenschaftlichen Basis verlustig und hängen in der Luft. Mein Schwager versuchte, sein Buch in Druck zu bringen, aber kein Verleger nahm dieses Risiko auf sich. Eine Protektion von Staats wegen liegt naturgemäß auch nicht vor. Alle Mühe und Arbeit ist umsonst gewesen, denn niemand würde jetzt noch das Buch kaufen oder vielmehr – die Zensur würde es gar nicht heraus lassen.

Denn Deutschland hat kein Interesse mehr am Baltikum, also hat auch kein Deutscher mehr Interesse daran zu haben, punktum.

Meine Apologie ist zu Ende, meine Schuldigkeit getan. Herzliche Grüße,

Dein Henning

(Handschriftlich, ohne Datum am Rand vermerkt:

"Das Buch ist aber doch noch gedruckt worden". Ganz deutlich mit der Handschrift meines Vaters. Ob ich damals mit ihm darüber gesprochen habe, weiß ich nicht mehr. Auch weiß ich nicht, ob ich besagtes Buch jemals in die Hand bekommen habe ... U.S.)

Obwohl es uns leid getan hat aus dem Haus der Malerin Lucie auszuziehen, in dem wir uns wohlgefühlt haben, empfand ich es doch sehr angenehm mit den vier Kindern eine geräumige Parterre-Wohnung mit Küche und Badezimmer zu finden, im Südviertel, nicht allzuweit von meinem Elternhaus entfernt. Als kinderreiche Mutter bekam ich einen Zuschuß vom Staat und kam dadurch besser mit meinem Geld aus, und nicht zuletzt bekam ich ein Telefon.

Zu Pfingsten 42 war Ingolf auf Urlaub zu Hause, das war gut, auch für unsere beiden Kleinen. Er machte Witze über den Zustand, daß in dieser Wohnung endlich auch ein Bett für ihn vorhanden war.

Aber, dann im September hatte ich eine Bauchhöhlenschwangerschaft, an der ich beinahe gestorben wäre, weil ich nicht Bescheid wußte und nicht rechtzeitig zum Arzt gegangen bin; und der sagte: "Machen Sie ihr Testament und seien Sie morgen früh um sieben im Krankenhaus." Ingolf wurde benachrichtigt und bekam Sonderurlaub 'wegen lebensbedrohender Operation der kinderreichen Ehefrau.' Daß ich drei Wochen im Krankenhaus lag und weitere drei in Wiesbaden zur Erholung war, während meine vier Kinder in der Südstraße bei meinen Eltern betreut wurden, das steht freilich nicht im Geschäftsbuch und gehört ja auch nicht hinein.

Zu der Zeit, als ich in Wiesbaden war, fand ein Dichtertreffen in Weimar statt, das mich interessierte, und ich erinnere mich, daß ich gerne daran teilgenommen hätte, aus Neugier, wie sie denn aussähen, die Dichter, denn im Vergleich zu heute, bekamen wir sie selten zu sehen. Ich bewunderte damals Walter von Molo, Ernst Wiechert, Manfred Hausmann und Börries von Münchhausen, und ich hätte auch gerne einmal eine Dichterin gesehen und sprechen gehört. Agnes Miegel, so hat meine Mutter mir erzählt, habe beim Vortragen ihrer Gedichte vorher und hinterher 'Heil Hitler' gesagt und sie habe das ein bißchen lächerlich gefunden. Sie selbst hat übrigens damals viele

Gedichte, die vertont bei Konzerten vorgetragen wurden, zu Hause am Klavier fleißig geübt: Schubert, Schumann, Brahms und Hugo Wolf. Manche sind mir heute noch so vertraut, daß ich sie singen könnte, wenn ich singen könnte. Außerdem war sie mit einer Weimarer Dichterin befreundet, die jahrelang in der Südstraße unsere Nachbarin gewesen ist, Mutter meines Spielkameraden Carlo, den mein Vater einen 'verwöhnten Bengel' nannte und gern ein bißchen erzogen hätte. Dieser Carlo war intelligent, konnte zeichnen und malen, schoß aber mit selbst gebasteltem Pfeil und Bogen überall hin (auch auf meine Beine, wie das die Indianer machen), und er hat durch Ungehorsam seiner dichtenden Mutter oft Kummer bereitet. Margot Boger hat in den zwanziger Jahren, ehe sie aus der Südstraße wegzog, einen Roman mit dem Titel 'Der Fächer' geschrieben; ich besitze ihn noch, ein schön gebundenes Buch mit einem für mich zunächst fremdartigen Inhalt. M.Oe. nannte es expressionistisch und "etwas zu schöngeistig", aber Annemarie liebte den Roman, in dem niemand einen Eigennamen hatte – der König, die Tänzerin, der Jäger, die Fremde usw. – und sie hat, während er entstand, sicher oft mit Margot darüber gesprochen. Die Freundschaft hat sich gehalten, auch später, als die Bogers nach Berlin gezogen waren und Carlo, wie Henning, in Rußland gefallen war. Margot hat dann ganz andere Romane geschrieben – zeitgemäße – und hat damit den Lebensunterhalt für sich und ihren Mann verdient.

Ob nun die Dichter und Dichterinnen beim Treffen in Weimar nach ihrer politischen Qualität beurteilt wurden, weiß ich nicht mehr. Reden gehalten – so schließe ich aus M.Oe.'s Aufzeichnungen – haben freilich vorwiegend die, auf deren politische Einstellung man sich verlassen konnte, wie etwa Will Vesper.

Was mir beim Lesen der Anwesenheitsliste vom Oktober 1942 auffällt: Bei diesen nach Alphabet genannten dreißig Personen sind garnicht wenige Ausländer: Italiener, Spanier, Franzosen, Belgier, Norweger, Dänen, Niederländer, Rumänen, Slowaken, Kroaten, Ungarn und sogar sechs aus Bulgarien, und M. Oe. hatte nicht das Gefühl zu übertreiben, wenn er erklärte, das sei doch eine wahrhaft internationale Veranstaltung.

Nicht international sondern eher traditionell im Sinne von Elisabeth und ihrem Archivar sind die Zarathustra-Lesungen und Morgenfeiern an Samstagen und Sonntagen gewesen, die sorgfältig vorbereitet waren und, wie ich glaube, regelmäßig stattfanden. Sie konnten noch nicht, wie eigentlich erhofft, in der neuen Nietzsche-Halle veranstaltet werden, aber wie früher zu Elisabeths Lebzeiten im Van-de-Velde-Vortragsraum, wo der Flügel stand, und der war wichtig, weil die Lesungen von Musik begleitet wurden. Ich glaube zu wissen und sehe das auch an der Art einiger Programme bestätigt, daß mein

Vater mit seinem Mitarbeiter Rolf Dempe die Reihenfolge sorgfältig ausgewählt hat. Er hatte ein gutes Gespür für so etwas, und da Dr. Dempe ein einfühlsamer Klavierspieler war, hat es vermutlich beiden Freude gemacht. Daß sie es als Nietzsche-Kult empfanden, glaube ich nicht, sondern eher, daß es ihnen angenehmer war, als die früheren jour-fix-Samstage, von denen M. Oe. manchmal hinterher sagte: "Da reden sie, bis ihnen das Maul schäumt."

Oktober 1942 war die 6. Armee bei Stalingrad schon umzingelt und erschöpft und hätte dringend ein Winterquartier gebraucht. In den Zeitungen wurde fast ausschließlich vom Heldentum dieser Männer berichtet, (250 000 sollen es gewesen sein) und mein Vater hat meistens nichts oder vorwiegend Optimistisches darüber gesagt. Etwa: "Der Führer wird sie nicht im Stich lassen." Oder in der Weihnachtszeit: "General Manstein ist jetzt der Richtige! Der wird sie rausholen." Carl Strecker, sein Jugendfreund, war als einer der Generäle mit im Kessel, und M.Oe. sagte: "Der arme Carolus. Ich hoffe, er wird durchhalten und wird das Ritterkreuz bekommen; ich wünsche ihm das."

Ich muß zugeben, daß ich damals nicht begriffen habe, was sich in diesem Winter bei Stalingrad abgespielt hat, auch nicht, warum die 6. Armee 'geopfert' werden mußte, wie manche Menschen flüsterten, meine Großmutter zum Beispiel, die zu der Zeit verwitwet bei meinen Eltern lebte und sich ganz in ihr Zimmer im ersten Stock zurückgezogen hatte. Sie kam nicht mehr zum Essen herunter und hatte aufgehört mit ihrem Schwiegersohn zu sprechen. Zu mir sagte sie: "Weißt du, mein Deern, wir verstehen uns nicht mehr so recht, und so was kann man nicht erzwingen." Meine Mutter oder Annchen brachten ihr das Essen und pflegten sie, was übrigens nicht schwierig war, denn krank war sie nicht; sie wollte nur ihre Ruhe haben, ließ sich aber von uns gerne besuchen. Meine Kinder nannten sie "die Urmi".

Carl Strecker, mein Pate, den ich als Kind 'Onkel Roler' genannt habe, ist bei Stalingrad nicht umgekommen, sondern war in russischer Gefangenschaft und kehrte nach Kriegsende relativ gesund nach Hause zurück, aber aus diesem eigentlich fröhlichen forschen Menschen war inzwischen ein ernster stiller Mann geworden. Er hat mir später einen Brief geschrieben, in dem er mich fragte, ob ich an Gott glaube und hat mir erklärt, daß er im Krieg zum Christentum gefunden und beten gelernt habe, und nur so sei es ihm gelungen, zu überleben.

Henning hat 1943 in einem ganz anderen Teil von Rußland Dienst getan, einem bewaldeten Hochland zwischen Minsk und Smolensk, und das schien uns, seinen Briefen nach zu urteilen eine friedliche Gegend zu sein mit Dörfern, in denen er sich, wie er das nannte, nicht als Feind gefühlt hat. Nachträglich wünsche ich mir für ihn, er möge dort nicht erfahren haben, daß die kämpfenden und leidenden Männer im Kessel bei Stalingrad weit über 1000 unterernährte Pferde haben schlachten müssen, um selber nicht zu verhungern.

Gleichzeitig wurde in Deutschland überall 'für den Ernstfall' vorgesorgt, so auch in Weimar auf dem Silberblick in der Nietzsche-Halle, wo immer wieder Vorschläge angebracht wurden, wie man bis zum Endsieg das Gebäude wirksam ausnützen könnte. Im Februar hatte Goebbels im Sportpalast in Berlin seine Zuhörer angeschrieen "Wollt Ihr den totalen Krieg!" und sie damit in einen unsinnigen Rausch versetzt – ja, sie wollten ihn und wußten wohl garnicht, daß sie ihn schon hatten. Sauckel hatte zur gleichen Zeit dem Archivar Oehler mitgeteilt (oder mitteilen lassen) daß "der Bau in Kürze zunächst als Lazarett oder zu Diensträumen an kriegswichtiger Stelle" gebraucht würde. Nicht lange danach besichtigte der Kommandeur des Rüstungskommandos die Halle und wollte dort Büroräume einrichten lassen, auch in den Festsälen. Wände müßten eingezogen werden und statt des Korkfußbodens ein für genagelte Stiefel geeigneter Fußboden; auch Panzerschränke würden gebraucht und ein Tarnanstrich für die Außenwände aus mit Farbe vermischter Melasse, auf deren Nährboden sich Moosschichten bilden würden.

Armer M. Oe., armer Tiedemann ! Aber vielleicht regten sie sich schon bald nicht mehr auf, weil die verschiedenen Vorhaben einander den Rang abliefen. Schließlich hatte auch der Professor Astel vom Amt für Rassewesen die Halle besichtigt, weil er seine umfangreichen Kartotheken dort unterbringen wollte und war günstigerweise wieder davon abgekommen. Und dem Oberbürgermeister, der nach Bestimmung des Reichsstatthalters mitteilte, die großen Räume der Nietzsche-Halle und der ganze Büroflügel sollten als Ausweichstelle für die Reichsstatthalterei und die Gauleitung zu Verfügung gehalten werden, konnte eine höfliche Absage geschickt werden. Heil Hitler!

Adalbert Oehler, der treue Mitarbeiter seit vielen Jahren, dessen Haus in Düsseldorf bei einem Fliegerangriff mit der gesamten Wohnungseinrichtung vollständig niedergebrannt war, ist am 9.7.43 in Berlin gestorben. Mein Vater hat einen Nachruf geschrieben und an die Düsseldorfer Nachrichten geschickt.

Auch einen anderen langjährigen Mitarbeiter gab es nicht mehr: Dr. Würzbach. Es kam eine Nachricht aus München, daß die dortige Staatspolizeistelle die Nietzsche-Gesellschaft, dessen Leiter er war, aufgelöst habe, weil er keine arische Abstammung nachweisen konnte. Etwas später sind neun Kisten mit dem Nachlaß aus der Münchener Nietzsche-Gesellschaft im Archiv in Weimar eingetroffen. Was aus Dr. Friedrich Würzbach geworden ist, wurde nicht mitgeteilt.

Die Seiten aus dem Geschäftstagebuch 43 sehen aus wie andere auch. Daß wir da – wann genau weiß ich nicht mehr – die Nachricht von Hennings Tod am 4.9.1943 bekommen haben, ist nicht zu erkennen, auch nicht in den darauffolgenden Wochen mit vielen Einzelheiten aus dem Archiv. Die Schrift meines Vaters ist ein bißchen krakelig aber nicht mehr als vorher. Ab und zu hat er eine neue Schreibfeder genommen, dann wird sie etwas lesbarer. Am 15. 10. hat er vermerkt, daß er zwei Sekretärinnen eingestellt habe, gut für ihn – die hat er also bezahlen können, obwohl nun endlich Schultze-Naumburgs Honorar für den Hallenbau fällig war. 365 000 Mark, das war nicht wenig für die damalige Zeit, und der Reichsstatthalter mußte dafür um Erlaubnis gefragt werden.

Im Dezember 43 gab es noch eine herzerfrischende polizeiliche Verfügung, daß "im Falle einer Katastrophe im Neubau des Nietzsche-Archivs ein Verbandsplatz für den Luftschutz-Sanitätsdienst zur Verfügung gestellt werden müßte, und die Räumlichkeiten müßten nach erfolgtem Bombenabwurf sofort freigemacht und zur Verfügung gestellt werden." Und jetzt wundere ich mich, daß M. Oe. nicht wie in manchen anderen Fällen mit Bleistift an den Rand geschrieben hat, "total blödsinnig".

Den liebevollen und lustigen Brief von Henning vom 28.6.43 aus Orscha (zwischen Smolensk und Minsk) an unsere Mutter, mit dem er sie offensichtlich aufheitern wollte, weil er wußte, wie sie sich um ihn sorgte, habe ich wahrscheinlich damals auch gelesen. Ich habe mich beruhigen lassen, wie gut es ihm dort ging, und das mitten im Feindesland ! Unser Vater hat geschmunzelt: "Da hat der Junge sich aufs Pferd gesetzt und einfach das Turnier gewonnen – so ganz nebenbei." Alle waren wir erfreut, und ich nicht zuletzt, weil er das Ereignis so drollig beschrieben hat, überhaupt nicht prahlerisch.

"Liebste Mutti !

Ich habe wieder einmal ordentlich Zeit, mich auszuquatschen, und vor allem hat es eben etwas gegeben, das einer kleinen literarischen Würdigung bedarf. Schon seit dem letzten größeren Einsatz am 5. u. 6. dieses Monats hatten wir eigentlich dieses großstilige Ereignis mit allen Mitteln, die Zeit und Umstände gewährten, vorbereitet. Und es hat sich die Mühe, die es gekostet hat, dreifach gelohnt ! Es waren zwei gelungene Tage, von allen hohen und höchsten Protektoren, angefangen beim Wetter bis zum Feldmarschall, günstig beeinflußt. Schon am Freitagabend füllten sich die verschiedenen Dörfer unserer Abteilung mit den Gästen und Gastpferden des ganzen Regimentes, weil teilweise

Henning Oehler als Leutnant der Reserve in Rußland 1943

ein stundenlanger Anmarsch notwendig war. Sonnabend in aller Frühe zog dann alles in zwanglosem und fröhlichem Gewimmel hinaus zum sauber hergerichteten Turnierplatz des Stabes, wo sich bis zum Mittag Jagdspringen und Dressurprüfung Klasse A bei ungetrübtem Sommerwetter abwickelten. Ich kam mit meinem braven Fuchs in Dressur in die Hauptprüfung, die nachmittags folgte und wurde 6. von insgesamt 50 Nennungen in diesem Wettbewerb. Im Jagdspringen A (leichtester Parcour) für ältere Pferde am Nachmittag nahmen wir beide, Pferd und Reiter, die Sache zu leicht und machten Fehler. Zwischendurch gab es noch eine zirzensische Schaunummer, genannt 'Raub der Sabinerinnen', natürlich mit Wettbüro und Totalisator. Jede Schwadron stellte eine mannbare Stafette von vier ehrbesessenen Reitern auf ungesattelten Rössern, die dann jedesmal zu viert in rasendem Galopp eine mit diversen Hindernissen durchsetzte Strecke durchmaßen, an deren Ende jene Sabinerinnen in Form strohüberquellender und gliederschlenkernder menschlicher Puppen ebenso verführerisch wie nichtsahnend an einem Tisch beisammensaßen, bis sie von roher Faust aus der Ruhe gerissen und zum Rückritt gezwungen wurden. Historische Treue bewahrten allerdings nur die Sieger, ohne aber zu beachten, daß bei der obligaten Ehrenrunde die Körperteile der Geraubten zusammenhanglos herumhingen und schlenkerten. Unvergeßlich wird mir auch der Anblick bleiben, wenn zwei Helden um dieselbe Dulcinea stritten und aus Leibeskräften unter Verwünschungen in entgegengesetzten Richtungen zerrten und so die begehrte Dame aus Stroh ums Leben brachten. Doch endete der Tag in ungetrübter Heiterkeit; alles erwartete mit Spannung den nächsten, der die größeren reiterischen Ereignisse verhieß, als da sind: Dressurprüfung Klasse L, Jagdspringen Klasse L (die schwerste Prüfung des Turniers) Mannschaftspringen, römisches Wagenrennen und die Fahrprüfungen.

Den Vormittag verbrachte ich, da es regnete und ich nichts zu tun hatte, im Bett, und erhob mich erst, als es notwendig wurde, sich beim gemeinsamen großen Essen in unserem gerade fertig gestelltem Regimentserholungsheim am See einzufinden. Es gab Rinderschmorbraten, Speise, Bohnenkaffee und Kuchen mit Walderdbeeren und eine Art Schlagsahne. Nicht zu vergessen der immer wieder genießbare Cointrau! Also beschwert fuhr man zurück zum Springplatz, diesmal bei einer unserer Schwadronen, die einen erheblich schwereren Parcours aufgebaut hatte auf einer halb im Walde gelegenen, von einem Bach durchzogenen welligen Wiese. Ich hatte zum L-Springen genannt und suchte gerade mein Pferd und Burschen im Wald, als schon meine Nummer aus dem Lautsprecher erschallte, (die immer kulante und auch entsprechend eingebildete Luftwaffe hatte uns einen Lautsprecher gepumpt, was sie natürlich bewog, mit mehreren Krankenschwestern in Scharen das

Zuschauerbild auf der Tribüne zu beleben.) Ich war etwas ärgerlich, daß ich nun weder dem Pferd noch mir vorher den Platz zeigen konnte – beide waren wir noch nie darauf gewesen. Aber ich hatte plötzlich ein Riesenvertrauen zu dem schönen Tier, und so startete ich denn unvermittelt und unbesehen. Es ging über 16 schwere Sprünge, in und durch Wasser usw. Wir kamen mit 4 Fehlern (einmal abgeworfen) durch. Wir bekamen Applaus, also mußte es was besonderes gewesen sein. Von den 70 Pferden gingen außer meinem nur noch 2 mit 4 Fehlern durchs Ziel. Am Ende mußte noch einmal zu dritt "gestochen" werden. Ich brauste als erster ab. Das Tier sprang herrlich, als ob es ihm bewußt gewesen wäre, daß es um etwas ging. Am Ende hatten wir 0 Fehler und schnellste Zeit. Ich hatte das eigentlich nicht vermutet nach dem Springen am Vortage. Aber es gibt Pferde, die sich nur anstrengen und etwas leisten, wenn sie was Klobiges vor die Nase gesetzt kriegen. Auch ich, soweit ich mich kenne, gehöre zu diesen Wesen – denn man kann das ja auf den Menschen beliebig übertragen. Es war ein herrliches Fest. Ich gewann eine Flasche Benediktiner und trinke daraus auf Euer Wohl!"

Im Herbst 1943, als wir schon anfingen, uns vor dem Winter zu fürchten und Tiedemann mich als Kohlenklau in den Keller der Nietzsche-Halle hineingelassen hat (sicher mit stillschweigender Erlaubnis von M. Oe.) waren dort auch Sehenswürdigkeiten aus Weimarer Museen eingelagert, freilich nicht im Kohlenkeller, sondern säuberlich getrennt in verschiedenen Räumen, und alle Türen mußten sorgfältig auf- und zugeschlossen werden. Ich erinnere mich an Schillers Bett und das Spinett von Liszt, an geheimnisvolle Kisten mit, wie Tiedemann das nannte, "unheimlichen Werten", auch an den Flügelaltar aus dem Jahr 1572 aus der kleinen Oberweimarer Kirche und vor allem an das Mittelstück des Cranach Altars aus der Herderkirche, das so hoch ist, daß man es woanders nicht hatte unterbringen können. Es war mit einem Vorhang zugedeckt, der beiseite gezogen wurde und eine Glühbirne hing darüber, die ich anknipsen durfte, um das Kunstwerk zu betrachten. "Aber nicht weitererzählen!" hat Tiedemann mich beschworen, und ich habe jahrzehntelang den Mund gehalten – wie ich es gelernt hatte. Dennoch, als 1977 mein Roman 'Zarathustras Sippschaft' erschien, habe ich einen erbitterten Brief von einer Weimarer Dame bekommen, wie unverschämt es von mir sei, so zu lügen ...

In der Weihnachtszeit haben meine Schwester Schnucki und ich uns vorgenommen, in der Südstraße wieder ein richtiges Familienfest vorzubereiten, denn wir dachten, daß mit Hilfe der fünf Kinder unter 10 Jahren unsere Eltern keine Zeit zu Traurigkeit haben würden. So war es, und auch sonst wurden es gute Tage; Ingolf hatte Urlaub und zeigte sich von seiner besten Seite, sogar die Urmi kam ausnahmsweise aus dem ersten Stock herunter, und Annchens kleiner Sohn, inzwischen fünf Jahre, hatte mit meinen Söhnen gelernt, fleißig zu singen. Mein Vater hatte dem Pietje, der immer noch sein Liebling war, Hennings erste Geige geschenkt, und er durfte auf ihr herumkratzen, irgendwie und so gut es ging. Außerdem mußte sehr viel Essen gekocht werden, für dreizehn Leute zwischen zweieinhalb und zweiundsiebzig Jahren, vor allem die geliebten Thüringer Klöße, zu denen stundenlang Kartoffeln gerieben werden mußten, und die notwendige Gans zum Braten war aus Vollersroda von Annchens Eltern gekommen. Zum Schluß mußte jeder in der Runde sagen, er oder sie sei jetzt aber "bumsatt".

Zum Silvesterabend in der Adolf-Bartels-Straße hatten Ingolf und meine Schwester eine Menge Freunde zusammengetrommelt, alle die noch lebten und erreichbar waren, und möglichst jemand mitbrachten, der Lust hatte zu feiern. Da habe ich gemerkt, daß ich nicht lustig sein konnte. Dies war viel schwerer, als mit den Kindern zu feiern; darum tat ich meine Hausfrauenarbeit und verkroch mich in der Küche. Ich hatte damals ein Pflichtjahrmädchen, das mit einem Sohn von Sauckel befreundet war und abends nicht bei uns zu sein brauchte. Mir war das recht – ich mochte sie nicht, und wahrscheinlich mochte sie mich auch nicht. Immerzu mußte ich an meine Mutter denken, wie tapfer sie zu Weihnachten gewesen war, nicht einmal geweint hatte sie und zum Kindergesang eifrig Klavier gespielt. Ich erinnerte mich, daß ich irgenwann, als ich mit Annchen allein war, sie gefragt hatte, wie es eigentlich gewesen sei, als im September mit der Morgenpost die grausame Nachricht vom Oberkommando der Wehrmacht gekommen war, von der wir nur selten und vorsichtig redeten – es müsse doch schrecklich gewesen sein. "Ja," antwortete sie, "es war schrecklich. Eure Mutter hat geschrieen wie ein Tier."

Tagebuchauszüge aus den Jahren 1944 und 1945 an:
"Prof. Dr. Richard Oehler, 16 Wiesbaden, Frankfurterstr. 22
Prof. Dr. Jesinghaus, 17 a Freiburg i.Br., Maximilianstr. 20, bei Frau E. Petersen
Dr. Günther Lutz, Berlin-Wilmersdorf, Westfälische Str. 1-3
Prof. Heyse, Göttingen, Calzovstraße 24
Dr. Schlechta, 16 Kronberg im Taunus, Gartenstraße 5
Wachtmeister Thierbach, L 13656 Lftg. Breslau
Prof. Walter F. Otto, 13 b Post Klaris, bei Garmisch, Oberbayern"

Dies sind die Adressaten, denen M. Oe. regelmäßig Tagebuchauszüge gesandt hat, zumal die Verständigung mit den Mitarbeitern mit der Zeit immer schwieriger wurde.

Auf Seite 1 hat er einen Terrorangriff auf Berlin und einen auf Stettin vermerkt.

Danach seine Korrespondenz mit Dr. Ernst Wachler, der eine Lektorenstellung in einem deutschen Verlag in Prag angenommen hatte und um ein Verzeichnis aller seiner Aufsätze über FN, EFN und das Archiv gebeten hatte – fünfundsechzig an der Zahl. Mein Schwiegervater, von meinen Kindern immer noch 'der grüne Opa' genannt, hatte auf unsere Warnungen, aus seinem Gartenhaus im Park nach Prag zu ziehen, nicht hören wollen. Er beabsichtigte, in Prag ein Buch mit seinen Nietzsche-Studien zusammenzustellen, das aber nicht zustande gekommen ist. Nach Auflösung des Verlages haben wir vergeblich auf Nachricht von ihm gewartet und erst nach Kriegsende erfahren, daß er in Theresienstadt an Hungerruhr gestorben ist.

Auf derselben Seite steht in Kurzform, daß die von Mussolini für die Nietzsche-Halle gestiftete Dionysos-Statue in Weimar eingetroffen sei. Der Prof. Schultze-Naumburg hatte drei Wochen vorher den General Kesselring gebeten, die Uebersendung zu veranlassen. Dazu gibt es eine Beschreibung meines Vaters, die er nicht im Geschäftstagebuch berichtet hat, aber Margot Boger hat sie ihren "Erinnerungen an Elisabeth Förster-Nietzsche" angefügt. Die Ankunft des zwei Meter hohen Gottes, viele Jahre nach Elisabeths Tod, ist dramatisch gewesen, und mein Vater hat das Ereignis der Frau Boger vielleicht brieflich geschildert oder es Annemarie diktiert, damit sie es ihrer Freundin mitteilen konnte.

Als der Waggon mit der gewaltigen Last auf dem Güterbahnhof in Weimar eingelaufen war, gab es Fliegeralarm, und M. Oe., vom Bahnhofsvorsteher telefonisch benachrichtigt, befahl ihm, die Statue so schnell wie möglich auszuladen. Seine Beschreibung wörtlich: "Danach blieb mir nichts anderes übrig, als durch die leeren Straßen zum Bahnhof zu eilen, während englische Weihnachtsbäume in bezaubernder Schönheit am Himmel brannten. Trotzdem schleppte eine Zugmaschine den Gott auf den Bahnhofsplatz, wo ich mich eiligst in den Transportwagen schwang und mich neben dem bärtigen Marmorhaupt niederließ, um die Fahrt zum Archiv zu dirigieren. Sprengbombenhagel ging nieder ! Ich kann wohl sagen, daß dies in göttlicher Gesellschaft die interessanteste und abenteuerlichste Fahrt meines Lebens war."

An den dichtbeschriebenen Seiten des Tagebuches 1944 ist zu erkennen, daß es andauernd zu tun gab, meistens, mühsam und zeitraubend, wegen der Verhältnisse in diesem immerhin fünften Kriegsjahr. Viele Anfragen mußten beantwortet werden; das war zwar früher ebenso gewesen, scheint mir dem Archivar aber lästig geworden zu sein bei dem Gedanken, ob das alles denn noch nützlich sei. So drängten sich auf vielen Zeilen, die üblichen Stichwörter, wie: 'zahlreiche Einzelfragen betr. Nietzsche-Stellen, Literatur zu best. Themen, N.Bilder und Büsten, Katalogisierung, Einordnen, Ordnen v. Zeitungen u. Zeitschr., Stichwortkatalog zur Literatur, Kassenführung der Gesellschaft der Freunde des N.A., Vervielfältigung d. Aufsätze über N., seine Bedeutung f. unsere Zeit, frühere Jahresgaben d. Gesellschaft d. Freunde, Rechenschaftsbericht und Haushaltsplan an Reemtsma (der immer noch zahlte), und ab und zu auch ein ganzer Satz: 'Besonders viel verlangt werden immer noch die Cosima-und Wagner-Briefe an Nietzsche, die längst vergriffen sind, das gedruckte Verzeichnis der Bibliothek Nietzsches und die Ahnentafel Nietzsches.' Oder: 'Dem Zimmerverlag München und Wien sechzig Bilder für ein Nietzsche Brevier namens 'Die Verklärung der Welt' von Dr. Würzbach zur Verfügung gestellt.' (Aber an keiner Stelle finde ich eine Bemerkung über Würzbach, wo er lebte und wie oder ob er eingesperrt wurde. U.S.)

Eine angenehme Entdeckung für mich war die kurze Bemerkung über den Briefwechsel von M.Oe. im Frühjahr 44 mit einem Dr. Nußbächer, der Schriftleiter bei Reclam war und meinen Vater angeregt hat, einen Nietzsche-Briefband herauszugeben – Friedrich Nietzsche an seine Freunde – ein Auswahlband mit einem Adressaten-Verzeichnis. Das machte mich neugierig, und ich habe mir vorgenommen, danach zu suchen. Ergebnis: auf Seite 313.

Am 9. und 10. April war Ostern. Mein Sohn Dietrich, der 1940 so pünktlich an seinem 6. Geburtstag in die Schule gekommen war, daß er damals vermutet hatte, das sei so üblich, kam aufs humanistische Gymnasium, wo er Latein lernen würde und freute sich darauf. Da er nun zehn Jahre alt war und zur Hitler-Jugend gehörte, mußte ich ihm ein Braunhemd kaufen und ein Koppel – das Hemd fand er prima, aber den dicken Gürtel mochte er nicht.

"Muß das sein ?" "Ja leider, es muß sein" sagte ich.
"Warum sagst du leider ?" wollte er wissen.
"Weil er dir unbequem ist" habe ich geantwortet, und mein Sohn hat das seinem Fähnleinführer mitgeteilt: "Meine Mutter findet den Gürtel unbequem." "Das ist kein Gürtel sondern ein Koppel!" wurde er belehrt, und dann "deine Mutter muß es ja nicht tragen."

Ueber die Jubiläumsfeier zu Nietzsches hundertstem Geburtstag gab es viele Vorbesprechungen und offenbar die verschiedensten Vorschläge. Daß der einzige Redner der Reichsleiter Rosenberg sein würde, stand zwar schon fest, aber ob die Vorschläge von M. Oe. verwirklicht würden, war noch unklar. Seine Auswahl betraf Texte aus "Also sprach Zarathustra", die er einen Schauspieler von DNT namens Grüntzig sprechen lassen wollte, und als Musik hatte er vorgeschlagen den "Hymnus an das Leben" von Nietzsche und Peter Gast.

Richard Oe. hatte eine einbändige Auswahl aus Nietzsches Werken zusammengestellt, 348 Seiten, die fertig war und zum 15. Oktober erscheinen sollte.

Das Jubiläumswerk mit Bildbeigaben, das beim Verlag Kröner nur langsam in Gang kam, wurde von einem Dr. Dingeldeyn betreut, und die Originalbriefe dazu wurden im Nietzsche-Archiv abgeschrieben und weitergesandt. Ob Dr. Schlechta, der auf Antrag des Reichserziehungsministeriums von der Wehrmacht entlassen wurde und im Mai 44 nach Weimar kam, damit etwas zu tun hatte, weiß ich nicht. Ich könnte es mir aber vorstellen, denn bei späteren ziemlich schwierigen Gesprächen mit ihm, habe ich erfahren, wie wichtig ihm das Thema 'Orginalbriefe Nietzsches' gewesen ist.

Kurze Notiz über Tiedemann, der mit dem Ergebnis 'bedingt tauglich' zum Landsturm gemustert, dann aber freigestellt wurde, mit der ausführlichen Begründung von Ministerialrat Stier, warum dieser Mann im Nietzsche-Archiv unentbehrlich sei.

Schultze-Naumburgs 75. Geburtstag mußte gebührend gefeiert werden. Reichsstatthalter Sauckel lud ins Fürstenhaus ein, wo der Architekt der Nietzsche-Halle zum Ehrenbürger von Weimar ernannt wurde. Nach einiger Zeit löste er sein Büro auf und gab sämtliche Bauakten der Nietzsche-Halle an das Archiv zur Aufbewahrung.

Im September, als schon die Einladungen zum Nietzsche-Jubiläum versandt werden mußten, kam aus Darmstadt die Nachricht, daß Graf Hermann Keyserlings Haus, in dem meine Eltern einst als Mitglieder der 'Schule der Weisheit' zu Besuch gewesen waren, bei einem Fliegerangriff völlig vernichtet worden war. Graf Keyserling hatte überlebt und schickte ein Rundschreiben an seine Mitglieder. (Keyserling, Graf Hermann, geb. in Livland 20.7.1880, gest. im April 1946 in Innsbruck)

"Bildhauer Dr. Rogge mehrere Tage hier: Er legt Abbildungen seiner im Februar hier im Archiv während eines achttägigen Aufenthaltes modellierten Nietzsche-Büste vor, die jetzt in Bronze in München in der Ausstellung ist."

"Dr. Schlechta, Verlag Diesterweg, wegen Neuauflage des faksimilierten Lebenslaufes 1863 des 19jährigen Nietzsche."

"Verlag Kröner kündigt die Sendung von zwölf Nietzsche-Dünndruck-Ausgaben an, zu je sechs Bänden zur Verfügung des Reichsstatthalters Sauckel für die Jubiläumsfeier ... "

"Zahlreiche Besprechungen wegen der Jubiläumsfeier mit der Gauleitung, dem Propaganda-Amt Thüringen, der Generalintendanz des Theaters usw. Telefongespräche mit dem Amt Rosenberg (Berlin): Jeder Platz muß an einen der Teilnehmer vorher vergeben, d.h. versandt werden; Kartenverkauf findet nicht statt."

Den kleinen Band "Friedrich Nietzsche, Briefe", ausgewählt von Max Oehler, erschienen bei Reclam 1944, habe ich auf einem meiner viel zu vollen Regale gefunden, vergilbt und zerfleddert, immerhin 250 Seiten mit einem ausführlichen Vorwort von meinem Vater. Das muß in einer der Dachbodenkisten gelegen haben, zwischen anderen Fundstücken aus jener Zeit, und da die damaligen Reclam-Bücher nicht nur billig, sondern auch sehr klein waren, habe ich den Text von M. Oe. vergrößert fotokopieren lassen und kann ihn nun hier einfügen.

Vorwort

Ich erstaune oft, wie wenig die äußerste Ungunst des Schicksals über einen Willen vermag. Oder vielmehr: ich sage mir, wie sehr der Wille selbst Schicksal sein muß, daß er immer wieder auch gegen das Schicksal recht bekommt.

Nietzsche an Deussen, 3. Januar 1888

Der am 15. Oktober 1844 geborene Röckener Pfarrerssohn Friedrich Nietzsche (auch die Mutter, Franziska Oehler, war eine Pfarrerstochter aus dem unweit Röcken zwischen Weißenfels und Lützen gelegenen Pobles) verlor schon 1849 seinen Vater. Die Mutter zog mit den beiden Kindern Friedrich und Elisabeth nach Naumburg, wo Nietzsche das Domgymnasium besuchte. Vom Herbst 1858 bis zum Herbst 1864 war er Schüler der Landesschule Pforta. Nach dem Studium der klassischen Philologie in Bonn und Leipzig wurde er, noch ehe er zum Dr. phil. promoviert hatte, auf Empfehlung seines Lehrers Ritschl 1869 als Professor der klassischen Philologie an die Universität Basel berufen mit der Verpflichtung, auch an den obersten Klassen des dortigen "Pädagogiums" (humanistisches Gymnasium) griechischen Sprachunterricht zu erteilen. Schon frühzeitig drängte Nietzsches ganze Natur über die seiner Wissenschaft im engeren Sinne gesetzten Schranken hinaus: die dem von ihm bewunderten griechischen Altertum entnommenen Wertmaßstäbe an die Kultur seiner Zeit anlegend, Anregung und Förderung durch die Beschäftigung mit der Philosophie Schopenhauers und durch herzlichfreundschaftlichen Verkehr mit dem Ehepaar Wagner in Tribschen gewinnend, schritt er in seinen ersten Schriften von der Erziehungs- und Bildungskritik zur Kritik der gesamten abendländischen Kultur seiner Zeit mit allen ihren Ausstrahlungen fort und zur Untersuchung der Gründe für den von ihm erkannten Niedergang der Kultur ("Geburt der Tragödie aus dem Geiste der Musik"; Vorträge über "die Zukunft unserer Bildungsanstalten", Unzeitgemäße Betrachtungen: "David Strauß, der Bekenner und Schriftsteller"; "Vom Nutzen und Nachteil der Historie für das Leben"; "Schopenhauer als Erzieher"; "Richard Wagner in Bayreuth"; dann "Menschliches, Allzumenschliches"; "Vermischte Meinungen und Sprüche"; "Der Wanderer und sein Schatten"; ferner umfangreiche Niederschriften zu geplanten Büchern, die erst später aus dem Nachlaß herausgegeben worden sind). 1879, also nach zehnjähriger Lehrtätigkeit in Basel, mußte Nietzsche aus Gesundheitsrücksichten sein Amt aufgeben. Das folgende Jahrzehnt lebte er seiner dauernd schwankenden Gesundheit wegen im Sommer meist im Hochgebirge (Sils-Maria im Engadin), im Winter in Italien. In dieser Zeit sind die Hauptwerke entstanden: "Morgenröte, Gedanken über die moralischen Vorurteile"; "Die fröhliche Wissenschaft"; "Also sprach Zarathustra"; "Jenseits von Gut und Böse"; "Zur Genealogie der Moral"; "Götzendämmerung"; "Der Fall Wagner" und "Nietzsche contra Wagner"; "Der Antichrist, Versuch einer Kritik des Christentums"; die Selbstbiographie "Ecce homo, Wie man wird, was man ist"; sowie die umfangreichen Niederschriften zu der geplanten Gesamtdarstellung seiner Gedankenwelt "Der Wille zur Macht, Versuch einer Umwertung aller Werte", deren Ausarbeitung Nietzsche nicht mehr vergönnt war: mitten in der Arbeit daran wurde er in Turin Anfang Januar 1889 schlagartig von einer Geisteslähmung getroffen, die seinem Schaffen ein jähes Ende setzte. In unheilbarer Geistesumnachtung lebte er noch bis zum 25. August 1900, zuerst in der Binswangerschen Heilanstalt in Jena, dann in der Pflege der Mutter in Naumburg und nach deren Tode (1897) während der letzten drei Jahre in der Pflege der Schwester in Weimar.

Über Nietzsches Leben und Schaffen unterrichtet vortrefflich Karl Heckel, "Nietzsche. Sein Leben und seine Lehre." Eine Deutung seiner Philosophie gibt Alfred Baeumler in seiner kleinen Schrift Nietzsche der Philosoph und Politiker (beide in der Universal-Bibliothek).

Für die vorliegende Auswahl aus den Briefen Nietzsches[1] waren zwei Gesichtspunkte maßgebend; einmal die Spiegelung wichtiger menschlicher Wesenszüge Nietzsches: seine Empfindsamkeit, sein weiches Herz, das sich scheu verbirgt und sich desto mehr künstlich verhärtet, je gebieterischer die immer deutlicher sich abzeichnende schicksalhafte Aufgabe es fordert; die

---

[1] Ein Verzeichnis der Personen, an die die Briefe gerichtet sind (ausgenommen Angehörige und allgemein bekannte Persönlichkeiten), mit kurzen Hinweisen auf die Art ihrer Beziehungen zu Nietzsche befindet sich am Schluß des Bandes.

starken Stimmungsschwankungen von völliger, zeitweise bis zum Lebensüberdruß gesteigerter Verzagtheit bis zu festestem Selbstvertrauen und übermütiger Heiterkeit; sein fanatischer, zu jedem Opfer bereiter Dienst am Werk unter heroischem Ankämpfen gegen Krankheit und Vereinsamung und unter Verzicht auf alles landläufige Glücksstreben; seine hohe Bewertung der Freundschaft und das stete Bemühen, den Freunden zu helfen und sie zu ihren höchsten Möglichkeiten zu steigern; seine Musikbegabung; sein Humor, seine zartsinnig-ritterliche Haltung Frauen gegenüber – von allen diesen Zügen vermitteln die Briefe Eindrücke und helfen damit, das Werk zu verstehen, denn bei kaum einem anderen Denker stehen Persönlichkeit und Werk in so engen Wechselbeziehungen wie bei Nietzsche. Oft hat er betont, seine Schriften seien "mit Blut geschrieben", das will sagen: sie sind Dokumente eigener innerer Erlebnisse, Selbstzeugnisse, Bekenntnisse, Spiegelungen seines eigensten persönlichen Seins, Wesens und Werdens. Wer sich vom Persönlichen her dem Werk Nietzsches zu nähern versucht, wählt nicht den schlechtesten Weg.

Sodann – und das steht mit dem Gesagten in engem Zusammenhang – ist an der Hand der ausgewählten Briefe der Werdegang Nietzsches vom klassischen Philologen über den Erziehungs- und Bildungskritiker zum Kulturphilosophen, zum Gesetzgeber, zum Umwerter aller Werte zu verfolgen, das allmähliche Hineinwachsen in – zu seinem eigenen Staunen – immer gewaltiger sich vor ihm auftürmende Aufgaben, das – trotz manchen zaghaften Schwankens – hartnäckige Festhalten an den zuletzt übermenschlich weit gesteckten Zielen, die Überzeugung von der schicksalhaften Bedeutung seiner Berufung, das Nicht-Ausweichen, Nicht-mehr-ausweichen-Können vor dem zwingenden Ruf, dem unerbittlichen Gebot seines Dämon.

Weimar, Nietzsche-Archiv, im April 1944.

Max Oehler.

Gedenkstunde zum 100. Geburtstag Friedrich Nietzsches am 15. Oktober 1944, 11 Uhr im Deutschen Nationaltheater zu Weimar

Ludwig van Beethoven Ouvertüre zu "Egmont"
Friedrich Nietzsche "Bleibt der Erde treu"
"Vorbereitende Menschen"
"Vom Krieg und Kriegsvolke"
"Das kommende Zeitalter"
Ludwig van Beethoven "V. Symphonie, c-moll, erster Satz"
Es spricht Reichsleiter Alfred Rosenberg

Ludwig van Beethoven "VII. Symphonie, A-dur, letzter Satz"
Es spielt das Thüringische Gauorchester unter Leitung von Generalmusikdirektor Paul Sixt
Sprecher: Dr. Konrad Studentkowski, Weimar

15.10.1944, Sonntag: Reichs-Jubiläumsfeier im Deutschen Nationaltheater

"Ansprache des Reichleiters Rosenberg. Nach der Feier legen Reichsleiter Rosenberg und Reichsstatthalter Sauckel Kränze an der Nietzsche-Büste von Klinger im Archiv nieder. Anschließend gemeinsames Mittagessen im Hotel Elefant mit Reichsleiter Rosenberg, den Herren seines Stabes, den Mitgliedern des Nietzsche-Archivs, der Gauleitung und den Pressevertretern circa 70 Personen.

Am Nachmittag c. 50 Personen im Nietzsche-Archiv (Pressevertreter, auch Ausland, Verleger, Universitätsprofessoren, auch andere); kurzer Vortrag des Archivars über die Geschichte des bisherigen Wirkens und die weiteren Aufgaben des Nietzsche-Archivs. Anschließend kurze Ausführungen Prof. Richard Oehlers über die Persönlichkeit der Schwester Nietzsches und die besonders persönliche Note, die sie dem Archiv mehrere Jahrzehnte hindurch gegeben hat. Anschließend Besichtigung der Archiv-Räume und der Nietzsche-Halle – (Auch zahlreiche Handschriften waren ausgelegt.)

Abends Konzert im Nationaltheater: Frau Kwast-Hodaz spielte 2 Beethoven-Klaviersonaten. Zusammensein mit Reichsleiter Rosenberg und den Herren seiner Begleitung im Künstlerverein.

Am 15.10. hatte der Gauleiter von Halle-Merseburg am Grabe Nietzsches in Röcken Kränze des Führers, des Reichsminister Goebbels, des Reichsleiters Rosenberg und des Reichsdozentenführers Scheel niedergelegt. Kurze Ansprache des Gauleiters an die versammelten führenden Persönlichkeiten des Gaus Halle-Merseburg. Er gab bekannt, daß die von Thorak geschaffene Nietzsche-Büste in der Universität Halle Aufstellung finden werde. In Krakau auf der Burg fand ebenfalls eine Nietzsche-Jubiläumsfeier statt, bei der Generalgouverneur Reichsminister Dr. Frank die Festrede hielt. Prof. Bäumler sprach in Agram bei einer Nietzsche-Feier, die die deutsch-kroatische Gesellschaft gemeinsam mit dem deutschen wissenschaftlichen Institut in Agram veranstaltet hatte."

(Wörtlich abgeschrieben aus dem Geschäftstagebuch von M. Oe., was den einzigen Vorteil hat, die Beschreibung lesbar zu machen, interessanter aber nicht. Diesmal habe ich mich nicht nur mit meines Vaters Handschrift geplagt, sondern auch mit seinen Abkürzungen und mehr noch mit den Titeln all der bedeutenden Herren, möchte mich aber jeglicher Kritik enthalten und tue das mit gutem Gewissen – ich war bei keiner dieser Veranstaltungen dabei.

Im Oktober 1944 wohnte ich in der Adolf-Bartels-Straße in Weimar, zusammen mit meiner aus dem Baltikum nach Berlin und von dort hierher geflohenen Freundin. Wir hatten zusammen sieben Kinder unter zehn Jahren, von denen sechs noch heute leben – verstreut in der Bundesrepublik.

Adolf Bartels lebte zwar nicht in der nach ihm benannten Straße, aber in Weimar, und er ist dort im März 45 gestorben. Er war Ehrenbürger der Universität Jena, hatte das goldene Parteiabzeichen, das Adlerschild des Deutschen Reiches, das Ehrenzeichen in Gold der Hitlerjugend und des silbernen Gauadlers ...

Ein im Juni 1944 geschriebener Brief von Dr. Mette aus amerikanischer Gefangenschaft ist im Januar 1945 im Archiv angekommen. Wörtlich im Geschäftstagebuch: "Er teilte mit, daß er in einem großen Offiziers-Gefangenenlager Vorträge und geschlossene Vorlesungsreihen hält, und er bitte um neue Nietzsche-Literatur, nach der im Lager große Nachfrage sei."

Ob die Sendung möglich war, steht nicht auf dieser und auch nicht auf den nächsten Seiten aber immer wieder einiges über den Briefwechsel mit. R. Oe., Dr. Schlechta, Dr. Lutz, Prof. Mittasch und Dr. Gerhard K. Schmidt.

Im Winter 1944/45

hat es "trotz vieler Reiseerschwernisse zahlreiche Besucher von auswärts gegeben, auch von Wehrmachtsangehörigen. Desgleichen Neuanmeldungen zur Gesellschaft der Freunde des N-A und neue Literatur über Nietzsche."

"Die Ansprache des Reichsleiters Rosenberg vom 15.10.1944 wurde in 600 Exemplaren gedruckt und an Mitglieder verschickt."

Meine eigenen Erinnerungen an diesen Kriegswinter sind sehr gering. Wahrscheinlich hatten – wir – zwei Mütter von zusammen sieben Kindern – pausenlos zu tun, um mit dem Alltag fertig zu werden, wir sind mit den Kindern spazieren gegangen oder Schlitten gefahren, haben auch meine Eltern besucht, in deren Haus inzwischen eine schlesische Flüchtlingsfamilie wohnte und zwar in unseren früheren Zimmern. Gemütlich war es aber dennoch, jedenfalls im Parterre bei meinen Eltern an ihrem großen Kachelofen, der immer warm war. In der Bibliothek daneben war es kalt; mein Vater konnte an seinem Schreibtisch nicht arbeiten. Dort häuften sich Zeitungen und Bücher zwar nicht so unordentlich wie bei meinem Schwiegervater im Bunckeweg, aber offensichtlich unbenutzt.

Max Oehlers Arbeitsplatz war und blieb seit Elisabeths Tod das Zimmer mit den zwei großen Fenstern über dem Portal, und dort verbrachte er den größten Teil seiner Tage, oft auch den Sonntag. Dass mein Sohn Peter, gern und gar nicht schlecht, auf Hennings Geige spielte, hat den Großvater wahrscheinlich gefreut, vielleicht auch traurig gemacht, aber gesprochen hat er darüber nicht. Peter, immer noch Pietje genannt, ging nicht gerne zur Schule, machte viele Tintenkleckse und Rechenfehler und lief lieber mit dem Fußball auf die Straße. Laßt ihn nur, sagte mein Vater, vielleicht wird er ja doch Musiker ...

Vom 5. bis 15. Januar 1945 hat M. Oe. an einem Kursus des 'Deutschen Auslandswissenschaftlichen Instituts' teilgenommen, in Weimar mit der Genehmigung der Gauleitung von Thüringen. Der Präsident war ein Prof. Dr. Pfeffer, Titel der Tagung "Europa in der Entscheidung"
Erster Teil: "Darstellung der Verhältnisse in den europäischen Ländern nach der Besetzung der Bolschewiken, bzw. der Anglo-Amerikaner."
Zweiter Teil: "Kritik an der Welt, bzw. Europa-Plänen der anti-europäischen Koalitionen"
Dritter Teil: "Grundforderungen zur europäischen Politik"

Die Redner werden hervorragende Politiker und Wissenschaftler sein; so steht es im Geschäftstagebuch. Sie kommen aus Bulgarien, Frankreich, Finnland, Lettland, Griechenland, Serbien und Rumänien. Auch Flamen und Wallonen sind dabei. Erwartet werden der Reichsminister Dr. Funk, der Gesandte Prof. Dr. Six, ein Minister Déat aus Frankreich und General Malischkin, der über Bolschewismus reden wird: "den ewigen Feind jeglicher Kultur."

Was mögen das für Leute gewesen sein? Idealisten ? Helden ? Haben sie wirklich geglaubt, im letzten Augenblick noch etwas erreichen zu können? und was dachte der Minister, der über den europäischen Sozialismus sprach, am 14. Januar 1945, knappe drei Monate vor Kriegsende ?

Am 9. Februar notierte mein Vater einen schweren Bombenangriff auf Weimar; besonders auf die Innenstadt. Das Theater war größtenteils ausgebrannt, Goethehaus, Schillerhaus, Wittumspalais und die Herderkirche waren beschädigt. In 150 Meter Entfernung vom Nietzsche-Archiv im Garten des Felsenkellers war eine Bombe niedergegangen. In vielen Gegenden gab es kein Wasser. Wir in der Adolf-Bartels-Straße gingen mit Eimern zum Wielandbrunnen, an dem wir Schlange stehen mußten. Meine Jungens konnten nicht zur Schule gehen, und Pietje freute sich darüber, aber Dietrich, dessen erstes Jahr als Gymnasiast zu Ende ging, war ärgerlich – er umgab sich mit Büchern und las und las. In dieser Zeit haben wir bei Alarm jede Nacht im Keller gesessen.

Eine Beschreibung meines Vaters, die er "das schlimme Wochenende im März 1945" genannt hat, begann wörtlich: "Gestern, den 11. März vormittags kamen in rascher Folge und dann den ganzen Tag über bis spätabends vor der Nietzsche-Halle Wagen an, hochbepackt mit Sachen von bombengeschädigten Familien, die dort untergebracht werden sollten." Mein Vater und Tiedemann haben den ganzen Tag geschuftet, um damit fertig zu werden. Dieser Sonntag war der 22. Geburtstag meiner Schwester Friderun, und wie ich uns einschätze, ohne mich genau zu erinnern, haben wir ihn gefeiert.

Im April 1945 steht im Geschäftstagebuch: "Die Arbeiten am Jubiläumswerk müssen vorläufig eingestellt werden, da bei den schweren Luftangriffen auf Dresden in den dortigen Druckereien alles vernichtet worden ist. Auch der Druck der Fuchsbriefe stockt, ebenso wie der Druck der Studien-Ausgabe von Nietzsches Werken"

Nach Ostern (1. und 2. April) gab es sehr viel Fliegeralarm, sodaß wir schon anfingen, "nichts Schlimmeres zu erwarten", aber dann begannen Tiefflieger, die Stadt und ihre Umgebung zu beschießen, und darüber schrieb M. Oe. ins Geschäftstagebuch: "Die Annäherung der amerikanischen Streitkräfte und Gerüchte von einer beabsichtigten Verteidigung Weimars verursachen eine panikartige Aufregung in der Stadt."

Wir in der Adolf-Bartels-Straße haben aufgeatmet, als sich herumsprach, daß der Weimarer Bürgermeister unsere Stadt nicht verteidigen lassen wollte, nur mußten wir unseren Kindern klar machen, daß sie dennoch leider nicht draußen spielen könnten und immer noch nachts in den Keller müßten, bis –
"Also bis wann ?"
"Bis die amerikanischen Soldaten hier sind."
"Ach so. Und dann schießen sie nicht mehr?"
"Nein, wahrscheinlich nicht."
Naja, sagte einer meiner Söhne verständnisvoll, "die müssen ja auch mal ihre Ruhe haben."

Hierzu steht im Geschäftstagebuch: "Am 11.4. und in der Nacht vom 11. zum 12. deutsches Artilleriefeuer von den Höhen beiderseits Weimars gegen die aus westlicher Seite anrückenden Amerikaner. Die Stadt selbst wurde nicht verteidigt und nicht beschossen. Am 12.4. Einrücken motorisierter Truppen in Weimar, denen in den nächsten Tagen weitere Truppen folgen, auf Durchmarsch nach Osten. Vom 13. bis 18.4. im Archivgebäude (obere Räume) acht Mann Einquartierung; in den Büroräumen der Nietzsche-Halle 15 bis 20 Mann. Diese lassen sich alle Schlüssel der Halle aushändigen und verwehren dem Hausverwalter das Betreten der Halle. Während der genannten

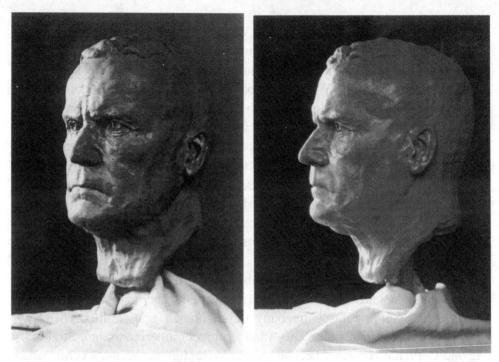

Kopf von Max Oehler 1943 modelliert von Henning Oehler jetzt nur noch als Fotografie erhalten

Tage der Belegung der Halle werden die Ausweichlager der Firmen Kröger und Heka, die in den unteren Gewölberäumen untergebracht sind, erbrochen und geplündert. Desgleichen einige der Kisten der von der Stadt untergebrachten Museumsbestände; desgleichen einige Koffer, die Privatleute dort untergestellt haben; desgleichen in den oberen Sälen der Halle untergebrachten Wohnungseinrichtungen von 36 bombengeschädigten Familien. Die Bitte beim amerikanischen Stadtkommandanten dem amerikanischen Militär das Betreten der Halle des Archivs zu verbieten, hat genutzt: Wir erhalten schon am nächsten Tag die Verbotsschilder für beide Gebäude, die unter Glas an den Eingängen angebracht werden. Der Archivbetrieb ist dann durch Einquartierung nicht mehr gestört worden."

Was in diesem letzten Teil des Geschäftstagebuches nicht steht: daß bei meinen Eltern in der Südstraße zwei amerikanische Offiziere eingezogen und bis etwa Anfang Juni dort geblieben sind. Sie waren nett und höflich und haben den Major Oehler gelegentlich gefragt, warum er eigentlich Parteimitglied geworden sei – das habe er doch garnicht nötig gehabt, meinten sie.

Nein, das Leben zur Zeit der amerikanischen Besatzung war nicht unerträglich, wenn auch beschwerlich und mühsam, aber wir haben uns immer wieder gesagt, daß es schlimmer hätte kommen können. Im April wurden die Weimarer Bürger zu einem 'Marsch nach Buchenwald' aufgefordert, um sich dort von dem Entsetzlichen zu überzeugen, das wir nicht wahrgenommen hatten oder nicht glauben wollten. Ich, als Mutter von vier Kindern, brauchte nicht mit zu marschieren.

Begründung: Mitnehmen konnte ich die Kinder nicht und auch nicht sie alleine lassen. Von der Arbeitspflicht, die sehr viele erwachsene Frauen und Männer betraf, wurde ich ebenfalls befreit.

Inzwischen wurde im Archiv das Telefon eingezogen, und die Schreibmaschinen mußten abgeliefert werden. 'Der Archivar sollte den Einheitswert des Archivs' angeben, der dann mit 25 000 Mark berechnet wurde – eine Summe, die heute Sammler für ein einziges Nietzsche-Manuskript bezahlen würden. Auch wurde er aufgefordert, sich offiziell zur Arbeit zur Verfügung zu stellen. "Aber ich arbeite doch den ganzen Tag" soll er geantwortet haben. Und das stimmte. Er hatte, weil er sie nicht bezahlen konnte, seine wissenschaftlichen Mitarbeiter und die beiden Sekretärinnen ohne Gehalt beurlaubt und von da an mit den treuen Tiedemanns alles notwendige alleine gemacht. Ich habe ihn nicht darüber klagen hören.

Tagebuchtext vom Juli 1945

"Die Gerüchte, daß Thüringen von den Russen besetzt wird, wollen nicht verstummen, trotzdem ihnen von amtlicher Seite immer widersprochen wird. Sie verdichten sich mit der Zeit immer mehr. Anfang Juli räumen die Amerikaner Thüringen, und die Russen ziehen ein. In vielen Stadtvierteln müssen die Häuser ganz oder teilweise geräumt werden, manche werden aber bald wieder freigegeben. Mehrere Versuche höherer russischer Offiziere, die Halle zur Unterbringung größerer Truppenkörper zu beschlagnahmen, werden in der ersten Julihälfte erfolgreich abgewehrt.

Besprechungen deswegen mit Oberbürgermeister Dr. Behr, der sehr an der Halle interessiert ist, weil dort noch wertvolle Bestände der städtischen Museen lagern, z.B. Schillerhaus, Krims-Krackow-Haus, Naturhistorisches Museum und umfangreiche wertvolle Akten der Stadtverwaltung. Da der russische Stadtkommandant nicht zu bewegen ist, von ihm unterschriebene Verbotsschilder zur Verfügung zu stellen, bringen wir sie selbst in deutscher und russischer Sprache an beiden Häusern an:

Schiller – und – Nietzsche – Museum! Kein Quartier!"

"Besprechung mit Professor Wahl, der vom russischen Kommandanten den Auftrag erhalten hat, die Weimarer Kulturstätten bald wieder der öffentlichen Benutzung zugänglich zu machen, die fortgeschafften Bestände des Goethe-Nationalmuseums wieder zurückbringen zu lassen usw. Habe den Professor Wahl gebeten, daß er auch für die Schonung der Nietzsche-Stätten eintritt."

"Russische Soldaten sind im hinteren Teil der Nietzsche-Halle eingebrochen und haben die Kisten von Professor Keller durchwühlt – meist Bücher. Die werden enttäuscht gewesen sein."

August 1945

"Hartnäckige Gerüchte, daß die Russen Thüringen wieder räumen würden, weil sie Hamburg haben wollten und den Engländern dafür Thüringen überlassen."

(Wir wären einverstanden gewesen, wurden aber nicht gefragt, und außerdem kam das nicht zustande. U.S.)

Stattdessen werden "die Schutzschilder für Nietzsche-Archiv und Halle, nun schon mehrfach beantragt, endlich am 17.8. geliefert – drei Stück in Deutsch und Russisch, unterschrieben und gestempelt."

Seit 26. Juli

"sind auf Befehl der russischen Militärregierung alle Banken und Sparkassen geschlossen. Nach 14 Tagen darf nur die thüringische Staatsbank unter dem neuen Namen 'Landesbank Thüringen' den Verkehr wieder eröffnen; alle Konten und Sparguthaben bleiben aber gesperrt."

Zwei letzte Eintragungen:
"Das Rote Kreuz mietet Räume in der Nietzsche-Halle zur Unterbringung von Apothekerwaren und Büchern."
"Ergänzung des Stichwort-Katalogs betr. neuer Nietzsche-Literatur zum Thema 'Nietzsches Kampf gegen das 19. Jahrhundert', auch aus der Landesbibliothek."

Danach 130 leere Seiten

Am 19.10.1945
schrieb mein Vater einen Brief über die Tätigkeit des Nietzsche-Archivs, von dem ich nur den Entwurf kenne, und ich weiß auch nicht, an wen er gerichtet war. Diesem Briefentwurf habe ich Folgendes entnommen:
"Wer Einblick in die Tätigkeit des Nietzsche-Archivs hatte, der müßte wissen, daß dieses Archiv niemals reaktionären oder anderen politischen Tendenzen gehuldigt oder sie gar öffentlich vertreten oder propagiert hat, sondern sich ausschließlich seinen begrenzten wissenschaftlichen Aufgaben widmete. Das Nietzsche-Archiv hat stets den Standpunkt vertreten, daß ohne Rücksicht auf persönliche, politische oder weltanschauliche Einstellung der Vorstandsmitglieder, Mitglieder und Herausgeber ausschließlich Gesichtspunkte im Dienst des Werkes von Friedrich Nietzsche für seine Tätigkeit in Frage zu kommen haben, daß Nietzsche-Forschung freibleiben und jede, wie auch immer geartete Richtung dieser Forschung unterstützt werden müsse, und daß es nicht Sache des Archivs sei, eine bestimmte, von irgendwelchen weltanschaulichen oder politischen Voreingenommenheiten beeinflußte Nietzsche-Auffassung zu vertreten. Nur bei voller Freiheit der Nietzsche-Forschung kann sich erweisen, welche Seiten der vielgestaltigen Gedankenwelt Nietzsches für die Zukunft der deutschen und europäischen Kultur fruchtbar zu machen sind. Auch die ernste nationalsozialistische wissenschaftliche Forschung hat immer betont, daß nur einige wenige Seiten der Gedankenwelt Nietzsches in Parallele mit der nationalsozialistischen Weltanschauung zu setzen sind (wie

das übrigens auch bei vielen anderen Denkern der Fall ist), daß es dagegen auch sehr wesentliche, grundsätzliche Gegensätze zwischen den Anschauungen Nietzsches und dem Nationalsozialismus gibt, wozu man vor allem die gründlichste Untersuchung von nationalsozialistischer Seite: Heinrich Härtle "Nietzsche und der Nationalsozialismus" vergleichen möge.

Max Oehler, Archivar"

Ich glaube, daß dieser Text meinem Vater mehr geschadet als genützt hat, obwohl oder weil er klar zu begründen suchte, daß es nichts Nietzsches Schuld war, daß die Nazis ihn zu ihrem Philosophen machten.

Im selben Jahr, im Dezember 1945, kurz vor seinem 70. Geburtstag wurde Max Oehler von einer russischen Dolmetscherin aus dem Archiv abgeholt, angeblich zu einem Verhör, und wir haben ihn nie wieder gesehen.

Das Nietzsche-Archiv wurde geschlossen.

Wissenschaftliche Paperbacks
Philosophie

Hans-Georg Gadamer
Die Lektion des Jahrhunderts
Ein Interview von Riccardo Dottori. Redaktion: Silke Günnewig
Riccardo Dottori, Professor an der Universität Rom, Schüler von Prof. Gadamer und Übersetzer seiner Schriften ins Italienische, bespricht mit ihm die wichtigsten Themen seiner hermeneutischen Philosophie (Metaphysik, Rhetorik, Ethik, Politik); seine Begegnung und Beziehung zu den wichtigsten Philosophen des XX. Jahrhunderts (u. a. Heidegger, Jaspers, die Marburger und die Frankfurter Schule); seine Erinnerungen und Erfahrungen in der Geschichte Deutschlands (Erster und Zweiter Welt-Krieg, National-Sozialismus, Real-Sozialismus der DDR), wie auch Fragen der gegenwärtigen Gesellschaft (einschließlich seiner Erfahrungen in Amerika) und Erwartungen für die nächste Zukunft der Menschheit.
Bd. 2, Frühjahr 2001, 160 S., 29,80 DM, br., ISBN 3-8258-5049-8

Münsteraner Vorlesungen zur Philosophie
herausgegeben von Prof. Dr. Kurt Bayertz, Prof. Dr. Ludwig Siep, Prof. Dr. Thomas Leinkauf, Dr. Michael Quante und Dr. Marcus Willaschek (Philosophisches Seminar, Westfälische Wilhelms-Universität Münster)

Marcus Willaschek (Hrsg.)
Ernst Tugendhat: Moralbegründung und Gerechtigkeit
Vortrag und Kolloquium in Münster 1997
Dieser Sammelband ist das Ergebnis einer zweitägigen Veranstaltung, die im April 1997 mit Ernst Tugendhat am Philosophischen Seminar der Westfälischen Wilhelms-Universität in Münster stattgefunden hat. Grundlage des anvisierten Diskurses zwischen Lehrenden und Studierenden war im Vortrag sowie diverse Texte Tugendhats, in welchen sein Moralbegriff, seine Konzeption der Begründung einer moralischen Praxis und seine Thesen, daß die Struktur einer solchen Moralbegründung einen egalitären Gerechtigkeitsbegriff impliziere, im Mittelpunkt standen. Der Durchdringung und Problematisierung des dargelegten moralphilosophischen Konzeptes dienten thematisch zugespitzte Kurzvorträge aller Teilnehmergruppen, welche Anlaß zu einem intensiven und vertiefenden Dialog im Plenum gaben. Die geringfügig überarbeiteten Einzelbeiträge sind so das Resultat einer engen und engagierten Kooperation von Gastredner, Dozenten wie Studenten.
Bd. 1, 1998, 112 S., 19,80 DM, br., ISBN 3-8258-3496-4

Matthias Paul (Hrsg.)
Nancy Cartwright: Laws, Capacities and Science
Vortrag und Kolloquium in Münster 1998
Nancy Cartwright has been a dominant figure in the philosophy of science for more than twenty years. In the early eighties she wrote her influential book "How the Laws of Physics Lie" which was generally perceived to be a challenge to a realistic conception of scientific theories. Over the last decade her focus has shifted to issues concerning what she calls "fundamentalism". This is the position that laws of nature are basic and that other things come from them. Cartwright rejects this story and replaces it by the view that capacities are basic and that laws obtain "on account of the repeated Operation of a system of components with stable capacities in particularly fortunate circumstances". This book focuses mainly on Cartwright's recent work on laws and capacities. It is the outcome of the second series of the Münster lectures in philosophy which took place during 5–6 May, 1998. This volume comprises a revised version of Cartwright's evening talk, 12 colloquium papers which Cartwright considered to be "extremely thought provoking", followed by replies Cartwright makes to each of them.
Bd. 2, 1999, 128 S., 24,80 DM, br., ISBN 3-8258-3842-0

Marcus Willaschek (ed.)
John McDowell: Reason and Nature
Lecture and Colloquium in Münster 1999
John McDowell is one of the most influential philosophers writing today. His work, ranging from interpretations of Plato and Aristotle to Davidsonian semantics, from ethics to epistemology and the philosophy of mind, has set the agenda for many recent philosophical debates.
This volume contains the proceedings of the third *Münsteraner Vorlesungen zur Philosophie* which McDowell delivered in 1999: A lecture, entitled "Experiencing the World", introduces into the set of ideas McDowell developed in his groundbreaking book *Mind and World*. The lecture is followed by ten brief essays, both interpretative and critical, in which students and faculty from the Department of Philosophy at the University of Münster discuss various aspects of McDowell's philosophy. The volume ends with responses by John McDowell.
Bd. 3, 2000, 128 S., 24,80 DM, pb., ISBN 3-8258-4414-5

LIT Verlag Münster–Hamburg–London
Bestellungen über:
Grevener Str. 179 48159 Münster
Tel.: 0251–23 50 91 – Fax: 0251–23 19 72
e-Mail: lit@lit-verlag.de – http://www.lit-verlag.de

Preise: unv. PE

Angela Kallhof (Hg./Ed.)
Martha C. Nußbaum: Ethics and Political Philosophy
Lecture and Colloquium in Münster 2000
Bd. 4, Frühjahr 2001, ca. 112 S., ca. 24,80 DM, pb., ISBN 3-8258-4881-7

Münsteraner Philosophische Schriften
herausgegeben von Prof. Dr. Kurt Bayertz, Prof. Dr. Ludwig Siep, Prof. Dr. Thomas Leinkauf, Dr. Michael Quante und Dr. Marcus Willaschek (Philosophisches Seminar, Westfälische Wilhelms-Universität Münster)

Marcus Willaschek (Hrsg.)
Feld – Zeit – Kritik
Die feldtheoretische Transzendentalphilosophie von Peter Rohs in der Diskussion
Wie paßt der menschliche Geist in eine physische Welt? Diese Grundfrage der Philosophie steht im Mittelpunkt des Buches *Feld-Zeit-Ich* (1996), mit dem Peter Rohs den Entwurf einer "feldtheoretischen Transzendentalphilosophie" vorgelegt hat. Rohs betrachtet die Zeit als ontologisches Bindeglied zwischen Subjekt und Welt. Das erlaubt es ihm, eine Vielzahl von Phänomenen (vom Selbstbewußtsein über sprachliche Kommunikation bis zur lebendigen Natur) in einem einheitlichen philosophischen Ansatz zu erklären. Der vorliegende Band enthält vierzehn Beiträge, die sich kritisch und zugleich konstruktiv mit der feldtheoretischen Transzendentalphilosophie auseinandersetzen (von M. Esfeld, V. Gerhardt, B. Gesang, H. Hoppe, Chr. Jäger, W. Kuhlmann, G. Meggle, S. Mischer, G. Mohr, M. Quante, B. Recki, A. Rosas, L. Siep und Chr. Suhm). Rohs erläutert, verteidigt und ergänzt seine Position in ausführlichen Erwiderungen.
Bd. 1, 1997, 280 S., 44,80 DM, br., ISBN 3-8258-2963-4

János F. Böröcz
Resignation oder Revolution
Ein Vergleich der Ethik bei Arthur Schopenhauer und Ludwig A. Feuerbach
Das ideengeschichtlich markante Verhältnis zwischen Feuerbachs optimistischer Ethik und der pessimistischen bei Schopenhauer hat bislang wenig Aufmerksamkeit erfahren. Chronologisch angelegt, erhellt die vorliegende Studie im Detail die Unterschiede zwischen den beiden Konzepten sowie ihre – meist unabhängigen – Gemeinsamkeiten. Beide Ethiken werden zudem kritisch betrachtet: Keine entspricht insgesamt ihren Voraussetzungen, und jede ist auf ihre Weise gefährlich. Dessenungeachtet legt mancher einzelne Schopenhauersche und vor allem Feuerbachsche Ansatz wichtige Bedingungen einer humanen Gesellschaft dar.
Bd. 2, 1998, 304 S., 69,80 DM, br., ISBN 3-8258-3518-9

Jörg Thomas Peters
Der Arbeitsbegriff bei John Locke
Im Anhang: Lockes Plan zur Bekämpfung der Arbeitslosigkeit von 1697
Lockes Pädagogik ist weder eine auf Tugend zielende, wie in der Antike, noch eine gottesfürchtige, wie im Mittelalter, sondern eine konkret auf das Leben gerichtete, praktisch-nützliche, an den Interessen der Wirtschaft orientierte Erziehungslehre. Arbeit ist für Locke kein pädagogischer oder bildungstheoretischer Begriff wie später etwa für Hegel oder Marx, sondern für ihn erfolgt Erziehung, damit der Mensch in das ökonomische System paßt bzw. eingepaßt werden kann. Um diese These zu verifizieren, wird im ersten Teil der Arbeit untersucht, worauf die Lockesche Arbeits- und Eigentumstheorie basiert. Dabei stellt sich heraus, daß Locke die Ökonomiekonzeption des Aristoteles, die von Cicero vertretene *oikeiosis*-Lehre, Teile der *dominium*-Theorie von Grotius und Pufendorf und wesentliche die Arbeit betreffende Ausführungen von Hobbes zustimmend in seine Arbeits- und Eigentumstheorie einbezieht, während man dies von der absolutistischen Staatstheorie Sir Robert Filmers nicht behaupten kann. Dennoch hatte Filmers Lehre Auswirkungen auf Locke. Es ist Filmers Verdienst, nachgewiesen zu haben, daß das Privateigentum nicht qua Vertrag aus einer "ursprünglichen Gütergemeinschaft" hervorgeht, so daß Locke bei der Formulierung seiner Arbeits- und Eigentumstheorie nicht mehr auf die Okkupations- und Vertragslehre von modernen Naturrechtslehrern wie z.B. Grotius oder Pufendorf zurückgreifen konnte und gezwungen war, eine neue Begründung (Arbeitstheorie) für das Recht auf Privateigentum zu finden.
Im ersten Teil des zweiten Kapitels wird anhand des "Second Treatise" der *Two Treatises of Government* dargestellt, daß Lockes Arbeitslehre primär ökonomisch ausgerichtet ist, während im zweiten Teilkapitel anhand von *Some Thoughts Concerning Education* und des *Report of the Board of Trade to the Lord Justices in the Year 1967, Respecting the Relief and the Employment of the Poor, Drawn up in the Year 1967* der Nachweis erbracht wird, daß der Arbeitsbegriff durch Locke auch in der Pädagogik nicht nur einen großen Stellenwert erhalten hat, sondern daß der englische Philosoph – nach heutigen Kriterien – schon sehr modern gedacht hat, da seine Pädagogik eine Erziehung zur Arbeit vorsieht, die dem Primat der Ökonomie unterworfen ist. Im Anhang

LIT Verlag Münster – Hamburg – London
Bestellungen über:
Grevener Str. 179 48159 Münster
Tel.: 0251 – 23 50 91 – Fax: 0251 – 23 19 72
e-Mail: lit@lit-verlag.de – http://www.lit-verlag.de
Preise: unv. PE

schließlich ist der *Report* mit sämtlichen Anmerkungen abgedruckt.
Bd. 3, 1997, 360 S., 59,80 DM, br., ISBN 3-8258-3268-6

Peter Rohs
Abhandlungen zur Feldtheoretischen Transzendentalphilosophie
In der feldtheoretischen Transzendentalphilosphie soll eine feldtheoretische Deutung der Natur verbunden werden mit einer transzendentalphilosophischen Theorie von Subjektivität. Als Klammer, die beides zu verbinden erlaubt, soll die Zeit erwiesen werden. Der vorliegende Band enthält zehn schon veröffentlichte und vier noch unveröffentlichte Abhandlungen zu verschiedenen Aspekten dieses Projektes, beginnend bei der ihm zugrundeliegenden Konzeption von Philosophie und schließend mit Überlegungen zu einer theologischen Rechtfertigung von Freiheit.
Bd. 4, 1998, 244 S., 49,80 DM, br., ISBN 3-8258-3455-7

Thomas Leinkauf
Schelling als Interpret der philosophischen Tradition
Zur Rezeption und Transformation von Platon, Plotin, Aristoteles und Kant
Schellings Philosophie hat in den letzten Jahren eine deutlich gesteigerte Wertschätzung erfahren. Die in diesem Band versammelten Studien versuchen, vor dem Hintergrund einer intensiven Analyse von Schellings interpretierendem und aneignendem Umgang mit der philosophischen Tradition, eine sich in der Spannung von Sein und Subjekt-Sein, Notwendigkeit und Freiheit, Verhängnis und Resignation immer stärker als Signatur seiner mittleren und vor allem späteren Philosophie artikuliert. Hierbei wird besonderes Augenmerk auf zwei späte "Entdeckungen" Schellings gelegt: die des "Sophistes" Platons, die eine nicht zentrale Bedeutung für seine Vorstellung von Dialektik gewinnt, und die vor allem der Philosophie des Aristoteles: letztere begreift Schelling als verbindliches Muster einer 'reinrationalen' Theorieleistung, und entwickelt an und mit ihr, sie durch Implementierung vor allem einer Theorie des Willens idealistisch transformierend, seine "negative" Philosophie.
Bd. 5, 1998, 216 S., 58,80 DM, br., ISBN 3-8258-3598-7

Reinhard Kottmann
Leiblichkeit und Wille in Fichtes "Wissenschaftslehre nova methodo"
Die Leiblichkeit des Menschen ist nicht nur ein Thema der Philosophie des 20. Jahrhunderts. Auch für Johann Gottlieb Fichte (1762–1814) ist der Leib als ein Gegenstand der philosophischen Betrachtung von Bedeutung. Die vorliegende Studie weist nach, daß Fichte in seiner "Wissenschaftslehre nova methodo" eine Theorie der Leiblichkeit des Menschen auf der Basis eines handlungs- bzw. willenstheoretisch begründeten transzendentalphilosophischen Idealismus systematisch entwickelt und durchführt. Nicht zuletzt geht es aber auch darum, die Argumentionsstruktur zentraler Paragraphen dieser Fassung der Wissenschaftslehre, die nur in zwei Vorlesungsnachschriften überliefert ist, sichtbar werden zu lassen und sie auf diese Weise lesbar zu machen.
Bd. 6, 1998, 200 S., 49,80 DM, br., ISBN 3-8258-3645-2

Yang-Hyun Kim
Kantischer Anthropozentrismus und ökologische Ethik
In bezug auf die ökologisch-ethische Diskussion der Gegenwart stellt Kim die Problematik des Anthropozentrismus in den Mittelpunkt seiner Arbeit. Ausgangspunkt seiner Überlegungen ist die Beobachtung, daß der Begriff des Anthropozentrismus auf sehr unterschiedliche, vielfach widersprüchliche Weise verwendet wird; die Folge sind Mißverständnisse und theoretische Scheingefechte. Die Aufklärung dieser Mißverständnisse durch eine sowohl philosophiegeschichtliche als auch systematische Analyse des Anthropozentrismus-Begriffs ist eines der zentralen Anliegen der Untersuchung.
In ausführlicher Auseinandersetzung mit dem Anthropozentrismusproblem in der Philosophie Immanuel Kants vertritt Kim die Ansicht, daß der Kantische Anthropozentrismus einen systematischen und wichtigen Ansatzpunkt für die Fundierung einer ökologischen Ethik liefern kann. Mit seiner These, daß sich der Kantische Anthropozentrismus der Sonderstellung des Menschen als Subjekt der Moralität bezieht, und daß der ethische Anthropozentrismus Kants nichtmenschliche Naturgegenstände keineswegs aus der Sphäre möglicher Objekte der Moral ausschließt, eröffnet Kim neue Perspektiven für eine anthropozentrisch-ökologische Ehtik.
Umschlagsbild: Leonardo da Vinci, Proportions of the Human Figure
Bd. 7, 1998, 224 S., 59,80 DM, gb., ISBN 3-8258-3662-2

Michael Quante; Erzsébet Rózsa (Hrsg.)
Vermittlung und Versöhnung
Die Aktualität von Hegels Denken für ein zusammenwachsendes Europa. Mit einem Geleitwort von Hans Lenk (Präsident der Deutsch-Ungarischen Gesellschaft für Philosophie)
Hegels Philosophie gehört zum zentralen Bestand der Europäischen Philosophie und kann als deren Kulminationspunkt begriffen werden. Er selbst hat dabei den Europäischen Geist charakterisiert als eine Kulturform, die am Prinzip der Versöhnung

LIT Verlag Münster – Hamburg – London
Bestellungen über:
Grevener Str. 179 48159 Münster
Tel.: 0251 – 23 50 91 – Fax: 0251 – 23 19 72
e-Mail: lit@lit-verlag.de – http://www.lit-verlag.de
Preise: unv. PE

ausgerichtet ist. Mit den Beiträgen von ungarischen und deutschen Philosophen soll zum einen in die zentralen Aspekte der Hegelschen Philosophie eingeführt werden. Und zum anderen soll gezeigt werden, daß diese Philosophie ein bedeutendes Potential enthält, welches für den kulturellen Integrationsprozeß im sich einigenden Europa eine entscheidende Vermittlungsfunktion übernehmen kann.
Bd. 8, Frühjahr 2001, 296 S., 59,80 DM, br.,
ISBN 3-8258 4530 3

Marcus Birke
Wenn nicht im Kopf, wo dann?
Der Externalismus als Problem in der Philosophie des Geistes
Bd. 9, Frühjahr 2001, 240 S., 49,80 DM, br.,
ISBN 3-8258-4893-0

Melanie Obraz
Der Begriff Gottes und das gefühlsmäßige Erfassen des Göttlichen bei Fichte und Schleiermacher
Bd. 10, Frühjahr 2001, 304 S., 49,80 DM, br.,
ISBN 3-8258-5322-5

Dokumentationen der Josef Pieper Stiftung

Hermann Fechtrup; Friedbert Schulze; Thomas Sternberg (Hrsg.)
Aufklärung durch Tradition
Symposion der Josef Pieper Stiftung zum 90. Geburtstag von Josef Pieper, Mai 1994 in Münster
Wenn angesehene Wissenschaftler aus verschiedenen Fakultäten – Philosophie, Theologie, Rechts- und Gesellschaftswissenschaften – auf einem Symposion zu Ehren des Philosophen Josef Pieper im traditionsreichen Rathaus der Stadt Münster zusammenkommen, werden sie kaum in Gefahr sein, sich um Sokrates statt um die Wahrheit zu kümmern. Durch kompetente Darstellungen der europäischen und christlichen Traditionen entwickeln sie Einsichten und Hypothesen über aktuelle Themen wie Muße und Freizeit, das Heilige, Menschenwürde, Glück, das Sittengesetz und staatliches Recht, Christentum und neuzeitliches Denken sowie, in einem Vortrag des neunzigjährigen Jubilars selbst, über Platons Konzeption der "gottgeschickten Entrückung". Vertreter von Kirche, Staat, Stadt und Universität steuern außerdem aufschlußreiche und ansprechende Würdigungen des Werkes Josef Piepers bei.
Bd. 1, 1995, 176 S., 29,80 DM, br., ISBN 3-8258-2370-9

Hermann Fechtrup; Friedbert Schulze; Thomas Sternberg (Hrsg.)
Sprache und Philosophie
Forum am 28. April 1995. Mit Beiträgen von Odo Marquard, Berthold Wald, Manfred Meiner, Josef Pieper
Philosophisches Denken vollzieht sich in Begriffen und Werten, ist mit der Sprache eng verbunden. Indem er diesem Denken konkrete Gestalt gibt, er sich im Text mitteilt, ist der Philosoph Schriftsteller. Josef Pieper hat in seiner Philosophie die Herausforderung eines verständlichen und klaren Ausdrucks angenommen und umgesetzt. In einem Forum im April 1995 wurde als erster der 8 Bände angelegten Gesamtausgabe der Werke Piepers der Band mit den "Schriften zum Philosophiebegriff" vorgestellt.
Odo Marquard reflektierte die schriftstellerische Verantwortung des Philosophen: Josef Pieper selbst legte Überlegungen über Grund und Quelle des gesprochenen Wortes aus der Tradition vor. Dessen Philosophie umriß der Herausgeber der Werkausgabe. Der Verleger steuerte Aspekte über die besondere Aufgabe, philosophische Texte herauszugeben, bei. Den Band beschließt eine Abhandlung über den Philosophierenden und die Sprache.
Bd. 2, 1996, 88 S., 19,80 DM, br., ISBN 3-8258-2611-2

Hermann Fechtrup; Friedbert Schulze; Thomas Sternberg (Hrsg.)
Nachdenken über Tugenden
Mit Beiträgen von Hanna-Renate Laurien, Josef Pieper und Berthold Wald
Auf der Suche nach gemeinsamen Orientierungen und Werten in einer auseinanderstrebenden Gesellschaft scheint die Lehre von Grundhaltungen des Handelns, wie sie die europäische Philosophie im System der Tugenden ausgebildet hat, von neuer Aktualität zu sein. Die Bücher zu den Grundtugenden Klugheit, Gerechtigkeit, Tapferkeit, Maß und zu Glaube, Hoffnung und Liebe haben den nunmehr 92jährigen Philosophen Josef Pieper aus Münster besonders populär gemacht und gehören zu seinen erfolgreichsten und am häufigsten übersetzten Schriften.
Die Aktualität der Tugendlehre wird in diesem Buch, das eine Tagung zur Vorstellung der Schriften in der neuen Werkausgabe dokumentiert, auf zweifache Weise beleuchtet: Hanna-Renate Laurien zeigt sie als Grundlage für Gesellschaft und Politik; Berthold Wald stellt sie in den Kontext der aktuellen philosophischen Ethik. Josef Pieper selbst spricht über die überraschende Entstehungsgeschichte seiner sieben Tugendschriften. Der Band wird beschlossen durch den Wiederabdruck

LIT Verlag Münster – Hamburg – London
Bestellungen über:
Grevener Str. 179 48159 Münster
Tel.: 0251 – 23 50 91 – Fax: 0251 – 23 19 72
e-Mail: lit@lit-verlag.de – http://www.lit-verlag.de
Preise: unv. PE

eines Textes von Josef Pieper.
Bd. 3, 1997, 80 S., 19,80 DM, br., ISBN 3-8258-2948-0

Hermann Fechtrup; Friedbert Schulze; Thomas Sternberg (Hrsg.)
Die Wahrheit und das Gute
Zwei Tagungen der Josef-Pieper-Stiftung. Mit Beiträgen von Josef Pieper, Franz-Xaver Kaufmann, Jörg Splett, Klaus Müller u. a. Philosophen und Sozialwissenschaftler befassen sich in jüngster Zeit mit dem Verhältnis zwischen Gesellschaft und Individuum. In der Bezogenheit des Denkens Josef Piepers auf das zur Verantwortung gerufene Individuum findet Franz-Xaver Kaufmann Anregungen für die Soziologie. Jörg Splett wertet die Lehre Piepers über die klassischen Tugenden zusammenfassend aus. Piepers Stellungnahmen zur Verbindlichkeit der Tradition konfrontiert Klaus Müller mit heutiger Fundamentaltheologie, um die Fragestellung zu vertiefen.
Bd. 4, 1999, 112 S., 29,80 DM, br., ISBN 3-8258-3830-7

Hermann Fechtrup; Friedbert Schulze; Thomas Sternberg (Hrsg.)
Zwischen Anfang und Ende
Nachdenken über Zeit, Hoffnung und Geschichte. Ein Symposium (Münster, Mai 1999) mit Beiträgen von J. T. Fraser, H. Lübbe, H. Maier, J. B. Metz, G. L. Müller, R. Saage
Zwischen Anfang und Ende: unter diesem Titel veranstaltete die JOSEF PIEPER STIFTUNG im Mai 1999 im traditionsreichen Rathaus der Stadt Münster ein dreitägiges Symposion, das wenige Monate vor der Jahrhundertwende zum Nachdenken über Fragen der Zeit, der Hoffnung und der Geschichte anregen wollte. Diese Schrift dokumentiert die Ansprachen und Referate.
Namhafte Philosophen und Theologen stellten Fragen der Zeit in einen großen geistesgeschichtlichen Zusammenhang, blickten zurück auf Epochen der abendländischen Geschichte und Heilsgeschichte, reflektierten die Gegenwart mit ihren veränderten Zeiterfahrungen und gaben, nach dem "Ziel der Zeit im Umbruch der Weltbilder" (Johann-Baptist Metz) fragend, Antworten aus der christlichen Botschaft.
Wie mit den vorhergehenden Bänden dieser Schriftenreihe erinnert die Stiftung auch mit diesem Band 5 an den münsterischen Philosophen Josef Pieper, den Namensträger der Stiftung, der die im Symposion erörterten Fragen zeitlebens bedacht und in seinen Schriften behandelt hat.
Bd. 5, 2000, 152 S., 34,80 DM, br., ISBN 3-8258-4338-6

Schriftenreihe der Josef Pieper Stiftung

Guido Rodheudt
Die Anwesenheit des Verborgenen
Zugänge zur Philosophie Josef Piepers
Den Unsicherheiten gegenwärtiger Sinnsuche setzt Josef Pieper die Philosophie als liebende Suche nach Weisheit entgegen. Sie führt zur Begegnung mit der Wahrheit des Seienden. Vollkommene menschliche Seinsteilhabe geschieht jedoch nicht in den Anstrengungen des Denkens, sondern in der unalltäglich-feiernden Verehrung des Wahren, Schönen und Guten. Die innere Bezogenheit von Denken und Sein vollendet sich in der kultischen Begegnung mit Gott. Dort begegnet der Mensch dem verborgenen Sinngrund der Welt. Allein in dessen Anwesenheit ist das Leben sinnvoll. In ihrem Staunen über die unauslotbare Fülle des Wirklichen und in ihrem Respekt vor der Realität des Verehrungswürdigen besitzt die Philosophie Josef Piepers höchste – wenn auch unzeitgemäße – Akutalität.
Bd. 1, 1997, 216 S., 39,80 DM, br., ISBN 3-8258-3486-7

Josef Schmidt; Martin Splett; Thomas Splett; Peter-Otto Ullrich (Hrsg.)
Mitdenken über Gott und den Menschen
Dialogische Festschrift zum 65. Geburtstag von Jörg Splett
Bd. 2, Herbst 2000, 256 S., 49,80 DM, br., ISBN 3-8258-4947-3

Ralph McInerny
Vernunftgemäßes Leben
Die Moralphilosophie des Thomas von Aquin
Erstmalig vor fünfzehn Jahren erschienen, ist Vernunftgemäßes Leben (Eng.: Ethica Thomistica) weithin anerkannt als eine der vortrefflichsten Einführungen in die Moralphilosophie des hl. Thomas von Aquin. In dieser überarbeiteten Neuausgabe befaßt sich Ralph McInerny erneut mit den Grundwahrheiten von Thomas' Lehren und bietet einen kurzen, verständlichen, humorvollen sowie überzeugenden Abriß ihrer Grundlagen.
Bd. 3, 2000, 152 S., 29,80 DM, br., ISBN 3-8258-4973-2

LIT Verlag Münster – Hamburg – London
Bestellungen über:
Grevener Str. 179 48159 Münster
Tel.: 0251 – 23 50 91 – Fax: 0251 – 23 19 72
e-Mail: lit@lit-verlag.de – http://www.lit-verlag.de
Preise: unv. PE